JEAN BOULOUVARD
INGÉNIEUR E.S.E.
288, RUE JEAN-JAURÈS, 288

Téléphone : PT. 16-39
MATÉRIEL ÉLECTRIQUE
ET RADIO ÉLECTRIQUE

BIBLIOTHÈQUE
DE LA
JEUNESSE CHRÉTIENNE

APPROUVÉE

PAR Mgr L'ARCHEVÊQUE DE TOURS.

Propriété des Éditeurs,

LES FRANÇAIS
EN ALGÉRIE

SOUVENIRS D'UN VOYAGE FAIT EN 1841

PAR

LOUIS VEUILLOT

Auteur des Pèlerinages de Suisse, de Rome et Lorette, etc.

DEUXIÈME ÉDITION

TOURS
A^D MAME ET CIE, IMPRIMEURS-LIBRAIRES
—
M DCCC XLVII

INTRODUCTION.

Ce n'est ici le travail ni d'un militaire, ni d'un politique, ni d'un administrateur, ni d'un savant : c'est simplement un ouvrage littéraire. Je n'ai d'autre prétention que de raconter quelques faits isolés qui m'ont paru intéressants. Je crois qu'ils ne seront pas tout à fait inutiles ; j'espère qu'ils inspireront à la plupart de mes lecteurs quelques bonnes réflexions qu'ils ont souvent fait naître en moi. Instruire un peu, faire quelquefois prier, c'est l'unique but que je me sois proposé toutes les fois que je me suis vu, une plume à la main, en présence d'une feuille de papier blanc ; c'est l'unique but que je me propose aujourd'hui. Je laisse à d'autres des travaux plus complets et plus sérieux sur le même sujet. Le temps d'écrire une histoire de la conquête d'Alger n'est pas encore venu, car l'Algérie n'est pas encore conquise ; ce pays n'est pas même encore connu : ce n'est donc pas encore le temps de le décrire. D'ailleurs le loisir, les documents, le talent, tout me manque pour entreprendre l'une ou l'autre de ces œuvres.

Mais il est toujours temps de rassembler des matériaux pour les monuments futurs. On y a amplement travaillé. Des hommes capables, des hommes dévoués ont fourni leur tribut, qui s'accroît sans cesse : j'apporte ma petite pierre. Puisse-t-elle avoir sa place dans l'édifice ! En tout cas, je fais preuve de bonne volonté.

Les derniers jours de l'islamisme sont venus ; notre siècle est probablement destiné à le voir quitter les rivages de l'Europe, non-seulement de cette vieille Europe qu'il a jadis envahie et si longtemps menacée, mais de cette Europe nouvelle et agrandie qui est née partout où l'Europe ancienne a porté la croix. Attaqué sur tous les points, le croissant se brise et s'efface. Dieu le refoule, il l'envoie, au temps marqué, périr dans les déserts d'où il est sorti. Des calculs établis sur l'Apocalypse de saint Jean et sur les prophéties de Daniel, assignent au règne de Mahomet une durée de treize siècles. Le treizième siècle n'est pas achevé, et voici que Byzance va retomber aux mains chrétiennes. Alger, dans vingt ans, n'aura plus d'autre Dieu que le Christ ; dans vingt ans, Alexandrie sera anglaise, et que sera l'Angleterre dans vingt ans? où n'ira pas la croix quand Alexandrie, Alger, Constantinople seront ses points de départ? Il ne faut pas faire entrer en ligne de compte l'indifférence des peuples et la politique impie des princes. L'indifférence des peuples n'a qu'un temps, l'iniquité des princes n'a qu'une heure. Un quart de siècle peut changer la face du monde, et qu'importent les desseins des hommes contre les desseins de Dieu ! les conquêtes que l'Europe ne voudrait pas faire pour la foi, elle les fera pour le commerce ; les missionnaires iront à la suite des marchands, comme ils allaient à la suite des croisés. Nous croyons nous livrer au négoce, et nous achevons les croisades. Nos marchands incrédules terminent l'œuvre des fervents chrétiens du moyen âge. Toute terre où ils s'établissent en force suffisante pour y être chez eux, est une terre où l'on dit la messe, où l'on baptise les enfants, où les saints, quel qu'en soit le nombre, font retentir les louanges du vrai Dieu. Il y a là, n'importe à quel titre, une civilisation au voisinage de laquelle l'islamisme ne peut tenir. Il lui faut, comme aux bêtes des forêts, un rempart de solitude. A mesure que la lumière se fait, il s'éloigne ; il va chercher des civilisations inférieures. Son croissant est un astre de nuit : que les déserts l'accueillent jusqu'au jour où il doit s'éteindre absolument et n'être plus qu'un nom dans l'histoire! Il fera tomber les fétiches et ne leur survivra pas. Déjà l'on peut considérer son rôle comme fini, non-seulement dans l'Algérie, où règne aujourd'hui la croix avec la France, mais dans toute cette partie de l'Afrique que baignent les flots de la Méditerranée. Le sang des compagnons de saint Louis, répandu sur les plages de Tunis, est un vieux titre que nous serons contraints de faire valoir un jour; entre notre province de Tlemcen et les rivages de l'Espagne régénérée, l'air manquera aux prétendus descendants du Calife qui font encore peser sur le Maroc leur sceptre barbare. Quel sera l'agent de ces révolutions prochaines? le commerce, la guerre, les discordes intérieures? Je l'ignore; mais je sais que les événements ne manquent jamais aux desseins de Dieu. Or il faut être aveugle pour ne pas voir que c'est le dessein de Dieu d'en finir avec l'islamisme, et dès lors tout y concourra. En ce moment même, pour ce qui concerne l'Algérie, l'œuvre divine est consommée. Si l'on peut douter encore que ce sol reste à la France, il est évident du moins que l'islamisme l'a perdu. L'Europe ne se laissera pas arracher un royaume dont elle connaît la fertilité, que nous lui avons appris à conquérir, et que la vapeur rattache à son continent comme un pont relie entre elles les deux rives d'un fleuve. Anglaise, allemande, espagnole ou française, l'Algérie est possession chrétienne, elle n'est plus musulmane, et ni Tunis ni Maroc ne sauraient l'être encore longtemps. Voilà ce que Dieu a fait : grâces lui soient rendues d'avoir bien voulu se servir de nos mains! Quoi qu'il arrive, nous pouvons prendre le récit inachevé des croisades, et aux *gesta Dei per Francos* ajouter une noble page encore écrite de notre sang.

La France, il est vrai, semble n'avoir pas eu l'intelligence du grand rôle dont elle s'est vaillamment acquittée.

Elle a voulu travailler pour sa gloire, non pour la gloire de Dieu. Dans ses délibérations, lorsqu'elle prodiguait à regret, pour une conquête jugée désastreuse par beaucoup de bons esprits, ses trésors et ses soldats, jamais elle n'a dit qu'elle voulût conquérir un royaume à l'Évangile; ce n'a été la pensée ni de ses hommes d'État, ni de ses hommes de guerre, ni de cette foule impatiente qui, par la presse ou par la parole, se rue incessamment au milieu des délibérations publiques. Mal venue eût été la voix qui se fût élevée pour développer ces idées d'un autre âge; et quand le pape, instituant l'évêché d'Alger, parla de rendre sa gloire ancienne au siége si longtemps outragé des Eugène et des Augustin, nul n'y prit garde. On ne vit là que les formules convenues de la chancellerie romaine. La question était de savoir si la conquête serait une bonne ou une mauvaise affaire. L'orgueil de nos armes, les profits de notre commerce offraient la matière du débat. Les uns peignaient comme une terre promise ces provinces encore inconnues; les autres, et les plus compétents, n'en traçaient que des tableaux lamentables, additionnaient les dépenses, comptaient les morts et demandaient qu'on leur montrât le fruit de tant de sang versé, de tant d'argent englouti. Nulle réponse n'était possible, le pouvoir partageait secrètement l'avis des plus désespérés; et néanmoins on allait en avant, on cédait à la force de cette opinion ignorante qui ne voulait point entendre parler de retraite, et qui jurait qu'on abandonnait des trésors. C'est ainsi que l'Algérie fut conquise, et que la croix prit possession de ce nouveau domaine. Les erreurs de l'opinion y servirent, l'ambition militaire y servit davantage, la peur et la faiblesse du gouvernement y contribuèrent plus que tout. C'est un fardeau, c'est une gloire. Il y avait deux partis: l'un qui redoutait le fardeau, l'autre qui se souciait peu de la gloire. Dieu nous a donné la gloire et le fardeau. A l'écart, dans le mystère, quelques âmes ferventes, songeant avant tout aux progrès de l'Évangile, l'avaient peut-être prié de ne songer qu'à sa cause.

J'ai vu l'Algérie à une époque où le grand résultat aujourd'hui visible était encore douteux. C'était en 1841, lorsque M. le maréchal Bugeaud fut nommé gouverneur. J'avais l'honneur d'accompagner cet homme illustre, et j'ai été son hôte, presque son secrétaire, pendant les six premiers mois de son administration. Je ne trahirai pas sa confiance en disant qu'il n'espérait pas lui-même les succès qu'il a obtenus. Après dix années d'efforts, l'œuvre de la conquête semblait moins avancée qu'aux premiers jours. Les Arabes étaient organisés, et jusqu'à un certain point ils étaient vainqueurs. Nous avions mal guerroyé, mal administré, mal gouverné. La colonisation était nulle. Nous possédions bien çà et là, sur le littoral et à quelque distance dans l'intérieur, quelques villes ou plutôt quelques murailles; mais nous y étions prisonniers. La guerre grondait aux portes d'Oran et de Constantine; il fallait du canon pour aller d'Alger à Blidah; il fallait une armée pour ravitailler nos garnisons captives de Miliana et de Médéah. Cette armée en marche était bloquée par une autre armée invisible, qui ne laissait aucun Arabe de l'intérieur communiquer avec les chrétiens. Abd-el-Kader nous avait joués dans les négociations, il nous jouait à la guerre. On le sentait partout, on ne le voyait nulle part. S'en remettant à la fatigue, au soleil, à la pluie, du soin de nous vaincre, jamais il n'offrait, jamais il n'acceptait le combat; mais il avait gagné une bataille, lorsque, après l'avoir longtemps poursuivi sans l'atteindre, l'armée française, dépourvue de vivres, accablée de lassitude, jalonnant le chemin de ses morts, revenait confier aux hôpitaux, qui ne les rendaient plus, la masse effrayante de ses malades et de ses éclopés. J'ai vu ces lamentables files de l'ambulance défiler, après une campagne de quelques jours, dans les ravins néfastes de Mouzaïa : j'ai vu le brave colonel d'Illens, glorieusement mort depuis, échappé, lui douzième, des douze cents hommes qui formèrent la première garnison de Miliana, et portant encore sur son visage les traces de la maladie qu'il y avait contractée. De ces douze cents hommes le fusil des Arabes n'en avait peut-être pas tué cinquante! Ainsi se faisait la guerre, et telles étaient les garnisons! Embusqué dans les passages difficiles, l'ennemi nous tuait quelques soldats à coups invisibles et sûrs, son feu faisait quelques blessés à l'arrière-garde; mais le soleil, mais la pluie, mais la nostalgie et la faim suffisaient à borner nos entreprises. Nous avions organisé avec mille peines un convoi monstrueux, fait des dépenses énormes; nous marchions cinq à six jours sans tirer un coup de fusil; nous remplacions des captifs mourants par d'autres captifs que décourageait déjà la vue de leurs prédécesseurs, et il nous restait à engloutir, dans des asiles infects, quelques centaines de fiévreux dont la moitié mouraient en peu de jours, et le reste plus lentement. Ce que nous appelions notre colonie d'Alger n'était qu'un hôpital dans une prison.

Les indigènes n'avaient pas cessé d'estimer et de craindre notre bravoure, mais ils connaissaient notre impuissance, habilement exploitée par Abd-el-Kader et par ses lieutenants. Ils ne doutaient pas que nous n'en vinssions bientôt à nous décourager d'une lutte stérile et ruineuse. S'ils connaissaient la valeur et les talents militaires du nouveau gouverneur général, ils n'ignoraient pas qu'il avait été le négociateur de la Tafna. Abd-el-Kader, politique aussi habile que courageux homme de guerre, prenait soin de leur en rafraîchir la mémoire; il persuadait à ses crédules sujets, ce qu'il croyait peut-être lui-même, que l'arrivée du général Bugeaud était l'indice d'une nouvelle paix, plus favorable encore pour eux que la première. Cette conviction excitait au plus haut point leur ardeur. Il s'agissait de se montrer en force pour obtenir de meilleures conditions, pour nous les arracher. Le sentiment religieux venait au secours du sentiment national et lui communiquait une force merveilleuse. La guerre contre nous n'était pas seulement patriotique, elle était sainte. Elle obtenait des sacrifices qu'il faut savoir honorer. Quelques-uns de ces Arabes ont combattu en héros et sont morts en martyrs. Envahisseurs du sol, détestés à ce titre, nous étions encore et surtout haïs et méprisés comme infidèles, comme impies. On nous reprochait nos mœurs, nos blasphèmes, notre religion fausse, on nous reprochait plus encore notre irréligion. C'était œuvre de piété de faire la guerre aux chiens qui adorent les idoles ou qui n'ont pas de Dieu. Plus d'un soldat égaré le soir à quelques pas de la colonne, a péri de la main des Douairs nos alliés, qui croyaient se laver ainsi du crime de nous servir. Un jour, dans une razzia que faisaient ces mêmes Douairs sous la conduite du général Lamoricière, une femme de la tribu attaquée s'étant écriée à leur vue : *Voilà les baptisés !* ce mot excita en eux une telle rage, qu'ils massacrèrent tout ce qui leur tomba sous la main, et jusqu'aux enfants. Mustapha lui-même, depuis si longtemps à notre solde, partageait la fureur de ses cavaliers. Le commandant Daumas (1), un de nos meilleurs et de nos plus utiles officiers, parfaitement versé dans la langue et les usages arabes, m'a dit avoir entendu souvent des cavaliers auxiliaires déplorer entre eux leur situation, envier le sort des braves morts en combattant contre nous. « Qu'ils sont heureux ! disaient-ils ; Dieu les a récompensés ! » Et le lendemain on apprenait de nouvelles désertions. Cette tribu des Douairs et des Smélas, qui, sous les Turcs, tenait en respect toute la province d'Oran, s'était réduite à six ou sept cents cavaliers. Leur vieux chef Mustapha n'aurait eu qu'un mot à dire pour les emmener tous à l'ennemi et probablement nous n'avons dû qu'à sa haine particulière contre Abd-el-Kader de le voir jusqu'à la fin sous nos drapeaux.

La province de Constantine, plus tranquille en apparence,

---

(1) Aujourd'hui lieutenant-colonel.

était pleine de sourds ferments ; de dangereuses intrigues s'y tramaient de toutes parts. Ben-Aïssa, rusé Kabyle, assez adroit pour avoir obtenu du vainqueur de Constantine la disgrâce du général de Négrier, conspirait, malgré nos bienfaits, avec Achmet-Bey, son ancien maître. Hamelaouy, chef arabe comblé des faveurs de la France, nouait des relations avec Abd-el-Kader. Nous n'étions sûrs de personne, sauf peut-être de quelques Kaïds pillards, qui foulaient les tribus à l'abri de notre autorité, et qui, sans se tourner les premiers contre nous, n'auraient pas manqué cependant de se mettre du parti de la révolte à son premier succès. Un soulèvement était imminent à Constantine.

Aucune terre n'était cultivée nulle part, à moins qu'on n'accorde le nom de terre cultivée à quelques jardinets situés sous le fusil des remparts, où l'on récoltait un peu de légumes et de salades qui se vendaient à prix d'or. La viande, les fruits, le pain, le fourrage, tous les objets de consommation venaient par la mer. Nous ne nous levions guère de table que le gouverneur général n'eût calculé avec amertume la somme que le repas que nous venions de faire avait coûtée à la France, sans compter le sang. Lorsqu'on lui parlait alors de la colonisation et des colons d'Alger, son bon sens n'y pouvait tenir ; il se répandait en railleries poignantes contre ce mensonge criant, n'épargnant personne et s'inquiétant peu de savoir qui l'écoutait. J'en gémissais comme d'une faute politique, car ces discours étaient interprétés et commentés au détriment de son patriotisme ; mais j'honorais davantage sa probité, sa franchise et son cœur, et j'admirais ce patriotisme que l'on méconnaissait tant. A peu d'exceptions près il n'y avait guère dans l'Algérie d'autres colons que les fonctionnaires, les agioteurs et les cabaretiers.

Les mœurs étaient déplorables. C'était la France sans police et sans hypocrisie. On imagine assez quel pouvait être le côté moral d'une population de militaires mêlée d'aventuriers, gouvernée par des généraux déjà si préoccupés de la guerre et des affaires. Nous faisions rougir, je ne dirai pas la vertu musulmane, je n'y crois guère, mais la pudeur et la dignité des Maures et des Arabes, qui en ont beaucoup. Ils nous reprochaient, comme je l'ai déjà dit, qu'on ne nous voyait jamais prier; ils parlaient de nos soldats ivres dans les rues, de cette prostitution qui s'étalait au grand jour, et que les Turcs réprimaient sévèrement. Nous ne leur reprochions pas leurs débauches secrètes, et, loin de là, nous les imitions. On racontait tous les jours, en riant, des infamies qui semblaient avoir été apprises à l'école de Tibère et d'Héliogabale. C'était là le mal qu'on s'occupait le moins de réprimer, et à peine souvent y voyait-on un mal.

On continuait d'écrire en France des merveilles de l'Algérie; mais chacun cependant, même parmi ceux qui tenaient la plume, j'en excepte à peine quelques misérables fournisseurs de journaux trop stupides pour rien comprendre et rien voir, — chacun s'avouait que les choses ne pouvaient marcher ainsi, que c'était une tromperie infâme, que ces mensonges ne remédieraient point au péril, et qu'enfin, tout en chantant victoire, il faudrait bientôt, si l'on ne changeait de voie, lever le pied et s'en aller honteusement. Là-dessus on était d'accord. Pour éviter un tel malheur, une telle honte, que faire?

Les systèmes les plus divers, les plus contradictoires, les plus absurdes, sur la guerre, sur l'administration, sur la colonisation, étaient proposés, proposés sérieusement, et, chose lamentable, appuyés par des hommes compétents, par des savants, par des fonctionnaires anciens dans l'Algérie, par des officiers qui avaient fait la guerre longtemps et avec succès. Les uns voulaient borner l'occupation, les autres l'étendre; les uns ne tenir nul compte des indigènes, les autres s'occuper d'eux exclusivement. Chacun démontrait parfaitement que les autres demandaient l'inutile et l'impossible, et les autres, à leur tour, n'avaient pas de peine à lui prouver que son plan péchait par les mêmes torts. Ajoutez-y le bruit des journaux, qui ne parlaient que de la trahison du gouverneur; les directions de deux ou trois commis qui, de leurs bureaux au ministère de la guerre à Paris, prétendaient tout régler et tout faire, et qui envoyaient pour raison sans réplique, la signature du ministre; ajoutez-y les discussions des chambres, où l'avis le mieux développé, le mieux écouté n'est pas toujours le plus sage, où des orateurs se croyaient et étaient crus bien au courant des matières d'Alger pour avoir fait une courte apparition sur la côte, questionné un interprète ou un juif, reçu quelques lettres, ceux-ci d'un enthousiaste, ceux-là d'un mécontent; ajoutez-y cette horreur que nous inspirent en général les dépenses opportunes, et qui, dans une grande affaire, nous porte à lésiner sur un détail important, vous n'aurez encore qu'une faible idée des obstacles qui se présentaient, qui s'accumulaient de toutes parts (1). Certes, pour arriver si vite où nous en sommes maintenant, il a fallu déployer de rares talents, et les déployer avec une rare énergie; mais il a fallu plus visiblement encore que Dieu l'ait voulu. Nous ne voyons pas toute la grandeur de l'œuvre, il est déjà temps de louer Dieu.

C'est durant l'époque malheureuse que je viens d'esquisser que j'ai visité une partie de l'Algérie. Un séjour de six mois au centre même des affaires, deux courses, dont une assez longue, à la suite de l'armée, des informations prises

---

(1) Je transcris une note jetée à la hâte sur le papier, après avoir lu et écouté beaucoup de discussions sur les moyens de pacifier l'Algérie. Chaque moyen est indiqué par un homme en position de faire valoir son avis, et présenté comme infaillible. Je ne nomme que les auteurs qui ont fait connaître leur panacée par la voie de l'impression, mais j'affirme que je n'invente rien :

M. Genty de Bussy, ancien employé supérieur en Afrique, conseiller d'État, auteur d'un livre qui a eu de la réputation, propose neuf moyens de pacification, dont les deux principaux et plus pratiques sont : 1° d'*organiser* les tribus *partout;* 2° de les vacciner. Le conseiller d'État oublie tout à fait qu'avant de vacciner la tribu il faut l'organiser, et qu'avant de l'organiser il faut la vaincre; mais il est intendant civil, et la victoire n'est pas de son ressort comme l'organisation et le vaccin.

à bonne source, des notes recueillies dans les documents officiels, un désintéressement parfait, un ardent désir d'être utile, m'avaient permis de croire que je pourrais, à mon retour, publier un livre assez intéressant après tous ceux qu'on a publiés. Je ne me proposais pas de présenter un système, comme c'est assez la mode, mais de rendre devant Dieu et devant les hommes un témoignage sincère de ce que j'avais appris et de ce que j'avais vu. Les événements se pressèrent; nos affaires, conduites par une main habile et vigoureuse, changèrent rapidement de face et firent changer l'opinion; mon livre devint inutile avant que je l'eusse commencé. Je m'en félicitai plus que personne, et je ne songeais plus à mes notes, lorsque MM. Mame, dont l'excellente librairie est un moyen de propagande si puissant, me les demandèrent pour cette masse de lecteurs, la plupart jeunes, qu'ils ont su trouver, et en quelque sorte créer.

Je conçus alors un ouvrage tout différent de celui que j'avais compté faire, beaucoup plus modeste sans doute, mais plus agréable à lire. Laissant de côté les vues d'ensemble et des conseils qui ne sont plus nécessaires, je me borne à un choix de tableaux et de récits sur ce qui est désormais le passé, le mauvais passé de l'Algérie. On ne sera pas fâché, maintenant que les omnibus vont à Médéah, de voir comment y allait naguère une armée; de suivre nos

---

M. Baude, conseiller d'État, ayant vu l'Afrique, propose de forcer les Arabes à ne plus élever de chevaux, mais seulement des bêtes à cornes et des moutons.
Un fonctionnaire établi en Algérie depuis la conquête, parlant arabe dans la perfection, croit tout gagné si l'on habitue les indigènes à boire de l'eau-de-vie.
Un officier supérieur d'état-major demande qu'on leur coupe le cou;
M. le général D***, qu'on leur donne 20 sous par jour;
Un autre général et son école, que les Français se fassent musulmans,
M. le colonel ***, de chasser de l'Algérie tous les honnêtes gens;
Le maréchal ministre de la guerre, d'attirer les tribus autour de nos places et de les protéger;
Le génie militaire, de faire une muraille autour de la Mitidja;
Un commis influent, de donner aux chefs arabes et aux personnages importants beaucoup de cadeaux, tels que montres, pendules, tapis, etc., que son bureau sera chargé de fournir.

soldats dans ces marches toujours pénibles, mais qui ne sont plus meurtrières, dans ces garnisons qui deviennent de véritables villes, et qui n'étaient que d'infects cachots. Il me semble aussi que certains détails, certains contrastes entre la civilisation française, telle qu'elle se montre en Algérie, et la civilisation des Maures et des Arabes, n'ayant pas été saisis par des yeux chrétiens, courent risque de n'être point notés, et que c'est un document qu'il faut laisser à la philosophie et à l'histoire; je sais des anecdotes qui, si je ne m'abuse, et si je puis les conter, offrent, indépendamment du pittoresque dont s'égaye l'esprit, quelque chose qui peut attacher la raison et toucher le cœur; enfin, les choses religieuses de l'Algérie n'ont qu'une bien étroite place dans presque tous les livres qu'on a faits; elles en méritent une meilleure que je voudrais leur donner. Suis-je téméraire d'avoir pensé que ce spectacle varié ne serait pas sans intérêt pour de jeunes lecteurs, ne serait pas sans utilité pour des lecteurs plus réfléchis et plus difficiles?

Si j'en ai de cette dernière et rare catégorie, je les prie de ne point se laisser rebuter dès les premières pages par la simplicité des sujets et par le laisser-aller de tout le livre. Qu'ils y pénètrent un peu plus loin, j'ai la confiance qu'ils trouveront dans ma *déposition* de quoi les intéresser, et peut-être en tireront-ils des conclusions que parfois je ne formule pas. Le meilleur architecte accepte des mains d'un manœuvre des matériaux dont celui-ci ne connaît pas toujours le prix.

Quant à mes jeunes lecteurs, ils sauront, dans la plupart des asiles où ce livre ira les trouver, des choses que je souhaite qu'ils n'oublient pas, et que la plupart des sages et des savants ignorent : c'est que l'homme ne fait rien de bon si Dieu ne l'aide, et s'il ne demande à Dieu de l'aider. Cette première condition du succès a manqué à notre établissement en Afrique et lui manque encore; les yeux chrétiens s'en aperçoivent. Malgré tout ce que nous avons fondé, nous avons perdu là des âmes que nous pouvions sauver, nous n'avons pas fait à la croix le même honneur qu'à nos drapeaux. Dieu nous en a punis, moins qu'il ne pouvait le faire, car sa clémence est grande; moins qu'il ne le fera peut-être, car sa justice est terrible. Qu'ils prient donc pour cette grande œuvre de l'Algérie, en bonne voie aujourd'hui, mais non encore terminée; qu'ils prient pour que la France, ayant accru son territoire, accroisse aussi le royaume de Dieu; qu'ils prient comme chrétiens, qu'ils prient comme Français.

Un dernier mot.

M. le maréchal Bugeaud a glorieusement servi son pays; on commence à le reconnaître, mais les passions politiques lui contestent encore cette gloire (1); et comme j'aurai souvent à lui rendre justice, peut-être me reprochera-t-on de n'avoir voulu faire que l'apologie d'un homme assez puissant pour bien récompenser mes faibles services. Il faut s'attendre à tout dans un temps comme le nôtre, où la presse, instrument ordinaire des passions les plus basses et des entreprises les plus viles, fournit chaque matin mille exemples qui autorisent tous les soupçons. Ma réponse sera courte : je loue M. le maréchal Bugeaud de sa bravoure, de son bon sens, de sa probité, de son patriotisme; il possède au plus haut degré ces qualités glorieuses. Je regrette que son gouvernement, d'ailleurs bienveillant pour la religion, ne s'inspire pas plus largement des lumières catholiques, et ne diffère que bien peu, à cet égard, de celui de nos préfets. Du reste, mon langage n'est et ne peut pas être celui d'un obligé envers un bienfaiteur, encore moins celui d'un ambitieux envers un patron. Je ne dois rien à l'illustre maréchal, que beaucoup de gratitude pour l'affection qu'il m'a longtemps témoignée. Si j'avais à le blâmer, ce souvenir

---

(1) On voit que ceci était écrit avant la bataille de l'Isly, si courageusement et si habilement gagnée.

pourrait me conseiller le silence. Je n'ai qu'à le louer, et ma conscience me dit que ces éloges sont légitimes. Pour m'en convaincre, il suffirait d'un regard jeté sur ma situation actuelle : c'est déjà frappé par un jugement politique, et m'exposant tous les jours à en subir un second, que je me plais à rendre justice, sur un terrain neutre, au plus zélé partisan d'un pouvoir qui devient l'irréconciliable adversaire de la cause à laquelle j'ai dévoué ma vie. Il n'est pas possible d'être placé dans une condition d'impartialité plus sûre. Je ne saurais être suspect de trop de zèle pour un homme dont la haute influence ne s'emploiera vraisemblablement jamais en faveur des catholiques, et je ne me sens pas pressé de me ménager des grâces dont je ne pourrais jouir qu'au prix d'une apostasie.

LES FRANÇAIS
EN ALGÉRIE

I

DE PARIS A MARSEILLE. — UN SAUVAGE. — LA RELIGIEUSE D'ORGON.

C'est une grande joie de courir vers le soleil : j'avais laissé le brouillard et la boue à Paris, je trouvai le lendemain la neige en Champagne ; mais nous ôtâmes nos manteaux à Moulins, nous baissâmes les stores de la voiture sur les bords du Rhône, entre Orange et Avignon, et nous trouvâmes la poussière entre Avignon et Marseille. Du reste nulle aventure de voyage. Jusqu'à Moulins nous étions quatre dans la malle : un marchand, un commis-voyageur, et un gros homme qui vivait pour son plaisir. Le marchand était niais, le commis-voyageur était stupide ; le gros homme, à qui son costume sévère, ses moustaches rabattues donnaient l'air d'un officier, n'était qu'un viveur bel esprit. Tous trois affectaient un cynisme immonde, et par occasion une impiété de laquais, même ce nigaud de marchand, à qui je fis avouer qu'il avait une femme et des filles, et qui en rougit. Après le premier repas, qui eut lieu assez tard, la conversation vint à rouler sur le progrès. Nous avions fait connaissance, quoique je n'eusse parlé que fort peu. J'opinai comme les autres, et je soulageai mon cœur. Je pris la liberté de dire à mes compagnons que tous les progrès ne me réjouissaient pas, et que j'en connaissais de déplorables. « Vous ne nierez pas, me dit le commis-voyageur, l'amélioration des malles-postes. Nous faisons en ce moment quatre lieues à l'heure; nous allons plus vite, et nous payons moins cher qu'autrefois. — Il en résulte, lui dis-je, que tout le monde prend les voitures, et l'on se trouve exposé à de fâcheux compagnons; la route est encore fort longue, lorsqu'il faut la faire avec des gens mal élevés. » Tout le monde en convint, surtout le commis-voyageur, et l'on se remit aux propos anacréontiques. Je me tus jusqu'à Moulins, où le commis-voyageur et le marchand nous quittèrent. Resté seul avec moi, le gros homme voulut continuer; je lui dis doucement que j'étais chrétien, et que je causerais volontiers avec lui, mais qu'il fallait parler d'autre chose. Je pensais qu'il allait me bouder; tout au contraire, il se montra fort gracieux et chercha même à s'excuser, disant qu'il était garçon et qu'il parlait librement, mais que dans le fond il ne manquait pas de religion; qu'il n'avait jamais cherché à vexer les prêtres, et que toutes les fois qu'il rencontrait un mort, il le saluait. Je le louai de ces bonnes dispositions, et je lui demandai s'il faisait ses prières. Il me répondit qu'il n'en savait point. « Pourquoi donc, lui dis-je, saluez-vous les morts? — C'est, me répondit-il, une coutume d'enfance. Cela m'est resté, mais en vérité je n'en sais pas plus long. »

Cet homme, déjà sur les frontières de la cinquantaine, assez instruit, ainsi que je pus voir, et assez riche, puisqu'il voyageait uniquement en vue de se distraire, ne savait véritablement pas un mot, pas un seul mot de la religion catholique, au sein de laquelle il était né, et avait vécu un demi-siècle. Il me fit des questions qu'aurait pu me faire un sauvage, et encore un sauvage aurait-il eu son Manitou. « Quoi! m'écriai-je, vous n'avez jamais été curieux de savoir ce que signifiaient ces églises, ce que faisaient ces prêtres, quel était ce culte qui a si souvent frappé vos yeux? — Que voulez-vous? dit-il, on ne m'a jamais parlé de cela, et je me suis toujours occupé d'autre chose. »

Il était vraiment bon homme. Je poussai plus loin mes questions. Je lui demandai ce qu'il avait fait depuis qu'il était au monde. « J'ai fait mes classes, dit-il, qui m'ont ennuyé; et ensuite j'ai cherché à m'amuser. J'y ai réussi quelquefois, pas toujours. »

En somme, il allait à Marseille pour manger des clovisses; il comptait de là se rendre en Italie pour y passer le printemps, revenir en Suisse pour l'été, à Paris pour l'hiver. Il faisait un peu de littérature, un peu de musique, beaucoup de cuisine, et cherchait les meilleurs moyens d'être bien logé, bien couché, bien vêtu, bien nourri. Il ne voulait point se marier, par crainte des embarras de la famille; il avait mis en rentes toute sa fortune, pour éviter les embarras de la propriété. « Je suis, me dit-il à la fin en souriant, un vrai pourceau d'Épicure. »

Je l'avais déjà pensé.

Nous étions partis d'Avignon depuis longtemps. La nuit était venue. Un vent assez piquant soufflait du nord, et venait tracasser mon gros homme à travers les portières de la malle. Il s'enveloppa très-artistement de son manteau, remarquant que c'était un bon temps pour dormir dans une chambre bien close. « Écoutez, lui dis-je, nous allons passer à Orgon. Là s'est établie, il y a vingt ans, une pauvre femme qui, sans un sou dans sa poche et sans un ami dans le monde, avait résolu d'élever à ses frais un bel hôpital pour les pauvres du pays. Elle se construisit sur le bord de la route une hutte misérable, et se mit à demander l'aumône aux passants. Depuis lors il n'a pas passé une voiture, publique ou particulière, dont elle ne se soit approchée. N'importe à quelle heure du jour ou de la nuit, dans toutes les saisons, par tous les temps, elle a toujours été là, elle y est toujours. Son hôpital est bâti, les pauvres y sont reçus et soignés par des religieuses dans la compagnie desquelles elle est entrée; mais elle veut perfectionner son ouvrage, ajouter de nouveaux bâtiments, faire place pour de nouveaux lits, laisser des rentes à ses chers pauvres. J'espère qu'elle viendra quêter auprès de nous, et j'espère bien aussi que vous lui donnerez quelque chose. — Certainement, me dit-il avec un empressement dont je fus ravi, certainement je lui donnerai. Que je meure si je ne lui donne pas quarante sous! » Sur cette assurance, je le laissai dormir.

J'attendais impatiemment ce relais d'Orgon. Je n'avais jamais vu la sainte fille dont je venais de parler, et je regrettais de l'avoir refusée une fois, à une autre époque, par paresse, ne sachant pas alors cette histoire, qui arrache des largesses même aux incrédules, même aux impies systématiques. Un protestant l'avait racontée tout récemment devant moi, au milieu d'une compagnie nombreuse; et chacun, émerveillé d'une si courageuse et si persévérante vertu, avait formé le vœu de traverser Orgon pour verser son offrande à l'escarcelle de l'hospitalière. Nous arrivâmes, la malle s'arrêta, et bientôt une lanterne s'approcha de la portière, une voix douce nous demanda pour les pauvres. J'aperçus une guimpe, un visage calme et souriant. « Voici la religieuse, » dis-je à mon compagnon. Il ouvrit courageusement son manteau et me remit son aumône. J'y joignis ce que je croyais pouvoir donner. La religieuse reçut le tout dans une tirelire de fer-blanc, nous remercia, me promit de prier pour nous et rejoignit sa petite hutte. « Pauvre femme, murmura mon compagnon ; elle fait là un métier très-fatigant ; » et il se renveloppa dans son manteau, car la nuit continuait d'être bonne pour dormir.

Les chrétiens qui auront lu cette page n'oublieront certainement pas la religieuse d'Orgon, ni son hôpital sublime. Ils ne demanderont point ce que ce récit vient faire dans un livre sur l'Algérie. J'aurai tout à l'heure à parler du dévouement militaire, du courage de l'ambition, du génie de la guerre : au frontispice de mon livre, je place cette esquisse du dévouement, du courage et du génie de la charité.

II

A EUGÈNE VEUILLOT.

A TOULON. — UN OFFICIER D'AFRIQUE. — LE COURAGE.

18 février 1841.

Cher frère, tu lis dans les journaux qu'il y a eu de grandes tempêtes sur la Méditerranée, et je me trouve dans la ridicule nécessité de te rassurer. Nous jouissons du plus beau temps que tu puisses rêver; aux portes de Toulon, présentement, les amandiers sont en fleurs, les orangers en fruits, les champs en herbe, et il fait très-chaud sur le port. Notre traversée sera de deux jours. C'est le capitaine Lacderic, un des meilleurs *vaporiers* (je ne sais si le mot est français, il faut qu'il le devienne) de la marine royale, qui nous mène sur son bâtiment renommé. Cette marine à vapeur est un véritable pont jeté entre Toulon et Alger. Lorsque l'on songe qu'il suffit de deux jours pour aborder de France en Afrique, il faut conclure que les derniers jours de l'islamisme sont venus, du moins sur tout le littoral de la Méditerranée, que les chrétiens appelleront à leur tour *mare nostrum*. Voilà comment Fulton, qui probablement ne s'en doutait guère, a plus efficacement servi l'Évangile que son compatriote Richard Cœur-de-Lion. Je ne sais quelle fut la croyance de cet inventeur. J'espère pour lui qu'il était bon chrétien, mais il aurait été hérétique ou athée, que cela n'empêcherait pas le bon Dieu d'utiliser sa machine. Elle est au service des catholiques, et bien que ceux-ci ne se pressent pas d'en user pour la foi, tu verras que ce sera là le résultat final. Rien ne me console et ne me réjouit autant que ce spectacle de toutes les entreprises et de toutes les puissances humaines, toujours forcées de contribuer à l'avancement de l'Évangile et à la gloire de Dieu. Quand notre vue sera nette ; quand, délivrés de ce corps de mort qui nous attache maintenant à la terre par tant et de si déplorables liens, nous contemplerons les plans divins dans toute leur étendue, ce que nous savons actuellement par la foi, nous le saurons par l'évidence, et nous admirerons comment le monde, en dépit de ses criminels desseins, n'a jamais pu sortir de l'ordre sans y rentrer aussitôt. Quel beau prologue aux merveilles de l'éternité !

Je nage ici dans un océan de satisfaction pure, et cependant tout m'y rappelle une époque malheureuse. Je visitai ces pays il y a trois ans, et je les parcourus ayant sur les yeux ce que l'on appelle le prisme enchanteur de la première jeunesse ; mais je ne songeais point à Dieu, et que de folies dans mon esprit ! que de folies dans mon cœur ! Pour quelques éclairs de je ne sais quelle joie furibonde, qui bientôt me faisaient honte, combien de noirs ennuis qu'il fallait traîner toujours ! Doutes sur ma destinée en ce monde et dans l'autre, doutes sur les principes les plus sacrés de la morale, mépris des hommes, mépris de moi-même, ténèbres de toutes parts. Je combattrai toute ma vie les incrédules, mais je ne leur rendrai jamais ce qu'ils m'ont fait souffrir de dix-huit à vingt-trois ans. Ma raison, sans boussole et sans point d'appui, était le jouet des moindres accidents. Je ne connaissais plus ni le vrai, ni le faux ; ballotté en tous sens, et ne sachant à quoi me prendre, ne trouvant de repos que dans un sommeil lâche, cherchant à dessein la nuit pour m'y plonger, le suprême effort de ma sagesse était de haïr brutalement le monde et de blasphémer contre le Ciel. A présent il me semble que je vogue à pleines voiles dans la lumière, et je m'y sens bien. Tout s'est ouvert à mon esprit. Je connais ma route, et je sais ce que je verrai quand j'aurai atteint les limites de l'horizon. Les hommes sont vraiment mes frères ; je les aime et je les plains, et il ne me viendrait jamais à la pensée d'en accuser un seul, si je n'espérais par là servir tous les autres et le servir lui-même. Les objets ont d'autres couleurs : ce qui était morne est animé ; là où je voyais le caprice du hasard, je vois un clair témoin de l'existence et de la puissance de Dieu ; il y a dans la nature une voix que j'entends ; je sens au fond de mon âme d'inépuisables flots d'amour. Ah ! ce prisme de la jeunesse que je redoutais de voir briser, et dont je calculais avec angoisse le graduel affaiblissement, quel triste voile, quand je le compare à ce beau jour de la foi qui d'heure en heure et d'instant en instant éclaircit l'espace immense où il m'a conduit ! Je vois se dissiper en vaine fumée les plus ardus problèmes de mon ancienne ignorance. Les portes d'airain, partout fermées sur moi, s'ouvrent d'elles-mêmes et disparaissent. J'ai le mot magique qui renverse les murailles du monde invisible et triomphe des monstres de l'esprit. Cette mer que je regarde m'offrit la stérile peinture de mon inquiétude éternelle, aujourd'hui elle est le beau miroir, la sereine image de ma profonde paix ; mon âme peut, comme elle, porter sans efforts les pesants fardeaux de la vie, et les regarder passer avec cette indifférence qui ne s'émeut ni d'envie lorsqu'ils sont riches, ni de colère lorsqu'ils sont injurieux ; une ombre légère peut la traverser un instant, mais cette ombre ne sera jamais qu'une tache dans son immensité qui réfléchit le ciel ; elle sera troublée par l'orage, mais elle retrouvera la paix, et il ne restera nulle trace de l'orage.

Je t'avoue que, depuis que je suis chrétien, je ne sais plus ce que c'est que craindre un événement quelconque, pourvu que je n'aie pas sur la conscience de trop gros péchés. Je ne me défends pas d'éprouver, en quelques circonstances extraordinaires et périlleuses, une certaine inquiétude, naturelle à toute créature ; mais cette inquiétude elle-même ne résiste pas à deux minutes de réflexion. Le Dieu que j'adore et qui me protége règne sur la mer aussi bien que sur la terre, parmi les champs de bataille aussi bien que dans nos rues et dans nos maisons. Il peut toujours nous laisser la vie ou nous la prendre, il est tout-puissant toujours et partout, et la mort n'est pas plus à craindre en un lieu qu'en un autre ; elle n'est inévitable qu'en vertu de ses lois, elle ne frappe pas avant qu'il l'ait voulu. Il suffit de penser à la fragilité de l'existence pour acquérir la certitude qu'on ne l'a conservée jusqu'au moment où l'on est parvenu, que grâce à une succession de miracles qui peut durer encore longtemps.

Un officier à qui je parlais ainsi prétendit que j'étais fataliste. Un mot est bientôt prononcé, et l'accusation de fatalisme est volontiers portée contre les chrétiens par des gens de bien, qui du reste sont pleins de sympathies pour les dogmes mahométans. Je répondis à mon officier que nous ne nous soumettions pas à l'arrêt d'un stupide et irrévocable destin, mais à l'arrêt d'un Dieu souverainement bon et sage. « J'ai connu, poursuivit-il, des musulmans qui l'entendent ainsi. — Eh bien! repris-je, ces musulmans ont raison. Faut-il que nous nous abstenions de prier Dieu parce qu'ils le prient? Vous trouverez chez eux beaucoup de choses qui sont chez nous, puisque Mahomet a pillé l'Évangile. — Cependant, continua l'officier, l'on vous voit tout comme d'autres prendre soin d'éviter le danger et de préserver votre vie; pourquoi, si vous pensez que Dieu se charge d'y pourvoir? — Nous croyons aussi, lui dis-je, que Dieu sera fidèle à la promesse qu'il a faite de nous nourrir, et cependant tous les ans, avec beaucoup de peine, nous labourons et nous ensemençons la terre; pourquoi? C'est que nous avons une intelligence et des forces dont nous devons user. Dieu nous a donné la vie, donc elle est bonne; nous l'avons reçue pour l'user aux emplois auxquels il l'a destinée; il veut que nous la défendions, comme il veut que nous cultivions notre champ; cependant c'est lui qui fertilise les champs et qui conserve la vie, et nous savons d'avance qu'il ne l'éteindra qu'à l'heure marquée par sa miséricorde; sur ce point il juge souvent autrement que nous, mais toujours mieux que nous. »

Cette petite difficulté éclaircie, je demandai à mon tour à l'officier de me définir le courage. Il réfléchit un peu, prétendant que cette définition n'était pas l'affaire d'un mot ni d'une phrase, quoiqu'il eût vu dans sa vie beaucoup d'hommes courageux et beaucoup d'exemples de courage. « Le courage, me dit-il enfin, c'est la force, c'est l'ambition, c'est la colère, c'est la brutalité, c'est l'eau-de-vie, c'est la vanité, c'est le délire, c'est la peur, c'est même le courage. — Un homme, poursuivis-je, qui n'affronterait pas le danger par goût naturel, mais qui ne le fuirait pas parce qu'il aurait la confiance que Dieu saura bien le défendre, et qui n'aurait besoin d'ailleurs ni de vanité, ni d'ambition, ni de colère, ni d'eau-de-vie, le jugerez-vous courageux? — Oui, dit-il. — Et si cet homme, qui se contentait de ne pas fuir le danger, venait à le chercher par obéissance et pour remplir son devoir? — Très-courageux. — Et si, son devoir étant rempli, cet homme savait se consoler dans la défaite, supporter paisiblement son affront, son malheur, dire que Dieu l'a voulu ainsi et que Dieu est juste, et par conséquent bénir Dieu? — Courage de premier choix, courage admirable, vrai courage! — Connaissez-vous beaucoup d'hommes, lieutenant, qui aient ce courage-là? — Franchement, non! — Eh bien! mon officier, je vous affirme que sur dix chrétiens, hommes ou femmes, vous en trouverez au moins neuf capables de faire preuve de cette dernière espèce de courage; mais il faut choisir parmi ceux qui sont exacts à dire leurs patenôtres. »

Il me déclara qu'aussitôt notre arrivée en Algérie, il me proclamerait brave sur toute la ligne, et nous allâmes nous promener du côté de la mer en causant de nos futurs exploits, c'est-à-dire des siens, car il se promet de faire mille prouesses où je ne prétends en aucune manière. Ces militaires sont en général d'excellents cœurs. Ils ne paraissent guère meilleurs chrétiens que nos bourgeois, et c'est dommage, car ils ont l'esprit plus droit, plus simple, et l'âme incomparablement plus généreuse. Ils mènent la vie rude et sobre des moines; dévoués comme eux, ils obéissent comme eux jusqu'au mépris de la vie; pourquoi n'ont-ils pas la même foi? Un militaire chrétien, cela me paraît une des formes idéales de la majesté humaine; aussi suis-je bien du goût de l'Église, qui a toujours eu une affection particulière, une sorte de tendresse maternelle pour les soldats. Ce n'est pas en vain qu'elle glorifie le Dieu des armées.

Nous partons, sois exact à m'écrire. Fais-moi de ces lettres trop longues qu'on adresse aux voyageurs et aux exilés, qui prennent intérêt à tout. Songe que mon cœur est en vedette sur le bord de la mer africaine, et que tout ce qu'il verra de vous lui fera plaisir.

III

A EUGÈNE VEUILLOT.

LA PREMIÈRE GARNISON DE MILIANA.

Notre départ est retardé d'un jour; j'en profite pour t'envoyer un petit tableau de genre africain qui m'a été présenté à Marseille.

Tu sais que nous occupons dans l'intérieur des premiers gradins de l'Atlas, une ville nommée Miliana. C'est une conquête de l'an dernier. Déjà deux garnisons, relevées l'une et l'autre dans l'espace des six ou huit premiers mois, s'y sont succédé; une troisième y séjourne en ce moment, dont on a peu de nouvelles. Les communications sont loin d'être libres entre Miliana et Alger, ces deux possessions étant séparées par une distance de quinze à dix-huit lieues. Des bruits sinistres se sont répandus: on n'y a pas pris garde: qu'importe à nos conquérants de France, et même à quelques-uns de nos conquérants d'Alger, la situation d'une petite troupe enfermée dans ces murailles, que d'ailleurs elle garde fort bien? Voici, mon frère, ce que c'est que la garnison de Miliana. Je tiens ce que je vais te dire d'un homme que j'ai vu il y a trois jours, encore tout jaune et tout faible de la fièvre qu'il en a rapportée, et cet homme n'est autre que le commandant supérieur de Miliana, le lieutenant-colonel d'Illens, un vieil officier de l'armée d'Espagne, un petit homme à l'air doux et bénin, que son costume et toute sa mine m'ont fait prendre pendant un quart d'heure pour un bon négociant de Marseille, de ceux qui n'attendent que d'avoir ramassé un peu de rentes et marié leur fille, pour se retirer dans une bastide, et là, jardiner jusqu'au dernier soupir. Tu vas voir quel bourgeois c'était.

« Je faisais, me dit-il, partie de l'expédition qui chassa de Miliana Mohammed-ben-sidi-Embarrak, kaliffa (lieutenant) d'Abd-el-Kader. L'armée ne savait pas si l'on occuperait cette petite ville, dont la situation est agréable, mais que les Arabes avaient saccagée avant de se retirer, et qui n'était qu'un monceau de ruines. On m'y laissa avec douze cents hommes. Je ne m'y attendais point, je n'avais pu faire aucune disposition, et l'armée, qui partit aussitôt, n'en avait pris aucune. Des vivres entassés à la hâte, quelques munitions, quelques outils, et c'était tout. J'avoue que je ne pus voir sans un certain serrement de cœur nos camarades s'éloigner et disparaître derrière les collines qui entourent Miliana. Le sentiment de ma responsabilité pesa douloureusement sur mon âme. Heureusement que je ne pus mesurer d'un coup ni toute notre faiblesse, ni tous nos dangers. Si j'avais connu le sort qui attendait mes malheureux soldats, je crois que j'aurais perdu la tête.

« Je me mis sur-le-champ à examiner notre séjour, je

puis bien dire notre prison, car nous étions cernés de toutes parts, et l'armée n'était pas à quatre lieues, qu'on nous tirait déjà des coups de fusil. Je voulais savoir quelles ressources le lieu pouvait offrir. Le mobilier des Arabes est léger : lorsqu'ils s'en vont, il leur est facile de tout emporter avec eux ; ils n'y avaient pas manqué. Ce qu'ils s'étaient vus forcés de laisser était brisé ; toutes les maisons offraient des traces récentes de l'incendie. Nous ne trouvâmes rien que trois petites jarres de mauvaise huile, qui furent partagées entre l'hôpital et les compagnies pour l'entretien des armes, et deux sacs contenant quelques centaines de pommes de terre. On découvrit aussi, dans un silo (1), des boulets et des obus. Du reste, pas un lit, pas une natte, pas une table, pas une écuelle. Abandonnés au milieu du désert, nous n'aurions pas été plus dépourvus. Chaque pas que je faisais à travers ces funestes masures, chaque instant qui s'écoulait me révélait les périls de notre situation. Une odeur infecte régnait dans la ville; de toutes parts elle offrait des brèches ouvertes à l'ennemi. L'on vint me dire que les spiritueux manquaient pour corriger la crudité de l'eau, que les vivres étaient avariés, et que l'on doutait qu'il y en eût assez pour suffire au besoin de la garnison, mais cette dernière circonstance m'inquiétait peu. Déjà je ne pouvais que trop sûrement compter sur la mort pour diminuer le nombre des bouches. Plusieurs des soldats que l'on m'avait laissés étaient déjà souffrants. Je les voyais silencieux, tristes, promener autour d'eux un œil abattu. Je n'ignorais pas ce que m'annonçaient cette attitude et ces regards.

---

(1) Les silos sont des trous où l'on cache le blé.

« On était au milieu de juin. Sous un soleil qui marquait 30 degrés Réaumur, il fallait assainir la ville, réparer la muraille, faire faction, se battre, garder le troupeau, notre unique ressource et le perpétuel objet de la convoitise des Arabes, qui tentaient sans cesse de l'enlever. La masure que nous appelions l'hôpital fut bientôt remplie de fiévreux, la plupart couchés sur la terre, les plus malades sur des matelas formés de quelques débris de laine ramassée dans les égouts, où les Arabes l'avaient noyée avant de s'enfuir, et que nous avions tant bien que mal lavée. Cependant, tout alla passablement jusqu'aux premiers jours de juillet. Le moral et la santé se soutinrent; nous pûmes à peu près suffire aux fatigues excessives qu'exigeaient les travaux les plus urgents. Mais le mois de juillet nous amena une température de feu; le thermomètre monta au soleil jusqu'à 58 degrés centigrades, le vent du désert souffla et dura sans relâche vingt-cinq jours; les maladies éclatèrent avec une violence formidable; la diarrhée, la fièvre pernicieuse, la fièvre intermittente, enlevèrent beaucoup de monde et n'épargnèrent personne. Plus ou moins, chacun en ressentit quelque chose: tous les officiers, excepté un capitaine du génie (1), tous les officiers de santé, tous les administrateurs et employés, tous les sous-officiers et soldats anciens et nouveaux en Afrique ont payé leur tribut. A peine aurais-je pu trouver, en certains moments, cent cinquante hommes capables d'un bon service actif. Il fallait, en les menant à leur poste, donner le bras aux hommes que l'on mettait en faction. Ces pauvres soldats, dont le visage maigre et défait s'inondait à chaque in-

---

(1) Le capitaine Bonafoux.

stant de sueur, pouvaient à peine se soutenir sur leurs jambes tremblantes ; n'ayant plus même la force de parler, ils disaient péniblement à leur officier, avec un regard qui demandait grâce : « Mon lieutenant, je ne peux plus aller, je ne peux plus me tenir. — Allons, mon ami, répondait tristement l'officier, qui souvent n'était guère en meilleur état, un peu de cœur ; c'est pour le salut de tous. Place-toi là, assieds-toi.— Eh bien ! oui, répondait le malheureux content de cette permission, je vais m'asseoir. » On l'aidait à défaire son sac, il s'asseyait dessus, son fusil entre ses jambes, contemplant l'espace avec ce morne regard qui déjà ne voit plus. Ses camarades s'éloignaient la tête baissée. Bientôt le sergent arrivait, et de la voix sombre qu'ils avaient tous : « Mon lieutenant, il faut un homme. — Mais il n'y en a plus. Que le pauvre *un tel* reste encore une heure.— *Un tel* a monté sa dernière garde ! » Il fallait conduire, porter presque, un mourant à la place du mort.

— Et ils obéissaient? dis-je au colonel, qui avait les yeux remplis de larmes.

— Je n'ai pas eu, reprit-il, à punir un acte d'indiscipline. Mais je ne pouvais leur ordonner de vivre. Quelques-uns devinrent fous. Ceux que la nostalgie avait attaqués, ceux dont le cœur était plus sensible, les jeunes soldats qui avaient laissé en France une fiancée qu'ils aimaient encore, furent atteints les premiers et ne guérirent pas. Après eux, je perdis tous les fumeurs. Le manque absolu de tabac était sans contredit, pour ces derniers, la plus cruelle des privations. J'avais décidé un Kabyle qui venait rôder autour de nous à nous en vendre, et il m'en avait même apporté trois ou quatre livres, qui, distribuées aux plus nécessiteux, prolongèrent véritablement leur vie ; mais, pris sans doute par les Arabes, cet homme ne reparut plus. Alors, profitant de quelques connaissances ou de quelques souvenirs qui me venaient je ne sais d'où, je fis faire, comme je pus, avec des feuilles de vigne et d'une autre plante, une espèce de tabac qui fut reçu par ces infortunés comme un présent du ciel. Malheureusement mon invention vint trop tard.

« J'étais forcé de m'ingénier de toutes manières pour combattre mille dangers, pour tromper mille besoins impossibles à prévoir. Afin de lutter contre les désastreux effets de la nostalgie, j'avais organisé une section de chanteurs qui deux fois par semaine essayaient de récréer leurs camarades, en leur faisant entendre les airs et les chansons de la patrie. Les uns riaient, les autres pleuraient. Quand les chanteurs, qu'on écoutait avec un douloureux plaisir, avaient fini, beaucoup regrettaient plus amèrement la patrie absente. Ce mal du pays est terrible ! Je ne savais pas, en définitive, si cette distraction, toujours impatiemment attendue, produisait un résultat favorable ou contraire. Mais je n'eus pas à délibérer là-dessus bien longtemps ! La maladie attaqua les chanteurs ; presque tous moururent comme ceux que leurs chants n'avaient pu sauver.

« On nous avait abandonnés si vite et avec une si cruelle imprévoyance, que, dès les premiers jours, les souliers manquèrent à un grand nombre d'hommes. Je me souvins heureusement des chaussures espagnoles. Les peaux fraîches de nos bœufs et de nos moutons, distribuées aux compagnies, leur servirent à faire des espardilles. Beaucoup aussi manquaient de linge et d'habillements. La mort n'y pourvut que trop !... Quel lamentable spectacle offrait cette pauvre troupe, mal en ordre, déguenillée, mourante! Parmi tant de misères, c'était encore une souffrance pour le soldat de ne pouvoir quelquefois se mettre en grande tenue.

« Je vous ai dit qu'une partie des vivres étaient avariés. La farine surtout ne produisait qu'un pain détestable, et encore vîmes-nous le moment où ce mauvais pain nous manquerait, non pas faute de farine, mais faute de boulangers. Comme nos chanteurs, comme nos jardiniers, qui n'avaient point vu germer leurs semailles, nos boulangers étaient morts ou malades, et j'eus, à plusieurs reprises, une peine infinie à me procurer le pain nécessaire au peu d'hommes qui pouvaient manger. Que vous dirai-je? les bataillons se sont trouvés souvent presque sans officiers, l'hôpital presque sans chirurgiens et sans infirmiers. Ceux qui travaillaient le plus, ceux qui travaillaient le moins, les forts, les faibles, ceux qui avaient pu guérir déjà une ou deux fois, ceux qui semblaient devoir résister à tout, venaient successivement encombrer cet hôpital, d'où j'avais fait emporter tant de cadavres.

« Les Arabes soupçonnaient notre détresse sans la connaître entièrement. Mes pauvres soldats faisaient bonne contenance devant l'ennemi, qui ne nous laissait point de repos. Il fallait presque tous les jours combattre, et les balles venaient mordre à ceux que la maladie n'avait point entamés. Nos fiévreux enviaient le sort de leurs frères, qui mouraient d'une blessure. Ils se faisaient conter les traits de courage qui tenaient en respect les Bédouins. Un jour, un brave garçon, un carabinier nommé Georgi, se précipita seul au milieu de trente Kabyles qui attaquaient un de nos avant-postes; il en perça plusieurs de sa baïonnette, mit les autres en fuite et les obligea d'abandonner leurs blessés, dont il se rendit maître. Ce fut une fête dans la ville et dans l'hôpital ; cette action de Georgi fit plus que tous les médicaments. Mais nous n'avions pas souvent de ces prouesses. Pour poursuivre l'ennemi, il fallait plus de jambes qu'il ne nous en restait. C'était beaucoup de n'être pas absolument bloqués dans nos murs. Au bout de trois mois, vers la fin de septembre, n'ayant que très-peu d'hommes à opposer aux attaques réitérées des Arabes, le ravitaillement des postes avancés devenait très-difficile. Officiers, médecins, gens d'administration, tout le monde prit le fusil ; je le pris moi-même, et je dus aller à l'ennemi, suivi d'une quarantaine d'hommes, dont quelques-uns étaient à peine convalescents.

« Tout se tournait contre nous. Les fruits que nous offraient les arbres étaient dangereux et se changeaient en poison. L'approche de l'automne n'adoucissait pas cette température qui nous avait dévorés. La mortalité allait croissant. Je remarquai que les Arabes, voulant s'assurer de nos pertes, venaient la nuit compter les fosses dont nous entourions les murs de la ville ; et nous en creusions de nouvelles tous les jours ! J'ordonnai qu'on les fît plus profondes et qu'on mît dans chacune plusieurs cadavres à la fois. Les soldats obéirent, mais leur force épuisée ne leur permit pas de creuser bien avant. Un matin, ceux qui devaient remplir à leur tour ce lugubre office, vinrent tout effarés me dire que les morts sortaient de terre. La terre, en effet, n'avait pas gardé son dépôt. Elle était inhospitalière aux morts comme aux vivants. La fermentation de ces cadavres l'avait soulevée ; elle rendait à nos regards les restes décomposés de nos compagnons et de nos amis. Je ne puis vous dire l'effet de ce spectacle sur des imaginations déjà si frappées. Malade moi-même et me traînant à peine, j'allai présider au travail qu'il fallut faire pour enterrer nos morts une seconde fois; et, afin que mes intentions fussent à l'avenir mieux remplies, je continuai de conduire désormais ces convois chaque jour plus nombreux et plus lamentables. J'avais beau m'armer de toute ma force, je ne pouvais m'y faire. Je m'étais attaché à ces soldats si bons, si malheureux, si résignés, si braves. Des enfants n'auraient pas mieux obéi à leur père, un père n'aurait pas davantage regretté ses enfants. Je ne me suis pas un seul instant endurci à cette douleur, je sens que je ne m'endurcirai jamais à ce souvenir!...

— Colonel, lui dis-je, quel était donc le chiffre de vos morts?

— Lorsqu'on vint, reprit-il, nous relever, le 4 octobre, nous en avions enterré huit cents.

— Huit cents! m'écriai-je.

— Au moins huit cents, reprit-il; les autres, ceux qu'on emmena ou qu'on emporta, étaient malades, et l'on a jalonné le chemin de leurs sépultures. Ni l'art des médecins, ni la joie de leur délivrance ne les purent remettre. Ceux qui parvinrent jusqu'aux hôpitaux de Blidah ou d'Alger y succombèrent victimes d'un mal incurable. Au sortir de Miliana, il ne s'en était pas trouvé cent qui fussent en état de marcher durant quelques heures; il ne s'en trouva pas un qui pût porter son sac et son fusil. Lorsque, plusieurs mois après, je quittai l'Algérie pour venir me rétablir en France, il y en avait encore, à ma connaissance, une trentaine de vivants. Qui sait s'ils vivent aujourd'hui? Je fus un des moins maltraités, et vous me voyez... Eh bien! nous n'avons pas cessé de travailler ; nous avons exécuté des travaux considérables ; nous avons mis la place en état de défense ; nous avons établi un bel hôpital ; tout le monde, jusqu'au dernier moment, a rempli son devoir. Toujours l'ennemi nous a respectés et nous a craints. La discipline a été jusqu'au bout parfaite ; l'union, la concorde, le dévouement n'ont pas cessé de régner entre nous. Au milieu de tant de fatigues, de tant de privations, de tant de misères que je ne puis raconter, il n'y a eu que vingt-cinq déserteurs, et ils appartenaient à la légion étrangère ; pas un n'était Français !

— Mais, dis-je, colonel, comment se fait-il que ces détails n'aient pas été connus en France ? Je n'avais pas la moindre idée de tout ce que vous m'apprenez, et cependant je me tiens au courant des nouvelles d'Alger.

— Les rapports officiels ont gardé le silence, reprit-il ; cela était trop désastreux. On s'est borné à dire que *la garnison de Miliana, éprouvée par le climat, avait été relevée.* Cette phrase est devenue célèbre dans notre armée d'Afrique.

— Quoi ! m'écriai-je, pas un mot d'éloge pour cette garnison intrépide ! rien pour honorer les morts, rien pour consoler les survivants prêts à mourir !

— Rien, répondit le colonel ; ces événements ne venaient pas à l'appui du système qu'on voulait suivre, et pouvaient compromettre des réputations plus importantes que les nôtres. Ils furent passés sous silence. »

J'étais confondu.

« Je reçus pourtant un témoignage d'estime, continua le colonel, on témoigna le désir de me voir conserver le commandement supérieur de la nouvelle garnison, et j'acceptai, quoique je fusse bien malade : le devoir parlait, je suis un vieux soldat, je n'ai pas plus de raisons qu'un autre pour tenir à la vie. Ce qui me creva le cœur, ce fut de voir le peu de précautions que l'on prit pour éviter aux nouveaux venus le sort de ceux qu'ils remplaçaient.

— Et perdîtes-vous encore beaucoup de monde? lui demandai-je.

— Moins que la première fois, me répondit-il; mais nous n'obtînmes pas beaucoup plus de remerciements..., et je suis encore lieutenant-colonel comme je l'étais alors. Avez-vous déjà vu la guerre, Monsieur?

— Non, colonel.

— Eh bien! poursuivit le vieil officier avec un pénible sourire, regardez-la de près. Vous saurez que tout n'est pas roses et lauriers dans le métier des héros. »

Il se retira, je restai seul avec un jeune capitaine qui avait assisté à notre entretien.

« Que pensez-vous de ceci? lui demandai-je.

— C'est comme il le dit, me répondit-il avec une gaieté un peu sombre. Je connaissais toute cette histoire, et j'aime à l'entendre répéter, pour enseigner la patience à l'ambition du fils de ma mère. Il est sûr que ce digne colonel d'Illens a été indignement oublié. Tout le monde n'a pas les bons postes, et les bons postes ne sont pas toujours ceux où l'on court le plus de dangers. La graine d'épinards est sujette à pousser lentement, même lorsqu'on est diligent à la faire arroser de balles. Ce vieux brave retourne en Afrique pour y faire dorer ses épaulettes. Il n'attrapera peut-être qu'un dernier coup de fusil ou une dernière fièvre (1)... c'est le métier qui veut ça. Tout soldat doit regarder sa vie de l'œil dont le regarde

---

(1) Voyez la note 2.

lui-même un maréchal de France. Les morts rangés autour de Miliana ne sortiront plus de leur fosse pour réclamer contre l'incurie de personne, et quand ils en sortiraient, qu'importe! C'est peu de chose que la voix d'un mort; c'est peu de chose aussi que la voix d'un vivant, lorsqu'il n'est qu'un petit vivant. De pareilles importunités ne peuvent rien contre l'éclat de la gloire ou contre l'éclat du grade. En somme, Miliana est conquise. Je ne sais comment on s'y comporte aujourd'hui; je soupçonne que les jeux et les ris n'y tiennent pas encore leur cour, et que d'Illens, après trois ou quatre mois d'absence, n'y verrait pas grand changement; mais Miliana n'en est pas moins conquise. On finira peut-être par en faire un séjour supportable, et ce sera un nom tout aussi sonnant que beaucoup d'autres à graver sur la pierre tumulaire, dans une couronne de laurier. Si cela peut faire plaisir à celui qui dormira sous la couronne, quel mal et quelle peine voulez-vous que cela fasse aux autres? Il y a deux sortes d'insensés dans le monde : ceux qui s'obstinent à vouloir que les hommes soient justes, et ceux qui pensent que Dieu ne l'est pas. »

IV

LA BÉNÉDICTION DU NOUVEAU SOLDAT.

Je te parlais l'autre jour de la tendresse que l'Église témoigne aux hommes de guerre. Je trouve dans le pontifical romain, publié par ordre du pape Clément VIII, un monument de cette tendresse : c'est la cérémonie de la bénédiction du nouveau soldat. Écoutes-en le détail : il ne te plaira pas moins qu'il ne m'a plu à moi-même ; tu te sentiras pénétré d'admiration pour tant de sagesse et d'amour, et tu regretteras, comme moi, que nous ne puissions plus contempler ces spectacles qui charmaient et qui fortifiaient les nobles cœurs de nos pères. Mais pourquoi ne le pouvons-nous plus, puisqu'il y a toujours des hommes d'église et des hommes d'armes ? C'est qu'il y a aussi des hommes de palais, des avocats, des journalistes, des voteurs de toute espèce, qui ne veulent pas que la religion bénisse le courage et que le courage protége la religion. Ils aiment mieux que le soldat haïsse le prêtre, et que le prêtre craigne le soldat. La triste condition de leur pouvoir est de redouter l'union de tout ce qui est grand et généreux. La lâche et incertaine doctrine du philosophe, et la misérable épée du sbire, voilà les objets de leurs sympathies.

Au temps donc où l'on bénissait les hommes d'armes,

cette cérémonie pouvait se faire, n'importe à quel jour de l'année, n'importe en quel lieu, n'importe à quelle heure, le jour, la nuit, sur le vaisseau qui cinglait vers la Palestine, ou sur le champ de bataille, avant le combat ou pendant le combat. On ne voulait point remettre au lendemain de bénir celui qui allait peut-être mourir tout à l'heure. D'ordinaire on choisissait le matin. Après la messe, le pontife se plaçait devant l'autel, debout ou assis sur le *falstidorium* (1), et revêtu des mêmes habits qu'il portait pour célébrer le saint sacrifice ou pour y assister. On lui présentait d'abord à bénir l'épée nue, que l'on tenait à genoux. Il se levait, la tête découverte, disant : *Notre aide est dans le nom du Seigneur*, et les assistants, comme pour confirmer sa parole et achever sa pensée, ajoutaient : *Qui a fait le ciel et la terre*. — *Seigneur*, poursuivait le pontife, *exaucez ma prière*.— *Et que mes cris*, reprenaient les assistants, *arrivent jusqu'à vous*.— *Que le Seigneur soit avec vous*, leur disait alors le pontife en se tournant vers eux. Ils lui rendaient son souhait par les paroles touchantes et profondes qui associent le fidèle à l'œuvre du prêtre : *Que le Seigneur soit avec votre esprit !*

Après cette sorte de profession de foi faite en commun et ce doux et cordial échange de vœux chrétiens, le pontife disait : *Prions!* Et tout de suite, s'adressant à Dieu :
« Exaucez nos prières, nous vous en supplions, Seigneur ;
« et que la droite de votre majesté daigne bénir l'épée
« dont votre serviteur désire être ceint, aussi longtemps
« qu'il pourra défendre les églises, les orphelins, les
« veuves, et tous ceux qui servent Dieu, contre la cruauté

---

(1) Siége de bois à bras, sans dossier.

« des païens et des hérétiques; qu'elle soit la terreur de
« quiconque lui tendra des embûches ; Par Jésus-Christ
« notre Seigneur. »

— *Amen!* disait l'assistance.

— *Prions!* » reprenait le pontife; et il adressait au souverain maître des supplications plus pressantes et plus tendres : « Seigneur très-saint, Père tout-puissant, Dieu
« éternel, par l'invocation de votre saint nom, par la
« venue de Jésus-Christ votre Fils notre Seigneur, et
« par le don du Saint-Esprit, bénissez cette épée, afin
« que votre serviteur, qui doit à votre amour d'en être
« ceint aujourd'hui, victorieux partout, foule aux pieds
« les ennemis invisibles et demeure sans blessure. »

Les assistants répondaient *Amen*, et le pontife, toujours debout, disait alors ce psaume :

« Béni soit l'Éternel, mon appui, qui forme mon bras à la guerre et dresse mes mains au combat.

« Il est mon bienfaiteur et mon rempart, mon soutien et mon libérateur,

« Le protecteur en qui j'espère et qui soumet mon peuple à mes lois.

« Gloire au Père, au Fils, au Saint-Esprit ;

— Dès le commencement, et maintenant, et toujours, et dans les siècles des siècles. Ainsi soit-il.

— Seigneur, sauvez votre serviteur,

— Qui espère en vous, ô mon Dieu.

— Soyez pour lui, Seigneur, une tour inexpugnable

— En présence de l'ennemi.

— Seigneur, exaucez ma prière,

— Et que mes cris arrivent jusqu'à vous.

— Que le Seigneur soit avec vous

— Et avec votre esprit. »

Le pontife, s'adressant de nouveau à Dieu, faisait alors connaître dans quel dessein il allait, lui, prince du royaume de la paix, bénir un instrument de guerre :

« Seigneur très-saint, Père tout-puissant, Dieu éter-
« nel, qui seul ordonnez toutes choses et les disposez
« parfaitement; qui, pour réprimer la malice des mé-
« chants et protéger la justice, avez permis aux hommes
« sur cette terre l'usage du glaive, et voulu l'institution
« de l'ordre militaire pour la protection du peuple; vous
« qui, par la bouche de saint Jean, avez dit aux soldats
« qui venaient à lui dans le désert, de ne frapper per-
« sonne et de se contenter de leur paye : nous vous sup-
« plions, Seigneur, écoutez-nous! De même que vous avez
« accordé à David, votre enfant, de renverser Goliath,
« et à Judas Machabée de triompher de la férocité des
« peuples qui n'invoquaient pas votre nom, daigne aussi
« votre céleste bonté accorder à votre serviteur ici pré-
« sent, qui prend le joug de la milice, des forces et de la
« hardiesse pour la défense de la justice et de la reli-
« gion; augmentez en lui la foi, l'espérance et la charité;
« donnez-lui votre crainte et votre amour; qu'il soit
« humble et persévérant; qu'il ait l'obéissance et la bonne
« patience; que, par votre grâce, il ne blesse injuste-
« ment personne avec ce glaive, ni avec un autre, et
« qu'il s'en serve pour défendre toutes choses justes et
« bonnes. Et comme il est promu d'un degré inférieur à
« l'honneur, pour lui, de la milice, que de même il dé-
« pouille le vieil homme et revête l'homme nouveau,
« afin qu'il vous craigne et vous honore, Seigneur; afin
« qu'il évite la société des méchants, étende sa charité
« sur le prochain, obéisse à son chef, et remplisse par-
« tout loyalement son devoir. Ainsi soit-il ! »

Cette oraison achevée, le pontife aspergeait l'épée d'eau bénite, et s'asseyant, la mitre en tête, il remettait l'arme nue dans la main droite du nouveau soldat agenouillé devant lui.

« Recevez, lui disait-il, cette épée, au nom du Père,
« et du Fils, et du Saint-Esprit; servez-vous-en pour
« votre défense, pour la défense de la sainte Église de
« Dieu, pour la confusion des ennemis de la croix de
« Jésus-Christ et de la foi chrétienne; et, autant que la
« fragilité humaine le permettra, n'en frappez injuste-
« ment personne. Que celui qui vit et règne comme Dieu,
« avec le Père et le Saint-Esprit, dans les siècles des
« siècles, vous accorde cette grâce. »

L'épée était remise dans le fourreau, et le pontife, ceignant le nouveau soldat, disait :

« Que l'épée batte sur votre cuisse, homme vaillant(1),
« et souvenez-vous que les saints ont vaincu le monde,
« non par le glaive, mais par la foi. »

Ici se passait une de ces scènes fortes et naïves qui peignent le moyen âge. Le nouveau soldat, ceint de l'épée, se relevait, sortait sa lame, la brandissait trois fois en homme (*viriliter*), puis, après avoir fait le geste de l'essuyer sur son bras gauche, la remettait au fourreau. Le pontife alors lui donnait le baiser de paix, en prononçant la douce parole des évêques : *La paix soit avec vous.*

Quel symbolisme charmant et profond! Une fois armé de cette épée bénite, le nouveau soldat devait s'en servir en brave, virilement, non pas une fois, mais toujours, et quand cette brave épée dormait au fourreau, quand la tâche était finie, quand l'âge avait glacé le bras vigoureux

---

(1) *Accingere gladium tuum, super femur tuum, potentissime.* (Ps.)

qui avait chrétiennement accompli l'œuvre de guerre, il pouvait, sans remords des coups portés, goûter en paix son noble repos. Toutefois l'Église avait encore des conseils à lui donner : il s'agenouillait donc de nouveau devant le pontife, qui, reprenant une dernière fois l'épée nue, l'en frappait trois fois légèrement sur les épaules, disant :

« Soyez un soldat pacifique,

« Un soldat courageux et fidèle,

« Un soldat dévoué à Dieu. »

L'arme ensuite était remise dans le fourreau, et le pontife, touchant légèrement à la joue le nouveau soldat, reprenait :

« Éveillez-vous du sommeil de la malice, soyez vigi« lant dans la foi de Jésus-Christ, cherchez une louable « renommée. »

En ce moment l'on attachait au nouveau soldat les éperons, qu'il avait fallu si vaillamment gagner. Le pontife, assis, disait l'antienne :

« Distingué par la beauté sur tous les fils des hommes, « que l'épée batte sur votre cuisse, ô vaillant ! »

Puis il se levait, la tête découverte, et tourné vers le nouveau soldat, il disait encore :

« Que le Seigneur soit avec vous. »

Les assistants répondaient :

« Qu'il soit avec votre esprit.

— *Prions!* » continuait le pontife, et résumant dans une dernière prière tous les vœux de sa sagesse et de son amour :

« Dieu tout-puissant, Dieu éternel, répandez vos bé« nédictions sur votre serviteur que voici, et qui a été « ceint de ce noble glaive : et faites qu'appuyé sur la

« vertu de votre droite, il soit armé des secours célestes
« contre tous les obstacles, afin que ne puisse le renver-
« ser aucune tempête des guerres de ce monde. *Amen.* »

C'était la fin, et que pouvait-on ajouter? Le nouveau soldat baisait, en signe de reconnaissance, la main vénérable qui venait de l'armer et de le bénir; il déposait les éperons et l'épée, et se retirait en paix.

Est-ce que tout cela ne te fait pas mieux comprendre quelques-unes de ces nobles figures qui brillent si loin de nous dans l'histoire de la chevalerie : Boucicaut, Du Guesclin, Bayard, et tant d'autres? Imagines-toi que le nouveau soldat c'est Bayard, et le pontife, ce bon évêque de Grenoble, son oncle « qui oncques en sa vie ne fust las de faire plaisir (1), » lequel voulant que le jouvencel devînt *prud'homme,* le conduisit à treize ans au duc de Savoie, « après l'avoir très-bien miz en ordre, et garny « d'ung petit roussin. » Les oraisons que tu viens de lire, pourraient-elles être plus paternelles, plus tendres? La mère du gentil Pierre, elle-même, n'aurait pas mieux dit. Écoute-la parler, et vois comme ces nobles et doux préceptes de l'Église avaient pénétré dans tous les esprits :

Bayard, à treize ans « esveillé comme un esmerillon, » va partir avec son oncle. A cheval sur le petit roussin que l'évêque lui a donné, il vient de recevoir la bénédiction de son vieux père. « La povre dame et mère estoit en une
« tour du chasteau qui tendrement ploroit, car combien
« que elle feust joyeuse dont son filz estoit en voye de
« parvenir, amour de mère l'admonestoit de larmoyer.
« Elle sortit par le derrière de la tour, et fist venir son
« fils vers elle, auquel elle dist ces parolles : Pierre, mon

---

(1) Voyez *le Loyal serviteur.*

« amy, vous allez au servize d'ung gentil prince. D'aul-
« tant que mère peult commander à son enfant, je vous
« commande trois choses :

« La première, c'est que vous aymiez, craigniez et ser-
« viez Dieu sans aucunement l'offenser, s'il vous est pos-
« sible ; car c'est celluy qui tous nous a créez, c'est luy
« qui nous fait vivre, c'est celluy qui nous saulvera, et
« sans luy et sa grâce ne saurions faire une seule bonne
« œuvre en ce monde. Tous les matins recommandez-
« vous à luy, et il vous aidera.

« La seconde, c'est que vous soyez doulx et courtoys
« à tous gentilz hommes, et ostant de vous tout orgueil ;
« soyez humble et serviable à toutes gens ; ne soyez mal-
« disant ne menteur ; maintenez-vous sobrement quant
« au boire et au manger. Fuyez envie, car c'est un vil-
« lain vice ; ne soyez flatteur ne rapporteur, car telles
« manières de gens ne viennent voulontiers à grande
« perfection. Soyez loyal en faictz et dictz, tenez vostre
« parolle, soyez secourable à povres veufves et orphe-
« lins, et Dieu vous le guerdonnera.

« La tierce, que vous soyez charitable aux povres né-
« cessiteux, car donner pour l'honneur de Dieu n'apovrit
« oncques homme ; tenez tant de moy, mon enfant, que
« telle aulmosne pourrez faire, qui grandement vous
« prouffittera au corps et à l'âme. Voilà tout ce que je
« vous en charge. Je crois que vostre père et moi ne vi-
« vrons plus guères. Dieu nous face la grâce, à tout le
« moins tant que nous serons en vie, que tousjours puis-
« sions avoir bon rapport de vous.

« Alors l'enfant luy respondit :

« Madame ma mère, de vostre bon enseignement tant
« humblement qu'il m'est possible vous remercie, et es-

« père si bien l'ensuivre que, moyennant la grâce de
« CELLUY en la garde duquel me meetez, en aurez con-
« tentement ; et après m'estre recommandé à vostre grâce,
« je voys prendre congié de vous. »

Cette mère parle comme l'Église et l'Église aime comme cette mère, et cette sagesse et cet amour formaient le type de courage, de bonté, de candeur, qu'on appelait un vrai et digne chevalier.

Sais-tu ce que je pense? Je pense que *Don Quichotte* est un chef-d'œuvre, mais c'est un chef-d'œuvre que n'aurait jamais écrit un cœur vraiment généreux, et j'aimerais mieux avoir dit la dernière parole de Bayard, que fait tous les livres de Michel Cervantes.

V

LA TRAVERSÉE.

Celui qui s'embarque à Toulon, au jour naissant, voit assurément un des plus magiques tableaux que puisse contempler l'œil de l'homme. Cette vaste rade, toujours animée ; ces collines dont les brouillards légers du matin et les premiers feux du soleil déguisent l'aridité ; ces bâtiments énormes, si solidement et si légèrement établis sur le mobile cristal de l'eau ; ces chaloupes de toute dimension, qui courent d'un navire à l'autre ; ce regret enfin de quitter le doux pays de France, et cette joie d'aller voir de nouveaux pays, tout donne au départ de Toulon une physionomie particulière. Joignez-y la solennité des adieux que vous font à bord les derniers amis. Il y a là des gens qui versent de vraies larmes, car ceux qui se quittent, se quittent pour longtemps, et savent-ils s'ils se reverront jamais ? Pour moi, j'étais parti de Paris ; Toulon n'avait été qu'un relais, et je n'avais ni une main à serrer, ni une larme à répandre ; mais je savais un endroit en ce monde, une pauvre maison dans une ville ignorée, une humble et solitaire chapelle où deux cœurs innocents, ne pouvant s'empêcher de frémir à la pensée que j'étais en mer, récitaient avec ferveur et larmes l'*Ave maris Stella*. On a tant ouï parler de cette mer formidable! il en court de si sombres histoires! Comment songer sans terreur qu'on a un frère sur les flots? Oh! que, malgré la distance, j'entendis bien l'expression de ces terreurs naïves! et tandis que les puissantes ailes du bateau commençaient à battre la mer, je dis à mon tour l'*Ave maris Stella*. Heureux qui peut, à ces passages sérieux de la vie, reprendre tout son cœur dans une prière! Heureux qui peut, en s'éloignant, placer sous la tutelle de Marie les êtres chers, près desquels ne veillera plus que de loin son amour! Oui, quoi que l'on puisse faire, c'est toujours un déchirement de partir; mais ceux qui aiment Dieu ne se séparent point comme les autres: en dépit de la distance, leurs âmes s'embrassent tous les jours dans le saint rendez-vous de la prière.

On nous avait promis que nous irions vite, et nous allions plus vite encore qu'on ne l'avait promis. Par un calme qui, en certains moments, n'aurait pas enflé la voile d'un pêcheur, cette noire machine fendait l'onde et tendait au terme de sa course avec la rapidité de la flèche. J'aimais à me rappeler les vieilles divinités à qui la fable donnait le royaume des mers, et je me figurais l'étonnement de Neptune, aux choses étranges que l'homme lui fait voir depuis quelque temps.

C'est une chose à dire au profit des sciences : en face d'elles, il n'y a vraiment de Dieu que Dieu. Voyez la figure que ferait aujourd'hui devant la chimie et la physique, tout le vieil empyrée, si Jésus-Christ ne l'avait pas réduit en poudre il y a dix-huit cents ans? Je désire que les savants finissent par se prouver à eux-mêmes ce qu'ils prouvent si bien aux autres, quelquefois sans le vouloir. Il est pénible de voir des gens qui construisent

4

de si belles machines, combinent si habilement les gaz, et nous révèlent chaque jour si bien les merveilles de la création, conduire, au milieu de leurs travaux, si maladroitement leur esprit et leur âme, qu'ils courent grand risque de se trouver, au dernier jour, dans l'ignorance et dans la triste situation de ces païens dont leur cornue et leur alambic ne cessent de rendre le culte plus ridicule et plus grossier.

Car il n'y a pas à s'y refuser : les noms seuls sont changés; les hommes, les passions, les idées sont restés les mêmes. Aujourd'hui, comme au temps de Pierre et de Paul qui traversèrent ces mers, faisant plus de miracles encore que nos savants; comme au temps de Jérôme, de Tertullien et d'Augustin, que ces mêmes flots virent aussi passer, il faut croire à Jupiter ou confesser Jésus-Christ, ou descendre lâchement à l'abjection de nier Dieu pour nier la vertu et trahir le devoir. Quiconque n'est pas chrétien aujourd'hui, est païen comme Symmaque ou comme Épicure.

Mais, au moment où je pensais ainsi, mon regard parcourut le vaisseau. Jupiter me parut plus puissant que je ne l'avais d'abord pensé. « Quel Dieu, me demandai-je, adore-t-on ici? Parmi ces vaillants hommes, lequel se dit qu'il va combattre les infidèles et demande à Jésus-Christ la grâce de combattre dignement?... »

La Méditerranée est la mer des idées, de la civilisation et des arts, la mer épique. L'Océan, sans les missionnaires saints qui parfois le traversent, ne serait que le chemin des ballots, la mer marchande. Sur la Méditerranée passèrent la Grèce, l'Italie et l'Évangile; le coran y fut noyé. Les flots de la Méditerranée furent les premiers qui virent la croix et qui la portèrent de rivage en rivage ; cent fois, les plus grands hommes que la terre ait connus leur confièrent le destin du monde ; ils ont vu, ils ont bercé tous ces athlètes qui, par la parole ou par le glaive, ouvrirent la voie de l'avenir, et tracèrent les routes où vinrent s'engager les siècles et les générations : Annibal, César, saint Paul, saint Louis, Ximenès, Pie V, Bonaparte ! Quels combats ont été rêvés sur vos cimes murmurantes, ô flots riches de gloire ! Vous étiez alors terribles et redoutés, on ne se livrait qu'avec crainte à vos caprices : vous ajourniez les desseins du génie jusqu'à désespérer les plus indomptables. Il a fallu que Dieu retirât de l'abîme, où vous l'aviez enseveli, saint Paul, le seul vainqueur de Rome ; vous avez retardé de trois siècles la civilisation d'un monde en détruisant la flotte de Charles-Quint… Que dites-vous des hommes d'à présent qui vous ont vaincus? Ont-ils une idée, ont-ils un Dieu? Vous ne le savez pas, nul ne le sait. Un vent inutile déroule des pavillons qui ne portent plus ni le croissant ni la croix.

La France, la patrie de Godefroy de Bouillon, de Pierre l'Ermite, de saint Bernard et de saint Louis, multiplie les prodiges de son ancien courage pour conquérir un royaume infidèle ; mais elle ne songe qu'à le gagner à ses comptoirs, et ne veut point le gagner à son Dieu.

Et c'est pourquoi ceux qui vivront verront d'éclatants désastres, car le trésor des colères divines n'est pas épuisé.

VI

ARRIVÉE.

« Voici le triangle d'Alger, » nous dit le capitaine, en nous montrant un point blanc que son œil exercé avait, bien avant les nôtres, reconnu sur les côtes qui surgissaient au loin. Je me mis à regarder avec une sorte d'avidité. Ainsi j'avais jadis fixé mes yeux sur l'espace où pour la première fois m'apparut Saint-Pierre de Rome. Alger! naguère l'un des remparts de la terre infidèle, maintenant couronné par la croix! Je ne songeai pas aux anciennes épouvantes dont ce lieu fut plein si longtemps, mais à la merveille de cette conquête, par où tant de mains, qui ne s'en doutent pas, ouvrent un nouveau monde à la bonne nouvelle de Dieu. Une prière encore naquit au fond de mon cœur. « Seigneur, pensai-je, vous avez repris votre bien; ce sol est deux fois à vous; vous l'avez créé, et vos martyrs l'ont arrosé de leur sang. Que de saints, dont les noms ne seront connus qu'au dernier jour, ont souffert et sont morts pour vous dans l'enceinte de ces murailles qui dessinent comme un immense Calvaire! Les ariens, les donatistes, les Vandales, les Arabes, les Turcs ont tour à tour immolé vos serviteurs fidèles; mais votre jour est venu; les bourreaux de vos saints disparaissent, même lorsqu'ils forment des peuples et des multitudes ; et voici que les derniers d'entre eux, refoulés par les armes chrétiennes, s'engloutissent dans le désert béant qui les a vomis! Donnez le triomphe et la gloire à ceux qui servent votre cause; faites-leur, en dépit de leur ignorance, un mérite du sang qu'ils versent pour reconquérir la tombe de leurs aînés! » J'aurais voulu, dans ce moment, porter l'habit de nos soldats et sentir battre sur ma cuisse une de ces épées qui sont les épées de Dieu tournées contre ses plus féroces ennemis. Le Gouverneur général était à bord, en grand uniforme; il regardait comme nous cette terre où il allait prendre un commandement qui donne presque une autorité royale. Nous avancions rapidement, et déjà nous pouvions voir en détail la colossale pyramide que forme Alger, ses minarets, ses maisons blanches et carrées, terminées en terrasses et s'élevant les unes au-dessus des autres. Tout était inondé des flots d'un soleil nouveau pour mes yeux européens. Bientôt le palmier, cet accessoire de tout paysage oriental, cet arbre que nous ne connaissons qu'en peinture, apparut et compléta le charme étrange du tableau. Je reconnaissais des choses que je n'avais jamais vues. Notre pavillon annonçait le haut personnage que nous avions à bord, et déjà nous pouvions voir le mouvement que ce signal produisait dans la ville. Des barques chargées d'uniformes brillants se détachaient du port, plein de vaisseaux. Les marins montaient sur les vergues, tout se garnissait de spectateurs; on entendait le tambour, le canon se mit à retentir, puissant comme la voix de quatre-vingt mille guerriers qui saluaient leur chef; et le cri de Vive le roi ! éclata de tous côtés; car c'est ainsi que l'armée témoigne encore sa joie :

et je trouve cette coutume belle et touchante, le roi étant l'autorité au nom de laquelle et par laquelle se font les actions de guerre. Le Gouverneur regardait gravement et paisiblement ; je m'approchai de lui : « Quel beau spectacle ! lui dis-je, et quel beau jour ! » Outre ma pleine confiance en son mérite, je ne pouvais oublier que je l'avais vu quelques semaines auparavant, simple particulier, mal logé dans une auberge, et ayant quelque peine à se faire servir le modeste déjeuner qu'il m'offrait en lisant les impertinences que lui prodiguait un très-médiocre journal. « Oui, me répondit-il en souriant ; le coup d'œil est joli pour un homme de lettres ; mais voyez-vous là-bas, à gauche, dans les terres, ces murs blancs ? c'est la Maison-Carrée, et il s'en faut de peu que la France n'y soit prisonnière. Si le gouverneur d'Alger voulait aller là sans escorte, on le mènerait coucher chez les Hadjoutes (1), et il suffirait d'un mot d'Abd-el-Kader pour faire tomber sa tête. »

Je compris quelle responsabilité pesait sur cet homme investi d'un si grand pouvoir, quels soucis l'occupaient, quel problème ardu il avait à résoudre ; j'admirai davantage le calme qu'il nous montrait, voyant que ce n'était pas seulement le calme de la raison qui dédaigne de vains hommages, mais le calme de la force et du cœur, qui considère froidement de grands devoirs et de grands périls. Non, ce n'est pas un petit rôle à remplir que celui de commander à quatre-vingt mille hommes, et ce n'est pas une royauté facile que la royauté d'Alger ! Il faut tout à la fois gouverner le royaume et le conquérir. Abd-el-Kader est un compétiteur redoutable, les bureaux mi-

(1) Tribu alors fort redoutable de la Mitidja.

nistériels de Paris sont des auxiliaires gênants, l'opinion est un maître difficile. Il n'y a pas longtemps qu'un homme assez mesquinement escorté descendait de la ville à ce port où nous débarquons. Il montait sans fanfares et sans honneurs, à bord d'un bâtiment qui faisait route pour la France, où l'attendaient des critiques plus dures à subir que ne le sont parfois les punitions des tribunaux politiques ; il laissait aux mains d'un autre une œuvre qu'on l'accusait aux yeux de l'armée, de la France et du monde, de n'avoir pu mener à bien ; et cet homme, maître absolu, la veille, dans les lieux qu'il quittait, était le vainqueur de Constantine, celui qui jusque alors avait tenu le plus longtemps le sceptre dans Alger, et avec le plus d'éloges, sinon avec le plus de succès ; il avait passé les Bibans, il était rentré dans sa capitale sous des arcs de triomphe... *Sic transit gloria mundi !* Voilà comment arrive un gouverneur d'Alger, voilà comment il part. S'il tient du roi, il tient aussi du pacha : il exerce le pouvoir souverain... jusqu'à l'arrivée du cordon. Mais qui n'en est là parmi ceux qui règnent sur les hommes ? qui monte sur le trône pour n'en pas descendre ? qui s'y assied le matin avec la certitude d'y être le soir ? Personne n'a vécu dans un coin, assez obscur, n'a vécu assez peu, n'a pu assez se dérober aux choses de la vie, pour éviter le spectacle de ces vicissitudes qui précipitent et chassent soudain loin de leurs domaines, loin de leurs grandeurs, loin de leur empire, les riches, les forts et les puissants. Et personne n'a puisé dans ces leçons solennelles assez de sagesse pour mépriser ces auréoles qu'un souffle fait évanouir. Personne ? Je me trompe ! Ceux-là mêmes qui sont le mieux faits pour les hautes fonctions sociales les envient moins. Tantôt la supériorité de leur intelligence, en leur montrant les difficultés du pouvoir, refroidit leur désir de le posséder ; tantôt une modestie sainte les fait douter d'une capacité qui épouvante leurs rivaux. Ils s'éloignent des brigues ; quand les autres promettent monts et merveilles, ils ne font entendre que des vérités austères, et, bien que la nécessité les appelle au premier rang, il semble toujours que ce soit un hasard qui les y a portés, tant ils savent peu complaire aux misérables instruments qu'emploie ordinairement la fortune,... mais que la Providence emploie aussi ! Oui, l'on voit dans les grandeurs des sages qui ne les ont pas souhaitées ; c'est une merveille. Il en est une plus rare : c'est d'y vivre sans orgueil et d'en sortir sans regret. Les saints le savent faire ; j'ignore comment y réussissent les sages.

Tandis que le nouveau gouverneur d'Alger répondait aux félicitations officielles par des conseils dont la sévère franchise n'était pas de nature à charmer tous ceux qui les entendaient, je mis pied à terre, le cœur toujours ému de cette pensée singulièrement caressante, que j'étais chrétien et maître dans ces murs funestes où les chrétiens furent si longtemps insultés, humiliés et martyrisés. J'avais lu, enfant, quelques-unes de ces relations que les Pères de la Merci publiaient pour exciter la charité des fidèles, au retour de leurs missions dans les pays barbaresques ; et je me rappelai ces frémissements, ces terreurs que m'inspiraient les corsaires de Tunis, de Salé, de Tripoli ; ceux d'Alger, les plus féroces de tous ; je voyais les chrétiens entassés dans ces bagnes où avait gémi Cervantes, où saint Vincent de Paul avait prié ; les uns contraints d'abjurer, les autres martyrs de leur foi, tous réduits au plus dégradant esclavage ; je me rappelais aussi l'insolence trop longtemps supportée des deys, dont toutes les nations européennes, et la France en particulier, malgré les vengeances de Louis XIV, eurent tant à souffrir. Je ne pouvais me défendre d'une certaine fierté française qui, se mêlant à ma joie catholique et au bienêtre de sentir au commencement de mars les douces ardeurs d'un soleil de mai, fit de moi, durant quelques instants, un personnage assez content de son sort. Ces situations de l'esprit et de l'âme peuvent s'appeler la joie de vivre; elles sont peu fréquentes quand la folle fleur de la jeunesse est passée; il n'en est que plus agréable de s'y abandonner, et je le fis sans façon. J'avais d'ailleurs sous les yeux le spectacle le plus plaisant du monde : la population actuelle d'Alger est un mélange de tous les grotesques imaginables, où la guenille sans doute abonde, mais où, grâce à la chaleur du climat, elle n'a point cet air lamentable qui nous serre le cœur dans nos pays froids, j'allais presque dire dans nos pays glacés. Hélas ! un homme qui a vu les pauvres de Paris, de Rouen et de Lille, peut-il plaindre les pauvres d'Alger qui ont tant d'air et tant de soleil? Il semble que ce soit par divertissement que ceux-ci s'accoutrent comme ils font. Une cohue de Maltais, de Majorcains, de Juifs, d'Algériens, de Nègres aux jambes grêles et nues, s'agitait et grouillait sur le débarcadère, se disputant le bagage des voyageurs avec force cris, coups de poing, interpellations, vociférations et requêtes articulées dans un langage qui est comme le *détritus* de toutes les langues que l'on parle sur les bords de la Méditerranée. Au milieu de ces physionomies basanées, relevées de moustaches en croc, et dont l'aspect, dans les foules, fait que l'on craint pour sa montre et pour son mouchoir, j'en cherchais une à laquelle il me parût moins imprudent de confier ma malle, mon carton à chapeau et mon parapluie, meuble de France dont je commençais à rougir. Je fus tiré de peine par un vieillard à barbe blanche, à manteau blanc, à face vénérable, une de ces figures et presque un de ces costumes dont nos peintres font à présent des Abrahams ou des Melchisédechs, qui, sans autre avertissement et à ma grande surprise, dissipa le groupe au sein duquel j'étais prisonnier, en distribuant à droite et à gauche de très-sérieux coups de nerf de bœuf. Cet effet de couleur locale me charma, je dois l'avouer, autant par sa singularité que par la liberté de respirer qu'il me rendit. Le chaouch (c'en était un; je l'avais pris pour un cadi à la façon dont il exerçait l'autorité; mais le cadi est le magistrat, et le chaouch n'est que l'huissier, faisant fonctions de sergent de ville), le chaouch m'indiqua ensuite gracieusement un vigoureux gaillard, jaune comme un bloc de cire vierge et nu à peu près comme un ver, qui se chargea lestement de mon bagage et se mit à courir devant moi, m'invitant à le suivre par un sourire qui me montrait des dents de requin. Je m'abandonnai à la fortune et je marchai derrière mon homme, après l'avoir invité par signes à modérer son pas. Nous entrâmes dans la rue de la Marine, bâtie par les Français, car les Algériens ne faisaient point de rues et se contentaient de ruelles, n'ayant point de voitures, mais aussi n'ayant point de poussière, point de soleil et point de boue. Quel pêle-mêle! quel mouvement! que de contrastes! Qu'on cherche dans Télémaque la description de Salente à demi construite, les grues qui gémissent dans l'air, les hommes qui portent des fardeaux, les troupeaux mugissants qu'on fait entrer ou sortir, les guerriers dont les chevaux hennissent, les enfants à demi nus, les femmes voilées, les vieillards majestueux ; ajoutez-y vingt uniformes divers, la sévérité du costume militaire français, l'ampleur du vêtement oriental, des voitures pesamment chargées, des pièces d'artillerie de campagne qui sonnent en roulant, le bruit du tambour, des Juifs crasseux, des Juives en sarreau, des Parisiennes pimpantes, des femmes de Malte parfois jolies sous le mouchoir flottant qui couvre leurs cheveux noirs, des zouaves, des spahis, et des bourgeois comme vous, voilà la rue de la Marine, dont l'architecture en arcades est celle de la rue de Rivoli. Nous débouchâmes sur une place plantée d'orangers, où la même agitation, les mêmes ruines, les mêmes bigarrures se reproduisaient plus à l'aise que dans cette rue de la Marine, toujours trop étroite. Mon Goliath jaune s'arrêta pour savoir où il devait me conduire. Je lui dis à tout hasard d'aller chez le gouverneur ; il me comprit, s'enfonça sous un passage étroit et sombre, gagna une rue beaucoup moins européenne que celle d'où nous sortions, s'arrêta devant un vestibule rempli de soldats, et je me trouvai bientôt installé dans le palais de marbre blanc et de porcelaine qu'on appelle la maison du dey. C'est là que les gouverneurs d'Alger habitent ou plutôt campent, gênés au milieu d'un luxe qui, n'étant pas en harmonie avec nos mœurs, annonce bien plus la conquête que la possession.

Du reste, comme habitation mauresque, ce palais est délicieux. Un escalier de marbre, dont les murailles, revêtues de carreaux de porcelaine à fleurs bleues, sont ornées çà et là de niches élégantes, conduit à une cour intérieure entourée d'arcades, sur les quatre pans de laquelle s'ouvrent des chambres maintenant occupées par les bureaux des interprètes et du secrétaire général. Cette cour est le lieu d'attente des petits solliciteurs européens et indigènes, qui abondent chez le gouverneur : on y voit surtout des Juifs, qui ont toujours à demander, et qui demandent tout avec acharnement. Les sous-officiers de planton s'y tiennent aussi ; leurs éperons sonnent sur ce pavé de marbre, qui devait n'être foulé que par les babouches du maître et les pieds nus des esclaves : la molle maison musulmane leur doit en grande partie ce cachet très-prononcé de bivouac, dont n'avait guère songé à la marquer Sidi-Hassan-Pacha, le riche Maure qui la fit construire avec tant de recherches, du fruit de ses rapines et par la main d'ouvriers et de captifs chrétiens.

La même disposition se reproduit au premier étage, mais avec plus de luxe et d'éclat. Quatre salons, dont deux sont fort vastes, et quelques petites chambres s'ouvrent sur la galerie, que soutiennent d'élégantes colonnettes cannelées en spirale et surmontées de jolis chapiteaux sculptés et dorés. Dans les appartements, le revêtement de porcelaine imite une tapisserie pleine de fraîcheur, de grâce et de goût. Les encadrements des portes sont en marbre ; les portes sont sculptées ; les panneaux des fenêtres sont sculptés et dorés ; sur les plafonds, la sculpture, la peinture, les dorures se mêlent et s'unissent avec une grâce parfaite. L'emblème religieux, le croissant, se reproduit partout, comme jadis dans les maisons chrétiennes on voyait partout la croix. Dans l'un de ces appartements, qui est aujourd'hui le cabinet de travail du gouverneur, s'offre une singularité bien digne de remarque : aux quatre coins du plafond, où sont représentés des tentes, des cimeterres, des turbans, des croissants, des étendards, l'artiste, Italien probablement, a largement dessiné quatre belles fleurs de lis, qui semblent tenir en captivité tous les trophées musulmans (1).

La maison est terminée par une terrasse de plain-pied avec un second étage, plus étroit et plus humble que le premier, mais encore fort joli, d'où l'on jouit d'une vue magnifique sur la ville, sur la côte et sur la mer. J'y trouvai un sopha dans une chambre vide ; la nuit était venue, je m'installai là, et je m'y endormis de bon cœur, louant Jésus-Christ.

(1) Mohammed-Ben-Schâ, homme distingué de la tribu des Douairs, jadis *kodja* (secrétaire) du dernier bey d'Oran, aujourd'hui iman et quelque peu marabout, étant venu à Alger et m'ayant rendu visite à titre d'ancien confrère, je lui fis voir ces fleurs de lis, en lui expliquant que c'était l'emblème de la France. Il leva les yeux et les mains au ciel, et s'écria : « C'était écrit ! » Je lui montrai aussi un papier sur lequel était le cachet de son ancien maître. « Ah ! dit-il avec une expression de regret beaucoup plus vive, le voilà, ce cachet avec lequel j'ai gagné tant d'argent ! »

VII

LE MERCREDI DES CENDRES. — L'ÉGLISE DE SAINT-PHILIPPE.

Je m'éveillai avec le regret de n'avoir pas encore visité l'église; je descendais pour m'enquérir de la maison de Dieu, mais je ne sais quelle circonstance m'empêcha de quitter le palais, et m'obligea de retarder de quelques instants cette douce et sérieuse visite. J'étais dans un cabinet, occupé à lire une narration des Pères de la Merci que j'avais apportée de France, lorsque tout à coup les sons d'une cloche et des chants que je crois reconnaître frappent mes oreilles. J'ouvre une fenêtre, et que vois-je à quelques pas de moi? la croix, la sainte croix de Jésus, surmontant un petit dôme, d'où sortaient les chants sacrés. C'était l'église, la cathédrale d'Alger, près de laquelle j'étais. Je sors en toute hâte. De l'escalier, les chants s'entendent mieux encore; sur le pallier, une porte est entr'ouverte; je la pousse, je monte quelques marches, et je me vois sous une galerie intérieure, d'où mes yeux parcourent une vaste salle au plafond semé de coupoles, aux murs chargés d'inscriptions en caractères arabes; c'est une mosquée; mais dans cette mosquée s'élève un autel, à l'autel est un prêtre vêtu des ornements sacerdotaux, sur le parvis les fidèles sont à genoux: c'est une église où on célèbre la sainte messe. Je ne puis dire ce qui se passa dans mon cœur. Si j'étais arrivé à l'église en passant par la rue, j'y serais certes entré avec une émotion profonde ; mais m'y trouver ainsi tout à coup, sans m'y attendre, sans quitter cette maison musulmane où de toutes parts s'étale l'emblème de la foi de ses anciens maîtres, et à la splendeur de laquelle ont peut-être travaillé de pauvres esclaves chrétiens, voilà ce qui renouvelait plus vivement dans mon cœur les profondes émotions de la veille. Je tirai de ma poche un livre précieux, et par les trésors qu'il renferme, et par la main de qui je l'ai reçu ; un humble paroissien à l'usage de Paris et de Rome, trésor d'une jeune vierge qui mourut sous le voile et que je n'ai pas connue, mais dont celle qui lui ferma les yeux m'a raconté la mort courageuse et sainte, en me donnant le livre où ce chaste cœur avait puisé la sève de l'éternelle vie. Je l'ouvris au jour que célébrait l'Église : c'était le Mercredi des Cendres ; et je me tins prêt à écouter les paroles sublimes qu'il allait me répéter. Mon Dieu, comment se fait-il que les hommes ignorent ces graves conseils suivis de promesses si magnifiques, ou que, les recevant, ils les pratiquent si peu ! « Vous avez pitié de « toutes vos créatures, Seigneur, et vous ne haïssez rien « de tout ce que vous avez fait ; vous dissimulez les péchés « des hommes, afin de leur donner le temps de faire pé- « nitence ; et vous leur pardonnez, parce que vous êtes le « Seigneur notre Dieu. » Telles sont les premières paroles de la messe ; voici les dernières : « Sachez que le Seigneur « exaucera vos demandes, si vous persévérez dans le « jeûne et dans la prière devant le Seigneur. » Ces bons religieux de la Rédemption des captifs, qui célébraient le saint sacrifice dans Alger infidèle, ont prononcé ces mots consolateurs avec une confiance entière, et voici que l'espérance est remplie. Les esclaves les ont répétés, ils se sont sentis plus forts, ils ont fait pénitence, et Dieu leur a pardonné. A tout moment, le cœur qui s'élève vers Dieu rencontre ici des choses qui le bercent dans la sereine lumière des miracles. On donna les cendres; quelques pieux soldats vinrent les recevoir; Turenne, s'il était ici, les recevrait comme eux; mais nos généraux ont la bravoure de Turenne, et n'ont plus sa foi. Ils sont toujours Français, ils ne sont plus chrétiens. Eh bien! n'est-ce pas un miracle que Dieu les choisisse pour leur faire accomplir une œuvre dont il refusa la gloire aux capitaines du roi catholique et aux armes du roi très-chrétien? Il me semble qu'en tout ceci Dieu se plait surtout à réjouir et à fortifier ses humbles enfants par l'éclatant spectacle des jeux de sa puissance. Ce n'est pas en effet la moindre consolation ni le moindre secours des fidèles, au milieu des obscurités de la vie, de voir comme Dieu sait tout arranger et ne connaît point d'instruments rebelles, et fait ce qu'il veut, à l'heure qu'il le veut, par les mains des hommes qui ne le veulent pas. Ah! que je les plains, ces hommes dont Dieu se sert ainsi, et qui l'ignorent! Que je les plains de toute la gloire et de tout le bonheur qu'ils perdent! Mais Dieu leur fera miséricorde, parce qu'il aime toutes ses créatures, et un jour ils viendront, ces fiers possesseurs du glaive, ils s'agenouilleront, ils s'humilieront là où s'agenouillent et s'humilient les enfants et les femmes; et sur ce sol formé d'une poussière d'empires, ils seront heureux de comprendre dans la bouche pacifique du prêtre la parole que les balles et les épées leur ont dite si souvent sur les champs de bataille sans éclairer leur esprit: ils sauront qu'ils ne sont que cendre vaine, et que sortis de la poudre, ils y retourneront ; et le sachant ils béniront Dieu avec plus d'allégresse que ne leur en inspirent les fanfares de la victoire, parce que connaissant leur néant ils connaîtront aussi leur grandeur, et qu'abjurant l'inquiète vie de la chair, ils gagneront la vie immortelle de l'âme.

Nous n'en sommes pas là, malheureusement ; mais il faudra bien y arriver, lorsque ayant conquis le pays nous voudrons y fonder un peuple ; et le retour général vers Dieu sera le symptôme à quoi je reconnaîtrai que la France gardera l'Algérie. Un coup d'œil sur l'histoire de cette contrée nous prouvera bientôt, mieux que tous les raisonnements, ce que j'avance ici. Les Arabes ne seront à la France que lorsqu'ils seront Français ; ils ne seront Français que lorsqu'ils seront chrétiens ; ils ne seront pas chrétiens tant que nous ne saurons pas l'être nous-mêmes. Or nous ne savons pas l'être encore.

Presque tous les habitants européens d'Alger appartiennent à la religion catholique ; leur nombre s'élève aujourd'hui (mars 1841) à douze ou quinze mille sans compter l'armée, et s'accroît tous les jours. Ces catholiques ne sont pas, comme nos bourgeois et électeurs de Paris, des esprits forts, indigérés de mauvaises lectures, ne tenant à vrai dire à l'Église que par leur baptême dont ils ne se souviennent plus, leur première communion oubliée et leur mariage souillé. Ils forment une population d'exilés dont les mœurs sont en général mauvaises, mais où la foi abonde, et qui vivent assez misérablement pour sentir qu'ils ont besoin de Dieu. Eh bien ! pour cette foule, à qui la parole de Dieu serait un pain véritable, il n'y a encore qu'une église, desservie par un clergé dont le zèle est admirable, mais dont l'insuffisance effraye. Je reviendrai sur ce triste chapitre ; en attendant, quelques détails sur l'église cathédrale d'Alger seront lus avec intérêt.

Cette église, à qui notre saint-père le pape Grégoire XVI a donné pour patron l'apôtre saint Philippe, était, il y a quelques années, la mosquée des femmes. Comme mosquée, elle était très-élégante ; comme église, elle a besoin d'être appropriée à sa nouvelle destination, et c'est ce que l'on ne se hâte pas de faire, malgré les prières incessantes de l'évêque. Sa forme est à peu près celle du Panthéon de Rome, ou mieux encore celle de l'église de l'Assomption à Paris, qu'elle dépasse un peu en étendue. La coupole principale, entourée de dix-neuf autres plus petites, repose sur seize colonnes de marbre blanc, d'un seul bloc. On y lit de nombreuses inscriptions du Coran, autour desquelles Mgr Dupuch a eu l'heureuse et sainte inspiration de faire écrire en lettres d'or les admirables paroles de l'Apôtre : *Jesus Christus heri, hodie et in secula* (1).

Dans chaque mosquée existe une espèce de grande niche où, tous les vendredis, l'iman vient chanter les prières solennelles ; l'évêque profita de cet enfoncement pour y établir l'autel de la Sainte-Vierge, sur lequel il fit élever une statue de Marie, trouvée dans le port d'Alger lors de la conquête, sans qu'on ait jamais su d'où elle venait, ni à qui elle était adressée. Cela fait, on s'avisa de lire l'inscription arabe qui ornait l'intérieur de la niche, et voici ce que l'on trouva : *Dieu envoya un ange à Marie pour lui annoncer qu'elle serait la mère de Jésus.*

---

(1) *Jésus-Christ était dans le passé, il est dans le présent, il sera toujours.* Voyez la lettre de Mgr l'évêque d'Alger dans les *Annales de la Propagation de la Foi*, novembre 1840.

*Marie lui répondit : Comment cela se fera-t-il ? Et l'ange :
Par la toute-puissance de Dieu.* Certes, jamais verset du
Coran ne se trouva mieux appliqué dans une église chrétienne. Cette circonstance était de nature à frapper singulièrement les Maures, si l'on avait permis au clergé d'essayer de les instruire. On ne le lui permet donc pas ? Eh !
non. Les commis du ministère de la guerre pensent qu'il
y aurait là les inconvénients politiques les plus graves.
On ne voit rien que de légitime à brûler les maisons des
Arabes ; on permet aux Maures de dire publiquement
dans leur mosquée la *krotba* au nom de l'empereur du
Maroc et même au nom d'Abd-el-Kader (1), mais on interdit aux prêtres catholiques toute démarche qui aurait

---

(1) *El krotba.* C'est la prière publique, prescrite par le *Coran*, que les musulmans doivent dire dans les mosquées pour le chef de l'autorité temporelle. Du temps des Turcs, la *krotba* était dite dans toute la Régence au nom du Grand-Seigneur. Aujourd'hui, *même dans les villes qui nous appartiennent*, la *krotba* est dite, soit au nom du seul souverain qui prenne encore le titre de calife, l'empereur de Maroc ; soit au nom d'Abd-el-Kader. Voici la *krotba* usitée chez les Sonnites. On remarquera les protestations indirectes qu'elle renferme contre les vérités travesties du christianisme.

« Grâces au Très-Haut, à cet Être suprême et immortel qui n'a ni dimensions ni limites, qui n'a ni femmes ni enfants, qui n'a rien d'égal à lui ni sur la terre ni dans les cieux, qui agrée les actes de componction de ses serviteurs et pardonne leurs iniquités. Nous croyons, nous confessons, nous attestons qu'il n'y a de *Dieu* que *Dieu* seul, *Dieu* unique, lequel n'admet point d'association en lui. Croyance heureuse à laquelle est attachée la béatitude céleste. Nous croyons aussi en notre seigneur, notre appui, notre maître *Mohammed*, son serviteur, son ami, son prophète, qui a été dirigé dans la vraie voie, favorisé d'oracles divins, et distingué par des actes merveilleux : que la bénédiction divine soit sur lui ! O mon Dieu, bénis *Mohammed*, l'émir des émirs, le coryphée des prophètes, qui est parfait, accompli, doué de qualités éminentes ; la gloire du genre humain, notre seigneur et le seigneur des deux mondes, de la vie temporelle et de la vie éternelle. O mon Dieu, bénis *Mohammed* et la postérité de *Mohammed*, comme tu as béni *Abraham* et sa postérité. Certes, tu es adorable, tu es grand, ô mon Dieu ; fais miséricorde aux *califes* orthodoxes, distingués par la doctrine, la vertu et les dons célestes dont tu les as comblés, ceux qui ont jugé et agi selon la vérité et la justice ; ô mon Dieu, soutiens, assiste, défends ton serviteur le sultan *N...*, perpétue son empire et sa puissance.

« O mon *Dieu*, exalte ceux qui exaltent la religion, avilis ceux qui l'avilissent ; protège les soldats musulmans, les armées orthodoxes, et accorde-nous salut, tranquillité, prospérité, à nous, aux pèlerins, aux militaires, aux citoyens en pour but d'amener un musulman à se faire chrétien, et la raison, c'est qu'il ne faut pas exciter leur fanatisme. Le *Journal des Débats* dit aussi que, si les musulmans se convertissaient, la couleur locale disparaîtrait, et que ce serait grand dommage. Il est sûr que nous y perdrions ces pittoresques coups de fusil qui accidentent la marche de nos troupes dans les gorges de l'Atlas.

L'église de Saint-Philippe a pour trésor une relique précieuse de son illustre patron. Ce fut saint Philippe qui baptisa l'eunuque de la reine d'Éthiopie; dans l'église qui lui est consacrée, la piscine en marbre où les musulmans faisaient leurs ablutions sert aujourd'hui de fonts baptismaux. Les ornements sacerdotaux ont été donnés par la reine; ils sont magnifiques et seraient plus nombreux s'il n'avait fallu couvrir la nudité des autres églises, indigentes cabanes de planches où le nécessaire manque souvent. J'ai entendu dire que, l'évêque ayant demandé quelques tableaux pour sa cathédrale, on lui répondit d'abord du ministère de la guerre, qu'il n'était pas sage; que les musulmans regardant comme une idolâtrie le culte des images, il fallait ménager leurs préjugés, etc., etc. Tout à coup des jeunes gens, protégés par le ministère ou par des membres des deux Chambres, se sentirent du goût pour la peinture, et une cargaison de

---

demeure comme aux voyageurs sur terre et sur mer, enfin à tout le peuple musulman. Salut à tous les prophètes et à tous les envoyés célestes! Louanges éternelles à ce Dieu créateur et maître de l'univers. Certes, Dieu ordonne l'équité et la bienfaisance ; il ordonne et recommande le soin des proches ; il défend les choses illicites, les péchés, les prévarications; il nous conseille d'obéir à ses préceptes et de les garder religieusement dans la mémoire. »

La *krotba*, la *sekka*, ou le droit de faire battre monnaie, la *gada*, c'est-à-dire le cheval conduit devant quelqu'un en signe de vasselage, sont les prérogatives par lesquelles la souveraineté est reconnue dans un pays musulman.

(*De la domination turque dans l'ancienne Régence d'Alger,*
par le capitaine WALSIN ESTERHAZY.)

prétendus tableaux d'église arriva chez l'évêque, qui ne sut où les loger (1).

Il y a dans Alger une autre mosquée, plus grande que celle de Saint-Philippe, qui serait admirablement appropriée au culte catholique. Elle est bâtie en forme de croix et tout à fait comme un temple chrétien. Cette disposition étrange vient, dit-on, de ce qu'elle fut construite par des captifs européens qui en cimentèrent les pierres de leurs larmes et de leur sang. « Ils avaient voulu con-
« sacrer tout ensemble les souvenirs de la foi et de la
« patrie et les prophétiques espérances de l'avenir ; car,
« nous a-t-on maintes fois raconté, elle devait, selon eux,
« servir d'église chrétienne quand reviendrait sur ce ri-
« vage la religion de Jésus-Christ. Aussi, et toujours
« suivant la même tradition, le généreux architecte en
« paya-t-il le plan de sa tête (2). » Ce beau et pieux monument a été refusé aux prières de Mgr Dupuch. Il n'a obtenu, pour en faire une seconde église, que l'ancienne mosquée extérieure de la Casbah, bénite et consacrée à la sainte Croix le 3 mai 1839; mais c'est plutôt une chapelle qu'une église.

Le plus charmant sanctuaire qui se soit ouvert à Alger, c'est la chapelle du palais épiscopal. Ce palais, moins éblouissant que celui où réside le gouverneur, est peut-

(1) Le gouvernement, tout à fait revenu de son respect pour les préjugés religieux des Arabes, se propose aujourd'hui d'élever sur la principale place d'Alger une statue de bronze à l'illustre et malheureux duc d'Orléans. Espérons que la religion profitera de cette circonstance, et que si les chrétiens de France et d'Alger veulent un jour élever une statue à saint Augustin, l'Administration ne s'y opposera pas. Ce n'est point en nous faisant musulmans que nous gagnerons l'affection des indigènes, mais en nous montrant chrétiens et en leur faisant du bien comme chrétiens. Quel est celui d'entre eux qui ne s'estimerait heureux d'être soigné par nos Sœurs de la charité, dans un hôpital placé sous l'invocation et orné de la statue de saint Vincent de Paul?

(2) Lettre de Mgr l'évêque d'Alger au Conseil de la Propagation de la Foi. *Annales*, cahier de novembre 1840.

être plus véritablement beau sous le rapport de l'art. C'était là que demeuraient les beys de Constantine lorsqu'ils venaient payer le tribut. A l'extérieur il offre l'aspect misérable d'une grande masure ; à l'intérieur il est assez spacieux, riche de marbres et d'élégantes sculptures. La longue pièce dont Monseigneur a fait son salon a pour tenture une dentelle de pierre d'une grâce et d'une légèreté parfaites ; mais l'habileté des ouvriers s'est surpassée pour orner le vestibule. De ce vestibule, l'ingénieuse piété de l'évêque a su faire la chapelle gothique la plus élégante et la plus recueillie que j'aie jamais vue. En voici la description tracée par le pieux prélat lui-même, avec la vive éloquence qui lui est naturelle : « Tout est marbre ou
« dentelle de pierre. Sept portes de différentes grandeurs y
« sont sulptées d'une manière admirable ; vingt colonnes
« torses en marbre blanc, ornées de chapiteaux d'une
« délicatesse infinie, soutiennent la voûte et la partagent
« en douze niches, dédiées à la mémoire de douze des
« plus illustres de nos saints prédécesseurs. Un ange de
« forme antique y repose sur un monument de marbre
« blanc de Carrare, tiré des ruines sacrées d'Hippone ;
« l'inscription, admirablement conservée, rappelle qu'il
« fut élevé à la mémoire d'un enfant couché à ses pieds,
« avant la fin de son premier printemps. Au milieu du
« sanctuaire et sous la lampe de bronze, une grande ro-
« sace en mosaïques arrachées aux mêmes ruines repré-
« sente, par ses deux anneaux entrelacés, l'union des
« deux Églises. Dans l'autel a été déposé le corps entier
« de saint Modestin, jeune martyr de douze ans, dont
« nous apportâmes les reliques insignes des lointaines
« catacombes de Rome. Au-dessus est un beau tableau
« de l'Assomption donné par la reine Marie-Amélie ; aux

« deux côtés deux anges adorateurs, les mêmes que ceux
« du maître-autel de Saint-Sulpice à Paris. A droite, dans
« un enfoncement, le confessionnal, au-dessus duquel
« sont écrites en lettres d'or ces paroles plus précieuses
« que l'or le plus pur. *Venite ad me, omnes qui labo-*
« *ratis et onerati estis*, etc. En face est appendue une
« madone d'un grand prix; capturée au temps des pi-
« rates par un corsaire algérien, elle est retombée provi-
« dentiellement entre nos mains; enfin, en forme de table
« de communion, deux magnifiques rampes en balustres
« de marbre blanc, incrustées de fleurs de marbre antique
« du plus précieux travail, restes de la chaire de Maho-
« met. L'autel est surmonté d'une coupole par où descend
« un jour religieux; à la porte et dans son turban creusé
« à cet effet, le tombeau d'un dey garde l'eau bénite.
« Sanctuaire béni mille fois ! mille fois plus précieux par
« le trésor des grâces qu'il renferme déjà, par ceux qui
« s'y multiplient tous les jours, que par le marbre et
« l'airain, par les prodiges de la toile et du ciseau ! »

C'est là en effet qu'ont été consommées de grandes merveilles de la grâce. Là des hérétiques, des juifs, des infidèles sont devenus enfants du vrai Dieu. Jadis des esclaves tremblants y attendaient leur maître, aujourd'hui le Dieu de la terre et du ciel y attend les esclaves devenus libres et s'y donne à eux.

VIII

COUP D'OEIL HISTORIQUE.

La première chose qu'on aime à connaître dans un pays nouveau, c'est l'ensemble des événements qu'il a vus s'accomplir; on se fait ainsi, du sol même, une vieille connaissance, avec qui l'on peut, à défaut des amis absents, s'entretenir du passé, du présent, de l'avenir.

Lorsque l'on jette un regard sur l'histoire de l'Afrique, le sentiment qui tout d'abord s'empare de l'âme et qui ne la quitte plus est celui d'une profonde tristesse. Terre de malédiction donnée en héritage au dernier né du mauvais fils, elle n'a pu se relever de l'anathème qui semble l'avoir frappée. Sur d'immenses espaces, elle se refuse à nourrir l'homme; et l'homme, là où le sol est habitable, se montre presque partout déshérité d'intelligence et de bonheur; la bête féroce, moins misérable que lui, ne fuit pas sa présence et son voisinage; il est contraint de disputer aux monstres, dont il se rapproche par ses mœurs et dont il est souvent la proie, ce recoin aride où s'écoule, au milieu des angoisses, sa vie incessamment menacée. Là, point de société, point de liberté, point de famille, point de Dieu. Sous un ciel inclément, sous des maîtres abominables, sous des coutumes immondes, l'être humain sans lois, sans art, sans industrie, n'est supérieur à l'animal que pour être plus vil et plus dégradé. Il adore de grossiers et d'impurs fétiches ; le mariage lui est inconnu ; il n'a ni l'instinct de la générosité, ni celui du courage. La femme ignore la pudeur, le sentiment maternel n'émeut pas ses entrailles; le père vend le fils, et s'il ne le vend pas, c'est le fils lui-même qui vend son père, ou qui l'égorge et parfois le dévore. Telle est l'Afrique intérieure, l'Afrique des noirs enfants de Cham le Maudit; et quelque chose de leur sort funeste échoit à quiconque vient toucher cette contrée des esclaves. Les fils de Sem et de Japhet n'y ont séjourné tour à tour que comme dans une prison fermée aux lumières de la terre et du ciel. Toutes les civilisations l'ont côtoyée, aucune n'y a pu vivre. Après un éclat passager, le flambeau s'en est éteint dans les guerres, dans le sang, dans la barbarie. A quelque page qu'on ouvre les sinistres annales de l'Afrique, une lueur de feu les éclaire, ou c'est une nuit profonde, du sein de laquelle sortent par intervalles d'effroyables clameurs de mort et d'inconsolables gémissements.

L'histoire de Carthage est pleine de meurtres, de soulèvements, de rapines et de guerres. Guerre contre les Grecs de la Cyrénaïque, guerre contre Rome, guerre contre les indigènes, de la soumission desquels les envahisseurs phéniciens n'ont jamais été sûrs. Les Libyens étaient ce que sont aujourd'hui les Berbers ou Kabyles, habitants de leurs montagnes, héritiers de leur sauvage indépendance. Ce fonds barbare a vu passer les hôtes étrangers, il les a servis, il les a combattus, et n'a point changé.

Cependant Carthage fut pour tout le littoral de la Méditerranée un puissant agent de civilisation ; mais qu'était cette civilisation antique? Une soif de l'or et des voluptés plus savante que celle des barbares. La florissante Carthage adorait Saturne, et lui sacrifiait des enfants nouveau-nés ; la mère, présente au sacrifice, devait le contempler sans gémir.

Rome, après son triomphe, n'entreprit pas de se substituer immédiatement au pouvoir qu'elle venait d'abattre. Massinissa travaillait pour la République. Sage, puissant, énergique, habile, ce roi, qui n'avait reçu que des terres et des espaces, créa véritablement un royaume : il fonda des villes, fit fleurir l'agriculture et les arts ; par ses soins et ceux de son fils Micipsa, les Numides devinrent un peuple policé. Dans un vaste rayon, les alentours de Cirta, augmentée et embellie, se couvrirent de riches moissons. Métellus, pendant la guerre de Jugurtha, y trouva de quoi nourrir son armée, et il est plus facile, nous l'avons appris à nos dépens, de soumettre un grand peuple qui possède des champs et des villes, qu'un petit nombre de guerriers qui n'ont que leurs armes, leur cheval et leur tente.

Cependant cette guerre de Jugurtha mit pendant dix ans toute la Numidie en sang et en flammes. Salluste nous a raconté par quelles ruses, par quelles effronteries, par quelles ressources d'habileté, de corruption et aussi de courage, ce hardi barbare sut longtemps déjouer les plans de la République. Ardent, mobile, cruel, souvent découragé, jamais abattu, savant à relever par le mensonge l'ardeur épuisée des siens, prompt à fuir, plus prompt à reparaître, Jugurtha offre le type du caractère numide ; rien n'est plus intéressant pour nous que son histoire. Abd-el-Kader semble avoir lu Salluste, et je crois que le général Bugeaud l'a médité.

Après la chute de Jugurtha, Rome se contenta d'ajouter à ce qu'elle possédait sous le nom de province Proconsulaire, c'est-à-dire à l'ancien territoire de Carthage, quelques cantons limitrophes appartenants à la Numidie. Le royaume entier ne fut réuni à la province romaine que par César, lorsqu'il vint en Afrique combattre les restes du parti républicain, commandés par Scipion et fortifiés par Juba.

Les portions de pays qu'on a depuis nommées Mauritanie-Césarienne (l'Algérie actuelle) et Mauritanie-Tingitane (le Maroc) furent léguées à l'empire par les rois Bocchus et Bogud. Auguste en fit un nouveau royaume pour Juba II, prince sage, éclairé, mais surtout soumis par l'éducation romaine. Juba II fonda une ville qu'il nomma Césarée (Cherchell) en mémoire des bienfaits de l'empereur. Elle devint la capitale de la province; ses ruines témoignent encore aujourd'hui de son importance et de sa splendeur. Sous Claude (an 43) le royaume de Juba fut définitivement annexé à l'empire et divisé en deux provinces qui reçurent leurs noms des deux capitales, Césarée et Tingis (Tanger). Cette réunion eut lieu cent quatre-vingt-neuf ans après la prise de Carthage : ce n'est pas le moins bel exemple de la persévérance romaine. Les envahissements de la civilisation furent alors si rapides, qu'au commencement du règne de Vespasien la seule Mauritanie-Césarienne comptait treize colonies romaines, trois municipes libres, deux colonies en possession du droit latin, et une colonie jouissant du droit italique; au temps de Pline, la Numidie avait douze colonies romaines ou italiques, cinq municipes et trente villes libres. Ces deux provinces renfermaient en outre un certain nombre de villes tributaires.

Néanmoins, même alors, le pouvoir de Rome n'était pas partout également fort et incontesté. Une savante notice publiée par M. le capitaine du génie E. Carette, établit, par les témoignages historiques consultés avec soin et par la configuration même du pays, que la conquête romaine, complète dans la province d'Afrique proprement dite (territoire de Carthage), et dans la partie orientale de l'ancienne régence d'Alger comprenant la Numidie et la Mauritanie-Sitifienne (notre province actuelle de Constantine), avait seulement entamé par le littoral les deux autres Mauritanies, Césarienne et Tingitane, et ne comporta jamais que des lignes stratégiques dans l'intérieur de ces dernières provinces, et une ceinture de ports fortifiés.

Nous lisons en effet dans la Vie de saint Cyprien, évêque de Carthage, qu'il fit, vers l'an 250, une quête dans son diocèse pour racheter un grand nombre de chrétiens emmenés en captivité par les Barbares, qui avaient pillé plusieurs villes de la Numidie. Saint Cyprien, en envoyant la somme considérable recueillie parmi les fidèles de Carthage, mande aux évêques de s'adresser toujours à lui *dans de semblables occasions*.

Une inscription, relevée à Cherchell, mentionne une expédition qui eut pour résultat le pillage d'une tribu au delà du lac (du lac de Titteri sans doute). Ainsi on en était encore au régime des *razias* dans une contrée gouvernée provincialement depuis cent cinquante ans. Cela se passait sous Dioclétien.

« Vers la même époque, Maximien Galère ordonna une nouvelle délimitation des provinces. La Bizacène, paisible et fertile, fut formée d'un démembrement de la province Proconsulaire; la Mauritanie-Sitifienne fut composée d'une portion de la Mauritanie-Césarienne. Il existait entre les deux extrémités de cette province des oppositions dont il fallait tenir compte. D'un côté, les districts réfractaires de l'ouest, sans cesse menacés par les incursions des tribus voisines, languissaient sous le régime doublement désastreux de la possession inquiète et de la protection armée; de l'autre, Sétif voyait le vaste plateau qu'il domine se couvrir d'établissements actifs, de cités florissantes, et partageait avec la Numidie, sa voisine, les fruits d'une paix franche et vivace. Maximien reconnut le contraste; il consacra, par une nouvelle division territoriale, le partage que les mœurs, les événements et la nature elle-même, avec sa barrière de montagnes, avaient déjà fait. Il sépara l'*occupation* stérile de la possession productive, et forma sous le nom de Mauritanie-Sitifienne une nouvelle province, qui eut Sétif pour capitale, et pour frontière la ligne brisée formée par le cours du Nabar (Oued-el-Adous), depuis Saldé (Bougie) jusqu'au Biban d'une part, et de l'autre, depuis les Biban jusqu'à Zabi (Msilah) *. » Nous n'avons pas retrouvé les richesses et la prospérité qui couvraient autrefois la Mauritanie-Sitifienne; mais, comparativement du moins, nous y avons retrouvé la paix.

« En 311, Maxence, proclamé empereur en Italie, eut à combattre en Afrique un Pannonien nommé Alexandre, auquel les légions avaient offert la pourpre. La victoire fut facile. Au premier choc les soldats d'Alexandre s'enfuirent. L'armée impériale désola Carthage et ruina Cirta, déjà si souvent ruinée. La ville des Numides ne sortit

---

* Voyez, dans le *Tableau de la situation des établissements français en Algérie* (1840), la notice de M. le capitaine Carette.

plus de ses décombres que par la main du vainqueur de Maxence, et sous le nom de Constantine. » A l'occasion de la révolte d'Alexandre, le capitaine Carette remarque que le désordre qui régnait dans l'Afrique prenait un caractère différent suivant le génie des populations; les provinces de l'est pouvaient disputer sur le choix d'un maître; les provinces de l'ouest ne voulaient pas de maître.

« L'esprit d'indépendance qui s'y était manifesté depuis les premiers jours de la conquête, poursuit-il, semblait n'avoir rien perdu de son activité et de son énergie. Il lutta jusqu'à la fin contre la domination romaine, et le comte Boniface, entre les mains de qui elle s'éteignit, avait encore à réprimer les incursions des Maures, lorsque tout fut submergé sous le flot des Vandales. »

Au milieu de ces guerres continuelles, jetons un regard sur d'autres combats, non moins sanglants, mais plus intéressants pour nous.

IX

SUITE DU COUP D'OEIL HISTORIQUE. — LES CHRÉTIENS.

L'an 200 de l'ère chrétienne, la huitième année du règne de Sévère, le 16 juillet, sept hommes et cinq femmes, nés à Scillite, ville de la province Proconsulaire, furent amenés au tribunal du proconsul Saturnin. Ils se nommaient Spérat, Narzal, Cittin, Véturius, Félix, Acyllin, Lætantius, Januaria, Générose, Vestine, Donate et Seconde. On leur reprochait de n'avoir pas voulu sacrifier aux dieux de Rome. Spérat fit entendre des paroles qui, depuis près de deux siècles, avaient déjà bien souvent retenti dans l'empire, mais que les tribunaux de Carthage entendaient peut-être pour la première fois, et qui allaient consacrer un genre de courage encore inconnu sur cette terre, où de tout temps les hommes, acharnés à la poursuite de l'or, du pouvoir et des voluptés, semblaient s'être fait un jeu de la mort : « Nous n'avons commis aucun crime, dit Spérat; nous n'avons insulté personne; au contraire, lorsqu'on nous a maltraités, nous en avons remercié le Seigneur. Sachez que nous n'adorons que le seul vrai Dieu, qui est le maître et l'arbitre de toutes choses. Nous conformant à sa loi, nous prions pour ceux qui nous persécutent injustement. » Le proconsul les pressa de jurer par le génie de l'empereur. « Je ne connais point, répondit Spérat, le génie de l'empereur de ce monde; mais je sers par la foi, l'espérance et la charité, le Dieu du ciel, que nul homme n'a vu ni ne peut voir. Je n'ai fait aucune action punissable par les lois publiques et divines. Si j'achète quelque chose, j'en paye les droits aux receveurs. Je reconnais et j'adore mon Seigneur et mon Dieu, le Roi des rois et l'Empereur de toutes les nations. » Saturnin, injuriant Spérat, se tourna vers les autres chrétiens et les pressa d'obéir. « O proconsul, dit Cittin, ce que notre compagnon Spérat a confessé, nous le confessons, et vous n'entendrez point de nous d'autres paroles. Nous n'avons à craindre personne que notre Dieu et Seigneur qui est au ciel. » Saturnin les renvoya en prison, ordonnant qu'on les mît au cep (1). Le lendemain il se les fit présenter, pâles et meurtris. Il s'adressa aux femmes : « Honorez notre souverain et sacrifiez aux dieux, » leur dit-il. Donate répondit : « Nous rendons l'honneur à César; mais la crainte ou le culte, nous le réservons au Christ. — Ce que méditera toujours mon cœur, dit Vestine, ce que prononceront toujours mes lèvres, c'est que je suis chrétienne. — Je suis aussi chrétienne, ajouta Seconde, je veux l'être; nous le serons et nous n'adorerons point vos dieux. » Le proconsul commanda de les séparer, et fit approcher les hommes; puis adressant la parole à Spérat : « Persévères-tu? lui dit-il; es-tu toujours chrétien? — Je persévère, répondit Spérat, et j'ai la confiance d'avoir cette persévérance chrétienne, non par mes propres forces, mais par la grâce de Dieu. Si donc vous voulez savoir la pensée de mon cœur, je suis

---

(1) Le cep, *nervus*, était une machine de bois, percée de plusieurs trous de distance en distance. On y attachait les pieds des martyrs, et on leur écartait quelquefois les jambes jusqu'au quatrième ou cinquième trou.

chrétien! Écoutez tous : Je suis chrétien! » Tous ceux qu'on avait arrêtés en même temps que lui s'écrièrent, à son exemple, qu'ils étaient chrétiens. « Réfléchissez, leur dit Saturnin, délibérez sur le parti que vous avez à prendre. — Il ne nous faut point de seconde délibération, répondit Spérat; lorsque, régénérés par la grâce du baptême, nous avons renoncé au diable et suivi les pas du Christ, nous avons alors délibéré de ne l'abandonner jamais. Faites ce qu'il vous plaira, nous mourrons avec joie pour le Christ. — Quels sont les livres que vous lisez, demanda encore le proconsul, et qui contiennent la doctrine de votre religion? » Spérat dit : « Les quatre évangiles de notre Seigneur Jésus-Christ, les épîtres de saint Paul apôtre, et toute l'Écriture inspirée de Dieu (1). »

Saturnin, dans l'espoir de vaincre la résistance de ces étranges criminels, leur dit qu'il leur donnait un délai de trois jours pour rétracter leur confession et revenir aux sacrées cérémonies des dieux. « Ce délai, répondit Spérat, nous est inutile; délibérez plutôt vous-même, abandonnez le culte si honteux des idoles, embrassez la religion du vrai Dieu. Que si vous n'en êtes pas digne, ne différez pas davantage, prononcez la sentence. Tels vous nous voyez aujourd'hui, tels nous serons, n'en doutez pas, à l'expiration du délai. Je suis chrétien, et tous ceux qui sont avec moi sont chrétiens; nous ne quitterons pas la foi de notre Seigneur Jésus-Christ. »

Saturnin, les voyant inébranlables, rendit la sentence, que le greffier écrivit en ces termes : « Spérat, Narzal, « Cittin, Veturius, Félix, Acyllin, Lætantius, Januaria,

---

(1) *Qui sunt libri quos adoratis legentes? Speratus respondit : Quatuor evangelia Domini nostri Jesu Christi, et epistolas sancti Pauli apostoli, et omnem divinitus inspiratam Scripturam.* Acta ap. *Ruinart,* p. 78, et *Baron,* ad an. 202.

« Générose, Vestine, Donate et Seconde, s'étant avoués
« chrétiens et ayant refusé l'honneur et le respect à l'em-
« pereur, j'ordonne qu'ils aient la tête tranchée. » On lut
la sentence aux condamnés, et aussitôt, d'une voix unanime, ils bénirent Dieu. Conduits au lieu du supplice,
ils se mirent à genoux et renouvelèrent leurs actions de
grâces. Les bourreaux leur tranchèrent la tête pendant
qu'ils priaient.

Les fidèles qui transcrivirent sur les registres du greffe
le récit authentique dont on vient de lire la traduction,
le terminent ainsi : « Les martyrs du Christ consom-
« mèrent leur sacrifice au mois de juillet, et ils inter-
« cèdent pour nous auprès de notre Seigneur Jésus-Christ,
« auquel soient honneur et gloire avec le Père et le Saint-
« Esprit, dans les siècles des siècles (1). » Il n'y avait pas
longtemps qu'ils avaient souffert, lorsque Tertullien, leur
compatriote, alors âgé d'environ quarante ans, adressa
son Apologie de la religion chrétienne aux gouverneurs
des provinces de l'empire (2).

Ainsi l'Église d'Afrique donnait presque au même instant au ciel douze martyrs, et à la terre l'un des plus
puissants apologistes de la vérité; double et durable
triomphe de cette force nouvelle qui, sans armes, sans
défense, par la vertu, par la prière, par la parole, allait
vaincre le monde et le changer.

Si l'on trouve que je m'arrête trop au fait peu impor-

---

(1) *Consummati sunt Christi martyres mense Julio, et intercedunt pro nobis ad Dominum nostrum Jesum Christum, cui honor et gloria cum Patre et Spiritu sancto in secula seculorum* Acta op., Baron, ad an. 202.
Les actes des martyrs scillitains ont été copiés sur les registres publics par trois différents chrétiens, qui y ont ajouté de courtes notes. Baronius les a publiés sous l'an 202; Ruinart, p. 75; Mabillon, 2, III.

(2) Il rapporte, dans son livre à Scapula, que Saturnin, qui, le premier en Afrique, tira le glaive contre les disciples de Jésus-Christ, en fut puni peu de

tant de la confession et de la mort des douze chrétiens de Scillite, c'est qu'il a pour moi quelque chose de plus qu'une valeur historique : il est à mes yeux, et je l'ose dire, le premier titre de la France chrétienne à la possession de l'Afrique infidèle. Si celui qui plante le premier le drapeau de la civilisation sur une terre sauvage en devient le possesseur au nom des biens véritables qu'il lui promet, quels ne sont pas les droits de la famille chrétienne sur le sol où ses aînés ont répandu leur sang afin d'y féconder toutes les idées de justice et d'humanité, d'y enraciner le principe de toute vertu, la science de tout bonheur durable, afin de le conquérir, en un mot, à l'amour de Jésus-Christ? Oui, les martyrs scillitains ont acquis et légué à la croix cette terre, où, tandis qu'ils mouraient, l'idolâtrie pratiquait encore les cérémonies barbares de religions usitées chez les Scythes (1); et quelques lecteurs comprendront le sentiment pieux qui m'a fait tressaillir, lorsque, feuilletant la Vie des Saints, ce livre trop peu lu dans la famille catholique, dont il retrace les annales glorieuses, j'ai appris que les reliques de saint Spérat, apportées d'Afrique en France par des ambassadeurs de Charlemagne, furent placées avec respect dans l'église de Saint-Jean-Baptiste à Lyon.

A dater de ce grand jour, le 16 juillet de l'an 200, les martyrs se multiplièrent en Afrique, et Dieu seul en connaît le nombre. Ce fut trois ans après, le 7 mars 203, sous le proconsul Minucius Timinien, que souffrirent, encore à Carthage, les deux illustres saintes, Vivia Per-

---

temps après par la perte de la vue. Scapula était proconsul d'Afrique. Tertullien l'exhorte à mettre fin à la persécution. « Un chrétien, lui dit-il, n'est ennemi d'aucun homme; à plus forte raison ne l'est-il pas de l'empereur. »

(1) Tertul., *Apol.*, c. 9.

pétue et Félicité, et leurs compagnons Révocat, Satur et Secundulus; tous les cinq jeunes et simples catéchumènes. Perpétue, d'une famille considérable, avait épousé un homme de qualité; Félicité et Révocat étaient esclaves. Satur, qui les avait instruits, se livra pour leur être réuni. Félicité était enceinte; Perpétue, âgée d'environ vingt-deux ans, avait un enfant à la mamelle. Son père, encore païen, la conjurait avec larmes de revenir au culte des dieux; sa mère et ses frères appartenaient à Jésus-Christ. Le christianisme s'était introduit dans toutes les familles et dans toutes les conditions; nul doute qu'il n'eût fait de grands progrès depuis quelques années. Le martyre de sainte Perpétue, dont elle nous a elle-même laissé le récit, terminé par quelque témoin oculaire, est si célèbre et si connu dans l'Église, que je n'ai point à en retracer ici les détails, car j'écris pour des chrétiens. Rien de plus beau n'a été légué par l'homme à l'admiration des hommes, jamais plus sublime courage ne lutta contre une plus lâche férocité. La civilisation romaine livrait aux huées de la multitude, aux fouets des gladiateurs, à la dent des bêtes, des enfants, des jeunes femmes qui chantaient paisiblement les louanges de Dieu au milieu de ces supplices, et qui, se tenant par la main, se donnaient le baiser de paix avant de mourir. Lorsque les spectateurs virent Perpétue si délicate, et Félicité, nouvellement mère, dont les mamelles dégouttaient encore de lait, exposées dans un filet aux cornes d'une vache furieuse qui les traînait sur l'arène, leur pitié alla jusqu'à ordonner que ces jeunes femmes et leurs compagnons ne mourussent pas ainsi, mais seulement par le glaive; néanmoins ils voulurent avoir le plaisir de leur mort. Les martyrs se rendirent d'eux-mêmes au milieu de l'amphithéâtre, et reçurent le dernier coup, immobiles et en silence. Le gladiateur qui frappa Perpétue fut obligé de s'y reprendre à plusieurs fois : elle conduisit elle-même la main tremblante de son bourreau. Satur fut égorgé à part, au *Spoliarium*, où l'on achevait ceux à qui les bêtes n'avaient pas entièrement arraché la vie. Là était le soldat Pudens, qui les avait gardés dans la prison et qui était déjà croyant. « Adieu, lui dit Satur, souvenez-vous de ma foi ! Que ceci ne vous trouble point, mais vous confirme ! » Puis il lui demanda l'anneau qu'il avait au doigt, le trempa dans sa blessure, et le lui rendit comme un gage de son amitié et du zèle avec lequel il allait prier pour lui. On a de fortes raisons de penser que ce Pudens est celui que l'on honore comme ayant subi le martyre en Afrique peu de temps après. Ainsi prêchaient, ainsi mouraient les chrétiens, ainsi se propageait leur foi sainte. Les noms de Perpétue et de Félicité ont été insérés dans le canon de la messe, tant le combat de ces deux femmes admirables parut glorieux et leur palme éclatante ; et depuis seize siècles l'adorable sacrifice des autels n'a pas été célébré une fois dans le monde, que le prêtre et les fidèles n'aient solennellement prié Dieu de leur donner part et société avec Félicité et Perpétue. Les précieuses dépouilles des martyrs étaient, au ve siècle, dans la grande église de Carthage. Leur fête, au rapport de saint Augustin, attirait plus de monde pour les honorer, que la férocité païenne n'avait jadis attiré de spectateurs et d'insulteurs à leurs supplices.

Dans cette foule qui blasphémait au cirque, outrageant à la mort des serviteurs de Dieu, se trouvait sans doute, enfant du temps de Félicité et de Perpétue, et plus tard jeune homme, et plus tard encore homme fait (car, malgré quelques intervalles de repos, la persécution ne cessait guère), le fils d'un des principaux sénateurs de Carthage, Thascius Cyprianus, aimable et plein de vices, il l'a dit lui-même, comme tous les heureux de cette époque pompeuse et flétrie. Déjà avancé en âge, professeur célèbre et considéré, il honorait peu les dieux de l'empire et méprisait la superstition des chrétiens, lorsqu'il se lia d'amitié avec Cécilius, cet Africain de Cirta qu'Octavius et Minucius Félix convertirent à Ostie. Le brillant incrédule ouvrit les yeux, reçut le baptême, et tout aussitôt abandonna sa profession, vendit ses biens, en distribua le prix aux pauvres, et fit admirer enfin de telles vertus, que le peuple demanda qu'il fût ordonné prêtre. Depuis un an il servait en cette qualité l'Église de Carthage, quand l'évêque Donat mourut. Thascius Cyprianus, malgré ses prières et ses larmes, fut élu pour remplacer le pasteur défunt. Il reçut la consécration épiscopale (248), et c'est lui que nous honorons comme Père de l'Église, évêque et martyr, sous le nom de saint Cyprien. L'Église jouissait alors d'une paix qui ne dura pas longtemps. Décius monta sur le trône et recommença la persécution (250). La conversion et le zèle de Cyprien l'avaient rendu odieux aux idolâtres : qui s'est jamais mis du parti de Dieu sans s'attirer l'aveugle haine du monde? Ils s'ameutèrent dans les rues et les places, criant: « Cyprien aux bêtes! » Cyprien désirait le martyre, et sa fin l'a montré; toutefois, obéissant aux inspirations de Dieu, qui voulait le conserver quelque temps encore au monde et à son troupeau, il se déroba pour cette fois aux recherches des tyrans, ne cessant, dans son exil, de pourvoir aux besoins des âmes avec la même tendresse et le même zèle que par le passé. La mobilité africaine se révéla dans le cours de cette persécution, et le saint put prévoir les malheurs réservés à son Église. Déjà le relâchement s'y était introduit; le schisme ne tarda pas à y apparaître. de là des apostasies douloureuses. Les vrais fidèles mouraient héroïquement, les chrétiens faibles, ceux qui avaient embrassé le christianisme par désir de changement et par goût pour la nouveauté plutôt que par amour sincère de la vertu, couraient d'eux-mêmes et s'empressaient autour des idoles. Décius périt en 251 : une trahison l'avait élevé sur le trône, une trahison l'en fit descendre; les fidèles respirèrent. Cyprien profita du calme pour rétablir l'ordre et la discipline. Deux conciles nombreux s'assemblèrent à Carthage; le second prit des mesures pour préparer les fidèles à la persécution dont l'avénement de Gallus annonçait le retour. Ce fut à cette époque que saint Cyprien quêta pour racheter les chrétiens de Numidie, emmenés en captivité chez les Barbares. Un autre fléau sollicitait sa charité et faisait couler ses larmes. Une peste horrible, née en Éthiopie, avait gagné l'Afrique et la dépeuplait. On voyait tous les jours succomber des familles entières. Chacun, ne pensant qu'à soi, cherchait à se garantir de la contagion par la fuite. Les païens abandonnaient les malades, les mettaient hors de leurs maisons, comme s'ils eussent pu par là chasser la mort. Les rues regorgeaient de moribonds qui imploraient le secours des passants. Les passants s'éloignaient en toute hâte; quelques-uns s'arrêtaient, mais pour piller leurs frères. Saint Cyprien assembla les fidèles; il leur représenta qu'ils devaient non-seulement s'assister entre eux, mais encore secourir leurs ennemis et leurs persécuteurs. Il fut obéi : les riches donnèrent de l'argent, les pauvres offrirent leur travail, l'évêque se donna et se prodigua tout entier.

Quinze siècles plus tard, de l'autre côté de la mer, en face de Carthage anéantie, Cyprien revivait à Marseille dans l'âme sainte de l'évêque Belzunce. La peste d'Éthiopie dura depuis l'an 250 jusqu'à l'an 262. En 257 éclata la cruelle persécution de Valérien, successeur de Gallus et d'Émilien massacrés. Elle ne s'éteignit qu'au bout de trois ans et demi, quand le persécuteur tomba au pouvoir des Perses. Les révolutions punissaient les tyrans et donnaient quelque relâche à l'Église. Saint Cyprien avait relevé le courage des fidèles, et Dieu, multipliant les épreuves, les aidait à faire moins de cas de la vie. Le saint évêque décrit dans ses lettres la constance admirable qu'ils faisaient paraître au milieu des supplices. On les frappait avec des verges et des bâtons; on les étendait sur des chevalets et on les faisait rôtir; on leur déchirait le corps avec des tenailles brûlantes; on coupait la tête aux uns, on perçait les autres avec des lances. Souvent on employait, pour tourmenter le même homme, plus d'instruments de supplice qu'il n'avait de membres en son corps. On les chargeait de fers dans les prisons, et on les en tirait ensuite pour les exposer aux bêtes ou pour les livrer aux flammes; les bourreaux fatigués se relayaient les uns les autres; quand ils avaient épuisé les tortures ordinaires, ils en inventaient de nouvelles et de plus raffinées; c'était un art d'accroître les tortures en prolongeant la vie. Il y avait des chrétiens qu'on gardait étendus sur le chevalet pour qu'ils mourussent comme par degrés, et que la durée des douleurs les rendît plus atroces. N'ayant pas une place sur le corps qui ne fût déjà déchirée, ils voyaient encore, selon le mot énergique de Tertullien, tourmenter non plus leurs membres, mais leurs plaies. Cependant ils lassaient les tortionnaires par une patience, par un courage invincible à tout le génie de la cruauté : sur ces visages saignants et déformés éclataient la douceur et la paix d'un sourire céleste; de ces troncs qui gisaient dans une boue sanglante, mutilés par le fer et par le feu, les proconsuls, les bourreaux, la populace païenne s'épouvantaient d'entendre sortir des cantiques de joie, des paroles qui les menaçaient de la mort éternelle, des prières même qui invoquaient, en leur faveur, la clémence du Dieu tout-puissant, de ce Dieu qui avait de tels adorateurs! Souvent aussi des voix s'élevaient du sein de la foule : c'étaient des chrétiens, c'étaient des païens même qui, à la vue des martyrs, confessaient Jésus-Christ et demandaient à mourir. Ces choses ne se passaient pas seulement à Carthage, mais dans toutes les villes de la Numidie et de la Mauritanie où il y avait des fidèles, et il y en avait partout. Cyprien ne cessait d'exhorter son peuple aux combats généreux de la foi, indomptable et désarmée, contre la fureur sanguinaire des impies : il fut le père d'un immense nombre de pénitents et de martyrs. On l'arrêta enfin lui-même. Ce fut une joie pour lui, et un deuil pour la ville. Le proconsul, suivant l'usage, lui offrit la vie et la richesse s'il voulait abjurer, car on ne demandait autre chose à ces chrétiens, qu'on accusait de tous les crimes les plus infâmes, sinon de dire qu'ils n'étaient plus chrétiens. Cyprien refusa. Le proconsul ordonna qu'il aurait la tête tranchée. Cyprien loua Dieu. Les chrétiens qui étaient présents s'écrièrent qu'ils voulaient être décapités avec lui.

Le saint sortit du prétoire, accompagné d'une troupe de soldats; les centurions et les tribuns marchaient à ses côtés. On le conduisit dans un lieu uni et couvert d'arbres, sur lesquels, à cause de la foule, plusieurs montèrent pour mieux voir. Il ôta son manteau, se mit à genoux et pria. Il se dépouilla ensuite de sa dalmatique, qu'il donna aux diacres. Quand le bourreau s'approcha, il lui fit faire un cadeau de vingt-cinq pièces d'or, se banda lui-même les yeux et demanda à un diacre de lui lier les mains. Les chrétiens mirent autour de lui des linges pour recevoir son sang (1), et on lui trancha la tête, le 14 septembre 258. Il était évêque depuis dix ans, chrétien depuis onze ou douze ans ; il avait, durant cet espace, conquis plus d'âmes à la religion, par conséquent plus de fidèles sujets à l'empire, que les armes de Rome ne s'en étaient soumis en un siècle. Les chrétiens portèrent son corps dans un champ voisin, et l'enterrèrent pendant la nuit avec beaucoup de solennité, sur le chemin de Mappale. On bâtit, depuis, deux églises en son honneur ; l'une sur son tombeau, qui fut appelée *Mappalia*; l'autre à l'endroit où il avait souffert, et qui fut appelée *Mensa Cypriana* (table de Cyprien), parce que le saint s'y était offert à Dieu en sacrifice. Les mêmes ambassadeurs de Charlemagne qui rapportèrent en France les reliques de saint Spérat, y rapportèrent aussi celles du grand évêque : elles furent successivement déposées à Arles, puis à Lyon (2), puis enfin, sous Charles le Chauve, à Compiègne, dans la célèbre abbaye de Saint-Corneille. Elles sont aujourd'hui perdues.

(1) Presque toujours les païens tolérèrent ces hommages rendus par les chrétiens à ceux qui avaient souffert pour la religion. Je ne puis, à cette occasion, m'empêcher de remarquer qu'ayant, dans un écrit public, témoigné mon estime et ma vénération pour un pieux prêtre condamné par le jury, j'ai été accusé d'avoir fait son apologie et condamné moi-même à l'amende et à la prison.

(2) Cette translation inspira à Leidrard, archevêque de Lyon, un poëme que nous avons encore.

Les martyrs qui, selon le langage admirable de la foi, reçurent leur couronne durant la persécution de Valérien, furent plus nombreux peut-être en Numidie que partout ailleurs. Il y avait parmi eux des évêques, des clercs, et une telle multitude de laïques, hommes, femmes, enfants même, que le gouverneur qui les fit exécuter avant les ecclésiastiques y employa plusieurs jours. Les clercs furent égorgés dans un vallon, entre Lambese et Cirta, sur le bord du fleuve. On les mit en ligne, afin que l'exécuteur n'eût qu'à passer de l'un à l'autre en coupant les têtes; autrement le massacre eût duré trop longtemps, et il y aurait eu trop de corps en un monceau. Quand ils eurent les yeux bandés, Marien, qui était lecteur, prédit que la vengeance du sang innocent était proche, que le monde serait affligé de peste, de captivité, de famine, de tremblements de terre, d'insectes; ce qui marquait la prise de l'empereur Valérien et les guerres qui suivirent sous les trente tyrans. La mère de saint Marien était présente, et l'encourageait à faire généreusement le sacrifice de sa vie. Le voyant mort, elle embrassa son corps, baisa son cou sanglant et rendit grâces à Dieu de lui avoir donné un tel fils.

Vers la fin de ce IIIe siècle, si glorieux pour l'église d'Afrique, naît dans la Libye-Cyrénaïque, un homme dont les doctrines rempliront de sang le monde entier, mettront à deux doigts de sa perte la foi catholique, et feront égorger en Afrique à peu près tout ce que les Vandales y trouveront de chrétiens fidèles : c'est Arius. Tandis qu'il commence à répandre dans Alexandrie le poison de ses blasphèmes, la persécution de Dioclétien, qui ordonnait aux chrétiens de livrer les saintes Écritures pour êtres brûlées, occasionne le crime des *traditeurs*, et donne naissance au schisme des donatistes. Les artisans de ce schisme furent sans doute des misérables dont les uns voulaient se venger, les autres s'emparer des dignités de l'Église, et les autres piller ses richesses. « Ceux qui troublent la paix de l'Église, dit saint Augustin, ou sont aveuglés par l'orgueil et entraînés par l'envie, ou sont séduits par l'amour des biens du monde, ou enfin se laissent dominer par des passions honteuses. » Mais on peut reconnaître dans le rapide accroissement de la secte cet emportement de caractère, ce goût pour la dispute et pour les subtilités, cette mobilité et tout ensemble cet entêtement qui firent tomber Tertullien et condamnèrent saint Cyprien à tant de travaux et de luttes. Tel est le génie africain: il fit de l'Afrique le pays du monde le plus fertile en rhéteurs, et Juvénal, dès le 1er siècle, l'appelait une pépinière d'avocats. Le principe du schisme fut une sévérité outrée contre les traditeurs, que le pieux évêque Cécilien de Carthage avait cru devoir traiter avec miséricorde; plusieurs prêtres et évêques, traditeurs eux-mêmes, s'y jetèrent pour faire oublier leur apostasie et ne s'en montrèrent que plus emportés. Du schisme à l'hérésie le pas est aisé à franchir. Bientôt il y eut dans chaque siége épiscopal un évêque donatiste; on en comptait près de cinq cents au temps de saint Augustin, et le peuple, embrassant ce parti, lui donna en beaucoup de lieux la force brutale du nombre. Divisés en sectes qu'eux-mêmes ne pouvaient plus compter, les donatistes s'unissaient dans une haine commune contre les catholiques et les persécutaient partout. En vain le triomphe de Constantin (312) donna la paix à l'Église dans le reste du monde; l'infortunée Église d'Afrique vit, sous le règne de ce prince, commettre des horreurs dont les païens ne l'avaient pas épouvantée. L'illustre évêque de Milève, saint Optat, qui s'est placé au nombre des Pères de l'Église par son beau livre contre les donatistes, leur reproche d'avoir violenté les vierges, renversé les autels, brisé les tables sacrées, fondu et vendu les vases saints, et enfin, ô crime! ô impiété inouïe! jeté l'eucharistie aux chiens! Les protestants n'ont rien inventé. On vit les populations donatistes retourner à la barbarie : ce fut dans leur sein que naquit (346) la secte immonde des circoncellions, comme plus tard, du sein des populations corrompues par les doctrines de Jean Hus et de Luther, surgirent les taborites, les anabaptistes et tant d'autres sectaires ou fous ou impurs.

L'hérésie des donatistes dura environ cent ans. A demi ruinée par le zèle et le talent de saint Optat, dont l'admirable livre est devenu, dans la suite des siècles, une arme puissante contre tant d'autres hérésies, elle succomba sous les coups de saint Augustin. Saint Optat existait encore en 384. A cette époque Augustin vivait dans l'erreur et dans le péché; mais le jour béni du Ciel et du monde n'était pas éloigné, le jour où ce noble cœur, embrassant la foi qu'il avait tant combattue, allait commencer de gagner les âmes et les intelligences par l'héroïsme de ses vertus et la sublimité de ses lumières. Le vieil évêque de Milève a pu vivre assez pour saluer (386) ce grand jour, et pour voir entrer dans la carrière l'athlète qui terminerait son ouvrage.

Je dirais volontiers de saint Augustin ce que Salluste dit de Carthage : J'aime mieux n'en point parler que d'en parler peu. Prêtre saint, moine humble et mortifié, missionnaire infatigable, docteur très-illustre, fondateur d'œuvres sans nombre, modèle de charité, maître en toute science de salut, le plus aimable des hommes, le plus tendre et le plus zélé des pasteurs, « on voit en lui, « dit Érasme, comme dans un miroir, le modèle de cet « évêque parfait dont saint Paul trace le caractère. » Évêque d'Hippone, mais en réalité patriarche de l'Afrique par l'influence de ses vertus et de son génie, il servit pendant près de quarante ans Dieu et ses frères avec une ardeur qui s'accrut jusqu'au dernier jour et que Dieu couronna. Déjà religieux avant d'être prêtre, il établit à Hippone, lorsqu'il eut reçu le sacerdoce, une nouvelle communauté d'où sortirent un grand nombre d'évêques qui, par leur savoir et par la sainteté de leur vie, devinrent l'ornement de l'Église d'Afrique : tels furent entre autres Alipius de Tagaste, Évode d'Izale, Possidius de Calame, Profuturus et Fortunat de Constantine, Sévère de Milève, Urbain de Sicca, Boniface et Pèregrin ; ces hommes formés par lui combattirent avec lui. Les restes des tertullianistes disparurent, les donatistes rentrèrent en foule dans le giron, les mœurs que tant d'hérésies avaient ruinées se relevèrent, du moins en partie. Hélas ! dernière lueur de vertu et de gloire destinée à s'éteindre bientôt dans le sang ! d'immenses crimes avaient été commis et se commettaient encore ; Dieu regardait l'Afrique avec un œil de colère, et semblait n'y avoir envoyé tant de saints que pour se préparer une dernière moisson de martyrs. En 430, les Vandales, maîtres de tout le pays, n'étaient plus arrêtés que par les murailles d'Hippone, à l'abri desquelles saint Augustin, âgé de soixante-seize ans, rendait le dernier soupir (28 août 430). On peut dire que la domination des Romains expira avec lui en Afrique, en même temps que la civilisation chrétienne, dont l'existence ne fut plus qu'une longue agonie jusqu'à l'invasion des musulmans, sous laquelle elle disparut pour ne plus renaître que quatorze siècles après, en 1830, sur ces points mêmes du territoire, Alger et Bône, qu'illustrèrent plus spécialement la vie et la mort de saint Augustin.

Tous les auteurs chrétiens du temps s'accordent à regarder cette terrible invasion des Vandales comme un châtiment de la colère divine. L'Afrique, en effet, était alors une sentine de tous les vices. Parmi les nations barbares chacune avait son vice particulier, les Africains surpassaient chacune de ces nations; mais quant à l'impudicité, ils se surpassaient eux-mêmes. Plusieurs, quoique chrétiens à l'extérieur, étaient païens dans l'âme, adoraient la déesse céleste ou l'ancienne Astarté, se dévouaient à elle, et, au sortir des sacrifices idolâtres, allaient à l'église et s'approchaient de la sainte table. Les grands et les puissants, principalement, commettaient ces impiétés; mais tout le peuple avait un mépris et une aversion extrêmes pour les moines, quelque saints qu'ils fussent. Dans toutes les villes d'Afrique, quand ils voyaient un homme pâle, les cheveux coupés jusqu'à la racine, vêtu du manteau monacal, ils ne pouvaient retenir les injures et les malédictions. Si un moine d'Égypte ou de Jérusalem venait à Carthage pour quelque œuvre de piété, sitôt qu'il paraissait en public, on le chargeait de reproches et de huées. Le courage n'y était pas une vertu moins rare que les autres, et le bon sens même semblait avoir abandonné ces hommes perdus. Durant le siège de Carthage, tandis qu'une partie des habitants étaient égorgés par l'ennemi au pied des murs, les autres s'occupaient au théâtre à siffler les acteurs et à pousser des cris de joie. Il fallut que les Vandales les réduisissent en esclavage pour réformer leurs mœurs. Ces Barbares étaient chastes. Ils défendirent, sous peine de mort, les débauches que les Romains autorisaient. Ainsi, ajoute Salvien, prêtre de Marseille et contemporain de ces événements, Dieu employa les Barbares non-seulement pour punir les Romains de leur perversité, mais aussi pour rendre quelque moralité au genre humain.

L'Église, cependant, fut elle-même cruellement désolée. Les Barbares étaient ariens, et leur férocité naturelle s'accrut de la haine qu'ils portaient aux catholiques. Plus de chants dans les églises; les églises mêmes étaient pour la plupart réduites en cendres. On ne voyait plus qu'évêques, prêtres, vierges consacrées à Dieu, les uns privés d'une partie de leurs membres, les autres chargés de chaînes ou exténués de faim. L'Afrique entière fut ainsi ravagée par le fer, par le feu, par la famine, avec une fureur impitoyable. Les Vandales avaient conscience de leur mission. Ils disaient que ce n'était pas d'eux-mêmes qu'ils usaient de tant de rigueur, mais qu'ils sentaient une force qui les y poussait comme malgré eux. Leur roi Genséric avait en lui-même une confiance sans bornes; il se sentait conduit par une main toute-puissante : un jour qu'il mettait à la voile, son pilote lui demanda quelle route il fallait prendre. « Suis le vent, répondit Genséric, il nous conduira vers ceux que Dieu veut punir. » Ce souffle terrible qui ne manqua jamais à ses vaisseaux les fit aborder (455) sur les rivages de Rome. L'impératrice Eudoxie l'y appelait pour se venger de l'usurpateur Maxime, qui l'avait contrainte à l'épouser après avoir fait assassiner Valentinien III son premier mari. Étrange rencontre dans la destinée de ce Vandale, qui devait déjà la possession d'un royaume

aux intrigues de la cour impériale, et qui s'emparait de
Rome, sur l'invitation d'Eudoxie, comme il s'était emparé
de l'Afrique, sur l'invitation de Boniface. Rome ne se
défendit même pas ; elle fut pillée pendant quatre jours.
A la prière du pape saint Léon, le même devant qui
Attila s'était trouvé miséricordieux, Genséric s'abstint
des incendies, des meurtres et des supplices. Carthage
le vit revenir, apportant avec lui les immenses dépouilles
et l'immense déshonneur de la ville de Caton. Au nombre
de ces dépouilles étaient les vases sacrés autrefois pris à
Jérusalem par Titus. L'impératrice Eudoxie, ses deux
filles, plusieurs milliers de captifs, réservés à l'esclavage
sur la terre que les Scipions avaient conquise, chargeaient
la flotte du vainqueur. Ces infortunés furent rachetés par
la charité de Deogratias, saint vieillard, ordonné évêque
à Carthage en 454, à la prière de Valentinien, après une
longue vacance. L'homme de Dieu vendit, pour cette
œuvre de miséricorde, ce qui restait de vases d'or et
d'argent dans les temples appauvris. Ayant donné la liberté aux esclaves, il leur procura encore un asile en les
recueillant dans deux grandes églises qu'il avait fait garnir de lits et de paille. Jour et nuit il les visitait, faisait
soigner les malades, les servait lui-même malgré sa
grande faiblesse et son âge avancé. Au milieu des horreurs dont ces temps sont remplis, de tels exemples
reposent l'âme. Les ariens, envieux de la vertu de Deogratias, voulurent le faire périr par des embûches auxquelles il échappa ; mais il mourut peu de temps après,
n'ayant tenu le siége de Carthage que trois ans. Genséric
défendit alors d'ordonner des évêques dans la province
Proconsulaire et dans la Zeugitane, où il y en avait
soixante-quatre, qui, manquant peu à peu, se trouvèrent

réduits à trois au bout de trente ans, lorsque Victor, évêque de Vite, écrivit l'histoire de cette persécution. Il y eut plusieurs confesseurs et plusieurs martyrs. On vit même alors un exemple de la facilité avec laquelle les Maures païens pouvaient recevoir l'Évangile. Quatre frères, qui avaient refusé d'embrasser l'arianisme, ayant été donnés comme esclaves à un roi, nommé Caphar, dont tout le peuple était païen, surent, par leurs discours et la sainteté de leur vie, attirer les Barbares à la connaissance de Dieu. Désirant établir la religion, ils députèrent à l'évêque de la ville la plus voisine, le priant d'envoyer des prêtres et des ministres à ce peuple converti. L'évêque le fit avec joie, et l'on baptisa une multitude de Barbares. Genséric, furieux, fit attacher les serviteurs de Dieu par les pieds derrière des chariots qui, courant dans des lieux pleins de ronces et de bois, les mirent en pièces. Les Maures se lamentaient ; mais les martyrs se regardaient l'un l'autre en passant, et disaient : « Mon frère, priez pour moi ; Dieu a rempli notre désir ; c'est ainsi que l'on arrive au royaume des cieux. » Il se fit de grands miracles à leurs tombeaux.

Après la mort de Genséric, son fils Hunéric permit aux catholiques de Carthage d'élire un évêque. Depuis vingt-quatre ans cette Église était sans pasteur. Eugène, homme singulièrement estimé pour son savoir, sa piété, son zèle et sa prudence, fut élu d'une voix unanime. Sans revenus, il faisait d'immenses aumônes, trouvant dans le cœur des fidèles une ressource assurée contre la misère des indigents ; d'ailleurs il se refusait presque tout à lui-même, et disait cette belle parole, lorsqu'on lui conseillait de songer aussi à ses propres besoins : « Le bon pasteur doit donner sa vie pour son troupeau ; puis-je donc m'inquiéter de ce qui concerne mon corps ? »

La bienveillance que lui avaient d'abord témoignée les ariens fit bientôt place à des sentiments de haine et de jalousie; cette vertu les offusquait. Le roi lui défendit de s'asseoir sur le trône épiscopal, de prêcher le peuple, et d'admettre dans l'église ceux des Vandales qui étaient catholiques. Saint Eugène fit la réponse d'un évêque : il dit que la maison de Dieu resterait ouverte à quiconque voudrait y venir prier. Hunéric, furieux, mit aux portes des temples des bourreaux qui jetaient sur la tête de tous ceux qu'ils y voyaient entrer avec l'habit vandale, un bâton dentelé dont ils leur entortillaient les cheveux, et qu'ils tiraient ensuite avec force, de façon à arracher la chevelure et la peau de la tête. Quelques-uns en perdirent les yeux, d'autres la vie, plusieurs survécurent longtemps. On menait par la ville des femmes avec la tête ainsi écorchée, précédées d'un crieur pour les montrer à tout le peuple. La foi des catholiques brava cette cruauté, aucun n'abjura. Hunéric priva de leurs charges les orthodoxes qui servaient à la cour et les condamna aux travaux de la campagne; il défendit d'admettre aux fonctions publiques quiconque ne serait pas arien, et s'irritant de plus en plus contre les Vandales qui résistaient à ses ordres, il les chassa de leurs maisons, les dépouilla de leurs biens, et en exila plusieurs en Sicile. Ce fut le commencement de ses persécutions. Un grand nombre de vierges consacrées à Dieu furent cruellement tourmentées : les bourreaux espéraient les contraindre à déposer contre les mœurs des évêques et des clercs. On les suspendait avec de grands poids aux pieds; on leur appliquait des lames de fer rouge sur le dos, sur le ventre, sur le sein; on fit craquer sur le chevalet leurs membres rompus. Beaucoup d'entre elles moururent, aucune ne donna prétexte à la calomnie. Des évêques, des prêtres, des diacres, des laïques distingués, furent bannis au nombre de cinq mille, et menés dans le désert par les Maures ; ils chantaient en marchant cette parole du psaume : « Telle est la gloire de tous les saints.» Le peuple accourait de tous côtés pour saluer les confesseurs. Les chemins étaient trop étroits, et les fidèles couvraient les vallées et les montagnes, portant des cierges à la main et mêlant leurs plaintes aux cantiques des serviteurs de Dieu ; les mères poussaient leurs enfants aux pieds des saints : « A qui nous laissez-vous en courant au martyre ? Qui baptisera ces enfants ? Qui nous donnera la pénitence et la réconciliation ? Qui nous enterrera quand nous serons morts ? Qui offrira le divin sacrifice avec les cérémonies ordinaires ? Que ne nous est-il permis d'aller avec vous ? » Je ne puis me défendre de transcrire un détail touchant et naïf, rapporté par Victor, évêque de Vite : « Un jour que nous marchions ainsi avec l'armée de Dieu, nous vîmes une vieille femme portant un sac, et tenant par la main un petit enfant qu'elle encourageait par ces mots : « Courez, mon seigneur ! voyez tous les saints, comme ils se pressent avec joie d'aller recevoir la couronne ! » Nous la grondions de ce qu'étant femme elle voulait aller avec tant d'hommes et se joindre à l'armée du Christ. Elle répondit : « Bénissez-moi, seigneurs, et priez pour moi, ainsi que pour cet enfant qui est mon petit-fils, car, quoique pécheresse, je suis fille du défunt évêque de Zurite. — Mais, lui dîmes-nous, pourquoi marcher dans un si chétif accoutrement et venir de si loin ? » Elle répondit : « Je vais en exil avec ce petit, votre serviteur, de peur que l'ennemi ne le trouve seul et ne l'entraîne de la voie de la vérité à la mort. » A ces mots nous fondîmes en larmes et ne pûmes dire autre chose, sinon :

« Que la volonté de Dieu soit faite ! » Pendant la marche, quand les vieillards ou les jeunes gens les plus faibles étaient harassés, on les piquait avec des dards, ou on leur jetait des pierres pour les faire avancer. On commanda aux Maures, moins cruels que les ariens, de lier par les pieds ceux qui ne pouvaient marcher, et de les traîner comme des bêtes mortes à travers les pierres et les ronces, où ils furent déchirés. Il en mourut un grand nombre, que leurs frères enterrèrent comme ils purent sur ce chemin d'agonie. Les plus valides arrivèrent seuls au désert; là ils furent abandonnés à la faim. Les scorpions et les autres bêtes venimeuses dont ce lieu était rempli ne leur faisaient point de mal. Dieu semblait donner aux animaux la compassion qui n'était plus dans le cœur des hommes. »

Le jour de l'Ascension 483, le persécuteur fit publier dans toute l'Afrique un écrit conçu en ces termes : « Hunéric, roi des Vandales et des Alains, aux évêques catholiques. Il vous a souvent été défendu de tenir des assemblées dans le partage des Vandales, de peur que vous ne séduisiez les âmes chrétiennes. On a trouvé que plusieurs, au mépris de cette défense, y ont célébré des messes, soutenant qu'ils conservaient l'intégrité de la foi chrétienne. C'est pourquoi, ne voulant point souffrir de scandale dans les provinces que Dieu nous a données, sachez que, du consentement de nos saints évêques, nous avons ordonné que vous veniez tous à Carthage, le jour des calendes de février prochain, pour disputer de la foi avec nos évêques, et prouver par les Écritures la croyance que vous tenez, afin que l'on puisse connaître si vous avez l'intégrité de la foi. » On croirait lire une ordonnance d'Élisabeth d'Angleterre, ou un ukase de Nicolas de Russie. Les évêques furent consternés ; ils virent que Hunéric avait juré la perte des catholiques. Néanmoins ils obéirent courageusement, et se rendirent à l'assemblée, non-seulement de toute l'Afrique, mais encore des îles sujettes aux Vandales. Hunéric, dans l'espoir de les intimider, fit d'abord subir divers tourments aux plus renommés et aux plus habiles. Il brûla Létus, célèbre par sa science, et en retint d'autres en prison. Enfin la conférence s'ouvrit. Les ariens trouvèrent les catholiques mieux disposés au combat qu'ils ne l'avaient cru. Ils leur dirent des injures et rompirent brusquement les discussions. Les catholiques présentèrent une confession de foi rédigée par saint Eugène, et se tinrent prêts à souffrir les violences qu'ils avaient prévues. La persécution devint horrible ; mais jamais l'Église d'Afrique ne se montra plus sainte devant le Seigneur. La terre fut, à la lettre, arrosée du sang des martyrs. Le 25 février 484, toutes les églises avaient été fermées en même temps, tous les ecclésiastiques chassés des villes, tous les catholiques, vandales ou romains, déclarés inhabiles à hériter ou à disposer de leurs biens, de quelque nature qu'ils fussent. Partout, dans les villes et dans les campagnes, il se trouva en grand nombre des âmes généreuses qui préférèrent à l'apostasie, la ruine, l'humiliation, l'exil, la mort et les plus épouvantables tourments. Le persécuteur descendait au-dessous de la brute, mais les persécutés s'élevaient au-dessus de l'homme ; ils savaient souffrir et mourir en priant pour leurs bourreaux, comme l'Homme-Dieu qu'ils adoraient. Une femme, nommée Denise, demandait au milieu des tortures qu'on lui épargnât seulement la honte de la nudité. Tandis qu'on la battait de verges et que les ruisseaux de sang coulaient de son corps, elle exhortait les autres au martyre, et par son exemple elle procura le salut à presque toute sa patrie.

Elle avait un fils unique, encore jeune; le voyant trembler à l'aspect des tourments qu'il allait endurer : « Souviens-toi, lui dit-elle, que nous avons été baptisés au nom de la Trinité, dans le sein de l'Église catholique notre mère. La peine qui est à craindre, c'est celle qui ne finit jamais; la vie qui est à désirer, c'est celle qui dure toujours. » Le jeune homme, relevé par la vertu de sa mère, souffrit avec constance et reçut saintement la mort. Pour Denise elle avait lassé les bourreaux. Ayant embrassé tendrement le corps de son fils, et rendu publiquement grâces à Dieu, elle voulut enterrer dans sa propre maison le généreux enfant qu'elle avait donné deux fois au Ciel, afin de pouvoir offrir tous les jours sur son tombeau des prières à la sainte Trinité, et de se fortifier dans l'espérance de lui être réunie au dernier jour (1).

A Cucuse, les martyrs furent innombrables ; à Carthage, Victorien, gouverneur de la ville, préféra les chevalets et la dent des bêtes aux immenses richesses qu'il possédait déjà, et aux faveurs que lui offrait Hunéric ; une foule de chrétiens imitèrent son exemple et moururent ou furent mutilés; à Typase, ville de la Mauritanie-Césarienne, située entre Cherchell et Alger, les habitants, détestant la présence d'un évêque arien, quittèrent la ville et s'enfuirent en Espagne, à l'exception d'un petit nombre qui ne purent passer la mer. L'évêque arien essaya inutilement d'effrayer ou de séduire ces derniers. Ils s'assemblaient dans une maison et y célébraient, sans se cacher, les divins mystères. Hunéric leur fit couper la main droite et la langue, et néanmoins ils parlèrent comme au-

---

(1) Sainte Denise, saint Majoric, son fils, sainte Dative, sa sœur, saint Émilien, son parent, saint Léonce, saint Tertius et saint Boniface, ses compagnons, sont honorés le 6 décembre.

paravant. Ce miracle fut public ; mais Dieu, qui consolait ainsi les fidèles, endurcit le cœur d'Hunéric comme il avait endurci celui de Pharaon (1). Saint Eugène et les autres évêques, frappés, injuriés, dépouillés de tout, même de vêtements, ayant vu expirer dans les tortures quatre-vingt-huit d'entre eux, furent enfin condamnés à l'exil. Saint Eugène écrivit à son troupeau une lettre admirable, que Grégoire de Tours nous a conservée. Il les conjure, par le redoutable jour du jugement et par la lumière formidable de l'avénement de Jésus-Christ, de rester fermes dans la foi de la Trinité et d'un seul baptême, sans souffrir d'être rebaptisés ; car les ariens d'Afrique, semblables aux donatistes, rebaptisaient ceux qui embrassaient leur secte. Il proteste qu'il sera innocent de la perte de ceux qui succomberont, et que sa lettre sera lue contre eux au tribunal de Jésus-Christ ; il leur recommande le jeûne, la prière et l'aumône, qui ont toujours fléchi la miséricorde de Dieu, et de ne point craindre ceux qui ne peuvent tuer que le corps. On a le catalogue des évêques de toutes les provinces d'Afrique qui étaient venus à la conférence, et qui furent martyrisés ou en-

---

(1) Victor de Vite, témoin oculaire du fait, dit à ceux qui en douteraient, qu'ils pouvaient s'en assurer eux-mêmes en allant à Constantinople, où ils trouveraient un sous-diacre nommé Réparat, du nombre de ceux à qui on avait coupé la langue jusqu'à la racine, qui parlait nettement, sans aucune peine, et qui, pour cette raison, était singulièrement honoré de l'empereur Zénon et de l'impératrice. Énée de Gaze, philosophe platonicien, qui était alors à Constantinople, dit, dans un dialogue écrit avant l'an 533, qu'il avait vu lui-même des personnes qui avaient eu la langue coupée, qu'il les avait entendues parler distinctement, et que, ne pouvant s'en rapporter à ses oreilles, il leur avait fait ouvrir la bouche, et vit toute leur langue arrachée jusqu'à la racine ; qu'il était étonné, non de ce qu'ils parlaient, mais de ce qu'ils vivaient encore. Procope, qui écrivait quelque temps après, dit qu'il en avait vu se promener à Constantinople, parlant librement, sans se sentir de ce supplice ; mais que deux d'entre eux ayant péché contre la pureté perdirent l'usage de la parole. Le comte Marcellin, dans sa *Chronique*, l'empereur Justinien, dans une constitution pour l'Afrique, attestent également avoir vu ce miracle.

(*Hist. univers. de l'Église catholique*, par l'abbé Rohrbacher, t. VIII.)

voyés en exil ; 54 de la province Proconsulaire, 125 de
Numidie, 107 de la Byzacène, 120 des deux Mauritanies
(Césarienne et Tingitane), 44 de la Mauritanie-Sitifienne,
5 de la Tripolitaine, 10 de la Sardaigne et des îles voisines ; 88 moururent comme nous l'avons dit ; il y en eut
46 relégués en Corse, 302 ailleurs ; 28 s'enfuirent (1).
Un de ces évêques bannis, nommé Fauste, alla s'établir
dans la Byzacène, près de Telepte. Il y fonda le monastère
où saint Fulgence, alors âgé de vingt-deux ans, voua sa vie
au service de Dieu. Après saint Eugène, Hunéric bannit
tout le clergé de Carthage, composé de plus de cinq cents
personnes, non sans leur avoir fait souffrir la faim et toutes
sortes de tourments. Les enfants de chœur mêmes n'obtinrent pas grâce. Cependant un apostat, nommé Theucérius, qui avait été lecteur, conseilla d'en rappeler douze,
à cause de leurs belles voix. Ces enfants ne voulaient pas
quitter les saints et s'attachaient à leurs genoux en pleurant. Il fallut les ramener l'épée à la main. On essaya de
les gagner par des caresses, on les tourmenta ensuite à
plusieurs reprises : ils demeurèrent inébranlables. La persécution étant passée, la ville de Carthage les respectait

(1) Voici la nomenclature la plus complète des évêchés d'Afrique ; elle a été
relevée par M. Carette :

Province Proconsulaire.	132
Numidie.	152
Byzacène.	135
Mauritanie-Sitifienne.	46
Mauritanie-Césarienne et Tingitane. . .	133

Il faut remarquer, dit M. Carette, que les quatre premières provinces occupaient ensemble deux cent trente-six lieues de côtes, et les deux dernières
quatre cents. Cependant le nombre des évêchés de celles-ci est à peine le
quart de celui des autres. Les premières n'offrent pas un seul de ces noms
qui expriment l'état de guerre : dans les deux Mauritanies, au contraire, on
en trouve huit, tels que *Castelli-Mediani*, *Castellum-Ripense*, etc., etc., et ce
ne sont pas ceux que nous avons signalés dans l'itinéraire d'Antonin. Tout ce
qui se rattache à cette partie de l'Afrique porte l'empreinte de la résistance et
de la lutte.

comme des apôtres. Victor de Vite les connut : ils habitaient la même maison et chantaient ensemble les louanges de Dieu. Mais Hunéric et ses Vandales étaient moins féroces que leur clergé. Les évêques ariens marchaient partout l'épée au côté, suivis de la troupe brutale de leurs clercs; ils pénétraient chez les catholiques à toute heure du jour et de la nuit, les aspergeaient d'eau, puis criaient qu'ils les avaient baptisés. Ils en usaient de même envers ceux qu'ils trouvaient sur les chemins, renouvelant les scènes de folie et d'impiété des circoncellions. Un grand nombre de fidèles, simples et ignorants, se croyant souillés par ces violences, ne pouvaient contenir leur douleur : ils allaient devant les tribunaux, se proclamaient catholiques, passaient par les supplices et recevaient la mort. Dieu, cependant, sévissait contre ces aveugles persécuteurs. Toute l'Afrique fut frappée d'une effroyable sécheresse qui causa d'abord la famine et ensuite la peste. Bientôt il n'y eut plus de commerce, plus d'industrie, plus de famille; chacun s'en allait où il pouvait, cherchant vainement à fuir un air empoisonné qu'ils trouvaient partout, et une faim qui les suivait partout. Les montagnes, les collines, les routes, les places des villes étaient jonchées de cadavres; beaucoup d'endroits, auparavant très-peuplés, demeurèrent entièrement déserts. Les Vandales, habitués à l'abondance, et ceux qu'ils avaient séduits, ressentirent plus particulièrement l'atteinte du fléau. On avait promis aux apostats qu'ils ne manqueraient de rien. Ne trouvant plus de quoi vivre dans les provinces, ils arrivèrent en foule à Carthage, comme pour sommer le roi de tenir sa promesse. Hunéric, les voyant expirer l'un sur l'autre, les fit expulser tout d'un coup, craignant qu'ils ne fissent de la ville un tombeau. Ils allèrent mou-

rir sur les chemins. Cette dernière cruauté qui vengeait
Dieu fut aussi le dernier crime d'Hunéric: il mourut lui-
même (484) d'une maladie de corruption, le corps mangé
des vers et tombant par lambeaux. Son successeur, Gon-
tamond, laissa respirer l'Église, rappela saint Eugène en
487, rouvrit les temples en 494 et mourut en 496, laissant le trône à son frère Trasimond. Ce dernier, moins
violent qu'Hunéric, fut plus dangereux peut-être pour
la vertu des fidèles. Il leur promettait des charges, des
dignités, de l'argent, ou l'impunité des crimes. Toutefois
saint Eugène reprit le chemin de l'exil, et vint mourir,
l'an 505, à Albi, dans les Gaules. Saint Fulgence, alors
évêque de Ruspe, eut également à souffrir des caprices
despotiques du roi vandale; il fut déporté en Sardaigne,
ainsi que plus de deux cents autres évêques, qui empor-
tèrent avec eux les reliques de saint Augustin. Il est
doux de penser que les saints pontifes furent consolés
dans leurs misères par la nouvelle des grandes choses
qui se passaient non loin d'eux, au pays des Francs.
Cette date de 496, qui vit renaître la persécution en
Afrique, est célèbre dans l'Église. La foi orthodoxe se
voyait partout abandonnée, trahie, persécutée : l'empereur Anastase protégeait les eutychiens; Théodoric,
roi des Ostrogoths, en Italie; Alaric, roi des Visigoths,
dans l'Espagne et dans l'Aquitaine; Gondebaud, roi des
Burgondes, dans les Gaules; Trasimond, roi des Vandales, professaient l'arianisme. Cependant tout à coup
l'Église catholique tressaillit de joie: le roi d'une nation
barbare, encore petite, ayant miraculeusement gagné une
bataille sur les rives du Rhin contre d'autres barbares,
venait de recevoir le baptême avec l'élite de ses guerriers : le monde armé et conquérant appartenait à l'héré-

sie ou au paganisme, mais le chef qui venait de se convertir était Clovis, et la nation qui suivait son exemple était celle des Francs! Au milieu des douleurs, des ruines et des larmes, l'Église enfantait sa fille aînée; saint Remi versait l'eau sainte sur le front du royaume naissant qui devait donner à la religion du Christ cette forte et magnanime épée qu'on vit aux mains de Charles Martel, de Charlemagne et de saint Louis, et qui, vengeresse encore lorsqu'elle fut infidèle, n'a cessé jusqu'à nos jours de conquérir ou de punir pour le compte de Dieu.

Hildéric, fils de Trasimond, lui succéda (523); il avait été élevé à la cour de Justinien et penchait secrètement pour les catholiques; mais c'était un Barbare demi-lettré, qui flottait sans courage entre sa conscience et les fausses nécessités d'une politique craintive. Il servit peu les catholiques et s'attira la haine des Vandales. Gélimer, héritier présomptif du trône, illustre aux yeux de sa nation pour avoir remporté quelques avantages sur les Maures, s'empara de la couronne. Justinien vint au secours de son allié; il envoya en Afrique une flotte bénite par le patriarche de Byzance et commandée par Bélisaire, qui débarqua sur les confins de la Byzacène et de la Tripolitaine avec une armée peu nombreuse, mais bien composée et fière de son général. Il ne rencontra presque point de résistance. Le jour de la fête de saint Cyprien, 14 septembre 533, Carthage, démantelée, fut prise sans coup férir. Les habitants avaient illuminé toutes les rues pour célébrer leur délivrance, tandis que les Vandales se réfugiaient dans les églises, où, pâles de frayeur, ils tenaient les autels embrassés. Gélimer, pour se défendre, n'avait guère su qu'égorger Hildéric Le général romain marcha au palais de l'usurpateur et s'assit sur son trône.

Le commerce ne fut point interrompu; les boutiques restèrent ouvertes; les magistrats distribuèrent tranquillement aux soldats des billets de logement, et les soldats payèrent les vivres qu'ils voulurent acheter. Deux jours auparavant, Gélimer, comptant sur la victoire que les prêtres ariens lui promettaient, avait fait faire les apprêts d'un grand festin par où il voulait couronner son triomphe. Bélisaire se mit à table avec ses principaux capitaines, et se fit servir ce repas par les officiers du roi vandale. C'était la quatre-vingt-quinzième année depuis l'entrée de Genséric à Carthage. Mahomet naissait à la Mecque.

Un concile se réunit bientôt à Carthage, où il n'y en avait pas eu depuis cent ans. Deux cent dix-sept évêques s'assemblèrent dans la basilique de Fauste, riche des reliques de plusieurs martyrs. Ils rendirent à Dieu de solennelles actions de grâces, pleurant de joie d'être enfin rendus à leurs peuples, et de voir un grand nombre d'hérétiques embrasser la vraie foi. On examina comment il fallait recevoir les évêques ariens qui rentraient dans le sein de l'Église catholique, s'ils conserveraient leur rang d'honneur, ou s'ils seraient seulement admis à la communion laïque. Les Pères ne voulurent rien régler à cet égard sans consulter Rome. Le pape saint Agapit ordonna que les évêques ariens convertis ne demeureraient point dans les dignités du sacerdoce, mais qu'on leur ferait part des revenus de l'Église établis pour la subsistance des clercs. Telle fut la vengeance des confesseurs de Jésus-Christ.

Cependant la conquête des empereurs de Constantinople avait été rapide, leur pouvoir fut précaire et de courte durée. Les tribus indigènes se montraient chaque jour moins soumises. Bientôt des révoltes éclatèrent dans le sein de l'armée, et les nomades multiplièrent toujours leurs entreprises. Un désordre affreux régnait partout ; les mœurs, souillées par l'hérésie, étaient devenues abominables ; l'autorité se voyait méprisée ou haïe ; tout préparait l'Afrique à la plus dure et à la plus cruelle conquête qu'elle eût eu encore à subir, et qui devait, pour des siècles entiers, la plonger dans une irrémédiable barbarie : les Arabes musulmans se précipitèrent sur elle avec cette fougue qui fit tout plier durant un siècle, et qui ne s'arrêta que devant l'épée de Charles Martel, dans les plaines de Poitiers.

IX

SUITE DU COUP D'OEIL HISTORIQUE. — LES MUSULMANS.

Le vaste pays situé à l'occident des déserts habités par les enfants de Mahomet, n'était connu d'eux que sous la dénomination générique et vague de Maghreb, ou couchant. L'an 27 de l'hégire (647), Othman, troisième khalife, envoya par le désert quelques partis de cavalerie qui s'avancèrent dans ces terres lointaines et en rapportèrent du butin. La conquête du Maghreb fut alors décidée. La Tripolitaine et la Byzacène furent bientôt soumises. Une seconde invasion s'empara de Bougie et s'avança jusqu'à Tanger. Le littoral resta encore quelque temps au pouvoir de l'empire grec, mais bientôt Carthage fut emportée d'assaut par Hassan le Gassanide, et le reste de la province suivit le sort de la capitale. L'empire ne posséda plus que la seule ville d'Hippone.

La conquête s'était d'abord dirigée le long du revers méridional de l'Atlas, à travers les tribus agrestes voisines du désert, ennemies des villes et de leurs habitants, alliées naturelles des Arabes, auxquels les rattachaient de nombreuses affinités de mœurs et d'origine. Non-seulement les nomades, mais les Berbères embrassèrent l'islamisme. Une religion qui semblait imposer la guerre et qui consacrait la volupté, qui s'étayait de fables monstrueuses et qui résumait dans son immense erreur toutes les erreurs que l'esprit de secte avait vomies sur le monde, devait plaire à ces sauvages populations. La profession en était d'ailleurs facile : il ne s'agissait que de prononcer la formule pour être aussi bon musulman que les docteurs. Néanmoins, quoique convertis, les Berbères ne renoncèrent pas aisément à l'indépendance; mais leur résistance, quelque temps dirigée par une femme, *El-Kahinah* (la prophétesse), ne put délivrer leur pays de la puissance arabe. El-Kahinah, après quelques triomphes, périt les armes à la main. Les Berbères, au nombre de douze mille, recrutèrent l'armée d'Hassan, déjà vainqueur de Carthage, qui s'empara alors de Constantine. Soixante ans après la première invasion, sous le khalifat d'Abd-el-Melik (708), la conquête et la conversion du Maghreb, depuis Sous jusqu'à Tanger, est complétée par Moussa-ben-Nosaïr ; et déjà les Arabes débordant sur l'Espagne (710) y remportent la victoire de Guadalète et s'y établissent.

Il faudrait compter par millions les hommes que l'islamisme fit mourir. Nulle part il n'en a égorgé autant qu'en Afrique. Au bout de cent cinquante ans, les enfants de Mahomet, divisés en une infinité de sectes, reconnaissaient cinq khalifes, dont deux résidaient et se combattaient sur cette terre sanglante, l'un à Kaïroan, l'autre à Fez. Le génie particulier des Berbères et leur haine de tout pouvoir étranger les poussaient, en outre, constamment à embrasser de nouveaux schismes. A chaque page de leurs annales surgissent, du fond des déserts, des marabouts qui convient ces peuples à l'indépendance politique et religieuse. Il faut renoncer à rapporter les noms de ces chefs qui se succèdent sans relâche, à raconter les batailles qui se livrent partout et de tous côtés, à compter les empires qui s'élèvent et s'écroulent rapidement dans le sang. Chaque contrée s'agite à son tour. Ce sont des irruptions soudaines et constantes de l'orient sur le couchant, du couchant sur l'orient; des incursions sans cesse renouvelées de l'Espagne sur l'Afrique, et de l'Afrique sur l'Espagne. La guerre civile et l'anarchie semblent l'état normal de ces pays désolés.

Les khalifes omniades chassent du Maghreb occidental les khalifes fatimites. Du fond des déserts un Berbère, fils d'un pauvre potier de la tribu Lantounah, Jousef-ben-Tachefin, envahit Fez, s'empare de Tlemcen et de toute la province jusqu'à la ville des Beni-Mezegrenna (Alger); il bâtit la ville de Maroc, qui devint la capitale de son nouvel empire. Sa puissance ne s'étendit pas seulement sur l'Afrique, il passa en Espagne pour combattre Alphonse IV, déjà maître de la Castille, de la Galice et de Léon. Il remporta sur les chrétiens la mémorable bataille de Zalaka (1087), et s'empara bientôt (1095) des États des rois musulmans qu'il était venu secourir. Il mourut (1107) paisible possesseur de l'Espagne musulmane et de toute l'Afrique depuis Tanger jusqu'aux déserts de Barca.

Cette brillante puissance des Almoravides (1), dont la gloire et le renom durent encore, et que Jousef-ben-Tachefin venait de fonder avec tant d'éclat, s'éteignit pour ainsi dire avec sa vie. De nouveaux sectaires venaient de surgir en Afrique; ils s'appelaient les Almohades (El-Mouahhdin, unitaires); en même temps des révoltes éclataient en Espagne. En quelques années l'empire des Al-

---

(1) *El Morabethat*, hommes de Dieu, dont nous avons fait Almorabites, Almoravides, marabout.

moravides eut changé de maître. Ali, le fils de Jousef, n'avait plus, en mourant, qu'un lambeau déchiré de sa dernière province. Ce triste reste fut ravi à son successeur, qu'une longue et sanglante bataille livrée aux environs de Tlemcen déposséda sans retour.

Le pouvoir des Almohades s'étendit alors sur toutes les villes du Maghreb. Leur chef Abd-el-Moumen fit reconnaître sa souveraineté en Espagne et prit le titre de commandant des croyants (Emir-el-Moumenim). Il mourut providentiellement, au moment où il allait lancer sur l'Europe une des plus formidables armées qui se fussent assemblées pour la guerre sainte.

La Providence accorda quelque durée à cette farouche puissance des Almohades. Plusieurs princes se succédèrent, mais il leur fallut, à chaque avénement, conquérir leur royaume. Bien des complots et bien des révoltes éclatèrent, ils surent les noyer dans le sang. Le quatrième successeur d'Abd-el-Moumen, Mohammed-abou-Abdallah, proclama l'*El-Djehad* ou appel à la guerre sainte. Pour une dernière fois l'Afrique entière se souleva. Le pape Innocent III, de son côté, prêcha la croisade en Europe. Les chevaliers d'Allemagne et d'Italie, ceux de France surtout, vinrent en Espagne combattre les Sarrasins. L'armée des infidèles avait employé une année entière à se former et à débarquer à Algésiras. Elle était forte de six cent mille hommes. Elle fut anéantie (1212) dans les plaines de Tolose, au pied de la Sierra-Morena. Avec elle succombèrent les Almohades. Dieu ne semblait les avoir si miraculeusement élevés et si longtemps maintenus au milieu des révolutions africaines, que pour écraser d'un seul coup la fleur virile des populations qu'ils embrassaient avec tant d'efforts dans une sorte d'unité.

Mohammed laissa à son fils, qui mourut sans postérité, un royaume livré à l'anarchie. L'Espagne et l'Afrikïah ou pays de Tunis échappèrent pour toujours à la prépondérance du Maghred-el-Aksa (couchant le plus reculé). Au milieu du démembrement général qui s'opère alors, trois dynasties principales surgissent : les Beni-Merin, dans le Maghreb-el-Aksa (royaumes de Fez, de Maroc et de Mequinez); les Abou-Hafs, dans l'Afrikïah (royaume de Tunis); les Beni-Zian, à Tlemcen, dont l'autorité s'étendait sur la plus grande partie de l'Algérie actuelle. Leurs prétentions rivales précipitent le Maghreb dans une série interminable de combats. Les tribus, sans cesse animées les unes contre les autres par des haines séculaires, se tiennent toujours en armes ; mais ce ne sont plus des guerres de peuple à peuple, ce sont des guerres de bandits et d'insensés, la soif du pillage les allume, la trahison les termine aujourd'hui pour les renouveler demain.

Enfin, après plus de deux siècles de combats, d'usurpations, de meurtres, de bouleversements de tout genre, les trois dynasties contemporaines des Beni-Merin, des Beni-Zian et des Abou-Hafs étaient arrivées simultanément à une même décadence, lorsque, dans les premières années du XVIe siècle, de nouvelles révolutions consommant leur ruine mirent à leur place des pouvoirs nouveaux, dont le siècle où nous sommes marquera, selon toute apparence, la fin.

L'expulsion définitive des Maures d'Espagne avait rempli la Méditerranée de pirates qui désolaient le commerce chrétien. L'Espagne surtout souffrait de leurs déprédations et sentait vivement la nécessité d'y mettre un terme. D'ailleurs le souffle puissant des croisades, quoique déjà dominé par des intérêts moins nobles, remuait encore beaucoup de cœurs. En 1506 les rois d'Espagne, de Portugal et d'Angleterre s'alliaient pour une expédition de Terre-Sainte, projet que fit malheureusement échouer la querelle survenue entre la France et le Saint-Siége ; et, dès l'année 1502, Ximenès avait proposé à Ferdinand une entreprise contre les musulmans d'Afrique. La politique conseillait fortement cette conquête, la religion l'approuvait, Ximenès voulut surmonter tous les obstacles. Le 14 mai 1509, une flotte équipée à ses frais abordait à Mers-el-Kebir, et débarquait le lendemain quinze mille soldats. Le cardinal avait voulu prendre sa part des fatigues et des dangers de l'expédition : il célébra sur la plage une messe solennelle ; et, parcourant ensuite le front des troupes, précédé par un religieux de Saint-François qui portait à cheval la croix primatiale de Tolède, il exhorta chaleureusement les troupes à bien remplir leur devoir. Elles lui répondirent par des cris d'enthousiasme, et le soir même l'étendard de Castille flotta sur la ville terrifiée. Les troupes de Tlemcen qui venaient la secourir arrivèrent trop tard, et pillèrent et tuèrent les malheureux habitants qui s'enfuyaient. Les Espagnols firent un butin immense. Pour Ximenès, il ne se remboursa même pas des sommes considérables qu'il avait déboursées, et dont il ne reçut jamais le payement. Ce grand homme, qui, au comble des honneurs et de la puissance, archevêque, primat d'Espagne, cardinal, ministre, régent du royaume, chargé de gloire, et portant le poids de quatre-vingts années, couchait encore sur quelques planches mal dégrossies et rapiéçait en secret, de ses propres mains, le pauvre habit de franciscain qu'il gardait sous la pourpre romaine, n'emporta de la ville conquise qu'un petit nombre de manuscrits arabes.

Nous n'avons pas à examiner ici pourquoi l'occupation d'Oran demeura stérile dans les mains des Espagnols. Ximenès avait prévu ce qu'il faudrait faire; mais il mourut, ses plans ne furent pas exécutés, et bientôt l'étonnante fortune de deux pirates vint ajourner pour trois siècles le triomphe de la chrétienté sur ces rivages qu'elle avait déjà saisis.

Aroudj et Khaïr-ed-Din (1), fils d'un potier, nés sujets turcs à Mételin, dans l'île de Lesbos, étaient devenus les plus intrépides et les plus renommés corsaires de la Méditerranée. Ils ravageaient cette mer à la tête de vingt-six grandes galères, sur lesquelles ils accueillaient les bandits et les aventuriers de toutes les nations, attirés par leur audace et par l'espoir du pillage. La force même dont ils disposaient et les trésors qui chargeaient leurs navires, les obligea de chercher sur les plages d'Afrique un lieu où ils pussent déposer leurs prises et trouver au besoin un refuge. Ils essayèrent d'abord d'enlever Bougie aux Espagnols. N'ayant pu y réussir, ils prirent aux Génois la ville de Djidjelli. A cette époque, Alger, appelée par les indigènes de l'intérieur *Beled-Beni-Mezegrenna*, la ville de Beni-Mezegrenna, et par les corsaires qui hantaient ces parages, *Djezaïr-el-Greurb*, les îles du couchant, reconnaissait à la fois la suzeraineté des rois de Tlemcen et celle des Espagnols, mais n'obéissait en réalité qu'à un gouverneur de son choix, Selim-Ebn-Themi, d'une famille puissante de la Metidjah. Les Espagnols, au lieu de

---

(1) Les Arabes donnaient et donnent encore la qualification de *baba* non-seulement aux pachas et beys turcs de la Régence, mais encore à tous les Turcs sans exception. Il est probable que le surnom donné au conquérant d'Alger (Barberousse) est dû au mot *Baba-Aroudj*, mal prononcé par les Européens, et non à la couleur contestée de sa barbe. Ce nom passa comme nom de famille au frère d'Aroudj, *Khaïr-ed-Din* (le bien de la religion), dont les Européens ont fait Conradin.

s'y établir, s'étaient contentés d'assurer le payement du tribut en élevant à grands frais, à l'entrée du port, une forteresse qu'on appelait le Penon, et qui était pour les Algériens une épine, dont la vue, selon l'expression d'une chronique, leur perçait le cœur. Dans le but de chasser les chrétiens, Selim demanda le secours des nouveaux maîtres de Djidjelli. Aroudj accourut avec trois cents Turcs, déploya une activité extrême, afficha le plus grand zèle pour la religion, gagna la confiance de tout le monde, mit ses Turcs et ses créatures dans tous les emplois. Selim s'effraya trop tard de tant d'influence ; Aroudj le fit étrangler, et se proclama en même temps maître de la ville et vassal du Grand-Seigneur. Cependant la garnison du Penon le pressait d'un côté, les Arabes l'attaquaient de l'autre ; il fit face à tout avec autant d'adresse que d'énergie et d'audace. Aidé de son frère, qui était revenu après une longue croisière sur les côtes d'Italie, il contint les Espagnols et défit les Arabes. La tempête le délivra d'une flotte de quatre-vingts navires sortie des ports de l'Espagne avec huit mille hommes de débarquement (1516). Libre, du moins pour quelque temps, de toute inquiétude, Aroudj s'occupa de donner à sa conquête l'organisation qu'elle a conservée jusqu'à nos jours. Au début de sa carrière il avait été prisonnier chez les chevaliers de Rhodes ; la constitution de cette république lui servit de modèle. Seulement il prit soin de donner à ses idées une sanction religieuse, en les attribuant à un marabout très-célèbre alors dans le pays. Il régla que le pouvoir resterait en permanence entre les mains des oudjacs ou bataillons turcs, recrutés en dehors du pays, à l'exclusion formelle des indigènes et même des fils des Turcs *(Coulouglis)*, qui ne pourraient jamais exercer les hautes charges du gouver-

uement : par ce moyen il perpétuait la force de l'esprit de
conquête, constituant une barrière infranchissable entre
la race victorieuse et la race vaincue. Toute opposition
à sa volonté fut punie de mort. Il ne laissait guère, d'ailleurs, aux conspirations le temps de se former ; sans
cesse en guerre contre ses voisins, accompagné par un
bonheur constant, il voyait chaque jour accroître sa réputation, grossir ses forces, grandir ses desseins. Les gens
sans aveu, les renégats, les malfaiteurs dont il avait
formé sa flotte, accouraient dans Alger et lui composaient une armée dévouée et terrible. Employant tour à
tour la ruse et la force, le courage d'un héros ou la trahison et la cruauté d'un forban, il sut, malgré le triste sort
de Selim-Ebn-Themi, se faire appeler à Tlemcen par un
usurpateur qu'il avait soutenu et qu'il fit étrangler avec
ses sept enfants ; là finit le cours de cette prospérité insolente. Assiégé dans Tlemcen par les Espagnols, qui venaient rétablir le roi détrôné, il parvint à s'échapper de
la ville. Mais il fut atteint au Rio-Salado, et Garzia de
Tinez lui coupa la tête (1518). Il avait quarante-quatre
ans. Sa veste de velours rouge brodée d'or fut envoyée au
monastère de Saint-Jérôme de Cordoue ; elle servit à faire
une chape qui portait le nom de Barberousse. Khaïred-Din, resté seul, ne se découragea pas. La nouvelle expédition que l'Espagne dirigeait contre lui échoua plus
malheureusement encore que la première. Une tempête
furieuse brisa les navires et noya plus de quatre mille
hommes de l'armée espagnole. Alger la bien Gardée (*El-Djezaïr-el-Meharoussa*) s'enrichit des débris des vaisseaux chrétiens. Khaïr-ed-Din reçut de Constantinople,
avec l'investiture du pachalik, le droit révéré de battre
monnaie. Il porta de nouveau ses vues sur Tlemcen, où

il sut, en attendant le moment d'agir, se ménager des intelligences; il s'empara de Mostaganem, et enfin prit le Penon. Cette défaite des Espagnols est à jamais illustre par l'héroïsme de leur chef. Lorsque les Turcs, après un feu qui avait duré dix jours, montèrent à l'assaut de la forteresse démantelée, ils ne trouvèrent sur la brèche, pour la défendre, que le vieux gouverneur, don Martin de Vargas. Toute la garnison était morte ou blessée, ou exténuée par la faim. Don Martin, seul, l'épée à la main, se battit encore. Accablé par le nombre, couvert de blessures, il fut mené à Khaïr-ed-Din, qui le pressa d'embrasser l'islamisme. Le héros chrétien s'y refusa, et le héros musulman le fit périr sous le bâton. Khaïr-ed-Din rasa ensuite la forteresse, et de ses débris construisit la jetée qui joint les îlots à la terre ferme.

Ce fut alors que le Grand-Seigneur, cherchant un homme de mer qu'il pût opposer à André Doria, choisit Khaïr-ed-Din. Le corsaire donna le gouvernement d'Alger à l'eunuque Hassan, renégat sarde, dont il connaissait la fidélité et le courage, et quitta avec joie une ville où tout son pouvoir n'empêchait pas que ses jours ne fussent continuellement menacés. Le Grand-Seigneur lui confia une flotte composée de quatre-vingts galères et de vingt flûtes, montées par huit cents janissaires et huit mille soldats. A la tête de cet armement il désola toutes les côtes de l'Italie, jeta l'épouvante jusque dans Rome, et consterna enfin la chrétienté en s'emparant de Tunis. Il y était venu sous prétexte de rétablir un prince dont le frère avait conquis le trône au prix d'un parricide. Selon l'usage, Kaïr-ed-Din abandonna son allié, proclama la souveraineté du sultan de Constantinople et l'exerça pour son propre compte. A la prise de Tunis succéda celle de

Kaïroan et des autres places secondaires du royaume. Actif et prévoyant, Kaïr-ed-Din fit creuser par vingt mille esclaves chrétiens le canal de la Goulette, dont il est le véritable créateur.

Cependant Charles-Quint, supplié par le pape de mettre un terme aux ravages qu'exerçaient les bâtiments de Barberousse, et irrité des déprédations dont ses propres rivages étaient l'objet, prépare contre Tunis un armement formidable. L'Espagne, Naples, la Sicile et Gênes fournissent leurs contingents. On regrette de ne pas y voir figurer la France; mais la malheureuse politique de François Ier était alors du parti des Turcs. Le temps des croisades est définitivement passé; et l'on s'explique dès lors comment l'Europe a pu souffrir si près d'elle, pendant trois siècles, l'insolente puissance des Barbaresques. Charles-Quint débarque aux lieux où les croisés, sous les ordres de saint Louis, avaient campé deux cent soixante-sept ans auparavant, s'empare immédiatement de la Goulette, et marche sur Tunis. Mouley-Hassan, le parricide détrôné, l'accompagnait, comme son frère avait accompagné Khaïr-ed-Din. Les chrétiens ne triomphèrent pas moins facilement que les Turcs : ils se montrèrent, je dirais presque par malheur, plus loyaux. Un butin que les contemporains comparent à celui que firent au pillage de Rome les troupes du connétable de Bourbon, quatre-vingt-sept bâtiments, trois cents pièces de canon de bronze, la délivrance de vingt-cinq mille esclaves chrétiens, tels furent les trophées de Charles-Quint. Près de deux cent mille individus périrent par le fer ou dans les déserts, ou furent emmenés en servitude. Mais l'empereur laissa Mouley-Hassan sur le trône, et la haine qui environnait ce prince offrit à Kaïr-ed-Din des ressources qu'il ne négligea pas.

Bientôt, à son instigation, presque toutes les villes du littoral se soulevèrent. Le propre fils de Mouley-Hassan, parricide à son tour et animé de la même fureur de régner, le dépossède et lui fait crever les yeux. Ce misérable ne jouit pas longtemps de son crime : un des successeurs de Barberousse le renversa, il fut le dernier de sa dynastie, qui avait duré trois cent quarante-quatre ans.

A la même époque succombait, dans le *Maghreb-el-Aksa* (royaume de Maroc), la dynastie des Mérenites, pour faire place à la famille des Chérifs, encore régnante aujourd'hui.

Cependant Kaïr-ed-Din, qui, après le désastre de Tunis, avait regagné Alger et brillé de nouveau sur les mers, quitte définitivement l'État fondé par lui, et va paisiblement mourir dans une maison de campagne auprès de Constantinople (1548) : circonstance qui met le dernier trait aux prodiges de sa longue vie.

Ce fut de son vivant, mais en son absence, qu'eut lieu la dernière, la plus célèbre et la plus malheureuse des expéditions de Charles-Quint contre Alger. Une flotte de cent seize voiles, montée par douze mille matelots, portant vingt-quatre mille hommes de troupes, prit témérairement la mer au milieu du mois d'octobre (1541), fit une traversée pénible et fut, comme les deux précédentes, détruite par une tempête furieuse six jours après avoir opéré le débarquement de l'armée. Assaillis par les torrents de pluie qui tombaient sans relâche, mourants de froid, démoralisés, les soldats ne purent pas vaincre les faibles forces que l'ennemi leur opposait. Le désastre fut complet. Une retraite de trois jours, durant laquelle il fallut combattre contre les hommes et lutter contre les éléments, ne parvint pas à sauver la moitié de cette belle armée, dont les tristes restes furent encore battus à leur retour par la tempête, qui semblait ne les laisser échapper qu'à regret. La défaite de Charles-Quint, ainsi que la remarque en a été faite, a, durant trois siècles, pesé sur l'Europe entière. C'est à la terreur qu'elle imprima dans tous les États chrétiens, à la confiante audace qu'elle inspira aux corsaires, qu'il faut attribuer, d'une part leur constante insolence, de l'autre la résignation pusillanime avec laquelle elle fut subie, jusqu'au jour où la France, ayant à venger encore une fois son honneur, détruisit enfin le repaire de brigands au seuil duquel avait échoué trois fois la fortune du rival heureux de François Ier.

Délivrés de toute crainte du côté des chrétiens, les Turcs eurent bientôt fait d'asseoir définitivement et solidement leur pouvoir. Le dernier des rois de Tlemcen s'éteignit sous leur protection, et ils le remplacèrent sans secousse; ils étaient déjà maîtres de Constantine; Mostaganem et toute la côte leur appartenaient; les Espagnols, bloqués dans Oran, renoncèrent à d'inutiles entreprises que l'ardeur des croisades n'animait plus; Tunis, vassale du Grand-Seigneur, devint une province voisine et amie. Les seuls Chérifs du Maroc, conservant d'anciennes prétentions sur le royaume de Tlemcen, essayèrent quelque temps de la guerre: ils durent y renoncer pour tourner avec plus de succès leurs armes contre le Portugal, où l'esprit chrétien et chevaleresque vivait encore, mais devait bientôt s'éteindre avec le dernier représentant du moyen âge, l'infortuné don Sébastien.

Ainsi les janissaires d'Alger, maîtres d'un royaume fertile et d'un peuple qui, s'il n'était pas soumis, se laissait du moins gouverner ou plutôt rançonner à merci, despotes obéis sur la terre, et sur la mer brigands redoutés, engraissés par les fruits d'un double pillage, jetaient un certain éclat extérieur. Mais il en était, dans le fond, de cette prospérité comme de celle de la plupart des scélérats, dont on connaît les crimes et dont le bonheur apparent semble mettre en suspicion la justice de la Providence : on ne voit pas la plaie qui ronge ce coupable et lui fait de la vie un enfer. Avec sa fière population de soldats fanatiques et féroces, de renégats, d'impudiques et d'esclaves, Alger offrait l'image d'un bagne, moins la sécurité. Comme dans un bagne, le bâton et la chaîne y étaient la loi commune ; mais, de plus, tout le monde y tremblait pour son bien et pour sa vie, et, plus que personne, tremblait le despote qui pouvait d'un mot faire tomber toute tête rebelle à sa volonté. Il faut lire cette interminable histoire de trahisons, de séditions, de cruautés, de supplices, pour savoir ce que peut être une société abandonnée de Dieu. Sept de ces souverains absolus furent proclamés et mis à mort le même jour. A la fin le *dey* (littéralement *oncle* ou *patron*), malgré son titre patriarcal, réfugié dans sa casbah avec ses trésors, n'était plus qu'un prisonnier d'État qui se protégeait difficilement contre les caprices de ceux qui l'avaient élu. La condition de soldat turc n'était pas meilleure : il pouvait arriver, il est vrai, jusqu'à cette haute dignité qui était en même temps un si grand péril ; mais, en l'attendant, sa vie chargée de fatigues et de dangers eût fait pitié au dernier des pauvres dans les pays européens. Mal payé depuis que la piraterie rendait moins, et que les tribus épuisées soldaient avec répugnance un impôt qu'il fallait souvent leur arracher de vive force ; astreint à des expéditions lointaines, à des garnisons pénibles, il achetait cher le plaisir de pouvoir impunément tyranniser le Juif ou l'Arabe, qui tremblaient devant sa petite part de souveraineté. Obtenait-il un des grands emplois de la Régence, il tombait avec le dey qui l'avait élevé, et souvent même celui-ci, prenant ombrage de son influence, ou convoitant ce qu'il avait pu acquérir ou extorquer, le faisait mettre à mort pour confisquer son bien. Ainsi finissait, en général, toute fortune un peu considérable; rien n'était plus extraordinaire que de voir passer aux mains des enfants et des veuves le bien du chef de la famille. Quant aux tribus, foulées par les beys ou gouverneurs des provinces, foulées par leurs kaïds, qu'elles assassinaient souvent, divisées entre elles, toujours sévèrement punies de leur insoumission, et néanmoins toujours insoumises, à travers l'immobilité apparente de leurs coutumes, elles se rapprochaient de l'état sauvage, et quelques-unes tendaient à disparaître entièrement. Enfin, lorsque la France s'est emparée d'Alger, une révolution était imminente dans la Régence; l'édifice de Barberousse craquait de toutes parts; mais on peut assurer qu'il n'en serait résulté qu'une anarchie plus sanglante, un mouvement plus précipité vers cette barbarie où s'enfoncent chaque jour plus avant, depuis trois siècles, tous les musulmans d'Afrique. Les Arabes de l'invasion fondaient des villes, et l'on a vu qu'ils furent souvent imités en cela par les Berbères. Tunis, Kaïroan, Tlemcen, Mascara, Fez, Maroc, Rabhat, Mequinez et plusieurs autres cités ont été construites, soit par les conquérants, soit par les indigènes convertis. Les Turcs n'ont pas élevé une muraille, à moins que ce ne fût pour y placer du canon; sous leur gouvernement les arts ont disparu, le commerce et la population ont diminué. Mais il ne faut pas attribuer à eux seuls cette décadence qui commence avec eux, car les effets en sont plus frappants encore dans le Maroc, sous un gouvernement national. C'est la race qui est déchue, c'est l'islamisme qui, au bout d'un certain nombre de siècles, a produit les résultats que, vainqueur ou vaincu, il devait inévitablement produire. Dès qu'ils n'ont plus fréquenté les chrétiens, ces Maures, si brillants en Espagne, sont tombés dans la stupidité incurable où la loi de Mahomet jette ses sectateurs, semblables à l'homme qu'une ivresse furieuse agite et qui tombe ensuite dans l'abrutissement, ou à l'incendie qui s'éteint, n'ayant plus rien à dévorer. Tout s'est dégradé parmi eux; la langue du coran n'y est plus connue que de quelques rares érudits; des superstitions sans nombre s'ajoutent à celles que consacre le livre du prophète; la morale est en lambeaux : elle a toujours été impuissante contre les vices, mais on ignore même aujourd'hui quels vices elle condamne. S'il avait été possible que l'Afrique musulmane échappât, durant un certain nombre de siècles encore, à la conquête et à l'influence des chrétiens, nos neveux, explorant ces tristes contrées, auraient su comment résoudre le problème qu'offrent à quelques esprits les êtres dégradés qui végètent dans les solitudes du Nouveau-Monde.

L'heure de la miséricorde et de la résurrection a-t-elle enfin sonné pour ces peuples? Je l'espère inébranlablement. A la fin de son histoire de la persécution des Vandales, l'évêque Victor, dans une touchante prière, s'adresse aux saints patriarches, aux saints prophètes, aux saints apôtres qui ont parcouru toute la terre pour établir la foi du Christ, à saint Pierre constitué du Seigneur pour veiller sur l'Église, à saint Paul qui a prêché l'Évangile depuis

Jérusalem jusqu'en Illyrie, à saint André qui combattit avec tant de courage. Il les presse de présenter à Dieu les prières et les gémissements de l'Afrique, et d'intercéder si puissamment pour elle, avec tous les saints, qu'elle obtienne enfin sa délivrance. Les saints ont prié; et depuis Victor, combien de saints qui n'étaient pas nés encore ont sans cesse élevé vers Dieu la puissante voix de la prière, combien de martyrs y ont ajouté la force irrésistible de leurs larmes, de leurs supplices, de leur sang! Quoique l'antique et glorieuse Église d'Afrique ait été submergée par l'invasion musulmane, comme un vaisseau qui sombre au milieu de la mer et dont les débris mêmes ne reparaissent pas, cependant les chrétiens n'ont cessé de souffrir et de combattre sur cette terre. Entassés au fond des cachots, réduits au plus dur esclavage, ils ont élevé vers Dieu ces mains si fortes lorsqu'elles sont fidèles dans les chaînes; toujours il s'en est trouvé qui ont préféré les mauvais traitements et la mort à l'apostasie, et qui ont laissé sur ce rivage funeste leurs ossements sacrés, titres enfouis mais imprescriptibles. Là aussi, pour secourir les esclaves et pour les délivrer, ont combattu ces croisés d'une espèce nouvelle, les humbles et courageux religieux de la Merci, qui, bravant des avanies sans nombre, administraient les sacrements et offraient le saint sacrifice de la messe dans les repaires du Croissant. Il est donc vrai de dire que l'Église d'Afrique, vivante au tombeau, n'a point cessé d'exister. Ce n'est pas à présent qu'elle va succomber, à présent que, délivrée, elle foule d'un pied souverain la terre arrosée du sang de ses martyrs! Quel chrétien ne pressent, au contraire, son triomphe? Est-ce donc pour rien que la France est devenue reine d'Alger au moment où quelque zèle religieux se réveille dans son cœur?

Je n'affirme pas, j'espère; j'espère malgré beaucoup de raisons de craindre que je connais déjà, et dont le nombre et le poids s'augmenteront sans doute. Mais, en tous cas, ce fut un grand jour, un très-grand jour dans l'histoire du monde, que celui où Hussein-Dey, le dernier chef de la milice d'Alger, mettant le comble à d'anciens outrages, souvent punis, frappa de son éventail le consul de France. Cette brutalité fit monter au front du vieux Charles X un reste de ce sang généreux dont la veine allait se tarir sur le trône de saint Louis. Deux ou trois ans plus tard, l'insolent pirate aurait pu frapper à peu près impunément; il n'aurait eu affaire qu'aux ministres de la révolution. Tout le monde connaît le glorieux détail de la *conquête*; rappelons seulement quelques dates importantes: le 25 mai 1830, une noble armée de trente mille hommes, l'orgueil de la France, quitta le port de Toulon accompagnée des vœux de tous les cœurs chrétiens qui battaient dans le monde, et saluée des injures de quelques journalistes, tremblant que trop de gloire ne fût acquise au roi malheureux qu'ils attaquaient ou qu'ils trahissaient (1). Retardée, au début de la traversée, par les vents contraires, elle débarqua heureusement le 15 juin sur la plage de Sidi-Ferruch, ainsi appelée du nom d'un marabout célèbre dont on y voyait le tombeau. L'ennemi opposa peu de résistance, mais, le 18, un violent orage, éclatant tout à coup, fit naître des craintes sérieuses. On se souvint de Charles-Quint, l'angoisse fut vive; elle dura peu: le beau temps revint au bout de

---

(1) Le *Journal des Débats*, qui vient d'applaudir au traité déplorable conclu avec le Maroc, trouvant, dès avant 1830, que nous avions assez de gloire, ne demandait pas mieux que de laisser puissant et libre sur la Méditerranée le forban qui avait donné un soufflet au consul de France et qui retenait encore un grand nombre de chrétiens en esclavage. Voici ce que nous lisons dans

quelques heures ; l'armée acheva gaiement de prendre ses positions.

En contemplant du haut de la Casbah la belle ordonnance et la force de la flotte chrétienne, le dey, qui s'était jusque-là stupidement refusé à croire au danger, sentit chanceler sa confiance et ne put, dit-on, retenir quelques larmes. Lorsqu'il vit que nos bâtiments gouvernaient à l'ouest, vers la rade de Sidi-Ferruch, il reprit courage, espérant que les Français seraient écrasés avant d'arriver sous les remparts d'Alger. Néanmoins on s'occupa d'enflammer l'enthousiasme religieux du peuple, et des prières commencèrent dans toutes les mosquées. Hélas! il n'en était pas de même au camp des chrétiens! mais Dieu voulait vaincre, et il lui restait du temps pour punir les ingrats. Quarante mille cavaliers arabes, accourus de toutes les parties de la Régence, et dix mille fantassins se rangèrent sur le plateau de Staoueli, pour arrêter l'armée française. Ils furent défaits le 19, après un long et sanglant combat, où moururent plus de cinq mille musulmans et environ six cents chrétiens. Cette première journée, pleine de belles actions, fut suivie de plusieurs autres non moins glorieuses. Les Turcs se défendirent pied à pied, la ville ne se rendit que bien vaincue, le 5 juillet,

---

un loyal écrit de M. le comte de Quatre-Barbes, l'un des officiers de l'armée expéditionnaire : « Pour abréger les ennuis de la traversée, nous nous étions
« procuré quelques douzaines de vieux journaux. Deux articles des *Débats*
« étaient surtout remarquables par leur insigne mauvaise foi. Dans le premier,
« le journaliste représentait l'Afrique comme une rude terre, couverte de tribus
« indomptables qui devaient accourir du désert et des montagnes pour nous
« refouler dans la mer. Il n'oubliait ni les lions, ni les tigres, ni les reptiles,
« ni les sauterelles, ni le redoutable vent du midi. Dans le second, il nous
« demandait insolemment ce que nous allions chercher sous les murs d'Alger;
« que sans doute ce n'était pas de la gloire (car la France, Dieu merci, en était
« rassasiée), et que d'ailleurs l'honneur n'était pas grand de chasser un pirate
« et de faire brèche à de vieux remparts qui croulent. Cette lecture excita plus
« de pitié que de colère. »

9

quelques jours avant celui où l'Église d'Afrique faisait mémoire de ses premiers martyrs.

Le destin avait prononcé : Hussein et les restes de la milice se courbèrent sous la loi de la fatalité avec une résignation qui ne parut point sans grandeur ; les Arabes, après avoir défendu la ville, pillèrent et égorgèrent les malheureux habitants qui fuyaient les chrétiens ; trois siècles auparavant ils en avaient agi de même, lors de la prise d'Oran par les Espagnols. Hussein partit pour l'Italie, étonné de la générosité du vainqueur, qui lui permettait d'emporter sa fortune privée ; il savait que, l'avant-veille, des parlementaires maures étaient venus offrir sa tête au camp des Français. Le maréchal de Bourmont fit ensuite occuper Oran et Bone ; il poussa une reconnaissance jusqu'à Blidah, expulsa d'Alger les Turcs qui s'y trouvaient encore, et prit enfin toutes les dispositions alors possibles pour l'extension et l'organisation de la conquête. On a longtemps calomnié ce général illustre et malheureux ; l'histoire, plus juste, le louera de son habileté, de son courage, et surtout de sa probité. On sait par quelle révolution plus étonnante et plus soudaine que toutes celles dont l'Afrique avait été le théâtre, le maréchal de Bourmont suivit bientôt dans l'exil, et le dey qu'il venait de renverser, et le roi plus infortuné à la couronne duquel il avait cru ajouter un royaume. Le 17 août, le drapeau blanc fut remplacé par les trois couleurs. Le vieil étendard de la France chrétienne succomba comme Moïse, à la fois puni et récompensé, au seuil de la terre promise, avec la douleur de n'y pouvoir pénétrer, mais avec la consolation suprême de l'avoir vue et d'y avoir conduit le peuple de Dieu. Le 3 septembre, sur un petit brick autrichien, monté par huit matelots, s'éloignait d'Alger, triste, pauvre, banni, injurié même, l'homme qui, deux mois auparavant, y arrivait à la tête de mille vaisseaux et de trente mille soldats. Des cent millions de la conquête, le maréchal de Bourmont n'emporta que le cœur de son fils, mort en combattant pour cette France qui le rejetait. L'histoire, qui raconte en courant la suite des siècles, et qui n'a qu'un mot à donner aux peuples anéantis, s'arrête émue devant de telles douleurs : c'est bien le moins que, parmi les flots indifférents de la postérité, quelques âmes choisies saluent d'un pieux et compatissant souvenir ces tragiques destinées, sur lesquelles Dieu fait en quelque sorte peser tout le poids des grands événements.

XI

NOS POSSESSIONS ET LEUR COLONISATION EN 1841. — LES PUBLICISTES. — PLANS NOUVEAUX.

Aujourd'hui, au mois de mars 1841, après dix ans d'occupation, c'est une chose triste à contempler que la carte de nos possessions en Afrique. Sans doute, la teinte par laquelle il plaît aux géographes de les indiquer se développe sur une belle étendue de côtes, et il ne tient qu'aux Parisiens de s'y promener du doigt et de l'œil. Regardons de plus près; marquons en noir ce qui nous appartient véritablement, et tâchons de faire bien petits ces points qui vont être si peu nombreux. Posez la plume sur Alger : Alger est à vous, et même, pourvu que la nuit soit encore éloignée, vous pouvez vous promener à une lieue aux environs. Trois ou quatre autres points dans un rayon de trois ou quatre lieues : ce sont vos postes ou camps de la Maison-Carrée, du Fondouck, de l'Habra, etc. Vous possédez la surface qu'ils occupent; et les alentours jusqu'à portée de fusil, mais à condition de n'y rien semer, de n'y rien bâtir; à condition d'avoir derrière vos fossés suffisamment de vivres et de munitions pour attendre la colonne de ravitaillement. Lorsqu'il n'y a pas d'eau dans l'intérieur du camp, les soldats ne vont à la fontaine qu'en force suffisante; ils sont dévorés de vermine, excédés de fatigue et d'ennui, décimés par la fièvre, par le soleil, par les exhalaisons pestilentielles des marécages. Heureux ceux qui peuvent lire quelques lambeaux d'un vieux journal. J'ai entendu des officiers, enfermés dans ces prisons brûlantes, dire que l'esprit le mieux trempé ne peut résister à trois ou quatre mois d'un pareil supplice. Beaucoup s'adonnent aux liqueurs fortes, demandant à l'abrutissement de les sauver de la folie. Mais poursuivons : un point à Douéra, un point à Bouffarik, un autre à Blidah; deux points pour Koleah et Cherchell. Vous entretenez, dans chacun de ces endroits, un certain nombre de troupes, et quelques cabaretiers qui empoisonnent ce que la fièvre et l'Arabe ont laissé vivre. Voilà votre province d'Alger. Quant à tout ce que vous n'avez pas marqué, il n'est pas plus à l'Arabe qu'à vous, sans doute. Cependant les Hadjoutes y récoltent tantôt des bestiaux, tantôt les têtes et les armes des hommes qui s'aventurent; vous n'y récoltez que des coups de fusil. J'oubliais vos villes de Médéah et de Milianah, deux grands tombeaux au bout d'un chemin sur lequel vous pourriez construire vingt pyramides triomphales des ossements de vos soldats. Entre Oran et Bone, vous avez, outre Alger, cinq villes maritimes : Mostaganem, Cherchell, Bougie, Gigelli et la naissante Philippeville. Gardez que vos vaisseaux ne fassent naufrage hors de la portée du canon de ces forteresses : la mer est à vous, la côte est aux Kabyles, et si quelque bâtiment s'arrête un instant, il y a toujours un parti d'Arabes pour tirer sur le pavillon chrétien.

Passons à la province de Constantine, où, dit-on, la paix règne. Voici Bone et sa tranquille banlieue, et les marais de la Seybouse, qui ont tué plus de Français que les deux siéges de Constantine. Voici Philippeville, ville de planches : on ne s'y bat pas, mais on y meurt; Ghelma est un camp; Bougie et Gigelli sont deux prisons journellement insultées par les Kabyles. Constantine est un foyer de conspirations. Abd-el-Kader et l'ancien bey Achmed y ont des partisans sous la tente de nos meilleurs amis. Vous êtes en sécurité à la Calle; néanmoins tout récemment, entre Bone et la Calle, un capitaine et plusieurs hommes de son escouade furent attaqués et égorgés. Il est vrai qu'on en a tiré vengeance.

Mostaganem est voisine de Mazagran, c'est tout dire. Oran étend sa domination jusqu'à Mers-el-Kebir et Arzew sur la côte, jusqu'à Miserguin dans l'intérieur : deux ou trois lieues! On a fait des razias sur des tribus campées beaucoup plus loin; elles se sont retirées, et après toutes ces razias il s'est trouvé qu'Oran manquait de vivres. Mais la province d'Oran est officiellement en état de guerre; il est simple que la capitale ferme ses portes, et que le pain y soit rare. Si du moins cette triste situation n'était pas connue des Arabes! mais ils l'apprécient parfaitement, elle les encourage dans la guerre qu'ils nous font, Abd-el-Kader l'exploite avec une rare habileté, elle est le thème favori des railleries les plus cruelles. Tandis que les bulletins nous vantaient en France les bons résultats de la dernière campagne, une lettre narquoise, rédigée dans le camp de l'émir, mettait à nu le spectacle de notre faiblesse et de nos misères. Les documents de ce genre abondent (1). On dit que les Arabes sont découragés : il est bien plus certain qu'ils obéissent et qu'ils sont autant que jamais disposés au combat.

(1) Voyez la note à la fin du volume.

Lorsque l'on parle de la colonisation de l'Afrique, il ne peut être question que des essais tentés dans la Mitidja. Ils sont décrits avec la pompe du langage oriental, surembelli de tout l'art des prospectus. Je les ai vus sur la ligne d'Alger à Blîdah, et je serai sincère : Alger sort de son enceinte et se répand des deux côtés en faubourgs neufs, traversés par une belle route, et habités par une population qui leur donne un caractère exclusivement français. Les cabarets s'y épanouissent sous des enseignes réjouissantes, des soldats chantent, des cavaliers caracolent, des voitures vont et viennent à grand bruit; on scie, on maçonne, on charpente, le soleil est éblouissant, la mer est douce, beaucoup de jolies maisons blanches émaillent la verdure vigoureuse des collines. Voilà le premier coup d'œil. Si vous questionnez les propriétaires de ces agréables bastides, ils vous diront que le sol est d'une fertilité merveilleuse et que toutes leurs denrées se vendent bien. En effet, l'immense consommation de l'armée et de la capitale donne à leur terre un prix qu'elle n'aurait pas même aux portes des grandes villes d'Europe. Voilà donc un aspect heureux. Mais tout cela ne va pas plus loin que le versant nord du Sahel et la ceinture de postes militaires qu'on lui a donnée. Si l'armée cessait un moment de couvrir ces enclos de son ombre, ils n'existeraient plus. Tous ces producteurs de salades et de primeurs, dispersés comme en pleine paix, seraient hors d'état de défendre un seul jour leurs jardinets et leurs villas.

A deux lieues d'Alger on trouve la colonisation vantée de Dely-Ibrahim. C'est un village composé de deux rangées de mesquines maisons bordant la route, semblable à tous les villages qu'on voit aux abords des villes. Là s'élève la première église qu'on ait bâtie en Algérie pour être une église. Elle est dédiée aux deux illustres saintes Perpétue et Félicité, et ne manque pas d'élégance ; seulement elle n'a point de curé. *Aucune trace de culture* n'apparaît autour des maisons, et j'y ai vu une pauvre femme pleurant son enfant enlevé par les Arabes. Le maire et la garde nationale, composée d'une cinquantaine d'hommes, sous des armes rouillées, attendaient le gouverneur à l'entrée de l'unique rue. Ils lui exprimèrent des espérances qu'il a toujours de la peine à caresser, et, à son tour, il demanda de quoi vivait la population, puisqu'il ne voyait que de l'herbe dans les champs. On lui répondit que le village se rendait fort utile à l'armée en aidant à ses transports sur Douéra, Bouffarik et Blidah. « Je comprends, dit le gouverneur, par quel secret vous existez, et j'apprécie les services que l'armée reçoit de vous. Cependant remarquez qu'il n'y a pas de colonisation sans culture. L'armée n'aura pas toujours besoin de vos transports. Il faut que vous appreniez à produire vos aliments. — Mais, firent observer les habitants, nous ne pouvons pas sortir que nous ne courions le risque d'être enlevés ou tués. Ce malheur est arrivé déjà. — Il faut aller travailler ensemble avec vos armes, aujourd'hui sur le champ de l'un, demain sur le champ de l'autre, et ainsi tout le terrain se trouvera cultivé. Ce n'est que par le travail organisé en commun que vous pourrez arriver à quelque résultat. — Oui, c'est bien ; mais il y a un M*** qui se dit propriétaire de toutes les terres qui nous environnent, et jusqu'à présent nous n'avons pu disposer que d'un petit jardinet, qui encore nous est contesté. »

Le gouverneur n'eut plus rien à dire. Il faudrait d'abord retirer à ce propriétaire l'immense concession qu'on lui a faite, ou l'obliger à travailler le sol qu'il garde improductif jusqu'au moment où les chances de la guerre lui permettront de le revendre à haut prix. En attendant, Dely-Ibrahim est un village de charretiers et de cabaretiers. Que l'armée se retire ou soit seulement forcée de s'éloigner durant quelques jours, tout est anéanti.

Il en est de même de Douéra, que l'on rencontre à trois lieues plus loin, et en général de tous ces prétendus essais de colonisation. Commencés sans aucune prévision de la guerre, ils ne sont en réalité qu'un embarras pour l'armée, qui est forcée de les garder quand l'ennemi l'appelle ailleurs. L'effectif de nos forces, déjà diminué par les maladies, se trouve ainsi réduit d'un quart au moins.

Bouffarik, où les Arabes tenaient jadis un marché considérable, mérite une mention à part. Établi dans l'endroit le plus malsain peut-être de toute la Mitidja, sans cesse attaqué par les indigènes, en proie à une sorte de peste qui, en une année, enleva soixante-huit habitants sur trois cents qu'il renfermait, il a résisté héroïquement à tous ces fléaux. C'est un magnifique exemple de l'énergie des populations européennes. Que ne ferait-on pas avec de tels hommes, si l'on savait ajouter à cet admirable courage d'autres vertus, qu'ils seraient prêts à recevoir! Les pauvres prêtres qui ont assisté les paroissiens de Bouffarik ont été consolés par les bonnes dispositions que leur montraient ces malheureux. En un court espace de temps, quinze ou seize ménages ont fait bénir leur union illégitime; ils ont trouvé dans l'esprit de famille un nouvel élément de résistance et de force contre leurs périls. Bouffarik est en voie de prospérité; de nouvelles maisons s'y élèvent, et de vigoureuses plantations de mûriers commencent à orner ce sol, qu'il n'est pas impossible d'assainir ; mais là encore, malgré un fossé d'enceinte, l'armée est nécessaire, et pour la subsistance et pour la protection de ces braves et industrieux colons, qui pourtant travaillent et se battent si bien. Le sol de Bouffarik est d'ailleurs d'une fertilité remarquable ; les hommes compétents ne doutent pas que là ne brille un jour une ville florissante. Seulement on a commencé trop tôt, et il aurait été difficile de commencer plus mal (1).

On termine à Blidah un fossé d'enceinte qui entoure et rattache à la ville deux mille cent hectares de terre où les arbres poussent très-bien. Pas le moindre essai de culture derrière ce fossé. Dans la ville, on a concédé quelques masures à des Européens d'une triste espèce qui vendent du vin et de l'eau-de-vie (2). Comme à Dely-Ibrahim, certains propriétaires qu'on n'a jamais vus, et qui pré-

(1) M. A. Toussenel, homme capable, actif et courageux, qui a occupé trop peu de temps le poste de commissaire civil à Bouffarik, où il a rendu des services bien durement méconnus, s'exprime ainsi dans une courte notice qu'il a récemment publiée sur l'Algérie :

« En 1842, Bouffarik était la localité la plus mortelle de l'Algérie. Les visages des rares habitants échappés à la fièvre pernicieuse étaient verts et bouffis. Bien que la paroisse eût changé de prêtre trois fois en un an, l'église était fermée ; le juge de paix était mort ; tout le personnel de l'administration civile et militaire avait dû être renouvelé ; et le chef du district, resté seul debout, avait été investi de toutes les fonctions par le décès ou la maladie de tous les titulaires. Cette année-là, soixante-huit individus périrent, à Bouffarik, de la maladie du climat, soixante-huit individus sur une population de trois cents habitants ! L'année d'après, en 1843, la population avait plus que doublé, et le chiffre des décès avait décru dans la proportion de SOIXANTE-HUIT à UN. Pour obtenir ce résultat, proclamé d'avance impossible, il avait suffi de quelques saignées pour convertir des eaux stagnantes et empoisonnées en eaux vives et courantes. Une opération bien difficile !...

« Et de même, pour l'association des travailleurs, il avait suffi de dire à ces hommes, que le fer des Arabes avait tant de fois décimés : Réunissez-vous en « groupe pour le travail, l'Arabe ne vous attaquera pas. » Ils s'étaient réunis en groupe, et l'Arabe, voyant cela, ne les avait pas attaqués ! »

(2) Lettre de Blidah, août 1840 :

« Le quartier européen, bien séparé et tenu sous une discipline sévère, est en voie d'accroissement et de prospérité. Une brigade de gendarmerie serait

tendent avoir acheté le terrain avant qu'on ne l'eût conquis, jettent l'administration dans des embarras inextricables. Il n'est pas facile de repousser leurs prétentions : ils ont des amis dans les bureaux, dans les journaux, dans les Chambres. On ne peut se faire une idée des difficultés sans nombre que soulève la question de savoir à qui appartient ce sol, acheté d'hier au prix du sang.

A Coleah, à Cherchell, point de propriétaires antérieurs : des concessionnaires pauvres sont venus habiter des maisons en ruine, s'attendant à recevoir les terres qu'on leur avait promises ; mais le domaine n'avait pas encore achevé de reconnaître les biens qui, sous la domination turque, appartenaient au beylik, c'est-à-dire à l'État, et que l'État entend garder. On a voulu procéder à ce partage, puis cadastrer le tout ; l'opération a duré six mois. Pendant ce temps les colons ont épuisé leurs maigres ressources ; force leur a été de déguerpir. Ils ont peu perdu, car ils n'auraient pu cultiver que d'étroits jardins : l'Arabe est en embuscade à deux cents pas des murailles. Cependant quelle cruelle imprévoyance !

Peut-être ce spectacle de la colonisation était-il plus consolant durant la paix ? Écoutez l'histoire de Clausel-Bourg, elle est courte.

L'année dernière, l'abbé G'Stalter allait deux fois par semaine porter des secours spirituels aux habitants de ce village, ou plutôt de cette réunion de misérables huttes, établies par de pauvres Allemands concessionnaires de terrains. A chaque visite il trouvait le nombre des ma-

---

d'un grand secours pour le commandement de la place, qui ne suffit qu'avec peine aux détails d'une surveillance dont il importe de ne pas se relâcher.

« Il nous faudrait des poids types pour empêcher certaines fraudes de nos marchands. »

Est-ce là de la colonisation ?

lades plus grand, et enfin il arriva un jour et ne vit personne. Tous les habitants de Clausel-Bourg étaient alités, pas un ne restait pour soigner les autres : personne à Alger ne paraissait se douter de cela, ni surtout s'en inquiéter. Enfin, grâce aux pressantes instances du jeune prêtre, on s'occupa de ces malheureux. On ne put les porter à l'hôpital, il n'y avait pas de place dans les hôpitaux; les malades garnissaient les rangs triples des salles, emplissaient les corridors et les cours; on avait retiré les chevaux des écuries pour donner leur place à des fiévreux, et n'obtenait pas qui voulait son entrée dans ces douloureux asiles; mais on transféra la population de Clausel-Bourg à Birkadem et à Tixeraïn. Là du moins ils respirèrent un air meilleur et reçurent quelques soins. On en sauva peu. Ceux qui parvinrent à se rétablir ne vinrent pas revoir ces funestes propriétés, ces lieux de leur malheur où ils avaient tout perdu. Clausel-Bourg fut abandonné : quelques jours suffirent pour en effacer la trace, et lorsqu'à la rupture de la paix les Arabes saccagèrent la plaine, les ronces, les broussailles, les herbes qui couvraient l'emplacement du village, ne leur auraient pas laissé soupçonner que des chrétiens avaient vécu là, s'ils ne s'étaient souvenus d'y avoir insulté à leur misère.

En définitive, il semble que nous n'avons su faire jusqu'à présent ni la guerre ni la paix. L'armée, malgré le chiffre effrayant de son effectif, n'est pas assez nombreuse, parce que la moitié est ou malade, ou réduite à garder soit des légumes, soit des fossés, soit des murs. Avec quatre-vingt mille hommes on est embarrassé d'en trouver huit ou dix mille pour faire une expédition; la population européenne ne vit que de la paye, du sang et, il faut le dire, des débauches du soldat. On ne s'est pas occupé, il n'a pas été possible de la mettre en position de faire autrement.

Comment se fait-il donc que cette sombre Algérie paraisse si brillante de l'autre côté de la mer? On se l'explique, pour peu qu'on lise sur les lieux quelques-uns des ouvrages qui ont formé l'opinion. Beaucoup de gens ont écrit sans droit, sans titre, sans vocation, je ne m'occupe point de ceux-là. D'autres, s'étant trouvés en position de voir, se sont payés d'imaginations, de rapports, et n'ont en réalité rien vu. Ceux-ci ont eu à justifier ou à vanter leurs actes, mauvaise position dont l'influence est partout reconnaissable; ceux-là sont venus regarder à la hâte, et, sans rien mûrir, sont allés bien vite à Paris, envelopper de phrases plus ou moins habiles des informations extrêmement superficielles, augmentées de rêveries qui n'indignent personne, parce que cette question d'Afrique paraît être le domaine de l'empirisme et des rêves. On peut dire que jamais opinion plus générale ne se forma par de plus misérables moyens ; ou plutôt il faut avouer, considérant de plus haut cette étrange entreprise, que la Providence, dont la volonté se montre ici, a voulu se servir des derniers agents qu'elle pouvait employer pour l'accomplissement d'un des plus grands desseins qu'elle paraisse avoir formés. Les publicistes qui ont retenu les Français en Algérie sont dignes du chasse-mouche qui les y amena.

J'ai parcouru les deux énormes tomes contenant les procès-verbaux, discussions et rapports de la première commission d'Afrique, envoyée, en 1833, pour étudier sur place la situation et les besoins de la colonie. C'est une œuvre superficielle, où quelques observations vulgaires, quelques chiffres suspects sont noyés dans un déluge de billevesées. On reconnaît l'information précipitée, le coup d'œil crédule de l'homme qui arrive, qui s'étonne, qui croit tout savoir, et qui veut repartir. La hâte de faire, le peu d'application dans les études et cette faiblesse de l'intelligence publique qui caractérise notre temps, y laissent voir leurs traces douloureuses presqu'en toutes choses et partout. La commission débarque à Alger vers le milieu d'août, y passe quelques jours à flâner, qu'on me pardonne le mot, dans les rues, questionnant par interprètes des Maures, des Juifs, quelques officiers, dont un bien petit nombre alors parlaient arabe. Elle se divise le travail, court à Bone, y passe fort peu de temps ; se rend à Oran, où elle reste moins encore; *essaye* de débarquer à Mostaganem, et revient à Alger après *un mois* de courses et d'investigations, dont il faut bien déduire dix ou quinze jours passés en mer. Sur-le-champ elle délibère, tient une demi-douzaine de séances, et, se trouvant suffisamment informée, se rembarque pour aller continuer ses travaux à Paris. Là elle se met sous la présidence d'un personnage politique entièrement étranger à l'Afrique, et s'adjoint plusieurs membres nouveaux qui se trouvent absolument dans le cas du très-honorable président. Je ne sais si elle questionna dès lors l'académicien qui plus tard, dans un livre fait pour diriger l'expédition de Constantine, indiquait les sauterelles comme un moyen d'alimentation pour l'armée. Mais il paraît que ces membres nouveaux eurent néanmoins assez de crédit pour faire oublier aux autres ce qu'ils avaient vu. En Afrique la commission primitive s'était prononcée pour l'abandon, moins deux voix ; en France, elle se prononce pour la conservation, *moins deux voix!*

Les moyens d'empirique, les raisonnements basés sur

des faits puérils ou même ne reposant sur aucun fait, sont accumulés dans ces tristes pages avec un apprêt de gravité qui donnerait à rire, si les conséquences étaient moins lamentables. Il y a des rapports où l'on s'amuse à faire de la couleur locale en style de 1833.

Mais ce qui surtout est navrant, c'est de voir qu'au milieu de tant de choses qu'ils remuent et dont ils s'occupent longuement, retournant et commentant jusqu'aux plus futiles et jusqu'aux plus ridicules par leur futilité, ces personnages politiques, ces hauts commissaires, ces législateurs, ces chrétiens, envoyés dans un pays infidèle pour savoir ce qu'il convient à leur patrie d'y faire, ne songent pas un seul moment à la religion catholique, n'en prononcent pas le nom. Et cependant quel spectacle pouvait alors offrir Alger ! A peine y voyait-on un taudis consacré au culte de la France; à peine y avait-il en Algérie quelques prêtres qui, peut-être, ne se montraient pas tous également jaloux de l'honneur de leur état sacré. La population européenne était abandonnée sans aucun frein moral; jamais les Arabes n'avaient eu plus grandement raison de nous traiter de peuple impie... Les commissaires ne l'ont pas su, n'y ont pas pensé. J'ai cherché, je puis le dire avec angoisse, dans tout le recueil de leurs travaux un mot, quelque vestige qui me débarrassât du chagrin de voir cet oubli total de Dieu, et d'entendre toujours ces étranges législateurs discourir de toute chose, excepté de celle-là. Rien!... Hélas! que Dieu leur pardonne d'avoir à ce point ignoré sur quoi se fonde la société, à ce point oublié l'honneur de la croix et l'honneur de leur baptême, et puisse-t-il le pardonner au pays dont ils sont la trop fidèle image ! Mais qu'on institue une commission de civilisation et qu'il ne soit venu à la pensée de personne d'y introduire un prêtre, c'est un de ces traits qui peignent une époque et qui font deviner des abîmes.

Il faut cependant être juste : il n'y a pas que les membres de la première commission d'Afrique, et les publicistes venus après eux, qui se soient trompés. J'ai entendu discourir les hommes les plus habiles et les plus expérimentés, des cultivateurs, des militaires, ceux qui ont vécu parmi les Arabes, ceux qui parlent leur langue, ceux qui ont gouverné et ceux qui ont combattu. J'en ai vu chez qui le goût du commandement opprime leur bon sens naturel, et d'autres qui ont pu, en certaines occasions, préférer leurs avantages au danger de parler franchement ; mais chez la plupart j'ai trouvé les sûrs indices de la bonne foi, du patriotisme et de la probité. Je leur ai demandé des solutions : ou ils se refusent à en prévoir aucune, ou ils raisonnent sur des illusions manifestes, ou ils diffèrent tellement entre eux, que c'est à désespérer de les accorder jamais. Le seul point où l'on soit du même avis, c'est que tout va horriblement mal, qu'on ne fait aucun progrès, qu'Abd-el-Kader est très-fort, etc. Quand j'expose timidement quelques idées chrétiennes, on me regarde avec surprise. On n'imagine pas que la religion puisse servir à autre chose en ce pays qu'à consoler quelquefois un pauvre soldat ou un pauvre exilé qui meurt, et c'est si peu de chose, puisqu'il n'en meurt pas moins ! D'ailleurs ce ne sont pas les hommes qui manquent, ce sont les chevaux. On objecte les dépenses, l'antipathie des Arabes ; on va jusqu'à dire qu'il faut, pour coloniser l'Algérie, des hommes de sac et de corde, sans scrupule et sans Dieu ; oubliant le mépris qu'on vient d'exprimer pour ces va-nu-pieds qui arrivent d'Europe avec une concubine et l'unique aptitude de goujats d'armée. C'est bien, mais enfin comment sortirez-vous de l'état où vous êtes? Alors on recommence à élever système contre système, et chacun, s'il ne parvient pas à prouver qu'il a raison, prouve du moins parfaitement que son adversaire a tort.

Il faut cependant que l'on se donne un but et que l'on s'entende sur les moyens. La France joue un jeu ruineux et terrible : sans parler de ce qu'elle dépense en Afrique, elle y enferme une belle armée qu'en cas de conflagration européenne un combat de mer malheureux nous forcerait d'abandonner tout entière ou à la famine ou à l'ennemi. M. Thiers, au milieu des inquiétudes qu'inspirait la crise de 1840, disait qu'en quinze jours il ferait rentrer l'armée d'Afrique pour la porter je ne sais où. Or, pour faire rentrer l'armée toute seule, en abandonnant matériel, bagages, constructions militaires, en abandonnant les malades et les populations civiles, il faudrait au moins trois mois, soixante vaisseaux de ligne et trois cents navires de commerce. Ce calcul répond à ceux qui soupçonnent des projets d'abandon : l'abandon est impossible en état de guerre par la force des choses, en état de paix par la force de l'opinion.

Puisqu'il faut garder l'Algérie, puisqu'il faut tous les ans y engloutir plus d'argent, y envoyer plus de soldats, sachons du moins ce que nous avons à faire, et faisons-le.

Or nous avons à faire deux choses, qu'il suffit d'énoncer pour donner une idée de leur importance et de leur difficulté, rendue plus grande par l'ensemble de nos faiblesses intérieures : une nationalité à transformer ou à détruire, une nationalité à créer, et le tout simultanément. Nous allons présentement combattre; nous vaincrons, je n'en doute pas. Les plans du nouveau gouverneur, et surtout la fermeté intraitable avec laquelle il saura les appliquer, briseront le faisceau de tribus qu'Abd-el-Kader a formé avec tant de peine et nous a opposé avec tant de succès. L'armée rendue mobile, des forces agissantes remplaçant sur certains points, d'où elles pourront rayonner, la multiplicité de nos petites garnisons prisonnières, la force de chaque homme doublée par un chef qui lui inspire une confiance absolue, l'expérience enfin, tout nous garantit que la guerre sera heureuse. Mais si, sur le champ de bataille où nous enterrerons les morts, nous ne plaçons pas un peuple nouveau qui s'attache au sol, c'est-à-dire qui le cultive et qui le défende, les victoires ne serviront à rien ; l'ennemi, toujours dispersé, reviendra sans cesse ; nous n'aurons le champ qu'aux jours de nos succès ; il retombera le lendemain sous le pouvoir des vaincus, qui le fouilleront pour en rejeter les cadavres, afin que même les ossements des chrétiens n'y trouvent point la paix.

Pour éviter d'une part l'immense travail, les dépenses de toute nature, le lent et pénible enfantement de cette civilisation qu'il s'agit de porter spontanément en vingt endroits des steppes déserts et meurtriers de l'Algérie ; pour éviter, d'une autre part, les coûteux efforts d'une guerre sans résultats possibles, comme celle que nous faisons dans les provinces d'Alger et d'Oran, et de la paix tout aussi inféconde que nous entretenons dans la province de Constantine, vainement on proposerait d'abandonner l'intérieur, de se réduire à l'occupation des villes de la côte, et là, d'attendre que les Arabes forment avec nous des relations de commerce et d'amitié. Les relations ne s'établiront pas plus avec nous qu'elles ne se sont établies en deux siècles avec les Espagnols d'Oran. Ces villes seront de dispendieuses prisons, où il n'y aura d'autre industrie que la funeste industrie des cabarets. Nous y pourrons demeurer cent ans et deux cents ans : les seuls échanges entre les Arabes et nous seront des coups de fusil.

Vainement on voudrait essayer du système turc. Ce système, trop méprisé peut-être dans le principe, est trop vanté maintenant. Il était en décadence quand nous l'avons brisé; tout nous manque, et j'en rends grâces à Dieu, pour le reconstituer. Douze mille Turcs tenaient l'Algérie en respect et à peu près soumise, cela est vrai ; mais, depuis, nous avons sans succès usé à la poursuite du même but nos trésors et nos armées; nous avons créé dans le pays, contre nous, une résistance centrale qui n'existait pas. D'une part le prestige est détruit, de l'autre l'obstacle s'est accru dans une proportion immense. Les Turcs avaient la ressource de la piraterie, nous n'y comptons sans doute pas; les Turcs professaient la religion de leurs sujets, nous n'en professons aucune, et nous n'avons pas même la ressource d'opposer un fanatisme à un autre. Les Turcs enfin, dont on nous propose de revêtir la défroque, étaient, en toutes choses, tout autres que nous; on oublie souvent que les Arabes ne sont pas chrétiens, on devrait se souvenir aussi que les Français ne sont pas musulmans. Je ne parle plus de la religion, je parle des mœurs, des coutumes, de la force du caractère national, toujours chrétien d'instinct et d'impulsion s'il ne l'est plus de raison, ni de cœur, ni même de souvenir. Quand toutes les circonstances y concourraient, nous ne pouvons nous établir quelque part, et là, sans souci, sans remords, sans préoccupation de rien changer, de rien refaire, tels aujourd'hui qu'hier, tels demain qu'aujourd'hui, nous nourrir du vaincu. Nous ne pouvons installer à Alger un dey, une milice, rétablir cette constitution de Rhodes traduite et commentée à la turque pour régir un peuple de gens sans aveu qui consentiraient à vivre sans famille, du seul métier des armes, des seules joies de la débauche, du seul but d'une ambition refrénée seulement par l'asservissement le plus abject au dogme de la fatalité. C'était là ce qui constituait la puissance des Turcs, vraie puissance mahométane, puissance de bourreau sur une race condamnée qu'elle foulait, qu'elle épuisait, qu'elle torturait et corrompait, et sur les débris de laquelle elle est morte, comme un ver dans la fange, écrasée en passant par une armée catholique. Ainsi puisse-t-il en être bientôt du dernier des pouvoirs musulmans !

D'ailleurs ce pays, qui nourrissait avec peine douze mille Turcs, plus sobres que nous, ne pourrait pas aujourd'hui nourrir de la même manière douze mille Français. Les Turcs l'avaient bien appauvri, nous avons consommé sa ruine. C'est encore une des fortes raisons qui nous condamnent à nous y avancer pour lui rendre, à force de travail, un peu de son ancienne fertilité, de sa fertilité chrétienne, qui n'était pas seulement de grains et de choses de la terre, mais aussi d'œuvres d'intelligence et d'œuvres de foi.

Il faut donc nous établir, et nous établir tout d'un coup, en force, sur plusieurs points qu'on choisirait d'abord parmi les plus cultivés. Le gouverneur, éclairé par nos échecs et par son bon sens, pense que la colonisation doit être implantée en quelque sorte toute faite ; qu'il faut donner aux colons non pas des promesses et la ressource de vendre du vin aux soldats qui les protégent, mais de bonnes maisons, un village bâti et fortifié, des champs protégés contre les invasions de l'ennemi. Avec le temps ce noyau germera et pourra devenir une ville. En attendant, il faut que le village puisse se défendre au moins pendant quelques jours. Cette création plaît à tout le monde, tout le monde en attend d'excellents résultats. En effet, si au moyen de ces villages nous obtenions la paisible possession, la possession agricole de la Mitidjah, des plaines de Bone, du plateau de Sétif, des environs d'Oran; si nous avions là de véritables tribus sédentaires et chrétiennes, vivant du sol, s'y établissant à toujours, et pouvant, pendant une guerre européenne, augmenter en Algérie la petite armée qu'elle y nourrirait; si elles étaient composées d'hommes braves et valides, laborieux et moraux, capables de manier le fusil comme la charrue, ayant à défendre des enfants, une patrie, une foi ! alors nos principales villes se garderaient à peu près par elles-mêmes, et nous jouirions déjà, sans trop de sacrifices, des avantages qu'elles nous promettent sous le rapport maritime. Oran est un des battants de la porte de Gibraltar, Bone est à trente lieues de la Sardaigne, et ferme, de ce côté de la mer, le passage que Toulon, Port-Vendre et la Corse ferment sur l'autre rive. Vivre à Oran, à Alger, à Bone, de nos propres ressources, ce serait un résultat immense, incalculable.

Les villages seront créés : je crois aisément que la construction en sera intelligente, qu'ils seront bien entourés, bien défendus, installés dans un lieu favorable. On espère qu'en trois ans les habitants tireront du sol ce qu'il faut pour vivre; mais quels seront ces habitants ?

En Europe la police supplée — mal, il est vrai, mais enfin supplée — aux mœurs. Un reste, quelquefois seulement une ombre de religion, les relations de famille, le voisinage, quelque chose qui est dans le sang, qui est dans l'air et que je ne puis nommer, car cela ressemble à bien des choses que cela n'est point, constitue, avec le secours de la gendarmerie, une sorte de morale, et contraint la passion humaine, même lorsqu'elle a brisé tout frein intérieur, de respecter à peu près les bases constitutives de la société. Ce milieu social sera changé pour les populations transplantées en Afrique. Elles seront bien isolées, condamnées à un travail bien rude, soumises à une discipline nécessairement bien sévère, et tout cela à deux pas d'une frontière largement ouverte. Si elles ne sont pas très-vertueuses, je crains qu'elles ne deviennent en peu de temps horriblement mauvaises, et ne se trouvent disposées, comme jadis la légion étrangère, à passer à l'ennemi.

Le choix de ces populations est donc pour le moins aussi difficile que leur établissement. J'entends souvent dire que l'Algérie peut devenir un exutoire qui débarrassera la France de son plus mauvais sang. En effet; mais je crois que la France est en mesure de gâter largement l'Algérie sans se porter mieux. Comme on a vu à l'œuvre de la colonisation ce mauvais sang, et qu'il y a eu durant la paix, dans la Mitidjah, des colons qui volaient les Arabes, et qui n'en étaient pas meilleurs, je me crois suffisamment autorisé à dire qu'il faut en Algérie, non pas des concubinaires et des bâtards, mais des familles, et des familles chrétiennes; qu'il faut à leur tête des prêtres respectés et sévères, la sévérité étant la sainte douceur de la religion; qu'il faut à ces villages, qui seront autant de petites républiques, une organisation pour le moins aussi théocratique que militaire, qui leur apprenne à répondre à la guerre sainte des musulmans par la guerre sainte des chrétiens. Il le faut ainsi pour que Dieu bénisse ces établissements, sentinelles de la France et de la foi, avancées, presque perdues sur une terre qui sera longtemps ennemie et infidèle. A ceux qui souriraient d'une constitution faite dans le but d'attirer les bénédictions du Ciel, je dirai, s'ils le veulent, dans un autre langage, que les populations agricoles françaises ont absolument besoin de ces vertus et de ce zèle religieux, afin de n'être découragées ni par le travail, ni par la guerre, ni par l'isolement; afin de frapper les Arabes de ce respect et de cette admiration que Dieu leur a laissés comme une voie ouverte à leur retour, pour tout ce qui est sincèrement religieux ; afin que des relations brisées par la mauvaise foi et la ruse se renouent par la probité.

XII

LE CORAN ET L'ÉVANGILE.

Le Coran est le singe de l'Évangile, comme le diable est le singe de Dieu ; il l'imite en le travestissant, il le copie en prenant le contre-pied de ses actions et de ses discours. Au premier coup d'œil que l'on jette sur le livre sacré des musulmans, c'est un amas de folies et de turpitudes qui révolte ; l'on a peine à concevoir que tant d'absurdités hideuses se soient logées dans la tête d'un homme. Lorsque ensuite on considère l'effroyable puissance de ce code, l'empire qu'il a exercé sur une si grande partie du genre humain, l'attachement que lui vouent encore ses sectateurs, on est tenté de supposer à l'homme qui le conçut et le fit adopter je ne sais quel génie infernal, supérieur à celui de tous les législateurs qui ont, avant ou depuis lui, paru dans le monde. Ce chamelier arabe qui, réunissant quelques tribus divisées de religion et de gouvernement, en fait le germe d'un empire dont la force accable au bout d'un siècle la Perse, la Syrie, l'Afrique, l'Espagne, et commence d'envahir la France, semble doué d'une grandeur qui dépasse la mesure humaine. On se demande si les monstruosités de sa religion et de sa loi n'ont pas été calculées à dessein, et si là où l'on ne trouve que des fables ridicules et contradictoires, il ne faut pas

voir une profonde connaissance de l'humanité, un art
presque surnaturel de l'enchaîner et de la soumettre par
tous ses instincts? L'influence de l'époque où nous
sommes favorise ce penchant à s'incliner devant le crime
et l'imposture couronnés. Tant de bouches glorifient de
toutes parts le succès, tant d'efforts le poursuivent, tant
d'intelligences l'adorent, que les esprits les plus droits et
les meilleures natures, enveloppés à leur insu, ont besoin
de se surveiller pour résister au torrent qui porte l'hommage public aux pieds impurs de quiconque a réussi.
Les enseignements de l'histoire, ceux de la vie, nos propres expériences savent à peine nous déshabituer de
mesurer la grandeur de l'homme sur l'élévation du
piédestal où il nous apparaît. Nous attribuons à son génie
la création des éléments antérieurs auxquels il a dû souvent la plus grande part de ses inspirations et de sa puissance; quand son œuvre lui survit, c'est à son génie
encore que nous faisons honneur de mille circonstances
fortuites qui l'ont agrandie, consolidée et quelquefois
absolument transformée. Qu'y a-t-il cependant presque
toujours au fond de cette œuvre étonnante? On hésite à
le dire : quelque talent, beaucoup de ruse, beaucoup de
mauvaises passions, l'audace d'un premier succès, l'impossibilité de reculer, le concours énergique et furieux de
mille frénésies qu'on a déchaînées, qui veulent vaincre
le ciel et la terre, et qui triomphent pour un temps, non
parce que l'homme l'a voulu, mais parce que Dieu, dans
un dessein qui se dévoile quelquefois et qui peut rester à
jamais caché, l'a décidé ainsi.

Cette destinée de tous les hérésiarques, dont pas un
ne fut homme de bien, et dont pas un, par conséquent, ne
fut placé dans les conditions suprêmes de force et d'in-

telligence qui constituent la véritable grandeur et le véritable génie; cette destinée est celle de Mahomet. Comme homme, il a surtout obéi à son ambition et à sa luxure; comme législateur, il a fondé sa loi sur les instincts de la nature corrompue, incessamment révoltés contre les obligations que leur impose la morale divine. Quiconque voudra ériger en dogmes religieux les conseils que lui donnent l'orgueil, l'ambition et la chair, trouvera toujours des apôtres et des fidèles. Ainsi fit Mahomet, et dès lors il n'est pas surprenant que, malgré le respect avec lequel il parle de Jésus-Christ, le Coran soit devenu en quelque sorte la contre-partie de l'Évangile. Tout ce que l'Évangile condamne dans l'homme, il le permet; tout ce que l'Évangile ordonne, il l'anéantit. Voilà la part de son génie, elle est à peine au-dessus de celle du dernier ignorant qui s'insurge brutalement, au nom de ses passions, contre le frein céleste qu'on lui propose de la part de Dieu. J'ai perdu de mon respect pour la supériorité intellectuelle des docteurs antichrétiens depuis qu'un jour, ayant entrepris de ramener à la vérité un pauvre homme qui savait à peine lire, je le vis m'objecter successivement tout Arius, tout Mahomet, tout Luther et beaucoup d'autres encore. Que manquait-il à ce catéchumène rebelle pour qu'il devînt un religionnaire redoutable? Un peu plus de foi, un peu plus de passion, une élocution plus facile et l'appui d'une épée: forces de hasard!

Du reste, Mahomet fut aussi habile qu'il avait besoin de l'être; en justifiant les vices de son cœur, il caressa tous les vices, tous les désirs des populations vagabondes, fières, rapaces et sensuelles qui l'entouraient. Il leur promit la conquête, le butin et l'empire, et après cette vie un paradis, séjour de délices, fait pour charmer les rêves de ces habitants du désert, pauvres, avides de plaisirs grossiers, et poursuivant avec peine quelques jouissances chétives dans la profondeur dévorante de leur aride patrie. La guerre, la domination, la rapine en ce monde; dans l'autre, des jardins toujours ombreux, des ondes toujours fraîches, des fleuves de lait, des fleuves de miel, des fleuves de vin, des fruits et des viandes délicieuses pour satisfaire un appétit toujours renaissant; le repos sur des lits de soie brochés d'or, la société de quatre-vingt-dix compagnes aux yeux noirs, belles et soumises, qui seront leurs épouses et qui ne leur imposeront pas les devoirs de la paternité (1) : quelles promesses pouvaient mieux séduire les sauvages enfants de l'Yémen?

On sait comment le Coran fut composé. Mahomet, encore idolâtre comme toute sa tribu, mais déjà superficiellement instruit des diverses religions qui se partageaient les Arabes, s'étant retiré dans les cavernes du mont Héra, prétendit que l'archange Gabriel lui avait fait lire le livre de la loi tout entier, et l'avait ensuite remporté au ciel, mais en lui donnant l'assurance qu'il le lui rapporterait, chapitre par chapitre, quand les circonstances l'exigeraient; précaution satanique au moyen de laquelle il sut par la suite justifier ses plus détestables actions, ses plus infâmes débauches, et faire parler Dieu suivant son besoin. Sans doute la ruse était hardie; mais que penser du peuple dont la crédulité en fit le succès? Grâce à ce procédé, le Coran contient l'histoire politique et privée de Mahomet aussi bien que les préceptes imposés à ses

---

(1) A ce trait, dit M. l'abbé Rorhbacher, comment ne pas reconnaître l'œuvre de ces esprits immondes qui demandaient au Christ la permission d'entrer dans des pourceaux?

sectateurs ; l'homme fait juger de la doctrine, et la doctrine à son tour peut faire apprécier le docteur. Un chapitre descendit du ciel pour justifier le prophète d'avoir épousé la femme de son fils adoptif, et pour lui donner le privilége spécial d'épouser toute femme qui se donnerait à lui. Des assassinats, des meurtres commis par Mahomet ou par ses ordres, des atrocités exercées envers des vaincus à qui l'on avait promis la vie, furent glorifiés de la même manière. Au moyen de ces chapitres il eut réponse à toutes les objections, à tous les reproches ; il se vanta d'avoir manqué à sa parole, et autorisa ses disciples à trahir leurs serments ; il s'excusa de ne point faire de miracles en disant que Moïse et Jésus-Christ en avaient assez faits sans convertir les hommes, et que pour lui il n'était chargé que de la prédication (1) ; il se fit pardonner même sa défaite, même l'avarice qui le portait à s'adjuger plus que sa part des dépouilles de l'ennemi, même le ridicule que jeta sur lui l'infidélité de sa femme

---

(1) Plus tard il donna comme preuve de sa mission le miracle de la lune fendue en deux, auquel il fait allusion dans le chapitre LIV, et que les auteurs arabes racontent ainsi : « Sommé publiquement, pour prouver sa mission, de couvrir le ciel de ténèbres, de faire paraître la lune en son plein et de la forcer à descendre sur la Caaba (temple) de la Mecque, Mahomet accepta la proposition. Le soleil était au plus haut de son cours, aucun nuage n'interceptait ses rayons. Mahomet commande aux ténèbres, qui voilent aussitôt la face des cieux. Il commande à la lune, et elle paraît au firmament. Elle quitte sa route accoutumée, et bondissant dans les airs, elle va se reposer sur le faîte de la Caaba. Elle en fait sept fois le tour et vient se placer sur la montagne d'Aba-Cobaïs, où elle prononce un discours à la louange de Mahomet. Elle entre par la manche droite de son manteau et sort par la gauche ; puis, prenant son essor dans les airs, elle se partage en deux. L'une de ces moitiés vole vers l'orient et l'autre vers l'occident ; elles se réunissent dans les cieux, et l'astre continue d'éclairer la terre. » Tel est le commentaire que nous font de ce chapitre de l'Alcoran les docteurs de l'islamisme. N'est-ce point ici l'accomplissement de ce que saint Paul disait : « Il y aura un temps où ils détourneront leurs oreilles de la vérité et s'appliqueront à des fables ? (2 Tim. 4, 4.) » Est-il rien de plus puéril, de plus sot ? Voilà pourtant ce que les hommes qui embrassent aujourd'hui l'islamisme sont obligés de croire, pour se dispenser de croire à tous ces miracles de charité de notre Sauveur, les malades guéris, les morts ressuscités, les flots apaisés, les pains multipliés !

Aïcha, fille d'Aboubekre, qu'il avait épousée à l'âge de neuf ans. Certes, l'imbécilité publique lui faisait beau jeu; mais chacun trouvait son compte à croire en lui.

La réunion de ces chapitres, dictés par les circonstances, forme un pêle-mêle fatigant à lire, souvent impossible à comprendre, où se retrouvent des histoires plus ou moins altérées de l'Ancien et du Nouveau Testament, des rêveries prises aux évangiles apocryphes qui avaient cours parmi les Orientaux, des fables de l'Inde, des contes arabes et talmudiques, des moralités niaises, mais surtout des redites et des contradictions. Au milieu des doctrines d'extermination qui s'y représentent sous toutes les formes, on voit des conseils de douceur et de tolérance. C'est qu'au commencement Mahomet ne se sentait pas toujours en force; son langage alors était pacifique, et il commandait à ses fidèles de ne disputer avec les juifs et les chrétiens qu'en termes honnêtes et modérés. Les habitants de la Mecque se moquaient de ce fatras indigeste qui paraissait par fragments successifs, comme nos feuilletons d'aujourd'hui. A chaque chapitre nouveau c'étaient dans la ville des risées nouvelles. Mahomet, disait-on, est un imposteur et un fou, qui nous répète les fables qu'on lui raconte le matin et le soir; on nommait les individus de toutes sectes qui lui dictaient son livre. Il répondit en auteur piqué: un chapitre descendit du ciel et défia les moqueurs de rien produire qui fût d'une telle éloquence. Les Mecquois ne relevèrent pas le défi: seul peut-être parmi eux, Mahomet savait écrire. Plus tard, ses disciples s'étant accrus, il sut autrement répondre aux objections. « Il m'a été ordonné, dit-il, dans la Sonna, de tuer tous les hommes, jusqu'à ce qu'ils confessent qu'il n'y a de Dieu que Dieu, et que Mahomet est son prophète. » Alors on crut à la Mecque aussi bien qu'à Médine. Néanmoins le prophète comprit que l'ignorance des hommes lui était nécessaire. Il se proclama ignorant lui-même, prétendit ne point savoir écrire, et interdit à ses sectateurs l'étude des lettres et de la philosophie. Par le double secours du sabre et de l'ignorance, le Coran devint un livre sacré.

A force de commentaires, on a tiré du Coran et des paroles de Mahomet recueillies par ses compagnons, des bases de législation, une confession de foi, et un corps de morale. Les victoires des hordes arabes, rendues faciles et peut-être nécessaires par l'état de décomposition où se trouvait le monde aux septième et huitième siècles, ont fait le reste. Je n'ai point à parler de la législation des musulmans : ce qui s'y trouve de principes sages est annihilé par le despotisme du prince, par la mauvaise constitution de la famille, par la corruption des mœurs, enfin par la grossièreté ou la férocité de l'individu. On sait ce que cette législation a produit partout. La confession de foi se réduit à treize articles ; savoir, l'existence d'un seul Dieu créateur, la mission de Mahomet et la divinité du Coran, la providence de Dieu et la prédestination absolue, l'interrogation du sépulcre ou le jugement particulier de l'homme après la mort, l'anéantissement de toutes choses, même des anges et des hommes, à la fin du monde ; la résurrection future des anges et des hommes, le jugement universel, l'intercession de Mahomet dans ce jugement, et le salut exclusif des seuls mahométans ; la compensation des torts et des injures que les hommes se sont faits les uns aux autres ; un purgatoire pour ceux dont les bonnes et les mauvaises actions se trouveront égales dans la balance ; le passage du pont, plus affilé qu'une épée, jeté au-dessus de l'enfer, qui conduira les bons au paradis, et laissera les méchants tomber dans les flammes éternelles (1). On voit d'un coup d'œil d'où viennent tous ces dogmes. Mahomet n'en a pas inventé un seul, à l'exception de ceux qui le concernent. Il entend l'unité de Dieu comme les juifs et comme les ariens qui la lui ont enseignée. Il nie que Jésus-Christ soit le Fils de Dieu. Dieu, selon lui, ne peut avoir un fils, puisqu'il n'a point d'épouse ; ce qui ne l'empêche pas plus loin de reconnaître Jésus-Christ pour le Verbe et pour l'esprit de Dieu, né de la Vierge Marie, conçue elle-même sans péché, et qui l'enfanta sans cesser d'être vierge. La théologie de Mahomet reste donc bien au-dessous de la pensée des sages païens, Socrate et Platon, qui entrevoyaient en Dieu une génération spirituelle du Logos ou du Verbe. La prédestination absolue est une erreur des Arabes idolâtres qu'il avait conservée : ce dogme détruit la liberté de l'homme et fait Dieu auteur du péché ; bien qu'il répugne tellement aux instincts et aux besoins de la nature humaine et de la société que ceux qui l'acceptent ne le puissent mettre complétement en pratique (2), il a été pour les sociétés musulmanes une des principales causes de leur prompte décadence. Les idées grossières du pont aigu, de la balance des œuvres, de la compensation des torts, des plaisirs sensuels du paradis, sont des

---

(1) Reland, *Confession de foi des musulmans*. Le pont aigu se nomme le pont Sirack. Les uns, à la suite de Mahomet, le franchiront comme l'éclair, les autres comme un cheval qui court, ceux-ci comme un cheval qui marche, ceux-là se traînant, le dos chargé de leurs péchés ; d'autres enfin tomberont et seront damnés.

(2) Les musulmans, assez fatalistes pour en devenir stupides, ne peuvent l'être assez pour cesser d'être hommes. Lorsqu'un danger les menace, ils s'efforcent de le conjurer, ils prient pour détourner la colère de Dieu, et ils ont mille pratiques superstitieuses qui protestent contre l'absolue soumission au destin.

expressions métaphoriques des anciens écrivains que Mahomet se faisait lire, et qu'il a lourdement prises à la lettre. L'anéantissement des anges et des hommes et leur résurrection, c'est le dogme de la résurrection future, mal entendu et mal rendu par un ignorant. Il est à croire que le prophète n'attachait à tous ces points de doctrine qu'une médiocre importance. Le but manifeste du Coran tout entier, dans ses moindres détails, est d'inculquer ces deux dogmes : il n'y a de Dieu que Dieu, et Mahomet est son prophète; c'est-à-dire de nier toujours, soit directement, soit indirectement, la divinité du Christ, et de renverser sa loi. Il n'est pas jusqu'à l'interdiction jetée sur l'usage du vin qui ne soit dictée par cette pensée sacrilége; en faisant dire à son Dieu que le vin est une abomination inventée par Satan, Mahomet a voulu flétrir et empêcher le sacrifice adorable des chrétiens, plus encore que prévenir les dissensions qui éclataient parmi ses sectateurs lorsqu'ils s'enivraient. La défense de boire du vin n'en est pas moins un des principes les plus admirés par tous ces philosophes qui se récrient contre les abstinences que l'Église catholique impose aux fidèles; comme si la religion catholique permettait aux hommes de boire du vin jusqu'à s'enivrer! comme si les musulmans, parce qu'ils s'interdisent le vin, s'interdisaient toutes les débauches! comme si, enfin, l'islamisme n'avait pas plongé des races entières dans un abrutissement pire que l'ivrognerie! Mais quelle raison donner à des esprits qui, sur le terrain où ils se placent, ne peuvent plus être de bonne foi?

La morale de Mahomet est encore plus mauvaise que ses dogmes. Comme son paradis même n'est, au fond, qu'un lieu de débauches où toutes les passions sensuelles pourront parcourir une échelle de satisfactions immenses, on devine quelles pensées l'attente de pareils biens éveille dans le cœur, et quelles actions elle inspire. L'imposteur ne s'est pas contenté de dégrader la femme en la réduisant à l'esclavage, et de dénaturer l'institution du mariage en permettant le divorce et la polygamie, il souille encore l'union conjugale par les abjections qu'il autorise : la sainte chasteté n'a pas de plus grand ennemi. Cette vertu des vertus, que l'Évangile semble avoir révélée au monde, devait exciter la rage de l'impie : il a fait tout ce qu'il a pu pour l'anéantir. Sous ce rapport, les Maures et les Arabes, comme au surplus tous les musulmans, sont, malgré leurs dehors pudiques, d'une corruption que les Européens, malgré leurs fanfaronnades effrontées, n'ont pas atteinte. La polygamie, changeant l'ordre de la nature, a livré les deux sexes au désordre le plus hideux; et les femmes, cette gloire de l'Église dans notre France, ne sont en Algérie qu'un troupeau de brutes, dont rien ne peut exprimer la dégradation.

Pour le reste, on sait que les pratiques extérieures, les ablutions, le pèlerinage de la Mecque, remplacent les œuvres satisfactoires. En commandant la prière, l'aumône et le jeûne, Mahomet les dégrade et les altère. La prière, qui est d'obligation cinq fois par jour, à des heures marquées (1), est une prière d'esclave, une formule vaine, sans amour, sans vie; nulle part on ne donne à Dieu le doux nom de père; nulle part on n'y dit qu'on l'aime et qu'il faut l'aimer. L'aumône chrétienne nous oblige, en temps et lieu, de donner pour nos frères, non-seulement une partie de notre bien, mais

---

(1) Cinq fois par jour le muezzin fait entendre, du haut des minarets, l'*aden* ou appel à la prière : le matin, *cebahh*; à midi, *dhor*; à trois heures et demie, *aceur*; au coucher du soleil, *maghreb*; deux heures après le coucher du soleil, *eucha*.

même notre vie, à l'exemple de Jésus-Christ, qui s'est donné et se donne encore tous les jours pour nous, et qui regarde comme fait à lui-même ce que nous faisons au dernier de nos frères ou plutôt des siens. La pratique de cette vertu a sauvé le monde, elle a conservé la vie à des multitudes innombrables de malades et d'indigents, elle nourrit encore dans les sociétés catholiques la plus grande partie des pauvres ; elle est si puissante, que là où elle ne se développe point, dans les pays protestants par exemple, aucune institution, aucun effort du gouvernement n'a pu suppléer à ses effets. Pour Mahomet l'aumône n'a été en grande partie qu'un tribut qu'il levait pour lui-même. Quant au jeûne du mois de ramadan, nuisible au point de vue politique, il est nul comme pénitence : les riches dorment le jour et passent la nuit dans les festins ; les pauvres épuisent leurs forces sans corriger leurs mœurs. Ce n'est qu'une contrefaçon ou plutôt une parodie du jeûne catholique. Des vertus intérieures, de l'amour de Dieu et du prochain, de la piété, de la mortification des sens, de l'humilité, de la reconnaissance envers Dieu, de la confiance en sa bonté, il n'en est point question dans le Coran. Il permet la vengeance, la peine du talion, l'apostasie forcée, le parjure, et ne condamne que l'idolâtrie. Un musulman croit fermement que sans l'observation scrupuleuse et minutieuse du cérémonial, le cœur le plus pur, la foi la plus sincère, la charité la plus ardente ne suffiraient pas pour le rendre agréable à Dieu ; mais que le pèlerinage de la Mecque, ou l'action de boire de l'eau dans laquelle a trempé la vieille robe du prophète, effacent tous les crimes (1). Pour bien connaître

---

(1) Voyez Bergier, *Dict. théologique*, et Rorhbacher, *Hist. univ. de l'Église*.

la morale des musulmans, il suffit de voir quels sont leurs saints ou marabouts. Un homme qui a quelque peu lu le Coran, et qui peut en réciter quelques passages de mémoire, s'il sait garder certains dehors, s'il ne boit pas de café, s'il ne fume pas et ne prend point de tabac en poudre, se fait tout de suite un renom de piété merveilleuse, et devient en quelque sorte sacré. Quelques-uns de ces personnages, objets d'une miséricorde particulière, ont été vraiment hommes de bien. Ils ont, durant toute leur vie, gardé la chasteté, assisté les pauvres, conseillé l'union et la paix. Leurs vertus ont paru surhumaines et leur ont attiré la vénération des peuples. On vit en eux ce qu'ils étaient en effet, des êtres privilégiés ; la foule les honora sans les comprendre, et surtout sans aspirer à les imiter. Ils ont fondé des familles puissantes, ils ont laissé un tombeau glorifié par de nombreux pèlerinages et par de riches offrandes, ils n'ont point laissé de continuateurs de leur sainteté étrange. Un marabout de cette espèce vivait à Coléah lorsque les Français s'emparèrent d'Alger. Comme pour montrer que ses vertus avaient leur racine dans son âme et non point dans sa religion, il conseilla, jusqu'aux derniers instants de sa vie, la paix avec les chrétiens, qui l'avaient injustement et impolitiquement persécuté. La sainteté est, du reste, le partage exclusif des hommes, les femmes n'y peuvent prétendre, du moins n'ai-je jamais entendu parler de femmes marabouts. Quand les Arabes de Constantine virent pour la première fois des religieuses, ils furent si étonnés et en même temps frappés d'une telle admiration, que ces pieuses filles auraient pu, si on l'avait permis, convertir toute

---

L'article de Bergier est un chef-d'œuvre d'exactitude et de précision que j'ai pu apprécier au milieu des mahométans d'Alger.

la province. L'âme humaine est faite à l'image de Dieu, et c'est pourquoi rien ne peut assez la dégrader pour que ce qui est vraiment noble et grand ne lui inspire pas aussitôt un profond respect. Mahomet a pu plonger ses sectateurs dans l'ignorance la plus abrutissante et la plus féroce, il n'a pu les rendre aussi pervers qu'il le fut lui-même. Une chose est restée à ces peuples malheureux : c'est l'instinct du bon et du beau, l'instinct de la vérité, l'instinct du salut. Par là l'Europe catholique pourrait les sauver; l'Europe politique et incrédule ne le veut pas, elle préfère les anéantir. Elle y parviendra, car Dieu les lui livre, et leur heure est venue; mais elle n'accomplira qu'avec lenteur, au prix de son sang, et pour sa punition peut-être, l'œuvre terrible de rendre à la croix, nues et dépeuplées, les terres fertiles qu'elle pouvait lui donner couvertes d'une moisson d'âmes. Il plaît à Dieu d'étendre son royaume en ce monde, il lui plaît d'ôter le sceptre aux farouches ennemis du Christ; mais il ne lui plaît pas qu'on tue les hommes avant d'avoir essayé de les convertir; ceux qui auront aimé mieux verser le sang que prêcher l'Évangile n'auront pas impunément réussi.

XIII

POUVAIT-ON CONVERTIR LES MUSULMANS?

La foi chrétienne et l'expérience de dix-huit siècles ne nous permettent pas de croire qu'il puisse exister jamais un peuple inconvertissable. L'Évangile règnera sur le monde; tous les peuples l'ont reçu, toutes les passions l'ont subi, toutes les ignorances se sont laissé pénétrer à sa douce lumière. Si une société quelconque devait à jamais échapper à son amour, rester éternellement sourde à sa voix et demeurer insaisissable à l'abri d'un obstacle plus fort que lui, ce serait assurément le spectacle le plus étonnant et le plus effrayant qu'on eût encore vu sur la terre. La société musulmane ne peut être cette société-là. Le christianisme, qui un moment a paru plier devant elle, a fait dans son sein les conquêtes qu'on lui a vu faire partout; les musulmans n'ont pas été plus invincibles que les idolâtres du Japon et de la Chine, que les fétichistes et les sauvages de l'Afrique et de l'Océanie, que les philosophes de l'Europe. Tous les jours, à Constantinople, nos sœurs de charité leur apprennent à croire en Jésus Christ, avant même que les progrès de la civilisation les aient mis dans l'impossibilité de croire en Mahomet. Je sais que l'erreur des nations est retranchée derrière des remparts autrement forts que celle des individus. L'individu n'est défendu que par ses passions, il est seul, il est libre; pour lui porter la conviction, il suffit d'un homme. Les nations se défendent par la multitude, par l'ignorance, par les coutumes et les mœurs, enfin par la violence, et le missionnaire voit s'opposer à lui des armées. Néanmoins, quand un individu raisonnable et de bonne foi a pu abjurer l'erreur, tout un peuple peut l'abjurer à son tour, et les nations chrétiennes ont aussi la force pour y pourvoir. Toute tyrannie en matière de religion est impolitique et impie ; mais quand la conquête, déterminée par une raison humaine, est opérée, le meilleur moyen de la justifier, de la rendre plus douce et de la consolider, est de diriger la force de telle sorte qu'elle aide aux conquêtes de la religion. Sans dire au vaincu : *Crois ou meurs,* ni même, ce qui est moins dur et plus excusable : *Crois ou va-t'en;* sans lui demander en aucune façon l'abandon de son culte, la simple politique du bon sens conseille de lui faciliter tous les moyens d'y renoncer; et quand la religion du vainqueur est la religion chrétienne, c'est-à-dire la vérité divine; quand la religion du vaincu est l'islamisme, c'est-à-dire un amas de dogmes abrutissants et sauvages, ces efforts que le bon sens conseille, l'humanité ne les exige-t-elle pas? N'est-ce pas le premier des devoirs de mettre la religion chrétienne à même de travailler par les moyens qui lui sont propres, par la prédication et les bonnes œuvres, à la conversion des vaincus? Serait-ce une perfidie d'ajouter à son action les mesures d'administration qu'elle pourrait indiquer, d'ouvrir des écoles religieuses, d'accorder quelques faveurs aux néophytes, de combattre dans les mœurs et dans les coutumes ce qui s'opposerait le plus à un changement désirable sous tant de rapports? Voilà tout ce que j'entends par la *force*. Je n'en exige pas d'autres secours. Son œuvre principale, c'est la conquête; lorsque cette œuvre est accomplie, je ne lui demande que de croire en Dieu et de se montrer le moins possible.

La conversion des musulmans de l'Algérie aurait, dans ma pensée, rencontré d'autant moins d'obstacles, que leur croyance, aujourd'hui dépouillée de l'âpre fanatisme qui la caractérisa, s'est réduite, pour le plus grand nombre, à une sorte de déisme, bien grossier il est vrai, mais non pas enfiellé de philosophisme et de secrète incrédulité. Ils ont une foi naïve et profonde; aucun mystère n'étonne leur esprit; ils ne refusent point à Dieu une puissance que l'homme ne peut avoir, et des qualités qu'il ne peut comprendre; la vénération dont ils entourent leurs marabouts montre qu'ils sauraient estimer la vertu, puisqu'ils honorent tant les simples apparences de la régularité. Nos ordres religieux auraient excité je ne dis pas seulement leur respect, mais leur admiration et leur enthousiasme, et bientôt leur reconnaissance. De la main des moines ils auraient reçu les bienfaits et les vérités que nos gouverneurs et nos fonctionnaires civils ne sauraient leur faire accepter, et songent encore moins à leur offrir. En tous cas, c'était une œuvre à tenter, et n'eût-on laissé à la religion que les orphelins, que les pauvres, que les prisonniers, tous les misérables seraient devenus autant de voix qui auraient publié dans la langue des vaincus les générosités de la France, les œuvres miséricordieuses de son culte, l'inépuisable charité des ministres de son Dieu.

Mais nous avons été loin d'agir ainsi. La première des conditions à remplir pour convertir les hommes, c'est la foi : elle nous a manqué, elle nous manque encore. Comment amener les musulmans au christianisme, lorsque nous ne sommes pas chrétiens nous-mêmes? L'absence de toute conviction, de toute idée religieuse nous a empêchés de comprendre que le mahométisme pouvait être vaincu, elle nous a empêchés de vouloir le vaincre, elle nous a fait faire des fautes qui ont réveillé son fanatisme assoupi, qui l'ont fortifié. La religion de l'Évangile, commentée par nos œuvres, a paru inférieure à la religion du Coran. C'est une chose digne, loyale et habile comme tout ce qui est loyal d'abaisser la puissance des vainqueurs devant l'inviolable sanctuaire de la conscience des vaincus, mais il faudrait que les effets répondissent en tout à la théorie : or nous n'avons respecté chez le vaincu que les préjugés qui s'opposaient à ce qu'il devînt plus heureux et meilleur; nous n'avons jamais reculé quand il s'est agi de l'opprimer et de le corrompre; nous avons redouté de paraître chrétiens, nous n'avons pas craint de nous montrer débauchés, cruels, impies, perfides même. Tel de ces musulmans, dont nous respections la croyance au point de rougir de l'Évangile, a vu un officier lui prendre sa fille, et l'État lui prendre sa maison. « Qui êtes-vous? disaient les Arabes à un brave officier qui m'a confié que son séjour parmi ces barbares l'avait ramené aux idées religieuses? que nous apportez-vous? quelle est votre religion? Jamais vous voit-on prier, jeûner, rendre hommage à Dieu? Quand nous allons à Alger, nous trouvons dans les rues des chrétiennes dont les actions publiques nous font rougir; nous passons par-dessus vos soldats ivres dans la boue; voyez-vous chez nous rien de pareil? Au contraire, vous nous voyez honorer Dieu, et vous ne l'honorez pas. Sachez que le dernier d'entre nous n'est pas ébloui des merveilles de Paris qu'on nous a fait voir, et dont nous parlons en nous moquant. Vous avez des pièces de canon, des bateaux à vapeur, des ponts de fil de fer, des maisons où vous êtes enfermés : c'est bon pour vous; vous vous établissez dans le monde comme des gens qui voudraient y rester toujours. Les musulmans dédaignent ces richesses. Ils savent que l'homme n'est dans la vie qu'en passant et pour en attendre une meilleure ; et ils ne craignent pas de mourir. Vous autres, vous avez peur de la mort. Quand vos ivrognes tombent entre les mains d'Abd-el-Kader, ils se font musulmans pour être mieux traités, et Abd-el-Kader les méprise. Nous ne voulons être rien de ce que vous êtes, allez-vous-en. » Les Douaires mêmes, qui nous servent, sont tourmentés de scrupules religieux. Le lendemain d'un avantage remporté par les Français, on entend toujours quelques-uns de ces sauvages cavaliers s'écrier : « Que n'étais-je parmi les Arabes, au lieu d'être ici, avec ces chiens qui ne prient pas ! Peut-être serais-je mort *pour la religion.* » Ils disent : pour la religion, et non : pour la patrie. « Enfin, poursuivait cet officier, qui malheusement n'était pas en état de venger le christianisme qu'il ne connaissait pas, lorsque nous combattons les Arabes, lorsque je sais qu'avant de nous attaquer ils ont fait la prière, lorsque je sais que ceux qui meurent récitent en mourant la profession de foi et meurent martyrs, je me demande à qui Dieu s'intéresse, et je ne suis pas surpris de la stérilité de ces victoires que nous procurent la discipline, la tactique et le canon. »

Tel est donc le véritable effet de cette indifférence que nous avons décorée du beau nom de respect pour la conscience d'autrui. Non, nous ne respectons pas la religion des Arabes, nous nous contentons d'insulter à la nôtre, et en même temps que nous nous privons par là du bien particulier qu'elle pourrait nous faire, des services qu'elle aurait rendus dans nos hôpitaux et dans nos garnisons, de la moralité qu'elle aurait introduite dans nos populations civiles, des respects qu'elle nous aurait attirés de la part des indigènes, des avantages de la conduite plus humaine et plus scrupuleuse qu'elle nous aurait inspirée dans nos rapports avec eux, nous avons relevé l'orgueil et le courage de ceux-ci en leur donnant de justes raisons de se proclamer meilleurs que nous. Ils nous ont d'abord haïs comme infidèles, ils nous méprisent comme impies.

Chose étrange et lamentable! aujourd'hui que l'islamisme, ayant accompli sa mission, meurt abruti sur les ruines des plus belles contrées du monde, des exemples frappants nous montrent encore comment il a pu s'établir. Vers la fin du dernier siècle, des philosophes français trouvaient la religion de Mahomet *moins impure* que le christianisme (1), et de nos jours la France, maîtresse d'un pays musulman, y oublierait qu'elle est chrétienne, si ses ennemis ne le lui rappelaient pour l'insulter et justifier leur haine. Il y a plus : l'islamisme, si fort ébranlé à Constantinople par le peu de lumières qu'il a pu recevoir, fait en Afrique, sur les vainqueurs, les conquêtes qu'ils ne font pas sur lui. Des chrétiens, les uns par contrainte, les autres volontairement, ont embrassé l'islamisme, et je ne crois pas qu'aucun laïque ait essayé sur les musulmans un prosélytisme qui certainement n'aurait pas été encouragé, ni peut-être même souffert par l'autorité supérieure, dont les principes tolé-

---

(1) Bergier, *Dict. théol.*, mahométisme.

rants ne pardonneraient rien de pareil, même au clergé. Or pourquoi ces chrétiens ont-ils embrassé l'islamisme, sinon parce que l'ignorance de la religion dans laquelle ils sont nés les a livrés sans défense ou à la séduction de leurs désirs, ou à la crainte des mauvais traitements et de la mort (1)? Certes, ni l'évidence de la vérité, ni l'éloquence des imans et des muftis n'ont pu déterminer de pareilles résolutions. L'homme intelligent et instruit qui

(1) Pendant longtemps les Arabes faisaient abjurer leurs prisonniers civils et militaires, et ces derniers n'ont pas toujours résisté. Voici ce que je lis dans la déposition d'un nommé Thoumen, potier à Bouffarik, enlevé par les Arabes le 10 février 1840 : « Thoumen, Guchs, et le fils de ce dernier, âgé de huit ans, « furent enlevés par un parti d'Hadjoutes. Ils n'eurent point à subir de mauvais « traitements ; le fils de Guchs fut même l'objet d'attentions particulières. Les « Arabes ne coupent plus la tête; ils ne cherchent qu'à faire des prisonniers. « Ceux-ci, *après avoir abjuré le christianisme*, sont enrôlés, s'ils sont mili- « taires, dans les troupes de l'émir; s'ils sont colons, on les envoie dans « l'intérieur pour travailler. Thoumen vit un soldat et un tambour du bataillon « d'Afrique, enlevés la veille; trois Espagnols arrivèrent le lendemain. Après « trente-six heures de captivité, Thoumen put s'échapper. Son compagnon « Guchs refusa de le suivre, ne voulant point abandonner son fils. »
On voit par la phrase que nous avons soulignée combien l'abjuration des prisonniers est une chose ordinaire et devenue insignifiante. Citons quelques faits plus honorables. Le 23 mai 1842, trente hommes, commandés par un officier, furent attirés dans une embuscade aux environs de la Maison-Carrée et massacrés impitoyablement. Au nombre des assaillants se trouvaient dix déserteurs de la légion étrangère, dont la cruauté dépassa celle des Arabes. Un seul soldat, nommé Waguener, échappa à la mort. Emmené en captivité, il put s'évader, et fut rencontré, mourant de faim et de fatigue, par une patrouille, auprès de l'un des camps de la Mitidjah. Il raconta que son détachement, entouré par plusieurs centaines d'ennemis, avait à peine eu le temps de se défendre, et que ses malheureux camarades étaient tombés presque tous à la fois. Blessé lui-même et étendu à terre, il avait vu son brave officier et le tambour, restés seuls debout, refuser la vie, que les chefs leur offraient s'ils voulaient embrasser la loi du prophète, et succomber aussitôt. Pour Waguener, il n'avait pas eu le même courage; il s'était rendu et avait été circoncis. Sa captivité fut extrêmement douloureuse ; mais Dieu laissa la vie au renégat pour qu'il pût faire connaître la vertu des martyrs.
Dans une autre circonstance, un prisonnier français avait consenti à prononcer la formule ; ce n'était pour lui qu'une parole vide de sens. Il lui restait à recevoir l'espèce de tonsure usitée chez les musulmans. A ce moment il vit la honte de l'apostasie, et résista. On lui dit de choisir : « Qu'on me coupe la tête! s'écria-t-il sans hésiter ; je suis chrétien ! » Il eut la tête tranchée. Abd-el-Kader avait fini par défendre qu'on exigeât l'apostasie des prisonniers. Il fit sévèrement punir un de ses agents qui avait voulu contraindre à cet acte infâme quatre-vingts malheureux, qui tous étaient décidés à mourir le lendemain.

ne peut croire à la mission de Jésus-Christ ne croit pas davantage à celle de Mahomet; si le miracle des pains multipliés répugne à sa raison, elle ne peut davantage accepter le miracle de la lune fendue en deux. Aujourd'hui donc, comme au VIIe siècle, ce n'est pas le Coran qu'on accepte lorsque l'on pense, c'est l'Évangile qu'on nie.

Je rencontre des gens d'esprit, éclairés par un long séjour en Afrique, qui, sans tomber dans l'excès des encyclopédistes, et sans vouloir inutilement renoncer au titre de chrétien, ce qui est d'ailleurs une mauvaise spéculation, trouvent cependant que l'islamisme est après tout une religion aussi bonne qu'une autre, et à beaucoup d'égards plus commode, si l'on prend soin d'en élaguer certains préceptes superstitieux, tels que l'interdiction du vin et l'obligation de la prière. Ils le pensent et le disent, en présence de ces deux rives de la Méditerranée, qui proclament si haut l'abjection de la doctrine de mensonge et la gloire de la doctrine de vérité! Ils savent que, quand l'islamisme est venu fondre sur l'Afrique, celle-ci, malgré les récentes dévastations des Vandales, était plus civilisée que l'Europe, dont plusieurs contrées s'agitaient encore dans les ténèbres de l'idolâtrie; ils voient l'Europe lumineuse, forte et prospère, l'Afrique sauvage, sanglante et dépeuplée, et ces destinées si contraires ne les instruisent pas ! On les entend reprocher à l'Église son intolérance, ses dogmes surannés, l'asservissement où elle retient la raison humaine, l'obstacle qu'elle oppose à l'esprit de progrès; bref, toutes les sottises mal digérées qu'on ramasse dans les colléges, et contre lesquelles la grande voix de la raison et des faits proteste vainement. Il ne faut pas hausser les épaules, il faut gémir, car ces hommes ne sont pas des fous, et parmi ceux qui les écoutent ils passent encore assez volontiers pour savants. Ils ont d'ailleurs rendu quelques services ; on croit à leurs lumières, à leur expérience, et beaucoup de mesures importantes sont prises ou inspirées par eux. Or la vérité est que, désespérant de montrer aux Arabes une foi et des vertus supérieures à celles dont ils se targuent, ils pensent à les imiter bien plus qu'ils ne songent à les convertir. S'étant aperçus de ce mépris sans bornes que la foi musulmane ressent pour l'incrédulité des chrétiens, une espèce d'émulation s'est éveillée dans leur âme. Ils se sont mis à parler de Dieu aussi ; ils se sont dit bientôt qu'il fallait croire, qu'il était bon de prier ; et, préparés par leur éducation, entre les deux croyances qui s'offraient à leur esprit, ils ont naturellement donné la préférence à celle qui ne leur demandait ni sacrifice, ni changement, ni pénitence. Qu'est-ce que l'islamisme dépouillé de ses pratiques ridicules et de ses insoutenables fables ? Un vain aveu de l'existence de l'Être suprême, au niveau de tous les enseignements de la philosophie, c'est-à-dire de toutes les leçons que nous donnent les révoltes et les corruptions du cœur.

À côté de ces *mystiques*, qui ne jugent pas à propos de se faire circoncire, mais qui ne verraient pas de mal à ce que les Français en masse devinssent musulmans, il y a les hommes d'affaires. Le spectacle de la foi ne les touche que d'une façon : ils en ont peur, voyant là une force qui n'est point en nous. Sans se mettre en peine de décider lequel vaut le mieux de l'Évangile ou du Coran, travail théologique au-dessus de leurs forces, ils ne s'occupent ni de l'un ni de l'autre, et craignent seulement de compliquer les affaires en irritant ce fanatisme qui leur semble un des caractères les plus fâcheux de la barbarie, et qui est moins barbare assurément, moins sauvage et moins honteux que leur matérialisme. Pour assurer la soumission du pays ils comptent sur le sabre d'abord, et ensuite sur les avantages que notre commerce procurera aux indigènes. Il n'est pas de momeries musulmanes, et je dirais presque de lâchetés, s'il ne fallait avoir pitié de leur ignorance, que n'obtienne d'eux l'espérance d'adoucir ce fanatisme intraitable et désespérant. Ce sont eux qui, renouvelant autant qu'ils le peuvent la honteuse comédie jouée par Bonaparte en Égypte, ont employé les mains d'un prince français, d'un descendant de saint Louis, à poser la première pierre d'une mosquée, lorsqu'ils demandaient à la pitié des musulmans de leur faire cadeau d'une église; ce sont eux qui, dans les expéditions, ne se contentent pas de respecter les chapelles élevées en l'honneur des marabouts, mais encore y font des offrandes; ce sont eux qui tirent le canon pour célébrer le mois de ramadan; ce sont eux qui ont autorisé la folie de quelques jeunes gens qu'on a vus embrasser l'islamisme. S'ils l'osaient, ils feraient publiquement la prière du *Mugrheb* avec autant de zèle qu'ils en sauraient montrer dans le cas où il faudrait empêcher les soldats français de réciter l'*Angelus*. Ils savent parfaitement que, pour nous combattre, les Maures ont quitté en foule Alger, où beaucoup d'entre eux étaient misérables (en grande partie par notre faute), mais où du moins leur religion était plus honorée qu'inquiétée; ils savent qu'Abd-el-Kader doit, avant tout, l'influence qu'il exerce sur ses compatriotes à son titre de marabout et à sa réputation de sainteté; que, pour le suivre, un grand nombre de tribus ont tout sacrifié, tout souffert; que les Kabyles mêmes ont abandonné leurs montagnes pour attendre les Français dans les camps de l'émir, où, manquant de pain, ils mangeaient de l'herbe; ils savent enfin que le reproche qui nous est fait n'est pas de combattre la religion des musulmans, mais de n'avoir pas de religion nous-mêmes. Toutes ces circonstances sont comme non avenues; ils persistent à singer la piété musulmane, à penser qu'il est malheureux que nous soyons chrétiens, à craindre que l'évêque, s'il venait à convertir un Maure, ne nous fît du même coup des milliers d'ennemis.

Sur quels faits, sur quelles raisons se fondent-ils? c'est ce qu'il m'a été impossible de découvrir. Arabes et Maures n'ont jamais témoigné que beaucoup de respect pour nos prêtres, et beaucoup d'estime pour les rares chrétiens qu'ils ont vus s'acquitter du devoir religieux. Lorsque la France voulut avoir dans Alger une église, ce qui n'eut lieu que deux ans après la conquête, les ulémas, qui ont montré en toute occasion plus de fanatisme que le reste du peuple, nous concédèrent avec joie la mosquée que nous avons appropriée à cet usage, et nous félicitèrent, peut-être avec un peu d'ironie, de la résolution qui nous venait enfin d'honorer notre Dieu (1). L'évêque a reçu de tous les musulmans l'accueil le plus cordial et le plus respectueux; les malheureux sont venus à lui; Abd-el-Kader et ses kalifats, lui supposant une autorité qu'il n'a pas et une influence qu'on lui refuse, ont eu recours à son in-

(1) « L'église catholique fut établie dans une mosquée : cette mesure choqua beaucoup moins les musulmans qu'on n'aurait pu le croire, car notre indifférence religieuse était ce qui les blessait le plus. Ils furent bien aises de voir que nous consentions enfin à prier Dieu. » (M. Pélissier, *Annales algériennes*, t. II.) On remarque dans le même ouvrage que la population d'Alger ne s'émut nullement de la conversion d'une Mauresque, qui occasionna cependant la destitution et le remplacement du mufti.

tervention; la ville de Constantine tout entière semblait vouloir se jeter dans ses bras; les rares conversions qui se sont faites n'ont soulevé aucune réclamation, aucune plainte. Que craint-on? J'ai peur quelquefois qu'on ne craigne le bien, et qu'une incompréhensible jalousie, s'ajoutant aux préjugés de l'éducation et de l'ignorance, ne fasse considérer comme ravi à la gloire du sabre tout ce que la soutane pourrait accomplir d'heureux et de grand.

Il est certain du moins qu'après avoir installé la religion avec une sorte de pompe, on nourrit contre elle, au moins dans les basses régions du pouvoir, sinon dans les plus hautes, je ne sais quelle hostilité qui ne se déguise pas toujours. On la gêne, on la taquine, on a mille raisons de politique et d'économie pour s'opposer à ses développements : il est facile de voir que les *empiétements* du clergé ne sont pas moins redoutés à Alger qu'ils ne le sont à Paris. On entoure l'évêque de plus d'honneurs qu'il n'en réclame; il a rang de maréchal-de-camp, un factionnaire est à sa porte et lui présente les armes lorsqu'il passe; mais il n'est d'aucune commission, d'aucun conseil; on le considère, lui ministre de Dieu, comme une superfétation au milieu de cette société qu'il s'agit d'organiser; heureux lorsque, voyant la population civile s'agglomérer autour d'un camp ou d'une garnison, il peut faire porter au budget la modique rétribution nécessaire pour y entretenir un prêtre. S'il proposait d'en donner un à ces garnisons lointaines enfermées par l'armée ennemie, on lui répondrait peut-être, comme ce ministre de la marine à qui l'on proposait de mettre des aumôniers sur les vaisseaux : « A quoi bon, puisqu'il n'y a point de femmes? » Bref, en matière de religion, c'est le mauvais côté, le côté officiel de l'esprit français qui règne sur l'Algérie. Faut-il maintenant s'étonner des obstacles que nous oppose l'islamisme? Malgré nos églises, malgré nos prêtres, déjà si impuissants par leur petit nombre, et garrottés encore par une politique hostile lorsqu'elle n'est pas indifférente, les Arabes sont restés dans cette conviction que nous sommes un peuple athée (1). « Observez la foi de vos pères, écrivait Ben-Salem, kalifa d'Abd-el-Kader, à un Arabe qui lui demandait pardon d'avoir demeuré chez nous. Si vous voulez vous séparer de moi ou de notre seigneur et maître le sultan, retournez à votre ferme avec la paix de Dieu, ou réfugiez-vous dans les montagnes protectrices, telles que Flissah, Beni-Ratel; les terres musulmanes sont grandes, mais ne restez pas chez ceux qui doutent de leur religion et de la nôtre. » Ainsi nous avons soufflé sur un feu qui s'éteignait, et la guerre sainte prêchée contre nous fut aussi véritablement religieuse que nationale; elle eut autant pour but d'attaquer des impies que de défendre un territoire dont nous ne réclamions qu'une petite part, et une croyance que nous respections jusqu'à manquer de dignité.

---

(1) Quelques-uns, voyant les prêtres et les fidèles s'incliner devant la croix, nous accusent d'idolâtrie; et ils appellent la religion catholique *Din-el-hhâtob*, religion de bois. Il était nécessaire de les tirer de cette erreur, et on le pouvait facilement; mais on ne saurait imaginer à quel point toute espèce de prosélytisme était encore redouté en 1841. Le simple bruit de la prochaine arrivée d'un prêtre parlant arabe mit en émoi le gouvernement de la province de Constantine, et l'ordre fut donné de l'arrêter à son débarquement. J'espère qu'il n'en est plus de même aujourd'hui; toutefois je ne voudrais pas en jurer.

XIV

LA GUERRE SAINTE.

Pour apôtres de sa loi, si sévère aux passions de l'homme, le sauveur Jésus-Christ n'a voulu qu'un petit nombre de gens faibles, simples, désarmés, auxquels il ne permit d'employer d'autres moyens de conquête que la parole, la liberté et l'exemple persuasif de leur vertu ; s'il y ajouta le don des miracles, le plus grand miracle dont ils étonnèrent le monde fut leur patience à supporter tous les maux, à pardonner toutes les injures, à braver tous les supplices. Ils n'étaient pas cent lorsque, portant la besace du mendiant et le bâton pacifique du voyageur, ils sortirent de Jérusalem à pied, avec la mission d'instruire tous les peuples, c'est-à-dire de leur faire adorer les plus impénétrables mystères, de leur faire pratiquer les plus héroïques vertus, et d'apprendre à tout homme sur cette terre l'art suprême de mourir à lui-même pour conquérir dans une autre vie les chastes et incompréhensibles ivresses d'une éternelle contemplation. A la sublime folie de leur dessein, comment méconnaître l'inspiration d'un Dieu qui savait bien quels prodigieux changements opèrerait sa parole, et qui connaissait la force de l'élément divin qu'il venait de rajeunir dans l'âme humaine, en brisant par la générosité d'une expiation inouïe le formidable anathème encouru par le péché?

L'infâme parodiste du Rédempteur, comme il avait pris le contrepied de l'Évangile, a pris aussi le contrepied de la prédication, et n'a peut-être nulle part mieux trahi le sentiment de son impuissance. *Homicide dès le commencement* (1), il s'en remit au sabre du soin d'établir sa religion de rapine et de luxure : « Combattez contre « les infidèles jusqu'à ce que toute fausse religion soit « exterminée ; — mettez-les à mort, ne les épargnez « point ; — lorsque vous les aurez affaiblis, réduisez-les « en esclavage et écrasez-les par des tributs. » Il n'y eut point, dans le Coran, de loi plus sacrée ni mieux suivie que celle-là : la guerre contre les infidèles semble avoir été le but même de l'islamisme, comme elle en a été le résultat. On a admiré l'audace avec laquelle Mahomet, divisant la terre en deux parts, celle qu'occupaient les croyants et celle qu'ils n'occupaient pas encore, leur avait ordonné de ne jamais abandonner la première, et de tenter de continuels efforts pour s'emparer de la seconde ; il ne pouvait faire autrement : la vénération de ses disciples et la force de sa secte en dépendaient. Il devait parler de la sorte et regarder le monde entier comme son domaine ; on a vu que cette prétention ne l'empêchait pas de transiger au besoin, et qu'importaient aux souverains éloignés, tels qu'Héraclius et Kosroës, les lettres que leur adressait un fou retiré dans ses déserts, pour les sommer d'embrasser une religion aussi inconnue qu'il l'était lui-même ? Il en avait la gloire aux yeux de ses compagnons, et le mépris qu'il provoquait ailleurs le

(1) *Ille homicida erat ab initio.* (Saint Jean, VIII, 44.)

mettait à l'abri du danger. Mais ses disciples, animés d'une foi brutale et voyant leurs forces s'accroître, se crurent véritablement appelés à l'empire du monde. Encouragés par leurs étonnants succès, et forcés en même temps de donner un aliment extérieur à toutes les passions anarchiques qui, dès l'origine, fermentèrent au milieu d'eux, ils firent de la guerre sacrée leur principal et presque leur unique mode d'action. Cette guerre eut un nom spécial, *el Djehad* (1), et un code particulier, dont voici les dispositions :

La guerre sacrée est obligatoire ; chacun est tenu de s'y rendre jusqu'à ce que le contingent nécessaire soit formé ; cependant le célibataire passe avant l'homme marié. Si le danger est sérieux, le fidèle ne peut ni emporter son Coran ni emmener sa femme ; cette prescription ne s'applique pas aux concubines. La femme musulmane qui tombe au pouvoir de l'ennemi doit préférer la mort au déshonneur. L'appel général n'exempte que les femmes, les enfants, les esclaves et les infirmes ; mais s'il y a irruption de l'ennemi, tout ce qui peut combattre doit marcher, la femme sans le consentement du mari, l'esclave sans celui du maître.

Le combattant du djehad n'a droit à aucune rémunération. Il paye de sa personne ou de son bien la dette que Dieu lui impose. Mahomet prenait les armes et les chevaux de ceux qui restaient dans leurs foyers ; il frappe d'anathème la désertion ou le refus de contribuer aux frais de la guerre.

Le djehad ayant pour but la conversion des infidèles,

---

(1) Les noms génériques qui dans la langue arabe s'appliquent à la guerre (*el Harb, el Seir, el Therad*) sont rarement employés lorsqu'il s'agit d'expéditions contre les non croyants.

ne peut être employé contre eux qu'autant qu'ils refusent d'embrasser volontairement l'islamisme. Avant donc d'entrer en campagne, l'iman fait aux populations un appel religieux. Si elles se convertissent, on doit s'abstenir de les combattre; dans le cas contraire, un second appel les somme de payer le tribut jusqu'à ce qu'elles soient converties. Refusent-elles et l'islamisme et le tribut, il faut alors les combattre par tous les moyens, sans trêve, sans miséricorde, avec le fer, avec le feu et l'eau. Dans le cas où les infidèles essayeraient de se couvrir comme d'un bouclier des enfants ou des prisonniers musulmans, que ces obstacles n'arrêtent pas la flèche ni l'épée des croyants; qu'ils visent aux infidèles, ils sont absous du résultat. Néanmoins les musulmans doivent épargner les femmes, les enfants, les vieillards, les infirmes et les insensés, à moins qu'ils n'aient pris part à la guerre, ou que la femme ne soit une reine. Tout ce que le vaincu possède est la proie légitime du vainqueur; le vainqueur détruira ce qu'il ne pourra emporter. Il inflige à son gré au vaincu l'esclavage ou la mort; mais la loi proscrit toute espèce de cruauté, et notamment toute mutilation sur les prisonniers. On sait combien ces prescriptions ont été mal observées.

Une disposition expresse interdit, sous les peines les plus rigoureuses, la vente aux infidèles de munitions de guerre, d'armes et de chevaux, même en temps de paix. On ne peut vendre non plus les armes prises sur les ennemis, ni les donner comme rançon pour les prisonniers musulmans. Quelques jurisconsultes admettent cependant ce dernier cas; tous s'accordent à proscrire le don pur et simple.

Le prophète a déclaré que la guerre serait éternelle. Il

peut y avoir des trêves, jamais de paix. Dans les accommodements temporaires que la force des choses amène avec les infidèles, la foi donnée doit être gardée scrupuleusement. Quand la trêve est expirée, il est bien de reprendre les hostilités, car la guerre est essentiellement la volonté de Dieu ; mais l'iman doit préalablement en faire la déclaration à l'ennemi. Dans le cas où celui-ci fait, pendant la paix, acte de perfidie et de trahison, l'attaque peut être commencée par surprise, sans déclaration. Le prétexte pour en agir ainsi n'a jamais manqué, et Mahomet, d'ailleurs, autorise le mépris des serments.

Pour soutenir le courage de l'homme devant cette perspective d'éternels combats, les lois du djehad garantissent à tous les guerriers une part positive dans le fruit de la victoire. Tous les objets pris sur l'ennemi vaincu sont mis en commun et répartis ensuite par l'iman. Un cinquième est d'abord prélevé pour les besoins généraux de l'islamisme ; les quatre autres cinquièmes sont partagés entre les vainqueurs ou leurs veuves et leurs orphelins. Le cavalier a deux parts, le fantassin n'en a qu'une ; il n'y a point de part pour le *demmi* (infidèle payant le tribut, proprement client). L'iman le rétribue s'il le juge à propos. Le musulman qui a tué un ennemi en combattant corps à corps peut prendre sa dépouille en sus de la part qui lui revient dans le partage. Ces règles s'appliquent également à la répartition des terres conquises.

A l'appât du gain s'ajoutait l'espérance des récompenses éternelles, fermement attendues par une foi aveugle. Partout le Coran répète que le paradis est le prix de celui qui combat pour la foi, que le lâche et le déserteur seront précipités dans l'enfer, que nul n'évite sa destinée, que le terme est également près pour le brave et pour le fuyard, que tomber sur le champ de bataille ce n'est pas mourir, mais vivre; que le martyr (*chaed*) trouvera dans la mort bien plus qu'il ne laisse en ce monde inférieur, etc. Telles sont les assurances du livre redoutable au moyen duquel nos docteurs français entreprennent d'argumenter aujourd'hui contre les Arabes, où les interprètes vont prendre les devises qu'ils insèrent dans les cachets officiels de nos gouverneurs, et qu'une ineptie qu'on ne sait par quel mot caractériser nous fait honorer devant les musulmans eux-mêmes comme un livre sacré.

Sous l'empire de cette législation, de cette croyance et des premiers succès de l'islamisme, le djehad déploya une force qui parut longtemps indomptable. Lorsque enfin le grand revers de Poitiers eut marqué la limite que l'islamisme ne pourrait franchir, l'amour du butin resta le même et s'accrut, le zèle religieux diminua, et la rigueur des principes commença de fléchir. Les lois fondamentales de la guerre sainte furent souvent violées dans leurs commandements ou dans leurs défenses; on vit se multiplier des alliances que le rigorisme des premiers croyants aurait certainement réprouvées, mais que la politique et la nécessité dictaient impérieusement. Une institution si violente ne pouvait longtemps subsister, elle devait se détruire elle-même en se modifiant, ou briser l'islamisme tout entier sur les obstacles que lui opposait l'énergie des autres peuples, revenus de leur premier accablement. Le fatalisme fut impuissant contre l'instinct de la vie. A deux siècles de sa naissance l'islamisme pactisait déjà avec les infidèles, et ne cherchait plus à leur imposer la foi, mais seulement à les dépouiller lorsqu'il se trouvait le plus fort. Trois siècles après l'avénement du Sauveur, les chrétiens n'étaient pas encore las de renoncer à tous les biens de ce monde, d'être persécutés, de mourir et de prier pour leurs bourreaux.

Après l'expulsion des musulmans d'Espagne, le djehad devint plus particulièrement maritime, et, sous cette nouvelle forme, cessa tout à fait de tenter à l'envahissement et à la conquête. On sait comment il finit par n'être plus qu'une piraterie mesquine, et de temps en temps durement punie. Néanmoins les musulmans d'Alger, comme les autres Barbaresques, croyaient faire une œuvre pie en donnant la chasse aux navires chrétiens, et en ramenant esclaves dans leurs repaires quelques malheureux que parfois l'on forçait encore, le pistolet au poing, d'opter entre l'abjuration et la mort. Le fanatisme, excité par l'ardeur du pillage, engagea le dey Hussein dans la résistance insensée qu'il opposa aux réclamations du gouvernement français; et ainsi le fait immense de la prise d'Alger, dont les dernières conséquences, déjà visibles, seront la chute et le complet anéantissement de la puissance musulmane en Afrique, eut pour causes déterminantes les deux éléments primordiaux de la grandeur de l'islamisme : la brutalité d'une foi folle et la soif du butin. Dès que la flotte française fut en vue d'Alger, l'*el Djehad*, proclamé dans toute la Régence, fit accourir sous les murs de la ville une multitude de combattants. Les Turcs et les Arabes en étaient encore aux souvenirs de Charles-Quint et ne doutaient pas de leur triomphe; mais la journée de Staoueli ayant montré la force des chrétiens, ces croyants se dispersèrent aussi vite qu'ils s'étaient rassemblés; les Turcs seuls résistèrent, ils défendaient leurs foyers; l'intérêt de la religion ne parla pas assez haut pour retenir les autres. Cet abandon ne prouve pas seulement que les Turcs étaient haïs, car les Maures d'Afrique ont haï tous leurs maîtres ; il prouve aussi l'affaiblissement de la foi.

Cependant le gouvernement des Français ne tarda pas à ranimer cette foi languissante. J'ai dit comment et pourquoi les Arabes avaient appris à nous mépriser : d'autres fautes s'ajoutèrent à cette faute radicale. L'opinion que nous ne voulions pas garder l'Algérie s'étant accréditée, non sans motif, parmi les indigènes, mit en mouvement toutes les ambitions et fit concevoir l'espérance de nous dégoûter plus vite en nous opposant une résistance armée. Les marabouts, ces agents actifs de toute révolte contre le pouvoir établi, multiplièrent leurs prédications et leurs intrigues. Une première coalition se forma en 1831, et n'eut pas une grande importance ; une seconde éclata en 1832, et détermina la défection du chef que nous avions donné aux Arabes d'Alger, l'agha El-Hadj-Mahi-eddin-ben-Embarrak, qui d'abord avait résisté au mouvement, et qui céda plus encore peut-être à la crainte d'être arrêté par les Français qu'à celle d'être maudit par les musulmans. Peu de temps avant d'abandonner notre cause, il écrivait aux ministres pour les engager à ne pas céder l'Algérie à une autre puissance européenne, et à lui donner plutôt un roi indigène, si la France voulait se retirer. « Songez donc à notre sort, disait-il ; occupez-vous de notre bien ; pensez à tous les maux auxquels vous livreriez tant d'êtres faibles et dignes d'intérêt. Maintenant nous ne faisons qu'un avec vous. De même que vous avez en France la tranquillité et le bien-être, vous devez désirer que nous jouissions aussi de ces avantages dans notre pays. » Ce n'est pas là le langage d'un fanatique. Plus tard il prêcha la guerre sainte avec énergie. Le gant était jeté ; il fallait parler au peuple un langage propre à l'émouvoir et à nous créer le plus d'ennemis possible. Mais Mahi-Eddin, tout fils, frère et neveu de marabouts qu'il était, songeait aux biens de sa famille, qui régnait véritablement à Coléah, aux magnifiques appointements que lui donnait la France, à sa mosquée enrichie par les offrandes des pèlerins, à sa Zaouia (sorte de séminaire) florissante, à ses maisons, à ses champs, à ses fermes qui allaient être saccagées ; il n'avait pu se résoudre aisément à sacrifier tant de biens. Parmi les pauvres Arabes des tribus, beaucoup plus fervents que tous ces grands seigneurs attachés à leurs richesses, qui ne se disputaient la gloire de nous combattre qu'après s'être disputé le profit de nous servir, excitaient deux partis : l'un voulait la guerre, et mettait en avant les intérêts ou plutôt les commandements de la religion ; l'autre désirait la paix, et ne nous reprochait que de ne savoir pas la maintenir. Le parti fanatique, puissamment aidé par notre faiblesse, par notre ignorance, par nos fautes, et, je le répèterai sans cesse, par le dégoût qu'inspiraient l'impudence de nos mœurs et notre évidente impiété, l'emporta comme il arrive toujours ; néanmoins Abd-el-Kader, seul, put imprimer au djehad un peu d'ensemble et d'énergie. Cet homme si remarquable, qui est en toutes choses le premier parmi ses compatriotes, le meilleur cavalier, le guerrier le plus habile, le plus savant docteur, le politique le plus délié, le prédicateur le plus éloquent, le musulman le plus pieux, le seul organisateur, ne doit pas seulement à ses qualités la force qu'il nous oppose. Nul plus que lui n'était capable de réveiller le zèle de la foi, et il l'a fait avec un succès étonnant ; mais son éloquence et ses réelles vertus auraient échoué contre l'apathie des masses, contre la jalousie des autres chefs, contre l'influence du fatalisme, qui nous montre comme une nouvelle race d'hommes devant lesquels les enfants d'Ismaël lutteront en vain, si, par la création de ses bataillons réguliers, il ne s'était mis en position de lancer sur nous les tribus que nous ne pouvions défendre de ses coups et de sa colère.

L'appel au djehad se fait en Algérie de deux manières : par lettres et par la prédication. Abd-el-Kader et ses lieutenants, non seulement parcourent les tribus, mais leur écrivent sans cesse, et envoient jusque dans nos villes des émissaires porteurs d'exhortations destinées à réchauffer le zèle des croyants. L'émir s'est mis en outre en relation avec les puissances musulmanes du Caire, de Constantinople et de Maroc, et s'efforce d'en obtenir quelques secours. Je ne sais si ses prières sont parvenues jusqu'au vice-roi d'Égypte, et je doute que le vieux pacha les écoute jamais. La Porte lui envoie des derviches qui ont pour mission de le féliciter, de contribuer à entretenir parmi les populations la haine du nom chrétien, et de soutenir leur courage en leur faisant espérer une assistance qu'elle est hors d'état de leur donner. Pertew-Pacha tient dans ses mains le fil de ces intrigues ; un couvent de derviches, fondé par lui à Scutari, en 1836, sert de point de réunion à tous ceux qu'enflamme le zèle de la cause musulmane ; les derviches missionnaires sont embarqués comme par charité, au nombre de deux ou de trois, sur un navire qui porte un officier destiné à tromper l'attention de nos agents diplomatiques, et débarquent à Tunis, d'où ils se rendent dans les tribus et jusqu'à Alger même. Ce renfort, bien que faible, n'est pas méprisable, à cause du grand crédit dont les derviches jouissent auprès de tous les musulmans. L'empereur du Maroc admire et craint Abd-el-Kader, dont les exploits, grossis par la renommée, émerveillent les populations guerrières de son empire. Il lui donne quelques munitions, quelques armes, parfois quelques soldats. Il ferait sans doute davantage, car il est plus fanatique encore qu'il n'est avare, si, d'une part, la popularité d'Abd-el-Kader ne l'effrayait avec raison, et si, de l'autre, il ne redoutait le mécontentement des Français. Sa contribution pour la guerre sainte se borne donc à de maigres offrandes. Vainement les derviches de Constantinople, les marabouts du Caire, ceux de l'Algérie, ceux du Maroc plus que les autres, le pressent de se montrer et lui promettent la victoire ; vainement Abd-el-Kader le flatte, lui envoie en cadeaux les présents qu'il a reçus naguère des Français, lui rend compte des avantages qu'il remporte, et semble se regarder comme son lieutenant ; Muley-Abder-Ahman, plus importuné que satisfait d'un tel honneur, résume en lui les deux partis contraires, désire en tremblant le succès du héros dans lequel il craint de rencontrer plus tard un usurpateur, et seconde à regret, le moins qu'il peut, pour satisfaire son peuple, une lutte qui menace de devenir le plus grand de ses embarras. Certes il est difficile de reconnaître à de tels caractères le djehad primitif, et ces fiers Kabyles, apôtres forcenés, uniquement préoccupés du triomphe du prophète, qui marchait devant eux, répétant toujours, dans la défaite comme dans la victoire, et sans jamais fléchir devant l'infidèle : « La conversion, le tribut ou la mort. » Abd-el-Kader lui-même, qui a ressuscité la guerre sainte autant qu'elle pouvait l'être, et sous la conduite duquel il est probable qu'elle aura jeté son dernier éclat; Abd-el-Kader a oublié la rigueur des préceptes jusqu'à payer le tribut aux chrétiens.

A cette infraction près, il faut reconnaître que le jeune émir a observé, plus qu'on ne l'avait fait depuis des siècles, ce qu'il y a de religieux, d'humain et de loyal dans le code de la guerre sacrée. Il est ambitieux, sans doute, et lui-même l'avoue, mais personne ne peut assurer que ce n'est pas sa foi autant que son ambition qui lui a mis les armes à la main. Autant qu'il l'a pu, il a empêché qu'on ne maltraitât les prisonniers ; et si ce ne sont pas les Français qui ont les premiers coupé les têtes, ce n'est pas Abd-el-Kader qui a renoncé le dernier à cette coutume barbare ; enfin nul n'a autant que lui contribué aux frais du djehad : lors de la rupture de la paix, il fit vendre jusqu'aux bijoux de sa femme sur la place publique de Mascara.

On trouvera dans les notes à la suite de cet ouvrage quelques-unes de ces exhortations à la guerre sainte que l'émir et ses lieutenants envoient continuellement dans les tribus, et qui, même pendant la paix, exhortaient les Arabes établis dans le voisinage de nos villes d'émigrer chez les vrais croyants. J'y ai joint les lettres curieuses d'un marabout du Caire, Mohammed-Effendi-el-Kadiry, qui voulait détacher de notre cause l'agha des Douairs, Mustapha-ben-Ismayl, et le réconcilier avec Abd-el-Kader. Le même personnage écrivit à l'empereur du Maroc pour le louer de l'appui qu'il donne à l'émir. C'est toujours le même langage ; on devait parler ainsi du temps des khalifes ; mais ce n'est plus la même foi qui écoute. Quelque grand que soit le nombre des fidèles qui ont obéi, celui des rebelles a été plus grand encore, et les pèlerins qui se rendent à la Mecque vont répéter dans les villes saintes que les croyants du Maghreb, non-seulement se refusent en majeure partie à combattre l'infidèle, mais encore, scandale plus terrible, font alliance avec lui et tournent leurs armes contre leurs frères. En effet, une tribu jadis puissante, celle des Douairs, aujourd'hui bien diminuée par la famine et la désertion, sert sous nos drapeaux, et dans la mosquée de Constantine on a rendu de solennelles actions de grâces à Dieu pour la victoire du Scheik-el-Arab, remportée à notre profit contre les partisans d'Achmed-Bey. Au récit de ces faits lamentables, les docteurs se voilent la tête et devinent que les derniers jours sont venus. Ils gémissent, ils exhortent les croyants à prendre les armes; mais eux-mêmes, exemples éclatants de la décadence commune, ils négligent de s'armer, ils ne connaissent plus la route frayée par leurs pères : pas un guerrier n'est venu de l'Orient pour grossir les faibles bataillons de l'iman du Maghreb.

Bénissons Dieu de cet affaiblissement dont il a frappé l'antique fureur de nos ennemis. Assez forts pour nous vendre chèrement leur défaite et nous faire expier nos fautes, ils ne peuvent nous résister avec succès. Que ferions-nous si cette foi musulmane qui jadis, des confins de Tripoli aux déserts les plus reculés du Maroc, aurait armé jusqu'aux femmes et aux enfants, maintenant attiédie et presque indifférente, n'abandonnait sa destinée aux mains de quelques braves qui devront bientôt se soumettre ou périr?

Le djehad n'est déjà plus, en quelque sorte, que le souvenir d'une institution disparue. Néanmoins ne nous hâtons pas de croire que cette ombre, chaque jour plus légère, se dissipera promptement et nous laissera paisibles possesseurs des contrées où nous la combattons. La nature du sol algérien permet d'y prolonger la guerre; le caractère arabe est mobile et vindicatif; à la haine contre les chrétiens succèdera la haine contre l'étranger; la conscience musulmane est sujette à des retours prompts et terribles, et le désert enfin sera toujours là pour recéler des ennemis et pour en vomir. Tel qui nous sert aujourd'hui, se trouvant mal récompensé, ou même se repentant de notre amitié comme d'un crime, ira s'absoudre à la Mecque et reviendra pour nous trahir. Nous verrons se relever tout à coup des têtes longtemps soumises; et ces révoltés, après avoir brûlé nos maisons, fatigué nos armées, maltraité ou séduit peut-être les populations nouvelles, ne succomberont que pour laisser des vengeurs.

XV

LA LITTÉRATURE ALGERIENNE.

A M. ED. L.

Mon cher ami,

La littérature des Algériens confirme le célèbre axiome de M. de Bonald, quoiqu'elle semble, au premier coup d'œil, le contredire. En effet, ce peuple qui, sous les Turcs, dormait entre la potence et le bâton, et qui, sous les Français, s'agite entre la domination infidèle, la famine et la guerre ; ce peuple abaissé, opprimé, ruiné, ne manifeste sa vie intellectuelle que par des chansons de table et d'amour, mieux tournées, mais non pas plus viriles ou plus dévotes que celles de nos poëtes de cabaret et de salon. C'est qu'au fond ils n'ont pas plus de religion qu'ils n'ont de patrie, pas plus de courage qu'ils n'ont de lumières ; et leur littérature, chanson efféminée que font éclore les fumées de l'ivresse et les sourires des courtisanes, est bien réellement l'expression de leur société. Les poëtes algériens ont leurs analogues chez nous. Tout ce qui, depuis des siècles, fait en Europe, et particulièrement en France, de la poésie amoureuse et légère, offre avec eux de frappants rapports de caractère, de pensée et d'expression : c'est le *Temple*, c'est le *Caveau*, c'est cette école que, depuis si longtemps, nous entendons fredonner au milieu de toutes les angoisses de la patrie, et à qui jamais un malheur public, jamais une bataille perdue n'a fait manquer une partie de plaisir; gens de bon appétit, que rien ne distrait d'aiguiser une épigramme ou de tourner un couplet pour le prochain repas où ils se réuniront. En un mot, les poëtes d'Alger sont des *épicuriens*. Je leur reconnais pourtant une supériorité sur les nôtres : ils n'ont point de prétentions et ne font pas imprimer. Voici comment ils composent. Dans un lieu public, dans une fête donnée à l'occasion de quelque solennité de famille, circoncision ou mariage, au milieu de la fumée des pipes, dont l'agréable odeur se mêle à la vapeur du café et à la senteur pénétrante des essences, une ou plusieurs femmes apparaissent et se livrent à des danses que vous me permettrez de ne vous point décrire, car, sur ce qui m'en a été dit, je n'ai point jugé à propos de les voir. Ces danseuses ont le privilége infamant de paraître devant les hommes à visage découvert. Elles inspirent des improvisations poétiques qui restent dans la mémoire des assistants lorsqu'elles ont quelque mérite, et qui, dans le cas contraire, sont oubliées aussitôt. Voilà l'origine fort peu respectable de cette littérature assez abondante. Il n'y est question ni des tyrans ni des infidèles; on y célèbre des boissons très-hétérodoxes (1), et ceux qui l'alimentent

---

(1) Il est rare de trouver un poëte oriental, arabe, turc ou persan, qui n'ait pas chanté le vin. Plusieurs, et les plus célèbres, l'ont fait même avec un certain accent d'impiété. Le fameux Avicenne (Abou-Ali-Sina), qui avait, comme beaucoup d'autres savants, la manie de faire des vers médiocres, a rimé l'éloge du vin : « C'est, dit-il, une liqueur aussi âpre, mais non moins salutaire que
« les conseils d'un père à son fils. L'homme de bon sens ne se fait pas scrupule
« d'en boire : l'hypocrite seul la proscrit. La raison en autorise l'usage; la loi
« ne la défend qu'aux sots. »

ou qui la conservent ne sont pas nos ennemis. M. de Toustain, jeune homme très-versé dans la connaissance de la langue arabe et des coutumes mauresques, a bien voulu me traduire quelques-unes de ces chansons. Je vous les envoie.

« Lève-toi, la nuit a fui... Tiens! prends cette coupe.
« Vois! c'est l'aurore. Respire les douces senteurs du matin.
« Lève-toi : les premiers feux du jour font briller la liqueur enivrante ;
« Le souffle du zéphyr fait pencher la branche de l'amandier,
« Les fleurs s'épanouissent, l'odeur du musc pénètre nos sens,
« L'oiseau chante... Entends le rossignol dans ces bocages !
« Regarde ces limpides ruisseaux, dont les eaux fraîches s'enfuient loin de nous :
« Le jasmin et la fleur d'oranger, la rose et le myrte s'épanouissent sur leurs rivages.
« Bois... bois encore ! au son de la quanitra.
« La brise du matin te caresse ; réjouis-toi ; remplis, fais déborder la coupe,
« Et verse à la sultane qui t'aime, la sultane aux yeux noirs. »

Voici deux petites pièces qui ne me paraissent être au-dessous d'aucune de celles qu'on trouve dans toutes les anthologies. M. de Toustain dit qu'elles ont, en arabe, une grâce toute particulière. L'hôtel Rambouillet les aurait certainement applaudies.

« Je lui dis bonjour, alors qu'il faisait nuit. Es-tu fou, s'écrie-t-elle, ou pris de boisson ?
« Hélas! tel est le vif éclat de sa beauté, que j'avais pris le soir pour le matin ! »

―

« Prends ton essor, ô pigeon, et vole à tire-d'aile ;
Avec l'aurore, et sur les premiers rayons du soleil,
Pénètre dans la demeure de Zohra.
Et dis-lui : Tu es belle comme la nouvelle lune ;
Tes joues brillent de l'éclat d'une lampe.
Tes yeux m'ont ravi mon cœur. »

Il ne reste plus qu'à crier, comme Mascarille : Au voleur! au voleur! au voleur!

Vous savez que la lune est l'astre des poëtes orientaux, comme le soleil est celui des nôtres. La lune leur envoie la fraîcheur, et le soleil nous réchauffe un peu. Affaire de climat. On vante ce qui flatte les sens. Quand les gourmands essaient de chanter, ils ne célèbrent que le feu de la cuisine ou le flambeau céleste qui fait mûrir les melons. La lune, la nuit, le printemps, le matin, voilà les décors de la poésie orientale. Il ne lui échappe jamais de louer le plein soleil, ni la tempête, ni de jeter un regard d'envie du côté du travail, de la fatigue et du danger; l'esprit chrétien seul est capable de ce sentiment, source de la grande poésie, absolument fermée à l'islamisme. Il y a un proverbe alepin qui résume admirablement tous les vers que l'Orient a faits et pourra faire : *Toujours printemps, toujours clair de lune, toujours jeune.* C'est le paradis de Mahomet. Quand la chanson parle de larmes, de douleurs inconsolables, de mort, il ne s'agit que des larmes, que des douleurs de l'amour, que de la mort occasionnée par l'amour. On s'en console, et l'on en revient plus vite encore que dans les salons de Paris; du reste la tristesse n'y est pas moins éplorée :

« Les premiers rayons du soleil ont pénétré sur ton *guerguaf* (métier à broder).

« Que ne puis-je, comme eux, mourir à tes pieds!

« Ces beaux yeux, ces noirs sourcils se sont joués de moi :

« Ils ont amené l'amour dans mon cœur et se sont éloignés.

« Celui-là qui prétend que l'amour ne tue pas,

« Expirera bientôt sous ses coups, haletant, éperdu. »

Si vous n'êtes pas ennuyé de ces fadeurs, voici une

autre pièce qui vous donnera une idée des métaphores que l'on peut employer pour peindre une taille agréable.

« O toi, Lella Yumena, dont la taille flexible ne peut être comparée qu'au rosier, entends mes sanglots.

« Ma douleur attendrirait les rochers, elle ferait pleurer les murailles.

« O toi, Lella Yumena, dont la taille flexible ressemble au bananier, sais-tu bien que je ne songe qu'à toi ?

« Pour attirer tes regards, je mettrais mille trésors à tes pieds.

« O toi, Lella Yumena, dont la taille flexible est semblable au roseau, penche-toi vers moi.

« Cette goëlette qui se rend à Stamboul ne se balance pas plus coquettement que toi.

« O toi, Lella Yumena, dont la taille flexible ressemble au palmier, tu m'as fait perdre la raison.

« Tes sourcils sont des arcs, tes yeux servent de flèches et percent les cœurs.

« O toi, Lella Yumena, dont la taille flexible ressemble au jasmin, tes joues ont l'éclat de la rose.

« Je saisirai une hache, et je ferai disparaître les murs que tu as élevés entre nous.

« O toi, Lella Yumena, dont la taille flexible ressemble au laurier, de l'occident à l'orient, de Tunis à Stamboul,

« Il n'est rien de comparable à toi. »

La pièce suivante renferme une description du costume des femmes mauresques dans leurs maisons. On la dit fort jolie en arabe ; elle est d'un cavalier des Beni-Khrelil, et fut faite à la reprise des hostilités :

« Lune des colombes, je t'en supplie,
Vole auprès de celle qui a blessé mon cœur ;
Entre toutes les branches de jasmin, elle est la plus gracieuse.

« Les mécréants sont vigilants depuis la guerre ;
Ils gardent les passages, personne encor
N'a pu m'apporter de ses nouvelles.

« Je t'en conjure donc, ô sultane aérienne !
Pars... Déploie tes ailes... Rapide et légère,
Dépasse les ponts, ne repose qu'à Sidi Yaga-el-Djebbar.

« Sois prudente, ma belle, méfie-toi des traîtres :
Tu sais combien ils sont cupides et trompeurs.
A la pointe du jour, cherche des vrais croyants.

« Tu en trouveras qui te conduiront au café d'El-Biar,
Bientôt après au fort de l'Empereur,
Puis à la Porte-Neuve. Alors une jeune vierge,

« Au doux regard, à la démarche aisée,
S'avancera vers toi et te dira : D'où viens-tu ?
Réponds-lui : Je suis sa messagère... Tiens, lis cette lettre.

« — Ah ! dira-t-elle, il t'envoie auprès de Fatma... Sois la bienvenue,
Jolie colombe. Voilà les clefs de sa maison.
Sa maison ! séjour heureux qu'ornent le jasmin enivrant,

« L'œillet aux mille couleurs et la treille joyeuse,
Et la rose parfumée, et le *kromia* grimpant,
Et le myrte épais, et l'éclatant cassis.

« Belle entre ces fleurs, tu verras sa noire et soyeuse chevelure,
Ses jambes ornées d'anneaux d'or,
Les signes qui font ressortir la blancheur de son teint

« Et dont l'aspect brise les cœurs les plus durs ;
Ses joues brillantes comme l'étoile matinale,
Ses sourcils qu'on prendrait pour le trait de plume d'un savant écrivain.

« Elle est vêtue d'une gaze de mousseline et de soie ;
Sa tête est couverte d'un mouchoir bigarré,
Fabriqué dans le pays des infidèles.

« Son sarmat est orné de perles et de pierreries ;
Les rubans qui l'enlacent flottent sur ses épaules.
Tu la verras arrosant un fel aux fruits rouges.

« Dis-lui : Son cœur souffre de l'absence ;
Son amour ne finira qu'avec sa vie,
Sa vie avec ton amour. »

Les Maures ne se donnent pas toujours autant de peine qu'il en faut prendre pour composer les morceaux que vous venez de lire. Écoutez ce qui suit, et ne vous inquiétez pas du sens.

« O oiseau de Nubie, — salue mon amie. — La table est couverte — de vins et de verres.
« O oiseau du rivage, — l'amour me rend éperdu. — Guerre ! fusils ! — Ils s'apprêtent à me tuer.
« O oiseau de mon pays, — salue l'objet de mes désirs. — La poudre s'enflamme, — sans être allumée.
« O oiseau des forêts, — salue Bône. — Une aimable fille — s'est jouée de moi.
« O oiseau rapide, — salue Aïchounah. — Ses vêtements sont parsemés d'or — et de sultanis.
« O oiseau de l'œillet, salue la branche de jasmin, — dont la fleur s'épanouit, — et prend une teinte rosée.
« O oiseau de la tresse de cheveux, — je suis égaré dans l'amour, — je veux aimer. — Je n'oublierai pas mon oncle.
« O oiseau de Douéra, — salut sur le scheik Medina. — Il est dans sa campagne — et veille sur nous. »

Cette chanson, en grande faveur à Alger, compte encore beaucoup de couplets sans suite ni raison, et dont je vous fais grâce. Son succès vient du rhythme et de l'air, qui plaisent beaucoup aux Maures. Chacun y ajoute à sa fantaisie : on ne demande au poëte que des rimes et de la mesure. Ce sont des syllabes. Il me semble que si cette mode pouvait prendre en France, le public y gagnerait.

J'ai prié M. de Toustain de me donner quelque pièce qui exprimât d'autres sentiments, ceux d'un mari, d'une épouse ou d'une mère. Il n'en connaissait point ; les musulmans ne chantent point ces choses-là. Mais il connaissait et il a bien voulu me traduire deux pièces politiques, l'une sur la prise d'Alger, l'autre sur la prise de Constantine. La première, composée en 1831 par un uléma, a été très-populaire. On la chante moins aujourd'hui. Ceux qu'elle pouvait émouvoir ont quitté la ville pour aller chez Abd-el-Kader.

« Mozghranna (1), qui guérira tes blessures ?
Certes, à celui-là je consacrerais ma vie !

« A celui qui fermera les plaies de ton cœur,
Et chassera les chrétiens loin de tes murs.

« Tes défenseurs t'ont trahie.
Sans doute ils étaient ivres.

« Des larmes jaillissent de mes yeux ;
Mon cœur est oppressé de soupirs.

« En tous lieux de noirs soucis me suivent,
Partout mon âme est en proie au désespoir.

« L'attente ne m'est plus possible ;
Je succombe... Le sommeil a fui ma couche.

« L'homme de bien reste stupéfait, éperdu...
La ville entière est anéantie sous ses maux.

« Le Juif, au contraire, se livre à la joie.
Il rit ; son cœur ne connaît plus de peines.

« Le mien ne peut supporter tant de désastres :
O Mozghranna ! je vais quitter tes rivages...

« O patrie que j'abandonne,
Vois comme je t'arrose de mes larmes !

« Tu vas appartenir à d'autres.
Qui désormais posera le pied sur ton sol ?

« Certes la trahison fait changer ton sort...
Mes nuits ne sont plus suivies de jours.

« Mon cœur pourra-t-il se séparer de toi,
Séjour qu'habitaient mes pères ?

« Ta vue seule embrase mes sens...
Les larmes ont creusé profondément mes joues. »

---

(1) Nom ancien et poétique d'Alger ; c'est comme lorsque nous disons Lutèce.

« L'infidèle remplit tes rues...
Que ne puis-je rejoindre mes pères!

« Il occupe violemment tes maisons...
Mon cœur est abreuvé de fiel.

« Le désespoir déchire mes entrailles,
C'est en vain que j'essaie à soutenir ma vie.

« O mes yeux! oh! pleurez sans cesse!
Pleurez sur la chute d'Alger.

« Ils ont pénétré dans tes forts;
Ils les ont détruits et pillés.

« Joyeux, ils ont ravi tes richesses,
Que nous arrosions de nos pleurs.

« Ils ont détruit les boutiques de tes marchés,
Et en ont jeté les marchandises au vent.

« Ils ont rempli et fait circuler la coupe,
Et les infâmes se sont livrés à eux.

« Le Juif a bu et s'est enivré;
Il nous a humiliés de ses dédains.

« Ils ont arraché tes arbres,
Ils ont dispersé tes habitants.

« Les hommes de cœur se sont retirés,
Les uns par mer, les autres par terre.

« Dieu, un jour, mettra fin à tes maux,
Car il est miséricordieux, et il est maître des deux mondes. »

La complainte sur la prise de Constantine est en même temps une provocation à la guerre sainte adressée à tous les princes musulmans.

« Mon cœur est consumé par une flamme ardente,
Car les chrétiens ont pris Constantine.

« O feu de mon cœur, comme mon âme est triste!
Je pleure, je gémis, mes sanglots m'oppressent.
Ils se sont emparés des jardins, de la ville...
Et pourtant la poudre éclatait, nos fusils se chargeaient.

O feu de mon cœur, dévore ma vie !
Car les chrétiens ont pris Constantine.

« O feu de mon cœur, laisse couler mes larmes !
Alger est tombée dans leurs fers ; Bône est entre leurs mains,
Rien ne leur a résisté, leurs armes sont maîtresses...
Et pourtant la poudre éclatait, nos fusils se chargeaient.
    O feu de mon cœur, dévore, etc.

« O bey de Tunis, élégant, gracieux Hamouda,
Comment peux-tu supporter l'abaissement des chérifs ?
Vite ! réunis tes troupes, fais un appel aux hommes libres,
Et que la poudre éclate, que les fusils s'emplissent !
    . O feu, etc.

« O sultan de Fez, toi si noble, toi si saint !
Comment vois-tu d'un œil calme l'avilissement des Arabes ?
Aime ton peuple ; viens à nous sur les nuages,
Et qu'alors la poudre éclate, que nos fusils se chargent !
    O feu, etc.

« O bey d'Égypte... Méhémed Ouali !...
Applaudirais-tu à la honte du croissant !
Rassemble tes forces, qu'on dit incalculables,
Et marche ! L'heure de la guerre sainte a sonné...
    O feu, etc.

« Et toi, sultan de Stamboul, dont les sens s'énervent,
Réveille-toi, ou ton sceptre t'échappe !
Réunis tes vaisseaux, qu'ils fendent les ondes,
Et que la poudre éclate, que les fusils se chargent.
    O feu, etc.

« O bey de Tripoli ! pourquoi feindre d'ignorer
Que Constantine est au pouvoir de la croix ?
Tu sais la prophétie ! Viens donc à nous,...
Car la poudre éclate, les fusils se chargent...
    O feu, etc.

« O feu de mon cœur, ils détruisent les mosquées.
Où donc est le croyant qui vaut dix hommes, et dont le bras vengeur
Brandira la lance, ceindra l'épée,
Fera éclater la poudre et charger nos fusils ? »

Ces provocations sont restées sans résultat, du moins

à Alger et dans les autres villes. Ce n'est point là que sont les hommes énergiques, la vie y est trop douce. Aucun soulèvement, aucune tentative de soulèvement contre les chrétiens n'ont été faits par ces chanteurs de gaudrioles, et ceux qui, cédant à un premier mouvement d'enthousiasme, sont allés rejoindre Abd-el-Kader, n'ont pas tardé à s'en repentir. M. de Toustain, ayant eu à remplir une mission chez les Hadjoutes, y vit quelques-uns de ces citadins imprudents, qui lui demandèrent avec avidité des détails sur les cafés, sur les bains, sur les constructions nouvelles. Ils l'écoutaient en poussant de profonds soupirs, et M. de Toustain prenait plaisir à leur retourner le poignard dans le cœur en leur faisant le tableau de l'abondance et des plaisirs dont jouissent leurs anciens amis. Nul doute que si la paix leur permet de revenir un jour, ceux-là ne repartiront plus. Aussi les Arabes professent-ils pour eux un profond mépris. Le titre de citadin (*hadar*, badaud, bavard), déjà peu en honneur chez ces fiers nomades, y est plus que jamais le synonyme de femmelette et de poltron.

Je voudrais avoir des poésies purement arabes à vous envoyer, je n'ai pu m'en procurer, et je le regrette, car elles sont inspirées par un sentiment plus naïf et plus mâle. Voici seulement quelques proverbes ou dictons que j'ai recueillis du commandant Daumas (1), qui a été consul de France à Mascara, après le traité de la Tafna.

« La tortue aux yeux de sa mère est une gazelle.
« Mange à ta fantaisie, mais habille-toi au goût du monde.
« La montée pour aller à un ami paraît toujours une descente.

---

(1) Aujourd'hui lieutenant-colonel et chef du bureau arabe. Le lieutenant-colonel Daumas, brave et intelligent militaire, continuellement en rapport avec

« Quand celui qui parle est insensé, celui qui l'écoute doit être sage.
« Que celui qui dit que le lion est un âne aille le museler.
« La femme se sauve du vieillard comme la brebis du chacal.
« Le son ne devient jamais farine, et l'ennemi ne devient jamais ami. »

C'est une politesse d'étendre son burnous par terre pour faire asseoir quelqu'un, mais c'est une témérité d'accepter; de là un proverbe qui conseille la discrétion en toutes choses.

« Sage celui qui étend son burnous, mais fou celui qui l'accepte. »

Les proverbes suivants sont plus spécialement arabes :

« Le lit des chrétiens, la cuisine des Juifs, la société des musulmans.
« Les Juifs à la ligne, les chrétiens à la broche.
« Fais la guerre aux impies, quand même tu devrais y perdre tout.
« Baise le chien sur la bouche, jusqu'à ce que tu en aies obtenu ce que tu désires. »

Ce dernier aphorisme est la réponse ordinaire de ceux à qui l'on reproche d'avoir fait alliance avec les Français.

Voilà, mon cher ami, tout ce que je puis vous dire aujourd'hui sur la littérature actuelle des Arabes. Il n'y en a pas beaucoup plus long, car ils sont fort peu soucieux de toute culture intellectuelle : on est savant lorsque l'on sait écrire et lire, on est poëte lorsqu'il plaît à Dieu, et on ne s'en montre pas plus fier. Je vous donne ce que j'ai trouvé de mieux, et maigre est le cadeau ; mais, pour finir par un mot du vieux général Mustapha : *Une pierre de la main d'un ami, c'est une pomme.*

Voulez-vous maintenant du style épistolaire? Je n'ai point sous la main de lettre arabe à vous envoyer, mais

---

les Arabes depuis de longues années, les fera mieux connaître que personne s'il veut publier les notes excellentes qu'il a recueillies.

j'en ai lu assez pour pouvoir à peu près vous en fabriquer une; écoutez, *c'est à vous, s'il vous plaît, que ce discours s'adresse* :

« Louange à Dieu, qui a mis de nobles sentiments dans l'âme humaine !

« Louis, fils de François, à notre ami en Dieu, au seigneur Edmond, fleur des talebs de Frangistan : il est brave à la guerre, il est sage dans les conseils ; sa taille est celle du palmier, et sa parole en est le fruit très-doux. Salut à lui, salut sur lui, mille saluts ! Que Dieu le garde et prolonge ses jours.

« O notre ami ! tu n'as pas quitté le pavé de ta tribu pour aller porter ton ennui dans tous les coins du monde, et tu as sagement fait. Sache que celui qui s'éloigne pleure bientôt la patrie, car il ne contemple les joies de l'étranger qu'à travers l'amère solitude de son cœur. Si tu nous demandes de nos nouvelles, voilà ce que j'ai à te dire. Je me plais ici, mais il me semble que je serais mieux où je ne suis pas ; ainsi nous traînons partout l'inquiétude humaine ! Cependant, au milieu de mes peines, Dieu, très-bon, m'accorde encore cette petite part de joie dont l'homme a besoin. Ma joie aujourd'hui c'est un cheval noir, duquel je pourrais dire tout ce que le poëte persan Ahmed Ghefouri nous dit de son coursier : « Il est si
« fringant, que l'on croirait que le vif-argent coule dans
« ses veines. A la vue de ses formes élégantes, l'antilope
« baisse modestement les yeux ; le belliqueux léopard
« voudrait échanger contre ses sabots les griffes redou-
« tables dont il est armé ; semblable à la terre, toujours
« en équilibre dans ses mouvements ; non moins rapide
« que l'eau d'un torrent débordé, il égale le feu en ar-
« deur, et le vent en légèreté. Son front, ombragé d'une

« touffe que l'aurore semble avoir pris plaisir à peigner
« de sa main délicate, est le siége de la fierté : l'audace
« brille comme l'éclair dans son regard ; ses naseaux sont
« enflammés ; il a le courage du lion, la docilité du chien,
« et la force de l'éléphant (1). » Le chrétien qui l'a pris
dans une bataille, après avoir tué le vaillant Arabe qui le
montait, l'a nommé Jugurtha. Lorsqu'il me porte dans
la campagne, la poussière que ses pieds soulèvent, n'ayant
pour nous suivre que l'aile trop lente du vent, reste loin
derrière nous. L'aloès nous regarde passer, les haies de
cactus et les buissons de palmiers nains nous sont de faibles
obstacles. Oh ! que la mer étend loin son royaume d'azur !
Oh ! que le ciel est splendide ! Oh ! que la terre et les montagnes sont belles ! Sur l'amandier le fruit succède à la
fleur ; le lentisque égaye les sentiers, le citronnier se charge
de fruits d'or, des étoiles d'argent étincellent dans la sombre verdure de l'oranger. Qui dira combien de suaves
odeurs embaument le Sahel ? Qui saura vanter la majesté
du palmier, la fraîcheur qui sommeille à l'abri du platane, la grâce touchante du saule-pleureur ?

« Bientôt vont chanter les rossignols, mais bientôt aussi
va retentir le clairon de guerre. Le doux printemps est ici
la saison des combats. Loin de ces beaux chemins que je
parcours, Jugurtha me portera vers les arides plaines où
l'ange de la mort se prépare à frapper les musulmans et
les chrétiens. Tu as la boue, maintenant que j'ai le soleil
et les roses, et les fleurs de l'oranger ; mais quand fleuriront pour toi les lilas, j'aurai la soif des courses poudreuses, les feux du jour, les rosées froides de la nuit.
Aux gens de Paris on ouvrira Versailles et Meudon, aux

---

(1) *Parnasse oriental*, par le baron A. Rousseau.

soldats d'Afrique on ouvrira le désert ; sous vos pas éclôront les marguerites, sous les nôtres se rencontreront les têtes coupées ; on vous adressera des sourires, on nous tirera des coups de fusil, et ainsi d'avril en mai, à notre tour, nous subirons ces giboulées dont vous jouissez maintenant, qui sont de neige et de pluie pour vous, qui seront pour nous de balles sifflantes et de rayons de feu. Nos soldats sont dans l'impatience : ils veulent se comporter de telle sorte que, selon l'expression de l'illustre docteur Kaschefi-Hassan-ben-Ali, si estimé de toi, *le jardin de l'espérance publique soit embelli des fleurs de la satisfaction.*

« Tu demandes, avec ton poëte, ce que je vais faire dans cette galère, moi qui ne suis point soldat? Je vais voir combien de pierres humaines il faut jeter dans les fondements d'un empire, à quel prix l'homme arrive au but de ses desseins, et me convaincre un peu plus que je ne le suis déjà, de la vanité de la gloire et de la vanité de la vie. Sois du reste bien persuadé que je désire te revoir ; puisque ce n'est point mon métier de montrer le courage du lion, je ferai en sorte d'avoir la prudence du serpent. Rester sur un champ de bataille entre l'Ouen-Sedni et l'Oued-Fadah, serait-ce, je te le demande, ô homme sensé, une aventure raisonnable pour ton ami, *dont le trafic est de feuilles volantes* (1) *et de mots bien ou mal assemblés*? Certes il se trouve déjà très-singulier de monter un cheval arabe.

« Voilà ce que je t'écris, moi, l'ami que tu as dans Alger, la ville bien gardée. Je te prie de m'écrire à ton tour, car tes lettres affectueuses et charmantes me plaisent

(1) Shakespeare.

comme une fraîche corbeille toute pleine des fleurs et des fruits de la terre où je suis né. »

Maintenant, très-cher ami, supposez que ce galimatias est peint en caractères arabes ; figurez-vous un cachet portant mon nom et quelque devise tirée du Coran, que j'ai apposé au revers du papier pour vous témoigner mon respect et mon infériorité, ou que j'ai mis au bas, en signe d'amitié amicale, et rien ne s'oppose à ce que vous vous croyiez en correspondance avec un des rares naturels de l'Algérie qui savent écrire. J'ai à peu près attrapé leur style fleuri et emphatique. Quelquefois la kyrielle des compliments, que nous nommions autrefois *salamalecs*, est beaucoup plus longue que je ne l'ai faite, et toute propre à lasser la patience de M. Jourdain : on vous envoie des saluts parfumés de jasmin, de rose et d'ambre, des bénédictions interminables, des louanges à faire tourner la tête, et l'on vous demande ensuite n'importe quoi ; car les Arabes, qui écrivent beaucoup, n'écrivent jamais que pour demander quelque chose. Ces fleurs de rhétorique, ces protestations d'amitié, leur servent à tirer du chrétien quelque cadeau, quelque somme, ou à lui tendre des piéges. Lorsque nous administrions les tribus de la Mitidja, tous les jours arrivaient de ces lettres aimables, qui brouillaient les affaires admirablement. La moindre aventure devenait un prétexte de paperasser, dont nos amis se servaient de manière à rendre jaloux tous les chefs de bureau du ministère, lesquels pourtant s'y entendent. De ce commerce résulta le style oriental des Français, dont il faut que je vous dise un mot.

Les Arabes, soit qu'ils écrivent, soit qu'ils parlent, font grand usage du nom de Dieu. Toutes leurs lettres commencent par une devise qui renferme d'ordinaire la profession de foi de l'islamisme, non pas dans les termes sacramentels, mais à peu près : Louange à Dieu, l'*unique*; louange à Dieu, *seul adorable* (paroles qui, dans l'esprit des musulmans, sont une négation du dogme de la très-sainte Trinité); *que la bénédiction de Dieu soit sur Mahomet et sur ses compagnons*, etc. Nos gouverneurs, ou plutôt leurs interprètes et le peuple des bureaucrates, ont voulu se mettre sur le même pied de foi et d'hommage envers l'Être suprême, à qui jusque-là ils n'avaient guère songé; et c'est une chose triste et plaisante de voir la petite chancellerie algérienne se montrer aussi vigilante que pourrait l'être une pensionnaire des Oiseaux ou du Sacré-Cœur, à marquer tous ses messages arabes d'un dicton pieux quelconque, pourvu, bien entendu, qu'il ne soit pas exclusivement chrétien. On date de l'hégire, on dit *louange à Dieu* : cela est bien, et il serait à désirer que ce ne fût pas seulement une formule. On dit aussi *nul n'est adorable que Dieu*, ce qui serait plus grave si l'on connaissait l'esprit du Coran et si l'on avait étudié l'Évangile; heureusement les Arabes n'y entendent pas plus malice que nous, et ne pensent point que les Français se veuillent par cette formule rendre complices de l'impiété de Mahomet; mais il y a des interprètes et des habiles qui vont plus loin, et qui croient préparer une fusion des deux cultes en ajoutant : « Que Dieu bénisse ses prophètes et ses envoyés. » Les prophètes et les envoyés sont tout simplement Mahomet et Jésus-Christ qu'on se hasarde à mettre ainsi sur un pied d'égalité, en demandant à Mahomet, prophète régnant, pardon de la liberté grande ! Je sais ce que ma foi pense de cet arrangement; mais jugez-le au seul point de vue du bon sens et de la dignité française. N'est-ce pas quelque chose de honteux et de douloureux que cette ignorance ou cette impiété de chrétiens qui ne feignent un peu de religion que pour blasphémer horriblement contre la foi chrétienne ? Les musulmans, lorsqu'ils sont ennemis, répondent à ces avances en nous appelant impies et infidèles : ils ne savent pas combien ils ont raison ! Quant à eux, jamais, même sur le pied d'amitié, même lorsqu'ils nous servent, même lorsqu'ils nous sollicitent, ils ne commettent l'indigne lâcheté dont nous leur donnons l'exemple. Ils parlent quelquefois de Jésus, et toujours avec respect ; mais je n'ai vu d'eux ni lettre ni billet où ils aient consenti à l'élever au niveau de Mahomet. Mahomet est leur prophète ; ils ne lui reconnaissent point d'égal, et nous en sommes pour notre hypocrisie.

XVI

UN RAVITAILLEMENT. — MAUVAISE VOLONTÉ DES COLONS. — NUIT A L'HOPITAL. — LE KAID EL-MAJOR.

On dit qu'il est beau de voir une grande âme aux prises avec le malheur; il est aussi très-beau de voir une volonté forte aux prises avec les difficultés qui s'opposent à son action. Depuis un mois que je suis en Afrique, j'ai ce spectacle sous les yeux, et je n'en connais point de plus intéressant, car il fait naître des péripéties nombreuses; ni de plus encourageant, car il montre combien il y a peu d'obstacles dont l'énergie d'un seul homme ne puisse triompher. Il fallait absolument, et en toute hâte, relever les garnisons de Milianah et de Médeah, et introduire dans ces deux places des approvisionnements suffisants pour en faire les bases d'opération de la colonne qui doit ravager les rives du Chélif et aller détruire Taza et Boghar, tandis qu'une autre colonne ira frapper Abd-el-Kader à Tegdempt et à Mascara. Pour aller à Médeah, qui n'est pas à vingt-cinq lieues d'Alger, il faut une armée; pour porter des vivres et des munitions, il faut des moyens de transport. Le gouverneur, en regardant autour de lui, trouva peu de troupes disponibles, et encore moins de moyens de transport. Il fit d'abord évacuer quelques-uns des camps ou postes disséminés dans la plaine, entre autres celui de Foudouk, dont j'ai vu les malheureux soldats, noircis par le soleil, minés par la fièvre et l'ennui, se réjouissant de leur délivrance. Il n'est pas de fatigue, pas de danger qui ne leur semble préférable au supplice qu'ils viennent d'endurer. En réponse aux clameurs que ces évacuations soulevaient de toutes parts, le gouverneur s'occupa de mettre la milice citoyenne en état de garder elle-même les postes de la banlieue : nouvelles réclamations, nouveaux succès. Voilà des hommes ; mais le convoi, comment le former ? Quatre cents mulets à peu près étaient tout ce dont le gouverneur pouvait disposer : ce n'était pas le quart de ce qu'il lui fallait. On attendait d'autres mulets de France, ils n'arrivaient pas ; les bureaux de Paris n'avaient point terminé leurs petits arrangements. Cependant le temps s'écoulait ; on allait perdre un mois. Un mois perdu, c'est presque une année perdue, et sans compensation, car les approvisionnements se consomment ; si l'ennemi tue moins de monde, plus large pâture est faite à la maladie : ce n'est pas la guerre qui est meurtrière, c'est l'inaction. Le gouverneur n'y tint pas. Il mit en réquisition tous les moyens de transport civils de la province d'Alger, chevaux, ânes, mulets, chameaux, charrettes, tout ce qu'il put trouver ! Pour le coup, on jeta les hauts cris : c'était une contribution de guerre levée sur les bénéfices des propriétaires de bêtes de somme ; c'était la ruine des colons, de ces pauvres intéressants colons ! On menaçait de s'adresser aux tribunaux, à la presse surtout, de quitter l'Algérie. Point de raison ! l'autorité militaire se déploya sans miséricorde et continua de faire main basse sur tout ce qui pouvait porter ou traîner un certain fardeau ; et en définitive, après des peines inouïes, avec le secours d'une vigilance de tous les instants, et d'une fermeté qui eut, à la vérité, souvent besoin d'être dure, on se trouva en mesure de partir d'Alger le 30 mars, convenablement pourvu. M. Bugeaud ne remportera peut-être pas, dans toute la durée de son gouvernement, un succès qui lui ait autant coûté que celui-là.

Ce convoi présentait bien le plus confus et le plus bizarre assemblage qu'il soit possible d'imaginer. C'était une multitude de charrettes et d'animaux conduits de fort mauvaise humeur par des hommes appartenant à dix nations différentes. On y entendait blasphémer dans toutes les langues du monde. On arriva le soir à Douéra, premier bivouac. J'avais, fort heureusement pour moi, dans l'état-major du gouverneur, d'excellents amis qui m'aidèrent à passer cette première nuit militaire. M. Roches, interprète principal, et M. Vergé, capitaine d'ordonnance, vieux Algériens quoique jeunes tous deux, ont acquis, par une longue expérience, l'art de se coucher par terre et de dormir à la belle étoile. Je m'étais naïvement étendu au beau milieu de l'herbe, à l'endroit où je l'avais trouvée plus épaisse. « Que faites-vous donc? me dirent-ils; vous ne songez pas à la rosée. On ne se couche sur l'herbe que quand le pavé manque. » Et ils me firent place à côté d'eux, sur une chaussée voisine, où la terre nue et battue me paraissait plus dure que le pavé. La cérémonie de mon coucher ne se fit pas sans toutes sortes de plaisanteries amicales : l'un me roulait comme une momie dans mon manteau, l'autre m'enseignait l'art de me faire un bonnet de nuit d'un coin de couverture, et me demandait s'il appellerait *maman* pour border mon lit. Je me trouvais fort bien néanmoins de leurs conseils, encore mieux de leur amitié ; et après avoir fait une courte prière, je commençais à m'endormir en songeant à ces vers de Théophile :

> Si je couche sur le pavé,
> Je n'en suis que plus tôt sur pié :
> Parmi les troubles de la guerre,
> Je n'ai point un repos en l'air;
> Car mon lit ne saurait branler
> Que par un tremblement de terre.

Tout à coup une main robuste vient nous secouer ; nous reconnaissons un autre bon compagnon, également officier du gouverneur, qui nous dit mystérieusement de le suivre, et qui marche devant nous, sans autre explication. Nous entrons à sa suite dans un vaste bâtiment, il nous ouvre une longue pièce mal éclairée par une chandelle fumeuse, et il nous montre... des lits ! « Je ne suis pas de ceux, dit-il sérieusement, qui méprisent une paillasse lorsqu'ils la rencontrent, ou qui la refusent parce qu'elle est accompagnée d'une paire de draps. Couchez-vous là, jeunes gens ; il sera temps demain de cueillir le rhumatisme dans la prairie. » Mais la joie qu'avait produite en nous ce discours, fut grandement tempérée, pour moi du moins, lorsque j'appris que nous étions dans la plus belle salle et sur les meilleurs lits de l'hôpital de Douéra. Hélas! ces lits, à peine élevés de six ou huit pouces au-dessus d'un sol humide, sont ceux de nos officiers blessés ou malades, et heureux encore ceux qui en ont de pareils! Quant aux soldats, je laisse à deviner quels sont les leurs! Je pensai à la longueur de ces nuits d'hôpital, loin de la patrie, sans consolation, sans amis et si souvent sans espérance. Le sommeil s'écarta longtemps du lit qu'on m'avait offert, et des rêves pénibles fatiguèrent encore mon repos sur ce chevet, siége habituel du morne désespoir et de l'agonie.

Mais il n'est pas de mauvaise nuit dont les rayons du soleil levant, la splendeur des campagnes et l'éblouissement des spectacles nouveaux n'effacent bientôt le souvenir. Nos agiles chevaux, qu'animaient le son des trompettes et l'air vif du matin, nous portaient joyeusement à travers ces collines verdies et fleuries par le précoce printemps de l'Afrique. De tous côtés étincelaient les armes, les clairons sonnaient, de joyeux propos couraient sur le front des bataillons. Dans le groupe de l'état-major, tandis que le gouverneur, l'œil sur toute l'armée, contemplait avec joie la marche difficile, mais à peu près régulière de son pesant convoi, les jeunes officiers s'entretenaient de mille choses, et particulièrement de l'espoir de rencontrer l'ennemi. Nous arrivâmes ainsi d'assez bonne heure à Bouffarik. « N'est-ce pas ici, dis-je à un capitaine de trente ans, votre ancien royaume? — Pas tout à fait, me répondit-il; mais c'était ici mon marché et l'endroit où ma diplomatie avait besoin de multiplier ses efforts. »

Il faut que j'interrompe en cet endroit le récit de la campagne, pour raconter l'histoire de mon ami El Major, kaïd des Ben-Khrélil.

Le kaïd El-Major a commencé par naître au milieu de la Lorraine; il fit ses classes dans un collége, comme tout le monde, et à l'âge de vingt ans il étudiait le droit à Paris. C'était un de ces jeunes gens que l'instinct des armes fait palpiter au milieu des travaux tranquilles que leur imposent leur famille et la paix. Aux premiers coups de tambour de 1830, il quitta ses professeurs, ses gros livres, son officine de procureur, où il apprenait l'art de multiplier les frais, et se rendit en Afrique. On l'incorpora dans les zouaves, corps formé en partie d'indigènes.

Vivant avec les Arabes, et toujours aux avant-postes, il apprit vite la langue et la guerre du pays. On le remarqua, il devint bientôt sergent-major.

Sur ces entrefaites, Bouzéid-ben-Chaoua, kaïd de la forte et turbulente tribu des Beni-Khrélil, établie dans la Mitidja, aux environs de Bouffarik, fut assassiné comme ami des Français. L'anarchie se mit dans la tribu. Elle y était plus redoutable qu'ailleurs : les Beni-Khrélil avoisinant les Beni-Moussa, toujours remuants, et les Hadjouthes, toujours insoumis, il y avait à craindre qu'ils n'échappassent, eux aussi, à la main débile de l'administration. Pour faire acte d'autorité, le fils du kaïd assassiné, Hadj-Allal-Ben-Bouzéid-Ben-Chaoua, fut nommé à la place de son père; mais il fallut l'installer et le faire accepter. C'était un enfant de seize ans, faible et craintif. Or, toute la force, toute la résolution, toute la ruse d'un véritable Arabe n'eussent pas été de trop pour commander aux esprits. Hadj-Allal n'avait pour lui que son droit et la vénération dont on entourait depuis longtemps sa famille. A Ben-Chaoua, résidence ordinaire des kaïds, était la zaouia des marabouts de ce nom. Dans les circonstances actuelles, ces titres ne suffisaient pas; mais notre sergent-major des zouaves, qui faisait des vers et lisait Racine à ses heures de loisir, aimait beaucoup ce Joas bédouin, et plus encore les aventures. Il offrit d'aller tout seul, sans autre force que celle de son bras et de son esprit, restaurer la dynastie de Ben-Chaoua. Il s'était si bien montré jusque alors, qu'on lui accorda la gloire et le danger de cette entreprise. Il partit avec son pupille, et, malgré de grandes et périlleuses difficultés, mena tout à bonne fin. Le sergent-major de vingt-trois ans sut habilement manier les rudes fourbes à qui il avait affaire; il flatta, menaça, promit ; enfin un jour, au grand marché de Bouffarik, la tribu reconnut pour son kaïd Hadj-Allal-Ben-Bouzéid-Ben-Chaoua. On apporta au jeune chef les viandes rôties, le kouscoussou, la dya (amende pour le meurtre de son père), et il rendit la justice à la satisfaction des justiciables et même des justiciés.

Cette première révolution terminée, la tribu en vit bientôt une autre. Au bout de quelque temps on reconnut, du côté des Arabes et du côté des Français, que décidément le descendant des Ben-Chaoua manquait de courage et de capacité. Je ne sais qui s'en aperçut d'abord, et j'aime à croire que le cœur du sergent-major était à l'épreuve du sceptre. Toujours est-il que l'adolescent fut remplacé, et que ce fut son protecteur qui le remplaça ; mais du moins il le remplaça certainement à la satisfaction générale : à cet égard il n'y a pas de meilleure preuve que l'obéissance des sujets. Son intronisation eut lieu dans les formes les plus solennelles ; il rendit à son tour la justice, entouré des anciens, dont il prenait conseil, et qui sont dépositaires de la tradition. S'il se souvint des leçons de M. Ducaurois, je l'ignore ; il est probable qu'il put s'en passer : la connaissance du droit romain n'est pas nécessaire aux juges des Beni-Khrélil. On le vit, du reste, si jeune, et quoique chrétien, s'acquitter parfaitement en toutes choses de sa charge, conclure la paix, déclarer la guerre, s'aventurer au milieu de la plaine entre des tribus dont l'hostilité n'était pas douteuse, et dont la bonne foi n'était rien moins que sûre, sans autre appui que son autorité morale sur une population où il devait rencontrer beaucoup de jaloux et de compétiteurs. Étrange enchaînement d'aventures ! ce clerc d'avoué qui, trois ou quatre années auparavant, se préparait à devenir avocat ou notaire dans quelque petite ville de France, qui ne savait d'Alger rien de plus que ce que nous en savions tous alors, se trouvait maintenant, sous le costume des scheiks, prince de trois ou quatre mille nomades de la Mitidja. Qu'on se figure ce qu'étaient pour nous, en 1829, les Arabes, et les Arabes d'Alger! Notre étudiant, qui avait certainement lu les *Mille et une Nuits,* vivait donc en plein conte arabe. Il y devait trouver quelques lacunes; mais il habitait sous la tente, il avait une garde, des hommes d'élite attachés à sa personne; quand il disait, comme les rois de tragédie : « Holà! gardes, à moi! » huit ou dix gaillards des mieux barbus se présentaient la main sur le cimeterre; cinq cents braves cavaliers le suivaient au combat, et, après avoir mis l'ennemi en fuite, exécutaient devant lui les jeux sauvages de la victoire, portant au bout de leurs fusils les têtes sanglantes des vaincus. Quel changement, quel renversement, quel bouleversement de toutes choses! L'avenir, les habitudes, le costume, la langue, la patrie, tout était changé, même le nom,... et même la religion! Hélas! pourquoi faut-il que ce dernier trait assombrisse la brillante et poétique aventure de mon ami, et nous montre par où s'est affaibli le caractère français, si généreux, si intelligent et si beau! Ce brave soldat, le meilleur garçon du monde, s'est fait un jour de chrétien mahométan, sans presque y songer, sans que cela fût le moins du monde nécessaire; parce qu'il avait, je crois, le projet d'aller à la Mecque. Dieu lui fasse miséricorde; il n'a guère, je pense, mesuré la portée de son action. Était-il chrétien? j'en doute. Est-il musulman? je suis sûr du contraire. Il était, il est resté ce que sont tant d'autres : une pauvre âme hors de voie; ce que sont les savants, les philosophes, la plupart des hommes d'État qui gouvernent la France ; ce que sont les professeurs qui l'ont élevé ; ce que sont les trois quarts de ses condisciples. Il a aimé son pays, il a servi la gloire ; il ignore après cela s'il y a un Dieu à aimer ou à servir. On ne lui en a rien dit, ou on lui a dit que les formes du culte sont indifférentes... Et un jour, avec son excellent cœur, avec un excellent esprit, avec une âme incapable de la moindre bassesse, avec un sentiment religieux même, capable, si on l'avait éclairé et cultivé, de s'élever aux vertus les plus généreuses, il a fait une action à laquelle n'aurait pu le décider nulle menace de mort. Je le connais trop et je l'aime trop pour n'être pas convaincu qu'il n'a point songé à se faire musulman en vue de justifier à ses yeux des penchants mauvais de la nature humaine, car il ne hait point et ne connaît point le Dieu qu'il a quitté, il ne sait pas ce que Dieu condamne ; mais je ne puis regretter assez amèrement cette ignorance, cause principale de son malheur ; je ne puis flétrir assez énergiquement la fausse et indigne politique d'un gouvernement qui a toléré de pareils actes, et qui les a peut-être encouragés.

El-Major (on comprend pourquoi je continue à lui donner ce nom, qu'il ne porte plus) resta deux ans dans la tribu. Il y rétablit à peu près, et non sans peine, la paix au dedans et au dehors ; il y gagna valeureusement ses épaulettes de capitaine et la décoration. C'est un officier d'avenir. Si j'étais gouverneur général de l'Algérie, je le renverrais certainement en France, pour lui donner le temps de faire oublier sa folie, qui lui nuit auprès des indigènes beaucoup plus qu'elle ne le sert, car ils se doutent bien qu'il ne fera jamais un vrai croyant, et je lui donnerais ensuite à gouverner des Arabes. Il est ferme et modeste, du petit nombre de ceux qui ne se proposent jamais que pour les choses difficiles, et qui se tiennent à l'écart après avoir bien fait ce qu'ils avaient à faire. Il a pris aux musulmans leur stoïcisme sur les coups de la destinée. L'autre jour, comme nous passions sur le territoire de son ancienne principauté, maintenant déserte, il me récita des vers de sa façon, adressés à une tragédienne de Paris, et de fort jolis vers.

XVII

.

BLIDAH. — LE GÉNÉRAL CHANGARNIER. — LE GÉNÉRAL DUVIVIER. — YAHIA-AGHA.

Vers le milieu du jour à peu près, nous arrivâmes sur le territoire de Blidah, ville charmante, non quant aux édifices, il n'y en a point d'autres que des maisons assez mesquines ; mais charmante par sa situation, la plus agréable du monde, et par la fertilité de son sol. Blidah est bâtie à l'extrémité de la plaine, au pied des premiers contre-forts de l'Atlas. De hautes montagnes la dominent, des eaux vives l'arrosent, des orangers toujours verts, toujours en fruits, toujours en fleurs, l'entourent et pénètrent jusque dans la blanche enceinte de ses maisons. Une enivrante odeur, un air tiède et doux nous enveloppaient, nous pénétraient et berçaient les sens de je ne sais quelle langueur active qui nous fit comprendre l'antique mauvaise renommée des mœurs blidiennes. Il semble que sous l'influence énervante de ces parfums, de ce soleil, de ces eaux murmurantes, il soit plus difficile qu'ailleurs de se défendre de l'oisiveté et de ses mauvais conseils. Blidah fut plus d'une fois renversée par des tremblements de terre, où les marabouts ne manquèrent pas de voir des preuves de la colère du Ciel. A Dieu ne plaise que je les contredise ! Cependant le premier habitant de Blidah qui vint à nous n'avait point cédé à l'influence du sol. C'était le brave et très-intelligent colonel Bedeau (1), l'un des plus remarquables officiers de l'armée d'Afrique, celui de tous peut-être que la sage fermeté de son caractère appelle à exercer une plus salutaire action sur les destinées de la colonie. Nous vîmes son beau régiment (le 17ᵉ léger) bien tenu, allègre, dispos, digne en tout de son chef et de sa renommée, et toujours prêt à partir avec joie. Le canon qui saluait l'arrivée du gouverneur tonnait encore, que déjà trois bataillons avaient reçu l'ordre de se préparer au départ et l'avaient exécuté. Ils n'attendaient plus que le dernier ordre, et ils étaient là, calmes et forts sous leurs armes resplendissantes. C'était le dernier jour de plusieurs de ces hommes pleins de courage et de vie ; leur vaillant chef devait lui-même, le lendemain, voir à deux pas de lui la mort, la braver et la vaincre pour la centième fois.

Il y avait encore à Blidah deux héros : Changarnier et Duvivier. Le général Changarnier, officier obscur jusqu'à cette retraite de Constantine, où son courage et son talent militaire jetèrent un éclat si soudain, si salutaire et si consolant, n'a point du tout l'apparence classique d'un guerrier ; mais quel guerrier répond par son aspect à l'idée qu'on s'en fait dans les classes ! C'est un homme de quarante-cinq ans environ, assez grand, frêle, d'une figure fine et spirituelle, de manières aimables et distinguées, peu de moustaches, une voix faible, un regard vif, mais qui pourrait appartenir à la plume ou à la robe aussi bien qu'à l'épée ; voilà un des plus intrépides favoris de la guerre qui soient parmi ces quatre-vingt mille hommes de l'armée d'Afrique, tous disposés à faire sans cesse leur va-tout dans ce terrible jeu qu'ils jouent sans

---

(1) Aujourd'hui lieutenant-général.

relâche. On m'a dit qu'à l'époque où son nom devint célèbre, M. Changarnier, alors chef de bataillon depuis peu de temps, dégoûté non pas du péril et de la fatigue, mais du service, songeait à se retirer. Son mérite n'était point ignoré : seulement l'on trouvait qu'il en avait trop pour un grade inférieur, et la faveur lui tournait le dos; il la força bien de prendre garde à lui. Dès ce moment on l'employa, et il sut remplir le théâtre qu'il s'était vigoureusement ouvert. L'avantage de commander fut pour lui l'avantage de courir plus de dangers qu'un autre. Il n'y a point d'affaire où il ne montre sa capacité et où il n'attrape quelque coup; heureusement les balles le caressent plus qu'elles ne le frappent. Son cheval est tué, il en monte un autre; ses habits sont percés, il en change; s'il est touché lui-même, il se fait panser pendant ou après l'affaire, et il retourne au feu le lendemain ou sur l'heure, selon l'occasion.

Je ne sais si quelqu'un a fait en Afrique, depuis treize ans, un service plus dur que le général Duvivier. Il a commandé à Bone, à Bougie, à Blidah, à Ghelma, à Médéah, autant de prisons où il a eu à lutter, non contre les Arabes, ce ne serait rien, ce serait un plaisir; mais contre la fièvre, contre la famine, contre le dénûment. Il s'est trouvé aux affaires les plus meurtrières, et enfin, pour compléter cette série de souffrances, blessé dans ses idées qui sont abondantes et dont quelques-unes sont fort bonnes, il a parfois encouru la disgrâce des chefs suprêmes, ou s'est lui-même condamné à l'inactivité. Le général Duvivier a beaucoup d'instruction, une capacité militaire remarquable, encore plus de courage et un peu trop d'imagination. Ses plans, appuyés plutôt sur les qualités qu'il se reconnaît que sur la vérité des faits et sur la réalité des moyens, effraient à juste titre l'expérience et la responsabilité de ceux à qui il les propose; on les ajourne, on les rejette; et lui, ne pouvant remuer les hommes en Afrique comme il le voudrait, il se retire, il va en France remuer des idées; puis l'amour des combats le reprend, une ambition légitime le pousse; il revient en Afrique, sollicite quelque poste difficile, l'obtient, s'y distingue selon l'usage, renouvelle des propositions jugées inadmissibles, et voit de nouveau le chemin de la retraite, je devrais presque dire celui de l'exil, s'ouvrir devant lui. A travers ces vicissitudes, M. Duvivier est parvenu, en neuf années, du rang de capitaine à celui de maréchal de camp et de grand officier de la Légion d'honneur. Quelques personnes ont trouvé cet avancement rapide; je ne le trouve que mérité. Tel attend vingt ans et vingt-cinq ans des épaulettes de colonel qui ne les a pas payées si cher. Ces fortunes de soldat actif, si rapides qu'elles soient, sont les plus légitimes de toutes, et il faut ajouter à l'honneur du général Duvivier que ses idées, bonnes ou mauvaises, sont honorées par la constance avec laquelle il les a proposées et défendues. On a pu faire très-sagement de ne les point accepter, il s'est montré homme de cœur en leur sacrifiant son avenir. Personne n'a mieux senti que lui le tort que nous fait l'absence du sentiment religieux et moral. Je crains malheureusement que le Coran ne l'ait un peu séduit.

Tandis que le gouverneur s'occupait des détails de l'expédition, j'allai visiter la ville. Blidah n'a qu'une rue commerçante; mais cette rue offre un tableau plein de vie et d'originalité. C'est un long berceau de vigne, sous lequel causent, fument ou trafiquent une quantité de gens qui semblent n'avoir pas autre chose à faire en ce monde que se promener, boire le café et passer le temps. En effet, tout est si essentiellement provisoire en Afrique, surtout la vie, que, hors le moment où ils marchent et se battent, la plupart des gens n'y ont rien à faire, rien à attendre; ils sont des instruments placés dans une main qui les emploie sans leur demander conseil, et ils se façonnent aux nécessités de cette situation par une entière insouciance des événements passés, présents et futurs. A part les chefs militaires et quelques marchands européens, du petit nombre de ceux qui ont quelque chose (et ceux-là n'habitent pas hors d'Alger), personne ne s'inquiète de ce qui peut arriver; chrétiens et musulmans ont appris de longue date l'art de se résigner à toutes les aventures; et s'ils comptent sur quelque chose, c'est sur l'imprévu.

Nous allâmes nous asseoir devant la boutique d'un cafetier maure; on nous donna des pipes, on nous mit dans les mains du café plus épais que le brouet des Spartiates, et un Maure que nous avions invité paya son écot en nous racontant la mort stoïque de Yahia-Agha, digne d'être comparée à celle de Socrate.

Sous le gouvernement du dernier dey, en 1827, Yahia était donc aga des Arabes, c'est-à-dire à peu près généralissime de la république, avec plein pouvoir de vie et de mort sur toute créature en dehors des murs d'Alger. C'était un homme juste et bon, qui n'usait de son autorité que pour punir les coupables et protéger les innocents. Les Arabes le chérissaient; leur amour le rendit suspect : on l'accusa d'avoir conspiré, rien n'était plus faux, néanmoins il tomba en disgrâce. Fort de sa conscience, il ne daigna point se défendre, et demanda seulement de pouvoir habiter Blidah aussi longtemps qu'il aurait le malheur de déplaire à son maître. Ce qu'il désirait lui fut accordé, car Hussein avait assez d'amitié pour lui, et répugnait un peu à le faire étrangler sur une dénonciation que rien ne justifiait. Yahia partit; ses ennemis le virent avec joie s'éloigner : il se mettait ainsi à leur discrétion. Bientôt ces perfides allèrent trouver le dey, et lui parlèrent de la sorte : « O effendy ! (titre d'honneur donné aux Turcs) Yahia t'a demandé la grâce d'habiter Blidah; il y demeure, et c'est maintenant surtout qu'il est dangereux. Personne n'ignore que toutes les tribus de la plaine et toutes celles de la montagne qui entourent cette ville, et Hadjoutes, et Beni-Salah, et Soumetah, et Mouzaya, et tous les autres lui sont dévoués. Que fera-t-il? Pour se venger, il en formera une troupe avec laquelle il viendra vous assiéger dans Alger. Il faut qu'il meure. » Hussein les crut. Il fit venir son chaouch Hadj-Aly, qui avait été précédemment au service de l'agha; il lui dit : « Prends une troupe d'hommes sûrs; fais-toi accompagner du mezouard (officier de police faisant fonction de bourreau) et rends-toi tout de suite à Blidah, en calculant ta marche de manière à arriver pendant la nuit. Tu feras cerner par ta troupe la maison de Yahia, et lorsque tu seras bien sûr que personne ne peut s'échapper, tu entreras avec le mezouard, vous saisirez Yahia, et vous l'étranglerez. Voici mon firman. »

Aussitôt Hadj-Aly, le mezouard et plusieurs chaouchs, suivis de quelques cavaliers résolus, se mettent en route. Cependant le secret n'avait pas été si bien gardé que les nombreux amis de l'ancien agha n'eussent pu soupçonner quelque chose. On dit que Hadj-Aly, dont la triste contenance parlait assez haut, laissa échapper à dessein certaines paroles qui, sans le compromettre lui-même, révélaient le danger de son bienfaiteur. Un homme dévoué monta un excellent cheval qui avait été dans les écuries de Yahia, et qui n'y avait reçu que de bons traitements, car Yahia, fidèle aux injonctions du Coran, était doux et miséricordieux envers les animaux et envers les hommes. Le cheval et le cavalier firent si bien qu'ils devancèrent la troupe de Hadj-Aly. La funeste nouvelle est donnée. On avertit Yahia que les bourreaux sont en route, qu'ils vont arriver, et on le conjure de chercher son salut dans une prompte fuite que chacun sera heureux de protéger, car il n'est personne qui ne consente à braver, pour le servir, la colère du pacha. Il ne lui faut qu'une heure pour gagner les Beni-Salah ou les Beni-Menad. Une fois là, il peut se mettre en défense et marcher sur Alger. Certainement toute la plaine grossira son monde ; il lui sera aisé de prendre la ville, où ses partisans feront un tumulte ; et en s'emparant de la première place de l'État, il se vengera d'un maître ingrat et cruel et de tous ses ennemis. Yahia ne répond que par un refus, disant qu'il veut attendre les ordres de son prince, et que s'il est vrai qu'on songe à le priver de la vie, ce n'est pas une chose à quoi il tienne tant, et qu'il saura bien mourir. Ni les raisons ni les prières ne sont épargnées pour l'amener à changer de résolution ; tout est inutile.

Cependant la nuit est venue ; Aly, les chaouchs, le mezouard pénètrent dans la ville. Tandis qu'en silence ils cernent la maison, les fidèles domestiques de l'agha, sans consulter leur maître, s'empressent, en silence aussi, de la barricader. Cela fait, et d'autres dispositions étant prises, ils se présentent devant Yahia et tentent un dernier effort. « Seigneur, lui disent-ils, les bourreaux sont arrivés, et ils entourent votre maison. Actuellement personne ne peut sortir d'ici ; mais nous avons barricadé la porte, et personne aussi ne peut entrer. Vous ne sauriez douter qu'on en veut à votre vie. — Je n'en doute pas, dit Yahia. — Vous n'avez, reprirent-ils, qu'un mot à dire pour la sauver. Du haut de la terrasse nous avertirons un ami qui est prêt à se rendre dans les tribus ; il leur fera connaître le danger où vous êtes, et en moins de trois heures elles seront ici, assez fortes pour vous délivrer : qu'elles puissent seulement voir un mot écrit par vous, elles vous emmèneront à la montagne. Si vous ne voulez pas faire la guerre au pacha, vous n'aurez qu'à rester tranquille chez ces amis fidèles ; personne ne sera si hardi que de vous y aller chercher. »

Yahia, sans changer de visage, leur répond tranquillement : « Ici ou ailleurs, connaissez-vous dans le monde un lieu où je ne doive pas un jour mourir ? Mais si je m'enfuis, je mourrai comme un lâche, puisque j'aurai craint la mort, et comme un traître, puisque je me serai révolté. J'aime mieux mourir innocent et fidèle. Plus tard on me rendra justice et l'on dira ce que c'était que Yahia-Agha. »

Sans permettre qu'on ajoute une parole, sans prendre garde aux sanglots et aux gémissements qui éclatent autour de lui, et qu'on s'efforce d'étouffer pour ne pas donner l'éveil aux gens du pacha, Yahia, de cette voix à laquelle nul ne pouvait désobéir, ordonne qu'on ouvre immédiatement la porte de sa maison. Les bourreaux entrent et n'ont pas même eu la peine de frapper.

Aly s'approche de Yahia, lui baise la main et présente ensuite le firman : « Effendy, lui dit-il, voici l'ordre de notre maître. — C'est bien, dit l'agha ; donnez-moi seulement une heure pour écrire mon testament, embrasser ma famille et faire mes prières. — Seigneur, répond le chaouch, je ne puis; l'ordre est formel et doit être exécuté sans délai. » Yahia, toujours aussi tranquille que s'il s'agissait d'un autre, dit de nouveau : « C'est bien. » Il donne paisiblement l'ordre à ses serviteurs de placer une natte dans la cour, au pied d'un bel oranger qui étendait ses branches chargées de fleurs sur une fontaine limpide et murmurante; il fait mettre sur cette natte un tapis, et, pour ne point perdre de temps, après s'être purifié avec l'eau de la fontaine, tout en récitant la prière, il ôte lui-même ses vêtements. Ayant achevé, il se place sur le tapis et dit : « Je suis prêt. » Alors le mezouard s'avance; mais Yahia le repousse d'un geste dédaigneux : « Non, dit-il, que ce soit Aly. — Effendi, s'écrie Aly en pleurant, comment oserai-je porter la main sur vous? Vous avez été mon maître et vous m'avez comblé de bienfaits! — Est-ce toi, mon fils, lui dit Yahia, qui me fais mourir? Tu n'es qu'un instrument comme ce lacet. Mais puisque je meurs innocent, je ne veux point que ce soit la main de ce chien, habituée à ne se porter que sur de vils criminels, qui me donne la mort; je veux une main choisie par moi, la main d'un ami. »

Alors Aly, tout tremblant, lui passe le lacet autour du cou; Yahia, d'une voix ferme, dit encore : «*Allah akbar*, Dieu est grand! » et meurt avec un sourire. Il était dans la force de l'âge, de petite taille, mais agile, robuste et majestueux. Il portait une longue barbe noire; ses traits aimables commandaient le respect et l'attachement. S'il avait vécu, les Français ne seraient pas dans le pays des Arabes, car il les en aurait chassés, ou, par ses sages conseils, il aurait empêché Hussein-Pacha de s'engager dans cette funeste guerre. Voilà ce que vous diront tous les Arabes à qui vous parlerez de Yahia-Agha.

XVIII

LE TENIAH DE MOUZAYA. — LE BOIS DES OLIVIERS. — MÉDÉAH.

L'armée et le convoi quittèrent le lendemain Blidah à la pointe du jour, la troupe joyeuse comme la veille, les convoyeurs d'aussi mauvaise humeur qu'ils n'avaient cessé de l'être depuis la première annonce de cette campagne forcée. Ils se vengeaient amplement du gouverneur en se refusant absolument à marcher avec un peu d'ordre, ce à quoi il faut dire que le terrain ne se prêtait guère. Jusqu'à Blidah on avait eu la route ; maintenant on avançait à travers champs et guérets. J'admirai là comment une armée fait son chemin lorsqu'elle marche. Pour peu que le terrain ne s'y refuse pas absolument, en un clin d'œil les sapeurs (qui ne sont point du tout les personnages vénérables que nous voyons défiler à la parade avec une hache sur l'épaule et un tablier blanc, mais bien de vigoureux et alertes gaillards, armés de pics, de pioches et de pelles), les sapeurs vous comblent un ravin, vous aplanissent une butte, vous élaguent un bosquet de bois, et les trains d'artillerie, les caissons, les prolonges, les voitures même passent avec une rapidité téméraire. Nous étions véritablement en pays ennemi, sur le territoire des Hadjouthes, et en pays sauvage. La terre, couverte d'une végétation désordonnée, ne portait d'autres traces de la main de l'homme que quelques coupures de terrain, pratiquées par nos sapeurs dans les expéditions précédentes et déjà recouvertes de ronces et de hautes herbes. Naguère, tout ce sol était habité et en partie cultivé. Maintenant il est trop près de nous pour que l'Arabe y travaille, et trop près de l'Arabe pour que nous y puissions semer un grain de blé. Quant aux demeures, elles ont fui comme les habitants. Lorsque les vedettes, qui sans cesse et partout nous surveillent, nous voient avancer, on réunit le troupeau, on plie la tente; un mulet et quelquefois un âne suffit pour emporter en un clin d'œil hors de notre atteinte la maison et le mobilier. Les femmes, les enfants et quelques cavaliers font cette besogne. Ils n'ont pas besoin de s'éloigner beaucoup, car ils savent d'avance où nous allons, et la route que nous devons suivre est indiquée par la nature du sol. Nous choisirons toujours la ligne qui offrira le moins de difficultés au passage de nos transports. Quelquefois toute une fraction de tribu est cachée à deux portées de fusil de nos flanqueurs, dans un pli de terrain. Lorsque nous avons passé, les fuyards reviennent et trouvent sur la terre que nous venons de fouler la seule chose qu'ils lui demandent, de l'herbe pour leurs troupeaux. Mais malheur au soldat qui reste seulement à cent pas de la colonne! il est infailliblement pris et la plupart du temps massacré. Les Arabes savent si bien que nous sommes forcés d'avancer et que nous ne sommes pas libres de nos mouvements, qu'ils ne craignent pas de venir tirailler à l'arrière-garde; et c'est presque toujours ainsi que marche une armée française, insultée par les coups de fusil de quelques centaines de Bédouins, qui lui font éprouver plus de dommages qu'ils n'en ont reçu. Souvent, à l'extrême limite de l'horizon, sur le sommet d'une colline, je voyais apparaître une ou deux silhouettes étranges, qui disparaissaient bientôt : c'étaient des cavaliers ennemis. Derrière eux, à peu de distance, se tenait probablement une force assez considérable. Proie tentante et impossible à saisir, mais que nous verrons de plus près partout où elle croira pouvoir nous attaquer sans danger (1).

Nous arrivâmes, quelques heures avant la fin du jour, au lieu dit Haouch-Mouzaya, autrefois centre d'une grande exploitation agricole, car haouch veut dire ferme ; maintenant redoute abandonnée, où quelques centaines de Français, avec une ou deux pièces de canon, tiendraient contre des milliers d'Arabes ; mais où les Arabes, qui, pas plus aujourd'hui qu'au temps de Jugurtha, ne veulent jamais se priver de la ressource de la fuite, ne consentiraient jamais à s'enfermer. Les voitures ne pouvaient aller plus loin ; on devait, le lendemain, pénétrer dans la montagne, et franchir avec le convoi, formé des seules bêtes de somme, le célèbre col ou téniah de Mouzaya, ainsi nommé de de la tribu belliqueuse qui en défend les abords. Le général Bugeaud, suppléant par une nouvelle ressource aux transports qui allaient lui manquer, fit mettre pied à terre à sa cavalerie, dont il prévoyait n'avoir pas grand besoin, et chargea les nobles coursiers de grains, de biscuit, de tout ce qu'ils pouvaient porter. Je ne sais si les chevaux furent sensibles à l'humiliation de porter ainsi les éléments de la vie au lieu des éléments de la mort, mais le changement ne flatta pas du moins les cavaliers. On leur dit

---

(1) « Du haut des collines Jugurtha suit les généraux romains, cherche le temps et le lieu propres au combat, infecte sur leur route le peu de pâturages et de sources qu'offre le pays, se montre tantôt à Marius, tantôt à Métellus, harcelle l'arrière-garde, et sur-le-champ regagne les collines, menace les uns et les autres, ne leur livre pas bataille, ne les laisse pas en repos, seulement arrête leurs entreprises. » (Salluste, *Guerre de Jugurtha*, LV.)

qu'ils servaient mieux la patrie et leurs camarades dans ce rôle nouveau, qu'ils ne pourraient le faire par une charge victorieuse sur l'ennemi. Ils le crurent, et, la discipline aidant, se préparèrent d'assez bonne grâce à devenir piétons et convoyeurs.

En même temps que le convoi et l'armée, le général Changarnier et le général Duvivier, chacun à la tête de trois bataillons, étaient partis de Blidah, le premier pour tourner le col et pour l'occuper, le second pour reconnaître une route de Médéah que, d'après les rapports de quelques Arabes, on supposait plus courte et meilleure que celle du Téniah. Les trois colonnes devaient ainsi faire diversion l'une en faveur de l'autre, et se faciliter réciproquement leurs opérations. Il n'était donc pas probable que le passage du col offrirait le moindre danger. Le général, considérant le grand nombre de convoyeurs civils qui lui restaient encore, désirait vivement n'être pas attaqué jusqu'à Médéah. Il pensait que si, par un de ces accidents de la guerre si communs dans les pays difficiles, l'ennemi avait pu s'approcher assez du convoi pour y faire tomber quelques balles, le désordre se serait mis parmi ces malheureux civils, qui, dans leur panique, n'auraient pas manqué de jeter leurs charges pour fuir plus vite. Grâce à la diversion du général Changarnier, rien de pareil n'arriva; mais je compris bien les craintes du gouverneur, lorsque nous eûmes pénétré un peu avant dans ces redoutables gorges, dominées de toutes parts. La route, pour arriver au col, n'est qu'une longue, étroite et sinueuse rampe, taillée au flanc d'un précipice. De tous côtés des creux de rocher, de petites terrasses naturelles, d'épaisses broussailles entièrement inaccessibles à la cavalerie, permettent aux défenseurs du passage de s'embusquer et de frapper à coups invisibles et sûrs, et, lorsqu'ils sont chassés de ces positions, de s'échapper presque sans danger, grâce à la connaissance qu'ils ont du terrain. Les deux premières expéditions faites à Médéah en 1830 sont célèbres par les souffrances qu'y endurèrent nos soldats, dont beaucoup moururent. Malgré sa constance admirable, l'armée, attaquée par la pluie, par la neige, par le froid, encore plus que par les Kabyles, n'aurait jamais pu passer si ces derniers avaient eu autant d'habileté que de bravoure. Pour nous, favorisés par le temps et n'ayant à repousser aucune attaque, nous pûmes jouir tranquillement de l'âpre et magnifique laideur du pays. La pesanteur d'un ciel sombre et le souvenir du sang versé ajoutaient je ne sais quoi de plus lugubre à l'aspect déjà si sévère de cette nature souvent aride et sauvage encore jusque dans sa fécondité. Un seul coup d'œil nous en disait long sur la durée possible de la résistance, et sur les facilités de la révolte quand la résistance aura été une première fois domptée. Ces montagnes, dont la température est celle de l'Europe, et que l'hiver, en les couvrant de neige, défend encore une partie de l'année par des torrents, sont peuplées de Kabyles, race moins intelligente, mais plus laborieuse, plus fanatique et peut-être plus fière que la race arabe, dont elle est méprisée. Comme pour montrer à quel point ils sont sûrs de leur retraite, les Kabyles, manufacturiers et sédentaires, ne craignent pas d'y construire des maisons. Ils sont rapaces et cruels, mais sont aussi forts, agiles et sobres, et ils détestent le joug. Armés d'un long fusil dont ils savent user, toujours munis de poudre dont ils ont des dépôts dans des antres secrets, à l'abri de l'humidité, ils ne craignent pas au besoin d'affronter une invasion qui ne peut être que de courte durée, et ils exposent ce qu'ils possèdent pour défendre leur religion et leur anarchique liberté.

Après quelques heures d'une marche fort lente, la tête de la colonne arriva enfin au col. C'est une ouverture de la largeur à peu près d'une porte cochère, de chaque côté de laquelle s'élèvent deux pitons dont les sommets sont couronnés d'un petit parapet en pierres sèches. Au delà s'enfonce, à travers un pâté de mamelons, le chemin pierreux et boisé qui descend vers les plateaux de Médéah. La position est vraiment formidable; les premiers Français qui l'enlevèrent furent étonnés avec raison, malgré leur courage et le nombre de ceux qui y périrent, d'en avoir sitôt fini. Cette porte naturelle n'est abordable que par l'étroit sentier dont j'ai parlé; au-dessous s'entr'ouvre le précipice; de chaque côté la montagne se dresse comme un mur. Le général Changarnier nous y attendait avec ses trois bataillons. Au moyen d'une sorte de compromis avec les Mouzaya, qui, ayant été très-foulés l'année dernière, se sont engagés à ne pas tirer si l'on n'incendiait pas leurs gourbis, il était arrivé au col sans brûler une amorce, et il y avait passé la nuit. Le général Duvivier fut moins heureux; il trouva un chemin détestable, et ne put franchir la chaîne qu'avec des peines infinies; fusillé de tous côtés par les Kabyles sans parvenir à les atteindre, il fut attaqué par le bataillon régulier du bey de Médéah, qui tomba avec beaucoup d'audace sur deux compagnies du 17e de ligne formant l'arrière-garde, alors embarrassées dans des broussailles épaisses. Le colonel Bedeau y courut le plus grand danger; mais, par un retour offensif, il parvint à reprendre l'avantage et à repousser définitivement l'ennemi. Cette marche nous coûta onze hommes tués et cinquante-quatre blessés, dont deux officiers du 17e.

On fit halte pour donner au convoi le temps de se réunir. En un moment tous ces mamelons s'animèrent de groupes nombreux et variés, semés dans un désordre apparent, mais où chacun était en réalité à sa place et prêt à se mouvoir par divers chemins au premier son du tambour. J'errais de côté et d'autre, ne me lassant pas de contempler ce spectacle si pittoresque, lorsqu'en descendant d'un cône très-élevé, au sommet duquel avait bivouaqué le duc d'Aumale, qui commandait comme lieutenant-colonel sous les ordres du général Changarnier, j'aperçus un voltigeur étendu par terre. Je m'approchai, le cœur saisi d'une vague inquiétude. Cet homme avait son mouchoir sur la figure; je ne pouvais supposer qu'il fût blessé, puisqu'on ne s'était pas battu. « Est-ce qu'il dort? demandai-je à quelques soldats qui le regardaient. — Non, me répondit l'un d'eux; mais la nuit a été froide! — Quoi, il est mort! m'écriai-je. — Ah! dame, reprit un autre, regardant d'un œil plus indifférent que triste le cadavre de son camarade, aujourd'hui lui, demain moi; on meurt aussi de misère. — Allons, allons, cria d'une voix brève un officier de l'intendance qui passait, enterrez-moi ça! » On alla chercher des pioches, on creusa une fosse et on y jeta le corps.

Que Dieu console ta mère, pauvre soldat!

Ce lugubre épisode me fit payer cher la beauté du tableau que j'avais sous les yeux.

L'arrière-garde venait d'arriver; quelques coups de fusil retentirent. C'étaient des hommes de la tribu de Soûmata qui ne voulaient pas apparemment laisser dire que les Français avaient franchi le col sans que les Kabyles eussent brûlé de la poudre. Leurs balles vinrent siffler autour du gouverneur, qui était monté jusqu'au haut de l'un des pitons qui se dressent à l'entrée du passage ; elles blessèrent trois hommes. On méprisa cette insolence et on se remit en marche. En traversant les mines de cuivre, mélange de collines et de ravins où le cuivre se trouve à fleur de terre, on me fit voir, à deux toises environ du sol, une grotte dont l'entrée est surmontée par une croix latine profondément gravée dans le roc. Je me signai en passant devant cette croix. Là, sans doute, aux siècles chrétiens de l'Algérie, vécut et pria quelque pieux anachorète. Les humbles et douces paroles qu'il adressait à ses sauvages voisins avancèrent la civilisation maintenant éteinte de ces contrées, mieux que ne saurait le faire la voix tonnante de cette artillerie que nous roulons à grand bruit au pied de sa demeure de paix. Bientôt nous arrivâmes au bois des Oliviers, où nous devions coucher. C'est une langue de terre entourée de cours d'eau qui tantôt forment torrents et tantôt sont presque à sec. Les oliviers sauvages, qui ont donné leur nom à cet endroit, diminuent sensiblement chaque fois que l'armée le traverse : nos soldats se donnent le plaisir de faire bon feu. A peine étions-nous arrivés, que de toutes parts un bruit de bûcheronnage se fit entendre ; un instant après pétillaient cent foyers joyeux qui faisaient étinceler les faisceaux. Quand le bivouac est choisi, quand les feux sont allumés, quand la marmite est mise, le soldat oublie toutes ses peines ; si le bon Dieu y ajoute un temps passable, si l'on a de quoi fumer une pipe, si l'on peut enfin se coucher à l'abri d'un bel arbre dont le feuillage rassure contre les chances de pluie, la satisfaction est au comble, et le voisinage de l'ennemi ne fait que l'accroître, loin d'y nuire. Notre bivouac du bois des Oliviers réunissait toutes ces conditions. Le gouverneur lui-même, sûr de déposer le lendemain son précieux convoi dans les murailles de Médéah, oublia pour un moment les convoyeurs civils. Le mauvais chemin était franchi, et des mouvements de cavalerie, aperçus au loin, lui avaient fait concevoir l'espérance flatteuse de combattre au retour; prévision que les feux du camp ennemi, apparaissant à l'horizon, ne tardèrent pas à confirmer. La musique du 57e, qui devait relever la garnison de Médéah, se mit en cercle et joua très-convenablement quelques ouvertures de nos opéras modernes. La plupart de ces airs, que répétaient ainsi les échos de l'Atlas, étaient chantés à la même heure dans les théâtres de Paris. Je suis sûr que la plupart de ceux qui les suivaient en fredonnant aimaient mieux les entendre debout au bois des Oliviers que paisiblement assis sur les banquettes d'une salle de spectacle, puisque l'ennemi était là, et qu'on espérait combattre bientôt. Nos musiciens terminèrent par l'exécution vive et rapide de l'air national des Arabes. C'est une bourrée assez franche, qui, arrangée et civilisée par nous, ne manque pas d'agrément. On soupa gaiement et on se coucha de même; la terre était sèche et douce; on avait pour traversin les racines saillantes et moussues des oliviers, pour lampes de nuit les belles étoiles et les restes d'un bon feu. Le gouverneur, qui, se soumettant le premier à la loi par laquelle il avait proscrit les petits lits de sangle et les tentes, pour ne pas charger les transports de l'armée d'un bagage superflu, couchait, comme tout le monde, en plein air sur la dure, eut pour cette nuit une somptueuse cabane de branchages. Avant de s'y introduire, ou plutôt de s'y glisser, il nous dit gaiement :

« Savez-vous pour la gloire oublier le repos
Et coucher en plein air le harnois sur le dos?
Je vous connais pour noble à ces illustres marques. »

C'était bon signe, car ces réminiscences poétiques n'échappent guère au vieux et illustre chef que quand tout va pour le mieux.

En effet, le lendemain, l'armée, suivie à distance par l'ennemi, dont elle ne voyait que les vedettes, qui lui criaient des injures, arriva de bonne heure à Médéah. Le colonel Cavaignac, commandant supérieur de la place, accourut au-devant du gouverneur et l'embrassa avec la double joie de l'homme qui reçoit un ami et la liberté. Bien que la garnison de Médéah eût moins souffert que ses devancières, dont l'histoire est à peu près celle des deux premières garnisons de Milianah, elle n'était pas dans une telle situation qu'il lui fût indifférent d'en sortir. Elle ne manquait ni de pain, ni même, jusqu'à un certain point, de santé, quoiqu'elle eût un assez grand nombre de malades; mais assiégée et séparée du reste du monde, elle manquait d'air et de vie. Ces pauvres prisonniers nous firent donc grand accueil; ils nous servirent, avec une certaine vanité, dans la plus belle chambre de leur plus belle maison (une véritable masure!), des œufs de leurs poules et une salade, produit de leur jardinage. Médéah n'est qu'un amas de décombres: les soldats abattent eux-mêmes les maisons qui restent debout pour en tirer les poutres dont ils font du feu. J'ai entendu des gens se récrier contre leur vandalisme. Veut-on qu'ils se laissent mourir de froid? D'ailleurs ces maisons ne tarderaient pas à tomber d'elles-mêmes : les plus solides ne sont pas en état de résister trois ans au seul effort des vents et de la pluie. Les mosquées, mieux construites, ont été conservées. La plus solide et la plus saine sert d'hôpital : elle était pleine; les autres sont devenues des magasins.

J'ai vu dans une des rues de Médéah le spectacle le plus hideux qui ait jamais frappé mes regards. Au fond d'une de ces niches étroites et basses que les Maures appellent des boutiques, se tenait accroupie sur un monceau d'intestins horribles, arrachés du corps des animaux égorgés, une vieille femme entièrement nue ; elle déroulait ces restes dégoûtants et les contemplait d'un œil stupide. C'est une folle qui est là depuis l'occupation de la ville. Après avoir en vain essayé de la retirer de son trou infect, on l'y laisse par pitié. Elle inspire aux Arabes une terreur superstitieuse dont tous nos soldats eux-mêmes ne sont pas à l'abri.

Médéah, bâtie sur un mamelon escarpé dans les trois quarts de son pourtour, et s'inclinant en pente douce vers le sud, est à l'entrée du vaste plateau qui conduit, presque sans accident de terrain, jusqu'au Sahara. Les Romains avaient là une forteresse dont les traces existent encore, et qu'ils relièrent par une route à leur ville de Malliana (*Milianah*). Une autre route, partant de Médéah et se dirigeant d'abord au sud, s'inclinait ensuite vers l'est, tournait le Djurjura, les Bibans, et parvenait à Constantine. L'élévation de Médéah est d'environ onze cents mètres au-dessus du niveau de la mer. L'été y est très-chaud et l'hiver très-rigoureux. L'olivier ni l'oranger n'y croissent plus ; mais le mûrier, le poirier, le cerisier, le peuplier, le chêne et autres espèces du climat de l'Europe. Les vignes y sont en grande abondance et produisent, dit-on, un raisin excellent. Ce point serait destiné à assurer les communications et le commerce entre le Sahara et Alger. Mais, pour aujourd'hui, Médéah n'est une ville que par le nom et la situation. Si nous y restons, il faudra la rebâtir entièrement. Le soldat n'y tient que parce qu'il est forcé de s'accommoder à tout. Une population européenne n'y pourrait exister; rien n'y est en rapport avec ses coutumes et ses besoins.

Mais d'abord, avant de mettre à Médéah une population civile, il faudrait pouvoir y faire vivre une garnison libre de ses mouvements, et c'est ce que personne aujourd'hui n'ose espérer. Pour que la garnison fût libre, il faudrait qu'on la portât à cinq mille hommes. Or il est trop évident qu'une garnison aussi considérable ne pourrait vivre dans un pays qui n'offre aucune ressource, et dont les insaisissables habitants,

> . . . . . Défaits du seul bruit de l'armée
> Jusqu'aux extrémités d'un désert sablonneux
> Emportent leurs maisons errantes avec eux (1),

ne laissant sur le sol ni villes ni richesses qui les obligent absolument à revenir. Il faudrait donc, comme aujourd'hui, nourrir la garnison par des convois. C'est ici qu'une insurmontable difficulté se présente : chacun de ces convois nécessiterait un équipage de quinze cents mulets, et prendrait, pour être organisé et rendu, un temps qui ne pourrait être moindre de quinze jours, et il en faudrait faire vingt ou vingt-cinq en un an; et il n'y a que cinq ou six mois dans l'année pendant lesquels on puisse aller d'Alger à Médéah sans péril ! Ainsi, ou il faut trouver le moyen de faire approvisionner Médéah par les indigènes, c'est-à-dire contraindre les indigènes à la paix, ou il faut se résigner à évacuer cette possession ruineuse, ou il faut se soumettre à y garder, comme aujourd'hui, une garnison prisonnière, dont le temps et des efforts

---

(1) Lemoine, poëme de saint Louis.

lents et successifs parviendront seuls à améliorer un peu la cruelle position. Tout l'avantage qu'on espère aujourd'hui de Médéah et de Milianah, à laquelle le même raisonnement s'applique, c'est, je l'ai dit, d'en faire, au moyen des provisions qu'on y rassemble, une base temporaire d'action qui permettra aux colonnes françaises d'aller frapper les tribus dans leurs retraites les plus lointaines et jusqu'à la limite du désert, de ravager les champs, de détruire les établissements de l'émir, de prouver enfin qu'il n'y a point d'asile à l'abri de nos coups, et que, si elles ne se décident pas à nourrir les Français, les Français du moins sauront se venger et les obliger à mourir de faim comme eux. Plan gigantesque, qui n'est réalisable qu'à force d'énergie, de volonté, de discipline, de sacrifices de tout genre ; je dirais presque qui n'est réalisable qu'à force de désespoir, si l'intelligence et l'indomptable activité du chef, si la bravoure et la résignation du soldat n'étaient pas faites pour affronter les plus grands périls et pour triompher des obstacles les plus effrayants.

XIX

UN PETIT COMBAT. — RETOUR A ALGER. — LETTRE D'UN SOLDAT.

Les pronostics du gouverneur se vérifièrent dès que nous eûmes quitté Médéah. Nous n'avions pas fait une lieue, que des cavaliers, armés de longs fusils et couverts de burnous flottants, vinrent tirailler sur le flanc gauche de l'armée en poussant de grands cris. Ils étaient un millier environ. On les laissa faire pendant quelques instants. Pour arriver jusqu'à nous, ils avaient à franchir péniblement un ravin qui paraissait assez profond. Il fallait leur donner le ravin à redescendre, afin de profiter de leur désordre pour les fusiller. Quand le moment fut venu, trois bataillons qui flanquaient le convoi mirent leurs sacs par terre et se lancèrent à la course. Les Arabes n'affrontèrent pas le choc; en deux minutes ils eurent regagné le ravin; et, pour citer encore le père Lemoine, qui, tout jésuite et pacifique qu'il était, s'est parfaitement représenté une troupe *sarrasine* en déroute.

> Comme la peur les suit, la peur aussi les chasse,
> Et loin même des coups les frappe et les menace.
> En vain leur chef s'écrie, il les rappelle en vain,
> La frayeur est sans front et sans cœur et sans main,
> Et, sourde à la raison, aveugle à la conduite,
> N'a de vigueur qu'au pied, n'est prompte qu'à la fuite.

Malheureusement nos bataillons s'étaient trop pressés de tirer. Lorsqu'ils furent arrivés au bord du ravin où les fuyards s'étaient entassés confusément, ceux-ci n'eurent à recevoir qu'un feu peu nourri et se mirent bientôt hors d'atteinte, laissant quelques hommes et quelques chevaux sur le terrain. Nous sûmes le lendemain, d'un déserteur, qu'il y avait eu beaucoup de blessés ; mais il faut observer que les déserteurs connaissent le faible de ceux qu'ils viennent trouver : celui-ci a bien pu parler ainsi pour se rendre agréable. Il est sûr que les fuyards, ou d'autres, ne tardèrent pas à se montrer de nouveau, en plus petit nombre et à une distance plus prudente; ils nous accompagnèrent de leurs vaines injures jusqu'au bois des Oliviers, où ils nous quittèrent pour aller se coucher comme nous. Le gouverneur compare ces cavaliers arabes à des guêpes, à des mouches, si l'on veut, que l'on chasse et qui reviennent sans cesse, et qui sont au moins très-importunes lorsqu'elles ne sont pas dangereuses. La comparaison est parfaitement exacte

Le lendemain, au point du jour, les guêpes reparurent, au nombre de quinze cents à peu près, appuyées d'un bataillon régulier, et attaquèrent avec vivacité l'arrière-garde. On les attendait, tout était disposé pour les recevoir. Les troupes, échelonnées de manière à protéger le convoi qui remontait la pente sud de l'Atlas, emportant cette fois une partie des malades transportables de Médéah et les blessés du général Duvivier, pouvaient en même temps faire un retour offensif vers l'arrière-garde, si elle avait besoin de secours. Ce secours ne fut pas nécessaire. Le général Changarnier, avec quelques bataillons, contint parfaitement les forces qui l'attaquaient, et le reste de l'armée continuait paisiblement son chemin au bruit d'une fusillade assez chaude, lorsque nous vîmes déboucher de l'ouest les deux bataillons réguliers des kalifats de Milianah et de Sebaou, commandés par Abd-el-Kader en personne, à ce que nous assura M. Roches, qui le vit très-distinctement. Cette infanterie, flanquée de nombreux Kabyles, marchait au pied de la montagne, et se dirigeait sur la droite du général Changarnier, manœuvre qui nous avait fait éprouver des pertes l'année dernière. Elle s'avançait avec précaution, paraissant peu soucieuse d'avoir affaire au corps d'armée lui-même. On devina ce sentiment à un mouvement rétrograde qu'elle fit en voyant les deux bataillons échelonnés près de la mine de cuivre se disposer à la joindre; et, pour ne pas l'effrayer trop vite, un bataillon du 23º eut ordre de tourner le labyrinthe de ravins au delà duquel elle se trouvait, tandis qu'un bataillon du 53º et une compagnie de sapeurs déposaient leurs sacs sur un plateau élevé qu'ils occupaient, et se précipitaient sur elle pour la prendre à revers. Ce double mouvement se fit à la course; en un instant l'ennemi fut abordé et fusillé d'assez près, au son du clairon, qui chante dans ces occasions-là un air tout retentissant et joyeux, une espèce d'*en avant deux*, qui, joint au bruit de la fusillade, donne vraiment envie de se mouvoir et de courir. Je voyais ceux qui, comme moi, restaient simples spectateurs de ce petit engagement, impressionnés d'une manière étrange. Les uns faisaient piétiner leurs chevaux, les autres imitaient le sifflement des balles, les autres répétaient l'air des clairons, les autres excitaient la course de nos soldats qui ne pouvaient les entendre, ou louaient l'intelligence et la bonne exécution du mouvement. Le plus beau était de voir l'ardeur des deux bataillons français; mais cette scène émouvante dura peu ; les réguliers d'Abd-el-Kader ne tardèrent pas à lâcher pied : ils se dispersèrent dans les ravins, où plusieurs périrent, poursuivis avec acharnement par un petit corps de cavaliers indigènes qu'on appelle la gendarmerie maure. On fit aussi quelques prisonniers.

En voyant la déconfiture des deux bataillons de l'ouest, la cavalerie qui était devant le général Changarnier se porta rapidement à leur secours ; ce mouvement permit à notre arrière-garde de reprendre l'offensive contre le bataillon d'El-Berkany, qui tenait encore. Il ne résista pas longtemps, et se dispersa, laissant un assez bon nombre de morts. Cet avantage faillit nous coûter cher : une des dernières balles tirées par les fantassins arabes vint frapper à l'épaule le général Changarnier, et sur le premier moment l'on crut la blessure mortelle. Il n'en était rien par bonheur; la balle avait glissé sur l'os ; elle fut extraite, et le brave général se remit à la tête de sa troupe, qu'il ne voulut pas quitter. Je le revis à cheval le lendemain et les jours suivants.

Le combat avait cessé. Peut-être aurait-on pu poursuivre encore l'ennemi ; mais il restait à conduire à Médéah un second convoi aussi considérable que le premier, et il n'y avait pas de temps à perdre ; il fallut donc abandonner l'espoir de rendre plus complète la sévère leçon que l'ennemi avait reçue, et regagner le col. On y parvint sans entendre les injures des Arabes ni leur tiraillement. C'était beaucoup ; car telle est la nature du terrain, qu'il est toujours possible à quelques hommes d'escorter une armée à coups de fusil.

J'ai dit qu'on avait fait quelques prisonniers : l'un d'eux était un Espagnol, déserteur de la légion étrangère Ce misérable, connaissant le sort qui l'attendait, s'était d'abord refusé à marcher ; on l'y força ; mais à l'entrée du chemin creux et pierreux qui remonte au col, il fit une tentative désespérée pour s'échapper ; un coup de fusil l'étendit roide mort ; il tomba en travers du chemin ; les soldats l'y laissèrent, étendu sur le dos, et chacun, en passant par-dessus son corps, adressait une imprécation au traître et au renégat ; quelques-uns lui crachaient au visage. « Chien ! disait l'un, tu as renoncé ton drapeau ! — Tu as renoncé ta religion, disait l'autre. — Tiens ! tu voulais manger les Français, toi ! tu seras mangé par les vautours. — Allons ! range-toi que je passe, mauricaud ! — On ne t'enterrera pas, canaille ! » C'était un homme de trente à trente-cinq ans, robuste et d'une figure martiale. On avait trouvé sur lui des proclamations revêtues du sceau de l'émir, et qu'il était sans doute chargé de jeter sur le passage de l'armée, pour y exciter à la désertion. A quelques pas de ce cadavre, un chirurgien amputait la jambe d'un pauvre jeune soldat blessé pendant l'action, et à demi mort. Les mêmes hommes lui adressèrent des paroles de commisération ; plusieurs détournaient la tête en pâlissant.

Le second convoi se fit aussi heureusement que le premier ; on rencontra encore l'ennemi au retour, et plus fort que la première fois ; mais on ne put le joindre, malgré la bonne envie qu'on en avait et la résolution avec laquelle il paraissait lui-même vouloir se laisser aborder. Toutes les dispositions étaient prises : la soupe mangée, les sacs confiés au convoi en marche pour le col ; et les hommes, munis seulement de leurs cartouches, avaient chacun pour deux jours de vivres en biscuit et viande cuite. Avec ce léger bagage ils pouvaient braver les difficultés du terrain et atteindre dans sa fuite un ennemi dont la fuite est la tactique la plus habile et la plus ordinaire. Tout à coup, au moment où, plein d'espoir, on se mettait en marche, lorsque déjà deux bataillons réguliers qui avaient campé près de nous étaient débordés d'un côté par le lieutenant-colonel Cavaignac et un bataillon de zouaves; de l'autre, gagnés de vitesse et séparés de leur cavalerie par deux autres bataillons conduits par le général Changarnier; lorsque le gouverneur s'ébranlait lui-même avec la cavalerie et la colonne du centre, un ouragan éclate, des torrents de pluie glacée tombent, et en un instant le sol détrempé devient impraticable. Il n'y avait plus moyen de faire un pas sans glisser, sans chanceler. Il fallut renoncer à toute entreprise et gagner péniblement le chemin d'Alger. On avait, il est vrai, déposé quatre cent mille rations dans Médéah, et c'était un assez grand résultat pour qu'on pût se consoler par la pensée des avantages ultérieurs que procurerait cette opération heureusement et laborieusement accomplie. Mais la nouvelle garnison de Médéah était prisonnière comme celle qu'elle venait de remplacer; l'ennemi, battu, était néanmoins maître de la campagne; on avait enterré quelques morts, dépensé beaucoup d'argent; on ramenait sur les cacolets de l'ambulance un certain nombre de blessés et plus encore de malades : cette même pluie qui nous empêchait de joindre les Arabes allait certainement peupler nos hôpitaux.

Un dernier épisode, dont je fus en quelque sorte témoin, achèvera de donner une idée du pays et de la guerre. La descente du col avait été rendue très-difficile par la pluie; les chevaux, les hommes et les mulets glissaient sur cette pente rapide, et il fallait beaucoup de précautions pour empêcher les accidents. Le passage de l'ambulance surtout avait pris du temps; il en était résulté une solution de continuité dans la colonne. L'avant-garde, marchant sans obstacle, s'était éloignée d'environ une demi-lieue du gros de l'armée, précédé lui-même de l'ambulance, encore engagée dans l'étroit chemin qui s'allonge en serpentant du premier plateau de la montagne à l'entrée du col. Je me trouvais avec un jeune lieutenant des chasseurs d'Afrique, attaché comme officier d'ordonnance à la personne du gouverneur, entre l'ambulance, qu'un détour nous avait fait perdre de vue depuis quelques minutes, et l'avant-garde que nous n'apercevions pas; le lieutenant me racontait quelques aventures de guerre que j'écoutais avec un grand intérêt, lorsque tout à coup je vis à peu de distance des tourbillons de fumée; je les fis remarquer à mon compagnon. « Ce sont, dit-il, des gourbis que l'avant-garde a brûlés en passant, pour punir les Soumatas d'avoir tiré sur nous : ils ne doivent pas être de bonne humeur... Mais, ajouta-t-il en regardant de tous côtés, nous sommes seuls; pressons le pas, on pourrait nous faire un mauvais parti. — Quoi ! dis-je, au milieu de l'armée? — On a vu des exemples, reprit-il en souriant; pressons le pas. » Nous nous mîmes au trot. Au bout d'une minute ou deux nous rencontrâmes cinq sapeurs du génie conduisant deux chevaux. « L'avant-garde est-elle loin? demanda le lieutenant. — Non, répondirent ces hommes, elle vient de passer. — Pourquoi êtes-vous restés en arrière? poursuivit sévèrement le lieutenant; il est défendu de marcher ainsi par petits groupes; rétrogradez vers l'armée. — Mais, dirent encore ces hommes, l'avant-garde est là. »

Nous nous remîmes au pas. « C'est que, voyez-vous, continua le lieutenant, les Kabyles sont enragés quand leurs maisons brûlent; et ces gredins-là, qui tiennent si peu devant une force régulière, sont d'une audace inimaginable quand il s'agit de faire un mauvais coup. Ils s'embusquent dans les rochers, derrière les arbres, rampent sur l'herbe, lâchent leur coup de fusil, coupent la tête de celui qu'ils ont tué; et puis... cours après! Ils sont déjà loin, ou ils ont regagné leur cachette. Nous en avons peut-être une vingtaine autour de nous, en face desquels nous ferions vilaine figure. »

Tout en causant ainsi, nous avions perdu de vue les sapeurs, et nous n'apercevions toujours pas l'avant-garde. La route que nous suivions formait une espèce d'arête entre deux vallées remplies de hautes herbes, de broussailles et de bouquets de bois. A droite et à gauche on voyait brûler des gourbis. Je remarquai, sans rien dire, que mon compagnon nous faisait reprendre le trot. J'entendis le clairon. « Ah! m'écriai-je avec une certaine joie, voici l'avant-garde. — Oui, répondit le lieutenant, elle est au camp, à une petite demi-lieue de nous. Mes pistolets ne sont pas chargés; et les vôtres? — Ils sont chargés, mais j'ai oublié d'y mettre des capsules. — Ah!... pressez votre cheval... Sauriez-vous manier votre sabre?»

Je m'étais en effet affublé d'un long sabre, je ne sais trop pourquoi; probablement par simplicité d'homme de lettres.

« Mon sabre! il ne me sert exactement qu'à me faire trébucher quand je marche. J'ignore si je saurais même le tirer du fourreau... Franchement, est-ce que vous croyez qu'il y a du danger? — Tenez, dit le lieutenant, je ne veux pas vous effrayer, mais nous sommes dans un mauvais pas; nous nous défendrions peut-être mal contre trois ou quatre fusils, ainsi faisons un temps de galop. —

Galopons, répondis-je ; il faut se plier aux coutumes du pays. » Mais nous n'avions pas fait ainsi quelques toises, que je m'arrêtai court. « Eh bien ! s'écria le lieutenant tout étonné, que faites-vous donc? — Ayez la bonté de tenir un moment mon cheval, lui dis-je, il faut que je le sangle ; la selle tourne sous moi. — Non, certes, répliqua-t-il avec une expression très-sérieuse ; je ne vous laisserai pas descendre ; tenez-vous comme vous pourrez, et filons. — Je vais tomber. — Empoignez les crins. Nous n'irons qu'au trot, si vous voulez ; mais, pour Dieu, ne descendez pas ! Je suis étonné que nous n'ayons pas déjà reçu quelque chose : ils nous croient sans doute bien montés et bien armés. » Disant cela, il trottait toujours ; et comme je vis que je me tenais à peu près en équilibre sur ma selle mouvante, je n'insistai pas. Jusque-là j'avais un peu pensé que le lieutenant voulait se divertir ; comment imaginer qu'il poussât la plaisanterie jusqu'à risquer de me faire rompre le cou ? Je m'affermis donc sur mes étriers, et même je me sentis meilleur cavalier que je ne l'avais été de toute la campagne. Le lieutenant tenait un œil sur moi, un autre sur les deux côtés de la route. « Comment cela va-t-il ? — Eh ! répondis-je, me rappelant l'histoire de cet homme qui tombait d'un cinquième étage, cela va bien, pourvu que cela dure. — Quand nous aurons passé ce bouquet de bois, poursuivit-il en m'indiquant un petit fourré d'où nous approchions, je réponds de vous, et je vous laisse sangler votre cheval. — Écoutez, lieutenant, lui dis-je à mon tour, faites-en ce que vous voudrez, mais, pour moi, je dis un *Ave Maria*. — Dites-le pour deux, » répondit-il. Nous passâmes en silence et sans encombre devant le fourré, et deux minutes après nous arrivâmes au bivouac. Au même instant, et lorsqu'à peine on avait dessellé nos chevaux, quelques coups de fusil se firent entendre. Une vingtaine d'hommes encore en selle se précipitèrent sur le chemin : ils revinrent avec la colonne, rapportant les corps décapités des cinq sapeurs à qui nous avions parlé une demi-heure auparavant, sans avoir pu atteindre les meurtriers. J'échangeai avec le lieutenant un regard significatif que le gouverneur intercepta et comprit, ce qui nous attira de sa part une semonce militaire, contre laquelle, malgré ma qualité de *civil*, je me gardai bien de réclamer, rendant grâces à Dieu d'en être quitte à si bon marché.

Je pense pouvoir terminer le récit du ravitaillement de Médéah en publiant ici une lettre qui m'a paru peindre au naturel le caractère de ces soldats qu'on vient de voir à l'œuvre. Je n'ai pas besoin d'expliquer comment cette lettre est tombée entre mes mains ; il suffit que je ne commette nulle indiscrétion en l'imprimant. Je n'y ai rien changé : corriger c'eût été gâter ; j'ai seulement rétabli l'orthographe pour la commodité du lecteur.

« *A Monsieur et Madame G***, cultivateurs à.....*

« Alger, le 25 mars 1841.

« Cher père, chère mère, chère sœur,

« C'est à vous trois aujourd'hui que j'écris ; c'est pour
« vous apprendre que nous partons demain d'Alger : nous
« allons à Milianah ou Médéah. Pour sûr que nous ver-
« rons les Bédouins en route. C'est donc lundi que nous
« combattons contre l'ennemi, ou mardi, à son choix.
« Quoi donc ! me voilà donc bientôt au péril de ma vie !

« Reviendrai-je? Je n'en sais rien. Je puis mourir comme
« je puis *revivre*; vous savez que c'est comme ça dans ces
« affaires-là. Il y a plutôt le danger de périr. On ne fait
« pas d'omelette sans casser les œufs. Enfin, c'est à la
« grâce de Dieu, et attendre ce qui viendra; voilà mon
« système. Il ne faut pas avoir peur; il faut prendre du
« courage; l'insensibilité est à l'ordre du jour. Celui qui
« se distingue peut espérer d'être récompensé, s'il n'en
« meurt pas.

« Comme je puis mourir, et que j'ai quinze cents francs,
« je veux, mes chers parents, que l'on donne deux cents
« francs à mon oncle; c'est un pauvre vieux, ça lui fera
« du bien sur sa décadence; et je veux que l'on habille
« mon filleul, le fils de Thomas, et que l'on fasse dire
« un service en mémoire et pour le repos de mon âme.
« Bien des choses à M. le curé. Il sera fâché de ma fin
« prématurée; mais quand on est soldat, on doit s'y at-
« tendre; on est sous le drapeau; pour lors tout est dit.
« Le reste, ma pauvre mère en fera ce qu'elle voudra. Il
« ne faut pas croire que j'ai peur, car je suis toujours
« très-gai. Cueillir des lauriers fait ma joie. Mes bons
« parents, soyez sans inquiétude que je ferai mon devoir
« jusqu'à la dernière minute de ma vie. Voilà ma pauvre
« sœur à la veille d'être seule. Comme on ne sait pas ce
« qui peut arriver, et que nous sommes tous mortels, je
« vous fais mes adieux. Adieu, chers parents! Quoi donc!
« il faut penser que nous ne nous reverrons peut-être
« plus. Surtout ne prenez pas de chagrin, car tout le
« monde ne meurt pas; moi, je ne pense pas du tout à
« mourir, car je veux avant parcourir cette Afrique de
« malheur, et tâcher d'avoir la croix. Pour à présent je
« deviens sans souci. Vous pouvez croire que je ne suis

« pas fâché d'être soldat, car c'est là qu'un homme se
« dégourdit et qu'il apprend l'usage du monde. Celui qui
« revient raconte ce qu'il a vu. Les Arabes ne sont pas
« fantassins ; ils combattent à cheval, d'après ce qu'on
« dit, enveloppés dans une couverture qui se dit bur-
« nous, lâchent leur coup et se sauvent. Bons cavaliers,
« mauvais tireurs, féroces quand ils sont les plus forts,
« ça ne leur arrive pas tous les jours. Ce qui m'étonne,
« est que les mauricauds d'ici, que l'on nomme les Maures,
« et qui sont les bourgeois de l'Afrique, sont blancs comme
« vous et moi. Nous sommes sous le commandement du
« général Bugeaud, un vieux des anciens, connu pour
« être le père de la troupe, guerrier fini, n'ayant pas
« froid aux yeux. Avec lui, ce n'est pas le moment de
« s'endormir. Il a fait les guerres du grand Napoléon ;
« toujours le premier au feu. Tous ses grades ont été re-
« cueillis sur le champ du carnage. Ainsi vous voyez que
« tout le monde n'en meurt pas, car c'est une tête blan-
« che et il a femme et enfants au pays, à ce que nous
« ajoute un Limousin qui en est. Nous avons aussi avec
« nous le brave Changarnier. Pas une affaire où il n'at-
« trape une balle dans son cheval ou dans ses habits, et
« avec ça, va toujours ! Ainsi il ne faut pas avoir peur ;
« soyons Français. Une fois qu'on se trouve en campa-
« gne, la fusillade n'arrête pas ni le jour ni la nuit. Quand
« ça ennuie les Français, ils envoient des boulets à tous ces
« Bédouins, et on les voit décamper sans dire merci. Pour
« quant au Français, il ne sait pas fuir. Si les Arabes
« vous attrapent, quelquefois ils ne massacrent pas ce-
« lui qui veut se faire mahométan et servir avec eux.
« Mais il faut renoncer Jésus-Christ et la France : plutôt
« la mort ! Il y en a eu qui s'y sont décidés pour se sau-

« ver leur vie : on les regarde comme de la canaille et des
« capons. Vous n'avez pas besoin de craindre que j'en
« fasse autant, en cas de malheur. Mais il faut espérer
« que nous serons les vainqueurs. Celui qui meurt doit
« mourir content, mourant pour la chose qu'il meurt ; et
« il meurt en musique, au son des clairons et des tam-
« bours. Nous emportons nos vivres avec nous ; il n'y a
« nulle auberge sur la route, et quand la nuit est venue,
« on se couche dans son pantalon, voilà le logement :
« celui qui veut un traversin met sa tête sur une pierre.
« Quelquefois on est à déjeuner, le Bédouin arrive : il faut
« tout laisser pour le recevoir : on a le ventre au feu, le
« dos à la table ; c'est le contraire que comme dans la
« chanson. Le caporal nous dit un tas de farces ; avec lui,
« jamais de chagrin. Allons, répondez-moi de suite : où ?
« je ne sais pas. Je vous embrasse les larmes aux yeux.

« Votre fils pour la vie, qui sera peut-être bien courte.

Pierre G.

« *P. S.* Nous fumons beaucoup pour nous distraire. Le tabac
« est bon, et à la portée du soldat ; deux sous le paquet. »

XX

LA MÉDECINE CIVILISÉE.

La peste sévit à Alger en 1816 et 1817. Le gouvernement turc publia d'abord une ordonnance qui défendait de parler de la maladie. Il ordonna ensuite des prières publiques.

En 1832, le choléra fit invasion dans la colonie. Aussitôt éclatèrent de tous côtés les arrêtés, les prescriptions, les conseils; tout cela ne pouvait faire ni bien ni mal; mais si c'eût été le temps de rire, un digne médecin en aurait fourni l'occasion à tous les pestiférés. Il rédigea des avis officiels où il indiquait un régime à suivre, dont voici les principaux traits : « Cesser tout mouvement de onze heures à trois, et dormir encore pendant la plus forte chaleur; — se tenir l'esprit en repos, — vivre sans crainte au milieu de l'épidémie, voilà la condition la plus favorable pour ne pas en être attaqué. — Il faut conserver le calme de l'âme, éloigner les occasions de se mettre en colère. — Les affections tristes troublent les digestions, agitent l'âme pendant le sommeil, irritent continuellement le système nerveux. » Enfin il en revenait à l'ordonnance turque : « Il faut détourner son esprit de l'idée du choléra. » Il conseillait de plus la sobriété, la chasteté, beaucoup d'autres vertus; non comme vertus, mais comme remèdes. De Dieu, pas un mot. Les deys étaient-ils les plus sauvages ?

Ce n'est pas la première ni la dernière fois que la médecine a pris la parole dans les affaires générales de la colonie, et il faut lui rendre la justice de dire qu'elle a, en général, fortement recommandé la pratique de certaines vertus. On étonnerait beaucoup nos esculapes si on leur montrait combien ils sont souvent d'accord avec ce catéchisme, qu'ils méprisent d'ailleurs, pour la plupart, si souverainement. J'en connais devant qui j'hésiterais à faire une telle démonstration : par conviction philosophique, ils en viendraient peut-être à conseiller la débauche ou l'ivrognerie. Quelle pitié de voir des gens de mérite recommander des vertus dont leur science leur fait reconnaître les bienfaits, et se montrer en même temps pleins d'animosité contre les doctrines et les ministres d'une religion qui seule a le pouvoir d'implanter et de faire vivre au cœur de l'homme ces salutaires vertus ! Il en est ainsi pourtant : le docteur qui vous ordonne le calme de l'âme au milieu des désastres publics, et jusque sur le cercueil de vos parents et de vos amis les plus chers ; qui défend les affections tristes, parce qu'elles troublent les digestions, et la colère, parce qu'elle irrite le système nerveux, traitera d'insensibilité sauvage, d'imbécillité fanatique la résignation chrétienne, ou l'attribuera toute à la construction particulière de la boîte osseuse de votre cerveau. Soyez sobre, chaste, patient par crainte de la maladie : vous devenez à ses yeux un homme sage, vous êtes maître de vos passions, vous avez un cerveau bien conformé. Pratiquez ces vertus parce que vous craignez l'enfer et parce que vous aimez Dieu, vous devenez un maniaque chez qui la bosse de la reli-

...rosité est par trop proéminente. Ce sage médecin perdra lui-même toute patience, il s'irritera, il s'abandonnera, même en temps de peste, à la colère la plus violente. Il voit un peu trop souvent dans l'hôpital qu'il gouverne, paraître le prêtre, qu'il ne peut pas en chasser absolument, et qui ne fait autre chose cependant que calmer les imaginations et raffermir les cœurs.

En revenant de l'hôpital du Dey, où il y a quinze cents hommes, soit malades, soit employés, et pas une chapelle, je causais avec un jeune chirurgien. « Voyons, disai-je, est-ce Dieu qui a fait l'homme? — J'incline à le croire, me répondit-il. — Pensez-vous que l'homme ait été créé seulement pour la vie misérable que nous le voyons mener ici-bas? — Il serait un peu hardi de l'affirmer, et la preuve en est difficile. Naître, faire ses dents, recevoir des férules à l'école, être battu et prisonnier au collège, porter la chaîne dans une caserne, et finalement venir mourir dans un hôpital d'Afrique, c'est une pauvre destinée pour un être fabriqué avec tant de soin et qui semble appelé à de si grandes œuvres. Il est donc probable que quelque chose commence quand tout nous paraît être fini ;... mais je n'en sais rien. — Vous savez au moins que ce que nous appelons *vertu* est utile et même indispensable à la durée, à la solidité, à l'activité de la machine corporelle? — Pour cela, j'en suis sûr. Lorsque la machine fonctionne sans vertu, ce n'est qu'une exception. — Eh bien! pourquoi les conditions de la bonne vie future ne seraient-elles pas les mêmes que celles de la bonne vie présente? Pourquoi l'âme n'aurait-elle pas besoin d'un régime comme le corps? Dieu, qui a fait le corps et l'âme, et qui marque toutes ses œuvres du double cachet d'une puissante unité, ne vous met-il pas par là sur la voie de comprendre que ces excès, dont vous voyez les funestes résultats sur la matière, sont plus funestes encore à l'âme qui lui est momentanément unie? N'en faut-il pas conclure que, réciproquement, ce qui est un bien pour l'âme est un bien pour le corps; que la prière est un véritable remède, plus efficace souvent que tous les vôtres; que la pensée qui domine l'âme fait sur le corps des cures que vous ne sauriez jamais opérer?

— Je ne conteste rien, je n'affirme rien, me dit le jeune homme, je cherche, je doute, j'attends... Mais, ajouta-t-il, j'attends comme un homme qui, sans savoir si la religion est divine, sait du moins qu'elle est utile et consolante, et sent dans sa conscience une obligation pressante de la respecter. Oui, la religion, par l'action qu'elle exerce sur l'âme, est plus puissante que tous nos remèdes. Nous ne pouvons rien contre les passions, elle peut tout. Ni dans la trousse du chirurgien, ni dans les fioles de l'apothicaire, ni dans le savoir du médecin en chef, il n'y a la moindre ressource contre l'amour effréné du vin, contre la débauche, contre la nostalgie, trois causes de destruction plus puissantes que le feu de l'Arabe et la dévorante ardeur du climat. Quiconque a un peu vécu avec le soldat sait que le moral d'un homme religieux est plus solide qu'un autre. Est-ce un effet de l'imagination? est-ce le résultat d'une cause supérieure? voilà mon doute; quant au fait, il est sûr. Je l'ai observé cent fois, et vous pouvez croire que je ne suis pas de ceux qui voient avec horreur autour de nos malades des prêtres et des sœurs de charité. S'il dépendait de moi que toute l'armée fût chrétienne et que tous les hôpitaux fussent desservis par des infirmiers voués à Dieu, je n'hésiterais guère; je suis persuadé que la France y gagnerait deux ou trois milliers d'hommes tous les ans sur la seule armée d'Afrique. Nous aurions infiniment moins de malades, et ces malades seraient infiniment mieux traités. Le plus grand service que l'on pût rendre à nos malheureux soldats serait, je crois, de chasser de nos hôpitaux la race hideuse des infirmiers. Je ne sais pas si l'on en trouverait trois sur cent qui pour dix sous ne consentissent à tuer un homme, en lui vendant du vin, des liqueurs fortes, des comestibles infects, dont ils font, en dépit de nos défenses et de notre surveillance, un commerce assassin. Quel dévouement attendre d'ailleurs de ces grossiers mercenaires? Ils voient avec plaisir expirer le malade sous le chevet duquel ils espèrent trouver quelques pièces de monnaie, et leur avidité le dépouille souvent sans même attendre que l'infortuné ait rendu le dernier soupir ! »

Par malheur les sentiments que me manifestait ce jeune chirurgien sont loin d'être partagés par le plus grand nombre de ses confrères. Il est aussi vrai qu'incroyable que beaucoup de médecins militaires ne peuvent pas supporter la présence ni l'action d'un prêtre, et que la plupart du temps l'administration, qui devrait lutter contre leurs préjugés, les seconde. Il a fallu, dans l'origine, que l'évêque et ses prêtres se missent à genoux, suppliassent cent fois le gouverneur pour obtenir la faveur d'aller se briser aux fatigues de la visite des hôpitaux, et cette bonne œuvre est pour ceux qui réussissent à l'entreprendre la cause de mille avanies. Dès que le prêtre se présente, il y a une nuée d'officiers de santé, de portiers, d'administrateurs qui se liguent contre lui et lui barrent le malade. On croirait que ce prêtre vient leur dérober quelque chose : ils s'épouvantent de la confession comme s'il s'agissait de les y faire passer ; ils voudraient que l'usage en fût aboli. Pour dégoûter le prêtre et la religieuse, il n'est sorte de ruse qu'on n'imagine : le manque d'égards, les tracasseries de tout genre, les grossièretés même sont prodiguées. Ce n'est pas assez, on a recours à la calomnie ; on essaie de faire intervenir le commissaire de police et le gendarme. J'ai tenu en mes mains, j'ai copié, et je pourrais produire un rapport où l'on demande enfin au gouvernement de protéger les malades contre le zèle fanatique du prêtre qui les tue (1). Cette honteuse pièce, où l'orthographe et le français ne sont pas moins outragés que le bon sens, n'a pas été méprisée par l'autorité supérieure : elle a motivé envers d'honorables et pieux ecclésiastiques un rappel à des règlements sauvages qu'ils n'avaient pas violés. La moindre contravention contre une règle ignorée, absurde et souvent faite de la veille, contre une consigne de soldat, est exploitée par ces prêtrophobes avec une intelligence bête qu'on s'étonne de trouver en eux : cela grossit, cela monte, cela devient une affaire, on écrit, on fait écrire, le gouverneur en est importuné, on porte la question à Paris, d'où les bureaux envoient, selon l'usage, quelques fetfas imbéciles ; tout s'envenime, et quelquefois le service religieux est suspendu. Pendant ce temps-là un malade demande le prêtre. « Il n'y a point de prêtre. — Mais je voudrais me confesser. — Attends ; dans quelques jours peut-être on permettra au prêtre de revenir. — Mais je sens que je meurs. — Eh bien ! crève, est-ce

(1) Les officiers généraux, quoique moins durs que les médecins, disent aussi quelquefois qu'il ne faut pas tourmenter les malades, et que la présence d'un prêtre les tourmente toujours. Or, ces hommes si scrupuleux ordonnent sans hésiter des évacuations d'hôpital en gros, prenant toute une file comme un boulet, sans s'inquiéter des mourants ni des autres ; et l'on en voit rarement qui se donnent beaucoup de peine pour trouver une planche afin d'abriter ceux qui n'ont pas d'abri ; une pierre à mettre auprès de la paille sur laquelle ils couchent, pour qu'ils ne soient pas obligés de poser leurs tisanes à terre pêle-mêle avec les cuvettes, les vases de nuit, etc.

que tu ne peux pas mourir sans te confesser? Je m'en passe bien, moi! »

Dans une pompeuse énumération des avantages faits en Algérie à la religion catholique, le ministère nous dit entre autres choses : *Les militaires admis dans les hôpitaux peuvent aussi réclamer les consolations du prêtre.* (Tableau de la situation des établissements français dans l'Algérie, 1840.) Sans doute ils peuvent réclamer ses consolations, pourvu que ce ne soit ni à Médéah, ni à Mascara, ni à Milianah, ni à Tlemcen, ni dans une quantité d'autres camps où il n'y a point de prêtre; pourvu que ce ne soit pas à Alger dans les moments où le prêtre est exclu de l'hôpital, ni dans les moments de grandes maladies, où le prêtre ne peut suffire aux besoins d'un ministère limité par l'avarice du budget. Voyons comme il les obtient, là où il lui est permis de les obtenir, à Oran, par exemple.

Oran compte deux vastes hôpitaux, séparés l'un de l'autre par une assez longue distance : il y a là, en temps ordinaire, huit cents malades, souvent mille et plus; on y en a compté dix-huit cents, en proie à toutes les souffrances corporelles et morales, avides surtout de ces consolations du cœur que la religion seule peut leur donner. Pour suffire à de tels besoins, un prêtre est-il spécialement attaché à l'hôpital? Non! Existe-t-il au moins dans l'hôpital une chapelle où le prêtre venu du dehors puisse dire quelquefois la messe à tous ces exilés mourants? Non! A-t-on seulement réservé un lieu où le prêtre puisse entendre une confession, déposer son surplis, les objets qui lui sont nécessaires pour l'administration des sacrements? Non! Le curé d'Oran et son vicaire, chargés d'une paroisse de huit mille âmes, peuvent entrer dans l'hôpital à

titre d'*étrangers*, c'est toute la faveur qu'ils ont pu obtenir, et ils ne l'ont pas obtenue sans prières, sans combats même. Il a fallu que leur cœur, troublé par ces gémissements de l'agonie, leur inspirât des efforts suprêmes, et qu'on les accueillit par lassitude de les chasser toujours. Ils entrent donc, parcourent les salles à leur gré, causent avec qui bon leur semble, se retirent quand il leur plait, voilà leurs franchises. Mais s'agit-il d'entendre la confession d'un malade, d'administrer un mourant, alors le prêtre, sans assistant, sans aucune des choses accoutumées en pareille circonstance, n'ayant pas un siége pour s'asseoir, pas une table pour y déposer les saintes huiles ou le saint viatique, pas un flambeau, pas même une aiguière pour les ablutions après la cérémonie, plus dénué au milieu de ces vastes salles qu'il ne le serait dans la plus pauvre cabane, le prêtre appelle à son secours les industries du missionnaire qui évangélise, au péril de sa vie, les contrées païennes ou sauvages. Il se penche péniblement sur le lit du moribond, il l'entend et se fait entendre comme il peut ; puis, la confession achevée, il se relève, tire d'un petit sac qu'il porte sous le bras son surplus, son étole, son rituel, le vase des saintes huiles ; fait seul, sur le lit du malade, les dispositifs préliminaires les plus indispensables, et commence et termine les prières saintes, les bénédictions sacrées qu'il a le droit sublime de répandre sur ce jeune chrétien, consolé de les recevoir, même dans cet humble et pauvre appareil. Quel spectacle !
Il y a cent ans, sous le gouvernement sauvage des Turcs, le prêtre et l'esclave étaient plus libres dans l'hôpital chrétien d'Alger ! Et pourtant cet homme qui meurt, meurt parmi ses frères, meurt en quelque sorte dans sa patrie ! Ses sueurs et son sang ont rendu française la terre

où il expire; ses ossements, qu'on y va déposer, seront une de ces puissantes attaches que la politique et la peur elles-mêmes ne peuvent rompre, et qui nous épargnent peut-être la honte d'un lâche abandon. La France lui a demandé sa vie, il la lui a donnée; en retour il demande des bénédictions qui le rassurent aux portes de l'éternité, une mort qui sauve son âme et qui console sa mère; — et sans la charité obstinée d'un pauvre prêtre, ce bien qu'il a si chèrement acheté, ce bien auquel il a des droits imprescriptibles, l'infortuné ne l'obtiendrait pas ! On le laisserait mourir dans l'inexprimable angoisse de ne pouvoir se réconcilier avec le Dieu de son enfance, Dieu terrible oublié jusque-là, et qu'hier, peut-être encore, jeune et comptant sur la vie, il n'a pas craint d'offenser, mais dont il se souvient à cette heure, et dont l'absence serait le plus insupportable de ses maux. Hommes sans entrailles ! que vous en coûterait-il donc pour épargner à ces malheureux de telles douleurs, pour les épargner à leurs parents, qui, les voyant partir, les ont déjà pleurés ! On vous abandonne les corps, on ne vous en demande pas compte; quel besoin avez-vous de torturer et de perdre aussi les âmes! Vingt ou trente mille francs suffiraient pour entretenir un prêtre dans chacun des hôpitaux de l'Algérie; et ces vingt ou trente mille francs n'ont pas pu se trouver encore sur les millions qu'on dépense chaque année ! Et chaque année aussi des enfants de la France, après avoir bien servi leurs drapeaux, meurent par milliers, désolés ou réprouvés!...

Car la charité d'un seul homme a beau faire et se multiplier, elle n'y suffit pas. Quand la cérémonie que nous venons de décrire est achevée, le prêtre quitte son surplis, ramasse et serre son étole, son livre, les huiles saintes, les espèces divines, et poursuit sa visite de salle en salle, jusqu'à ce que d'autres malades réclament les secours qu'il vient d'administrer tout à l'heure ; cette visite a lieu chaque jour, chaque jour ces cérémonies se répètent deux, trois, six et dix fois ; mais, malgré l'infatigable sollicitude des deux prêtres de la paroisse, un certain nombre de malades échappent encore aux faibles bras qui s'ouvrent vainement à leur multitude. Ils meurent donc ayant pu en effet *réclamer les consolations du prêtre*, mais n'ayant pu les recevoir. Voilà ce que fait le prêtre,... lorsqu'il y en a un, lorsqu'on souffre qu'il se montre (1) !...

Oh ! qu'il faut que la charité du prêtre soit grande, et profonde, et vraiment divine, pour résister à tout ce qu'on lui fait subir ! Nous autres citoyens qui savons, armés des droits que la loi nous donne, faire plier les autorités les plus hautes, mettons-nous à la place de cet homme de bien qui se présente pour consoler ses frères souffrants, et qu'on renvoie avec des paroles insolentes, comme un vil intrigant, presque comme un malfaiteur : il insiste, on le chasse ; force lui est de s'éloigner. S'éloigne-t-il pour toujours ? Non, il reviendra demain ; il fera encore, l'été sous le soleil, l'hiver dans la boue, cette longue route qu'il a déjà faite inutilement ; il reviendra braver ces mépris, frapper à cette porte qu'on refusera peut-être encore de lui ouvrir. Que veut-il ? de l'argent, de l'avancement, des honneurs ? Non, il ne veut que consoler ces pauvres inconnus qui sont là, gisants sur une paille malsaine, sans amis, sans secours ; et que lui im-

---

(1) En 1843 cet état de choses était encore tel à Oran que nous venons de le dépeindre ; nous doutons qu'il se soit amélioré. Quelques localités qui n'avaient pas de prêtre en ont reçu.

porte l'animosité de ceux qui se portent bien, les affronts qu'ils s'apprêtent à lui prodiguer, pourvu que celui qui souffre éprouve, après l'avoir entendu, un peu de soulagement, pourvu qu'il soit sauvé! Continuez votre œuvre, prêtres du Dieu vivant, apôtres saints! acceptez ces mépris qui seront un jour votre gloire; ne vous lassez pas de recevoir ces affronts qui vous rendent chers au divin crucifié! Par là vous triompherez, et vos paroles seront bénies; et le jour viendra où le Tout-Puissant amollira les cœurs si durs qui prennent plaisir à vous persécuter.

Et vous, hommes saints qui, parmi les dégoûts que la France actuelle impose au sacerdoce, rêvez de plus durs travaux, venez ici. Vous fuyez l'éclat : vous n'aurez pas même l'éclat du sacrifice. Enfermez-vous dans un de ces hôpitaux, dans un de ces villages, vous y apprendrez à mourir tous les jours. Vous réhabiliterez un ménage d'ouvriers à demi barbares, vous élèverez un pauvre enfant, vous administrerez un pauvre soldat à sa dernière heure; et, comme cet obscur soldat, vous succomberez inconnus; mais vous aurez part au prix des âmes, et je ne sais s'il est un lieu dans le monde où l'on en puisse faire une plus large moisson.

XXI

ABD-EL-KADER.

Un homme résume en lui toutes les forces que l'Algérie nous oppose ; il centuple les difficultés du sol et du climat, l'énergie des individus, la force agonisante du fanatisme religieux ; s'élève enfin tellement au-dessus de ses compatriotes, que nous ne pourrons rien tant que ce seul homme ne sera pas abattu, et que, lui abattu et les autres soumis, nous ne serons sûrs de rien, s'il n'est mort. Cet homme est Abd-el-Kader-Oulid-si-Mahhi-ed-Din (1), marabout et petit gentilhomme de la puissante tribu des Hachems, dans la province d'Oran. On dit que la France, qui rencontre en lui un digne adversaire, l'a créé. Sans doute, tout envahisseur crée, dans le pays qu'il veut conquérir, un homme en qui se personnifie, pour ainsi dire, le sol envahi. Mais on ne crée de cette façon que ce qui est déjà susceptible d'être, et d'être très-grand : Abd-el-Kader ne nous a laissé qu'une faible part dans l'œuvre de sa grandeur. Lorsque nous avons, pour la première fois, traité avec lui, il avait mérité cet honneur par des preuves de courage et d'habileté. Vingt chefs orgueilleux, vingt tribus remuantes s'étaient, de gré ou

---

(1) *Abd-el-Kader* signifie serviteur du Tout-Puissant ; *Oulid*, fils ; *Mahhi-ed-Din*, celui qui vivifie la religion.

de force, soumises à l'autorité de celui qui, deux années auparavant, n'était, pour nous servir de son expression, qu'un des fils de son père. Le fils de Mahhi-ed-Din, à peine âgé de vingt-trois ans, reçut, à la tête d'une petite armée, les plénipotentiaires que lui envoya, en 1833, le général Desmichels. Ainsi nous ne l'avons pas pris dans la poussière pour le couronner; il vint à nous comme le principal, on pourrait dire comme l'unique représentant de la nationalité arabe. Dans le court exposé que je vais tracer de l'origine et des développements du pouvoir d'Abd-el-Kader, reconnu par nous émir, ou prince des Arabes, et salué par les Arabes eux-mêmes sultan, c'est-à-dire empereur, je me servirai de renseignements puisés dans les documents officiels, inédits ou publiés, que j'ai pu compléter, pour le temps où il n'y avait pas de relations entre Abd-el-Kader et nous, en questionnant plusieurs personnages qui l'ont approché, particulièrement Hadj-Mohammet-ben-Schà, iman de la mosquée d'Oran. Cet Arabe, de la tribu des Douairs, un peu marabout, a toujours connu Abd-el-Kader; il a fait avec lui, lorsque ce dernier était encore enfant, le pèlerinage de la Mecque, et plus tard, avant de se soumettre à nous, il a combattu sous les drapeaux de l'émir, qui voulut enfin le faire tuer comme traître à la patrie et à la religion.

L'établissement des Français à Oran, dont leur autorité ne dépassait pas les murs, fut dans toute la province le signal d'une effroyable anarchie. Chaque tribu un peu puissante, aspirant pour son compte à la domination, se mit en hostilité contre ses rivales, et entreprit de contraindre les tribus plus faibles à embrasser son parti. De là des guerres intestines, amèrement déplorées par quelques hommes clairvoyants, sincèrement attachés à la cause de la religion et de la patrie, et qui devinèrent que cette désunion finirait par tourner au profit des chrétiens. Mahhi-ed-Din, déjà avancé en âge, mais encore vigoureux de corps et d'esprit, conjura les Arabes de faire trêve à leurs inimitiés et de tourner leurs forces contre l'ennemi commun. Chasser les chrétiens d'Oran ne devait pas paraître alors une œuvre impossible. Les belliqueuses populations de cette contrée n'avaient pas encore senti le poids de nos armes ; ils se souvenaient d'avoir affamé les Espagnols ; enfin il existait dans ce conflit d'ambitions, surtout parmi le menu peuple, beaucoup de sentiments religieux et patriotiques. Mahhi-ed-Din était d'ailleurs un marabout considéré, un homme de cœur et de ressource, qui avait longuement réfléchi sur la situation de ses compatriotes, et étudié, durant son voyage à la Mecque, l'organisation donnée à l'Égypte par Méhémet-Ali. Son appel fut entendu ; les Arabes accoururent par milliers de toutes les parties de la province, et se ruèrent sur les remparts d'Oran, après avoir sommé le général Boyer de leur en ouvrir les portes. Repoussés, ils ne comprirent que mieux la nécessité de se réunir et d'avoir un chef. Ils offrirent à Mahhi-ed-Din de prendre d'une manière définitive l'autorité qu'il exerçait temporairement. Soit qu'il se sentît trop vieux et trop fatigué pour un pareil rôle, soit qu'il voulût assurer une plus longue durée à son œuvre en la remettant à de plus jeunes mains, Mahhi-ed-Din refusa le pouvoir et désigna, comme plus capable de l'exercer, son jeune fils Abd-el-Kader, déjà signalé par sa science et sa piété, orateur éloquent, cavalier parfait, et qui venait de montrer une bravoure audacieuse.

Trois tribus consentirent à recevoir les ordres de ce jeune homme : les Hachems, voisins de Mascara, parmi lesquels il était né, les Gharabas et les Beni-Ammer. Bien entendu qu'il n'était pas question de se donner un dey, encore moins un sultan; c'était un chef militaire qui devait conduire les croyants à la guerre sainte, et dont le pouvoir, essentiellement temporaire, finirait avec la nécessité.

Même ainsi limitée, l'autorité naissante d'Abd-el-Kader rencontra des rebelles. Plusieurs tribus protestèrent, entre autres celles des Douairs et des Smelas, dont le territoire touchait aux murs d'Oran, et qui, aussi haïe que puissante, avait été en toute occasion, sous le gouvernement turc, l'auxiliaire des beys, qu'elle accompagnait dans les expéditions entreprises pour lever l'impôt, presque toujours acquitté de mauvaise grâce. La situation des Douairs et des Smelas était difficile : ils voulaient bien entrer dans une coalition dont ils auraient eu la conduite; mais, outre que leur orgueil répugnait à obéir à l'un de ces scheiks qu'ils avaient si longtemps fait trembler, ils ne se dissimulaient pas que les propriétés qu'ils possédaient dans Oran seraient perdues, et que leur territoire, placé sous la portée du canon chrétien, deviendrait inhabitable. Nul moyen pour eux de se porter plus loin dans l'intérieur. Ces vastes espaces, incultes, arides, dépouillés, ne contiennent pas un pouce de terrain qui n'ait un maître, disposé à le défendre avec toute l'énergie du besoin. La plupart des guerres que se font les tribus sont des guerres de territoire : elles se battent pour se ravir un pâturage, un champ de blé ou d'orge : chacune d'elles se trouve à l'étroit dans le cercle où elle promène ses troupeaux et ses tentes. Les Douairs, sous le coup de ces intérêts qui étaient vraiment pour eux l'intérêt de la vie, ne pouvaient faire la guerre que pour arriver à la paix, si les premiers efforts des Arabes ne parvenaient pas à chasser les Français. Cette seule considération aurait suffi pour empêcher les autres tribus de leur donner la conduite des affaires, malgré les avantages que pouvaient d'ailleurs procurer leurs armes, leur courage, et l'expérience militaire de leur agha Mustapha-ben-Ismaël (devenu depuis notre allié). A cette occasion de vives inimitiés se réveillèrent entre les Douairs et les Gharabas, pillards, insoumis, souvent châtiés par les Douairs. Abd-el-Kader, élevé par les Gharabas, prit naturellement parti contre les Douairs; mais il temporisa, et n'étant pas encore en mesure de s'attaquer à de tels ennemis, il entreprit d'établir son autorité par d'autres moyens. Sur ces entrefaites, Mahhi-ed-Din, s'étant retiré à Tlemcen, y mourut. On accusa le kaïd de cette ville, Ben-Nouna, de l'avoir empoisonné. Le fait est douteux; car Abd-el-Kader, qui chérissait son père, a toujours traité Ben-Nouna avec considération et faveur, et ce ne peut être par crainte : il s'est défait d'ennemis plus puissants.

Le jeune chef, à peine élevé sur le pavois, forma, dans les trois tribus qui l'avaient élu, une assez forte troupe de cavaliers, à la tête de laquelle il se rendit à Mascara. Il se présenta devant cette ville en ami, et sa première demande fut humble; il ne réclama qu'un logement, qui fut donné de bonne grâce au vaillant soldat de la guerre sainte. Il se mit immédiatement à prêcher l'union entre les musulmans, la haine aux chrétiens, la fidélité aux préceptes et aux pratiques de la religion, toutes choses qui devaient être et qui furent écoutées avec plaisir. Au bout de quelques jours, il fit comprendre qu'il convenait que son logement fût meublé. Il avait déjà des partisans : on lui apporta donc nattes et tapis, et le peu d'objets qu'il faut pour composer un mobilier arabe. Il convoqua ensuite les chefs et les marabouts, afin de s'occuper avec eux des affaires du pays. Mus par le patriotisme, par la curiosité, quelques-uns, peut-être, déjà poussés par la jalousie, ces notables se rendirent en grand nombre à sa demeure. Il les reçut, son chapelet à la main, modestement accroupi sur une des nattes qu'on lui avait données, sans aucun insigne de commandement, de richesse ou de puissance, et leur parla longuement de la nécessité de faire la guerre aux chrétiens, appuyant, selon l'usage, son discours par de nombreuses citations du Coran. Touchant ensuite à sa position personnelle, il déclara que, puisqu'on l'avait élu chef, il ne le serait que pour se montrer le plus dévoué des défenseurs de la religion; qu'il ne voulait rien pour lui, se défendant d'imiter les Turcs, dont Dieu les avait délivrés; qu'il ne prétendait enfin commander que pour faire la guerre, la finir et assurer la liberté du pays.

Cette harangue fut bien accueillie. Cependant, pour s'assurer plus particulièrement le concours désirable des personnages saints, Miloud-ben-Arach et quelques autres affidés prirent à part les marabouts. « Voyez-vous, leur dirent-ils, tout ceci est fort heureux pour la religion. Laissez faire Abd-el-Kader; les marabouts régleront tout avec lui, et feront refleurir parmi le peuple la sainte loi de notre seigneur Mahomet. » Les marabouts entendirent par là, selon la pente de leur esprit et la vivacité de leur foi, tout ce qu'ils voulurent; les uns, qu'en effet ils verraient, par leurs soins, la religion refleurir; les autres, et ce fut le plus grand nombre, qu'Abd-el-Kader se proposait d'établir une sorte de gouvernement théocratique, et qu'ils allaient agir en maîtres absolus. Ce qu'il y a de bien certain, c'est qu'ils y furent tous pris. Mohammed-ben-Schâ lui-même, personnage d'une grande finesse, de qui je tiens ces détails et qui faisait partie de l'assemblée, en crut bonnement Ben-Arrach et me l'avoua. Abd-el-Kader, d'ailleurs, outre l'importance réelle que lui donnait l'élection des trois tribus, outre la protection des souvenirs et des travaux de son père, et l'estime que l'éclat de son courage inspirait aux guerriers, était accrédité auprès des marabouts, par son intelligence qui plaisait aux ambitieux, par son savoir qui charmait les savants, par son zèle musulman et par l'irréprochable pureté de ses mœurs qui exaltaient les plus pieux, lesquels étaient aussi les plus influents. Sur ce chapitre des mœurs, Mohammed-ben-Schâ m'a dit encore qu'avant ces événements, lorsque l'émir n'était qu'un jeune et joli cavalier, à qui rien ne présageait la hauteur de ses destinées prochaines, lui ayant « quelquefois parlé de choses dont, à la vérité, il aurait mieux fait de ne pas l'entretenir, » ce dernier, baissant les yeux, avait toujours répondu qu'il convenait de laisser de pareils discours, et que Dieu leur offrait d'autres sujets de conversation. « Était-ce, ajoutait Ben-Schâ, assez incrédule aux vertus des marabouts, quoique marabout lui-même, était-ce pour me tromper dès lors? ne se donnait-il pas carrière en secret? c'est ce que je ne puis vous apprendre. On sait bien ce que dit Abd-el-Kader; mais (posant le doigt sur son front et secouant la tête) ce qu'il pense,... *magache!* personne que lui ne le sait. »

Le jour même de l'entrevue, lorsque les chefs se dispersaient, les uns dans la plaine, les autres dans la montagne, pour en porter partout la grande nouvelle, des crieurs se répandirent par la ville, répétant partout à haute voix : « Dieu est grand ! Dieu est grand ! Arabes, sachez que le hadj Abd-el-Kader, fils du seigneur Mahhi-ed-Din, est notre iman pour la guerre sainte (*Djehad*) contre les chrétiens maudits. Il n'imitera point les Turcs, il ne lèvera point de contributions pour lui ; il est votre frère, Arabe comme vous. C'est notre iman pour la guerre sainte. Dieu est grand ! Dieu est grand ! Amen ! Amen ! »

Et tous les Arabes, tant ceux de la ville qui entendaient les crieurs, que ceux de la campagne, à qui les cavaliers portaient des lettres conçues dans les mêmes termes, connaissant déjà, pour la plupart, le jeune marabout, répondaient : « Louange à Dieu ! Amen ! »

C'est ainsi qu'Abd-el-Kader fut proclamé.

Chez les Arabes la légende pousse vite sur l'histoire. C'était une chose merveilleuse et qui flattait singulièrement l'amour-propre du menu peuple de voir un Arabe à la tête des Arabes et par l'élection des Arabes. Rien de pareil n'avait eu lieu depuis l'avénement des Turcs. Abd-el-Kader et ses familiers virent combien ces sentiments favorisaient le nouveau pouvoir, et ils ne négligèrent aucun moyen de les fortifier. On se mit donc à publier mille histoires étranges, mille prophéties, mille récits de personnages saints qui avaient entouré le berceau et l'adolescence du jeune chef, et prédit ses hautes destinées. Ces fables, accueillies et répétées avec une crédulité parfaite, contribuèrent puissamment au prestige qui entoura presque aussitôt l'émir, et qui lui permit d'étendre ses entreprises.

Bien que les Douairs et les Smélas se tinssent éloignés, Abd-el-Kader avait aussi parmi eux ses partisans ; les Smélas surtout étaient assez disposés à le suivre, et quelques-uns de leurs chefs obéirent presque immédiatement à son appel; le reste hésitait entre les avantages que leur offrait l'alliance des Français et l'horreur que leur inspirait le nom chrétien; tantôt voulant traiter avec le gouverneur d'Oran pour conserver leurs propriétés et les profits du commerce, tantôt voulant tout sacrifier, tout abandonner pour obéir aux préceptes de la religion; mais d'une part Abd-el-Kader était bien faible et bien nouveau, de l'autre le pouvoir des chrétiens était bien précaire; tout était incertitude et danger. Sur ces entrefaites, Abd-el-Kader, comme chef de la guerre sainte, ayant une autorité de droit sur tous les musulmans, leur intima de ne plus envoyer ni hommes, ni chevaux, ni vivres aux marchés des chrétiens. C'était le point délicat de la question. On délibéra, mais, au milieu de ce conseil agité de doutes si graves, un cri se fit entendre : « Voici les mécréants! » En effet, le général Desmichels, qui avait succédé au général Boyer, averti, Dieu sait par qui et comment, qu'une tribu se trouvait à sa portée, était sorti d'Oran et investissait les Arabes avec une force imposante. « On se battit, me dit Mohammed, et j'étais là. Les Français tuèrent des Arabes, les Arabes tuèrent des Français, et, quand ce fut fini, il n'y avait plus à délibérer; il y avait la guerre et des morts à venger. » Les Smélas grossirent donc les forces d'Abd-el-Kader. Cependant celui-ci ne crut point à la sincérité de leur concours, et jugeant d'un ferme coup d'œil l'avenir par le passé, craignant aussi d'avoir en eux des alliés peu dociles, il les tint en suspicion, ne cessant de dire que les Smélas et les Douairs finiraient par aller aux Français.

Depuis le jour où il était entré à Mascara, y sollicitant un logement comme par charité, Abd-el-Kader n'avait pas laissé passer une heure sans s'occuper d'augmenter son pouvoir, et à force d'accroissements imperceptibles, ce pouvoir était devenu très grand. Il travaillait surtout à s'attacher le peuple ; nous avons vu comment il avait su s'y faire aider par les grands et par les marabouts; comment ses familiers lui attiraient les hommages d'une vénération superstitieuse. Connaissant mieux que personne la fibre populaire, il la caressa avec autant d'assiduité que de succès et d'adresse. Ne perdant aucune occasion de prêcher, soit à la mosquée, soit en public, il rappelait les musulmans à la sévère observation de la doctrine, et ne manquait jamais, surtout, de commenter les nombreux passages du Coran qui recommandent de faire la guerre aux infidèles ; il écrivait aux tribus, il allait les visiter, toujours environné de livres et ne quittant les livres que pour dire son chapelet; particulièrement exact à prier en public aux heures consacrées. Séduit par cet extérieur de dévotion, les Arabes venaient de tous côtés baiser sa main, et l'on ne savait déjà plus si l'honneur était rendu au marabout ou au sultan. Peu à peu Abd-el-Kader s'entendit donner ce dernier titre, il n'en a jamais eu d'autre. En effet, c'étaient les kalifes du sultan des chrétiens qui venaient gouverner la côte; le défenseur du pays pouvait-il être moins que le sultan des Arabes? Dans ces prédications, si Abd-el-Kader faisait intervenir le nom et l'autorité de l'empereur du Maroc, Muley-Abd-er-Ahman, chef spirituel des musulmans malékis; s'il faisait la prière en son nom, il avait soin de dire pourtant, hors de la mosquée, qu'en ce qui concernait le gouvernement du pays il n'y avait point d'autre empereur que le fils de Mahhi-ed-Din. Ce titre flattait plus la vanité nationale qu'il ne blessait le goût de l'indépendance. Le sultan ne négligeait pas d'ailleurs de répéter aux moindres paysans qu'il était leur frère, pauvre comme eux et le plus pauvre d'entre eux, n'acceptant rien pour lui-même que leurs aumônes, dont le modique secours suffisait à ses modestes besoins, faisant tout le reste pour la chose publique. Son costume restait celui des pauvres, jamais il ne portait de burnous brodé; on savait qu'il avait repris un de ses proches parents sur un manteau orné de franges d'or, et que ces futilités, dont on pouvait faire des ressources pour la guerre sainte, étaient sévèrement condamnées par lui. Il se montrait accessible à tout le monde, se prêtait de bonne grâce à juger les différends qui lui étaient soumis. Ceux qui le voyaient tirer du livre précieux ses équitables sentences, émerveillés de sa sagesse, de sa piété, de son zèle, se disaient : « Certes, celui-là est bien un envoyé de Dieu, » et tous les cœurs étaient à lui.

Cependant il avait levé des contributions; les marabouts s'apercevaient qu'ils n'étaient pas tous du conseil, les grands remarquaient que ce sultan des pauvres, qui proscrivait le luxe et se contentait d'avoir un bon cheval et de bonnes armes, ne rendait pas toujours compte de sa pensée lorsqu'il commandait, mais voulait toujours être obéi, même des plus puissants et des plus fiers. Réflexions dangereuses, car déjà personne n'était plus assez fort pour désobéir. Il y eut néanmoins quelques murmures, quelques pourparlers de gens qui cherchaient à s'entendre et à se liguer. Abd-el-Kader le sut; il jeta au milieu de ces trames ébauchées le yatagan de son bourreau. Les hautes têtes qui tombèrent apprirent à tous qu'il y avait un maître. Ceux des grands qui s'étaient trop compromis cherchèrent leur salut dans la fuite, les autres acceptèrent le joug. Abd-el-Kader avait bien été proclamé chef, mais en usant du bourreau il semblait qu'il se fût sacré.

Nous allons le voir maintenant marcher en prince, châtier les tribus, exiger les impôts, faire la paix, faire la guerre, organiser ses réguliers à pied et à cheval, et s'agrandir par tous les moyens. Les préparatifs de cette puissance, aujourd'hui certaine, lui avaient coûté un an de soins et de dissimulation.

Les tribus avaient fait le vide autour d'Oran, et la garnison française, mal approvisionnée, y languissait, trop faible pour aller à vingt ou trente lieues détruire la puissance naissante qui déjà l'affamait, et en tout cas paralysait son action. Nos sorties n'avaient d'autre résultat que de faire tuer quelques hommes et de fatiguer les autres, qui venaient au retour encombrer les salles, les corridors et jusqu'aux cours des hôpitaux. On commençait à parler d'Abd-el-Kader comme du maître du pays. Le général Desmichels, tenté par des Juifs qui espéraient de grands profits, et désirant surtout se faire rendre quelques prisonniers français, résolut de traiter avec le jeune chef, qu'on appelait alors chez nous le bey de Mascara. Il fit les premiers pas. Une lettre, où il n'était question que du rachat des prisonniers, fut écrite à Abd-el-Kader, qui se montra tout d'abord fin politique en recevant mal une ouverture si flatteuse pour lui. Il répondit, mais pour nous reprocher le sang répandu, les femmes, les enfants victimes de nos surprises, et tous les malheurs de la guerre. Sa lettre ne satisfit pas le général Desmichels, mais elle le séduisit : nous n'étions pas alors familiarisés avec les grands sentiments de la diplomatie arabe. Une seconde dépêche, plus explicite que la première, partit d'Oran : elle commençait à disserter sur les avantages et les douceurs de la paix. Abd-el-Kader ne se montra pas plus empressé. Sans s'expliquer catégoriquement au sujet des prisonniers, il laissa percer dans sa réponse, longtemps attendue, l'intention de les rendre. Le général crut avoir affaire à Malek-Adel; il poussa la négociation avec une ardeur visible. La paix était certainement désirable, et nous ne nous trouvions guère en état de faire autre chose; néanmoins les Juifs qui entouraient le général français, profitant d'une inexpérience trop naturelle pour qu'on ait besoin de l'excuser, lui firent commettre quelques fautes de conduite assez graves, en exagérant à ses yeux et la force d'Abd-el-Kader, qu'ils avaient fini par mettre à la tête de dix-sept cent mille hommes, et la difficulté de traiter avec un pareil potentat. Abd-el-Kader, encore mal assis, sans autorité sur les riches tribus du Chélif, inquiété par Mustapha et ses Douairs, avait grand besoin d'une trêve; les Juifs en savaient là-dessus plus long qu'ils n'en dirent au général Desmichels, homme intègre et brave officier, mais diplomate novice. Enfin l'Arabe voulut bien s'expliquer en termes plus clairs; il demanda qu'on lui soumît les termes d'une convention, et chargea de ses pouvoirs ce même Miloud-ben-Arrach dont nous avons déjà parlé, que nos généraux et nos ministres ont depuis vu plus d'une fois à l'œuvre, et qui cache sous des dehors ordinaires beaucoup de ruse et de sagacité. Comme les Arabes naissent cavaliers, on dirait qu'ils naissent diplomates. Quelques articles furent rédigés en hâte, et cinq Français allèrent sans escorte les porter à Miloud, qui était resté à deux lieues de la ville avec cent cavaliers gharabas. Nos Français se fiaient complétement à la loyauté des Arabes; à force de bravoure leur démarche avait de la dignité. Deux Juifs influents se joignirent en qualité d'interprètes à ces coureurs d'aventures. Ils flairaient des bénéfices;

la paix leur en procura véritablement d'assez gros, sans compter ceux qu'ils tirèrent de la négociation.

Deux jours après, Miloud se rendit lui-même à Oran. Il éleva très-haut les prétentions de son maître, demandant qu'on lui remît Arzew d'abord, et ensuite Mostaganem. Le général Desmichels ne pouvait pas et ne voulait pas y consentir; cette demande fut écartée. On sait quels autres avantages il fit à l'émir : l'alliance de la France contre ses ennemis, les fournitures d'armes et de munitions de guerre, le monopole de l'exportation des grains par le port d'Arzew, etc. Abd-el-Kader reçut ce traité sur le bord de l'Habra, où il s'était tenu pendant la négociation.

La première entrevue du général Desmichels avec Miloud fut signalée par une conversation qui fit voir que les Arabes connaissaient dès lors parfaitement la limite de nos efforts. « Ma résolution était bien arrêtée, dit le général; je demandais des renforts pour avoir dix mille hommes; avec ces forces je serais sorti et j'aurais tenu la campagne pendant un mois. N'êtes-vous pas convaincu, Miloud, qu'Abd-el-Kader devait être alors nécessairement anéanti? » Miloud hocha la tête; et, après quelques instants de silence, il répondit avec une certaine dignité : « Je conviens que nous n'étions pas en état de vous tenir tête; aussi n'aurions-nous pas engagé une lutte inégale. Nous aurions reculé, s'il l'avait fallu, jusqu'au désert, en y poussant nos femmes et nos troupeaux; sans cesse nous vous aurions harcelés sans vous combattre; et ensuite, quand le mois se serait écoulé, quand vous n'auriez plus eu de vivres, qu'auriez-vous fait à votre tour, général? C'est alors que nous vous eussions attaqués de tous côtés. »

L'exécution du traité, particulièrement dans sa partie commerciale, devint la source de difficultés inextricables : elle lésait les intérêts des négociants français et ceux des Arabes. Quand les Arabes se plaignaient, les gens d'Abd-el-Kader leur donnaient des coups de bâton ; quand les plaintes venaient des Français, il fallait bien les entendre, mais on ne pouvait y faire droit sans se brouiller avec l'émir : de là un malaise et des réclamations continuelles. On put dès lors prévoir que la paix ne serait pas de longue durée. On eut recours à quelques ruses pour détruire le monopole imprudemment créé en faveur de l'émir ; il fut plus rusé et plus hardi pour le maintenir en effet.

Aux termes du traité, Abd-el-Kader pouvait envoyer et envoya un consul à Oran. Lorsqu'il lui a fallu des agents pour traiter directement avec l'autorité française, il a choisi des Arabes civilisés, des diplomates capables de se conduire habilement et poliment, comme Miloud ; lorsqu'il a dû se faire représenter parmi les populations, dans nos villes, il a pris des fanatiques, qui, sans jamais vouloir rien concéder à nos usages, se sont appliqués à manifester au contraire leur haine et leur mépris pour nous. Le consul d'Oran fut un marabout d'ordre secondaire, ignorant, emporté, mais pèlerin de la Mecque et zélé pour l'islamisme, Hadj-Habib. Les Juifs le circonvinrent et firent son éducation consulaire : dans les mains d'un Juif, un Arabe, si grossier qu'il soit, fait toujours des progrès rapides. Habib s'empara de plusieurs attributions dont il pouvait abuser, et ses prétentions n'eurent plus de limites. Abd-el-Kader lui avait enjoint, ainsi qu'à ses autres agents, d'empêcher le retour à Oran et à Mostaganem des musulmans émigrés, dont le nombre, pour Oran seulement, s'élevait à plus de dix mille. Hadj-

Habib ne négligea pas ce devoir. Non content de s'opposer à la rentrée des émigrés, il travailla fort activement à faire partir le peu d'ouvriers maures qui s'étaient fixés chez nous : Abd-el-Kader projetait de grands travaux pour lesquels il avait besoin d'eux. La mairie d'Oran refusant de prêter son concours aux vexations qu'imaginait le consul, on vit alors une chose bien étrange. Cet homme, contrairement à nos lois de police, mais surtout contrairement à la loi de notre honneur, reçut directement de l'autorité militaire le pouvoir de faire écrouer les Arabes à la prison civile, sans autre forme que le bâton de quatre nègres à son service, qui allaient par les rues et les maisons arrêter ceux qu'il leur avait désignés. Ainsi Abd-el-Kader n'était pas sultan uniquement dans les tribus, il l'était bel et bien chez nous. On conçoit quelles idées les indigènes qui voyaient tous ces événements devaient se faire du pouvoir de l'émir et de la faiblesse de la France.

Pendant que ces choses se passaient à Oran, une petite légation française, à la tête de laquelle se trouvait un chrétien de Syrie nommé Abdallah, ancien mameluk devenu chef de bataillon, arrivait à Mascara sous le titre un peu trop pompeux d'ambassade. Le rapport des faits et gestes de cette ambassade, rédigé en forme de journal avec une extrême naïveté, fait voir que l'engouement du général Desmichels pour Abd-el-Kader était généralement partagé. Aussitôt qu'elle eut mis pied à terre, l'ambassade alla visiter l'émir, qui la reçut dans la *salle du trône*, où se trouvaient rangés les fusils français dont on avait fait présent à Abd-el-Kader lors de la conclusion du traité. Assurément le fils de Mahhi-ed-Din lui-même ne se doutait pas du nom dont on baptisait la chambre blanchie à la chaux où, accroupi sur une natte, il daignait accueillir poliment l'hommage de ses vainqueurs.

Les fonctions du commandant Abdallah étaient loin d'être aussi étendues que celles de Hadj-Habib. On lui faisait des visites, on lui en rendait, et il était témoin de l'activité d'Abd-el-Kader sans en prendre le moindre ombrage; au contraire, il y applaudissait : c'était le vœu de ceux qui l'avaient envoyé de voir toutes les tribus françaises soumises à l'autorité du *sultan*. On croyait encore avoir fait une paix avantageuse, tant l'homme s'abuse aisément sur la portée de ses œuvres et répugne à connaître qu'il s'est trompé.

Un mouvement extraordinaire régnait à Mascara. Tous les jours quelques grands personnages arrivaient ou partaient pour divers points de la province. Les uns allaient surveiller, prêcher, combattre des tribus encore insoumises; les autres, apaiser les discussions qui s'élevaient entre celles qui s'étaient attachées au parti de l'émir. Les envoyés de l'empereur du Maroc apportèrent des présents (30 mars 1834), et en remportèrent d'autres, probablement ceux qu'Abd-el-Kader avait reçus de nous, objets de luxe peu nécessaires sous la tente. Ils emmenèrent aussi des déserteurs espagnols de la légion étrangère, dont Abd-el-Kader fit cadeau à son auguste allié, sans se mettre en peine de la présence de notre ambassadeur, qui était justement là pour faire rendre les déserteurs, et qui ferma les yeux.

Au milieu des soins de la politique et du gouvernement, la justice de l'émir fonctionnait avec régularité. Le journal de l'ambassade note, à la date du 6 avril, l'exécution d'un Arabe pendu à la porte du marché pour avoir volé. Lorsque la corde, attachée à une pièce de canon qui dépassait le mur, fut attachée au cou du condamné, les bourreaux lui firent faire la prière, puis le poussèrent au bas du rempart. Le cadavre resta exposé pendant trois jours.

C'était surtout dans l'accomplissement des devoirs religieux qu'Abd-el-Kader se montrait exact. Tous les vendredis il sortait du palais pour se rendre solennellement à la mosquée. Huit chaouchs l'escortaient, un kaïd marchait devant lui. Le peuple ne manquait jamais de l'attendre à sa porte et de le suivre respectueusement jusqu'au temple, où, après avoir prié comme fidèle, il enseignait comme prêtre, traitant des affaires publiques dans le sens qui convenait aux nécessités du moment. Aucun cri n'était jeté sur son passage; mais la dignité de son maintien, la simplicité de son costume charmaient toute cette foule. Un jour, comme la sécheresse désolait les champs, il sortit tête et pieds nus pour aller faire des prières, afin d'obtenir qu'il tombât de l'eau; et il ordonna que les Juifs, précédés de leur rabbin, joignissent leurs supplications à celles des musulmans. Au retour de la mosquée, ayant reçu la visite de l'ambassade, il se montra plus familier qu'il ne l'était d'ordinaire. Il interrogea le commandant Abdallah sur la religion chrétienne, se faisant expliquer, dit le journal, *dans le moindre détail et ses bases et ses coutumes*. Dieu sait comment le digne commandant se tira de l'entretien. « Abd-el-Kader lui demanda s'il avait vu Dieu, et de quelle couleur il était; comment il se pouvait qu'il fût partout et qu'il vît tout. Le commandant le lui expliqua, et il parut fort étonné, ajoutant une foule de questions auxquelles le commandant ne put répondre, autant pour conserver sa dignité que par respect pour l'autorité du *sultan*. » Je croirais volontiers, d'après ce passage, qu'Abd-el-Kader a tout simplement voulu se moquer de l'ignorance de l'ambassadeur. Il est probable que le vendredi suivant les réponses de ce dernier auront servi de thème, en pleine mosquée, aux railleries et aux imprécations du marabout contre l'idolâtrie et l'impiété des chrétiens.

Mais le commandant avait d'autres connaissances dont l'émir tirait meilleur parti : il l'employait à la formation et à l'instruction du premier noyau de ses troupes régulières, composées alors de quelques centaines d'hommes, infanterie et cavalerie. L'idée même de posséder une force permanente lui venait de nous : c'étaient des déserteurs de la légion étrangère qui apprenaient aux Arabes le maniement du fusil, et l'ambassadeur les faisait manœuvrer pour occuper ses loisirs. Le général Desmichels, à qui l'on rendait compte de tout, écrivait à Abd-el-Kader pour le féliciter des heureuses dispositions de ses sujets, et lui promettait de lui donner, lorsqu'il le verrait et qu'il aurait pu apprécier les dispositions de ses troupes, des conseils qui pourraient leur convenir, et qui seraient dictés par une longue expérience de la guerre : cette incomparable bonne foi décourage le blâme. Abd-el-Kader en riait sans doute, et ne négligeait pas d'en profiter. Le commandant Abdallah trouvait en lui un élève remarquablement apte à profiter de ses leçons.

Deux ennemis sérieux luttaient encore contre Abd-el-Kader dans l'intérieur du pays : les Douairs avec une fraction des Smélas, commandés par Mustapha ; et les tribus du Chélif, ayant à leur tête Sidi-Lareby, personnage influent, jaloux de la puissance nouvelle, et résolu à la renverser. Le 10 avril, Abd-el-Kader partit de Mascara pour détruire ces rebelles. Sa sortie fut brillante. Il montait un superbe cheval ; à sa gauche, un officier portait le parasol, emblème de la dignité souveraine ; à sa droite se tenait l'agha ou généralissime, Abi-Boualem. Plusieurs étendards de diverses couleurs, au milieu desquels se déployait l'étendard vert de l'islamisme, l'entouraient ; il était accompagné de sa musique, autre attribut de commandement ; à sa suite marchait une cavalerie nombreuse. Il rencontra d'abord les Douairs, les mit en fuite et se dirigea sur Tlemcen, dont il voulait enlever la forteresse occupée par des Turcs et des Coulouglis ; mais, enflé de sa victoire, il campa sans précaution sur un terrain peu susceptible de défense ; il s'y endormit vainqueur et se réveilla vaincu. Au milieu de la nuit, Mustapha, qui avait eu le temps de réunir tous ses alliés, tomba sur le camp sans défense et le mit en déroute : il s'en fallut de peu que cette nuit ne terminât les destins de l'émir. Malgré le courage héroïque avec lequel il combattit, il ne put rallier son monde, et tous les cavaliers d'une tribu importante l'abandonnèrent. Ceux qui étaient restés à côté de lui, voyant le danger, le pressaient de se retirer ; il les traita de lâches et continua de se battre : on crut un moment que, désespéré, il voulait mourir sur le champ de bataille. Enfin, son cheval ayant été tué, il prit la fuite, abandonnant ses bagages, ses trésors, ses armes et une pièce d'artillerie. Le lendemain, il revint à Mascara, et, bravant la fortune contraire, il voulut que son entrée fût aussi brillante que l'avait été sa sortie. Le canon du fort le salua comme s'il avait triomphé. En effet, déjà Mustapha, n'espérant rien du côté des Français, qui avaient naguère repoussé toutes ses avances, et attendant moins de secours encore des tribus, avait demandé pardon de sa victoire. Il offrait à l'émir de lui rendre tout ce qu'il lui avait enlevé, et d'y ajouter un cadeau de trente mille boudjoux. Abd-el-Kader ne daigna pas même entendre les envoyés qui venaient, protégés par le drapeau d'un marabout, le solliciter d'agréer les excuses et d'accepter les offrandes du rebelle ; mais il poussa avec activité les préparatifs d'une nouvelle expédition. Au bout d'un mois il reprit la campagne, à la tête d'une nombreuse cavalerie que de nouveaux contingents ne cessèrent d'accroître pendant sa marche; s'attaquant d'abord au parti de Sidy-Lareby, il prit la petite forteresse d'El-Bordj, s'empara de la ville de Kalaah, et ruina, par plusieurs autres avantages et par la mort de plusieurs chefs, les espérances de son compétiteur. Toutes ses mesures furent bien prises et hardies, toutes ses marches rapides ; des tribus importantes, restées neutres jusque-là, se réunirent sous son commandement et lui jurèrent fidélité. De son camp, devenu si nombreux qu'il était obligé de le diviser en cinq parties, il envoyait à la légation française, restée à Mascara, le bulletin de ses succès. De nouveaux ambassadeurs de Muley-Abd-er-Ahman étaient venus le rejoindre et l'accompagnaient partout. Ils admiraient son courage, ses talents, sa piété, et peut-être que les dépêches où ils racontaient tant de triomphes étaient commentées avec plus de soucis dans les murs du Maroc que dans ceux d'Alger et d'Oran, où l'on se réjouissait naïvement de voir Abd-el-Kader « consolider son pouvoir, étendre son influence et affermir une paix qui nous permettrait de multiplier nos relations avec les Arabes et de les amener graduellement à la civilisation. » Certainement le moindre chef-d'œuvre de la diplomatie du jeune émir n'est pas d'avoir fait concourir à la formation et à l'accroissement de sa puissance deux empires qui devaient également la redouter, et entre lesquels, à ne considérer que le caractère des peuples et la marche naturelle des choses, il occasionnera un jour des querelles que l'un et l'autre ont le plus grand intérêt à éviter.

Mustapha n'était pas encore vaincu, mais il était seul ; l'empereur du Maroc lui ordonnait, comme pontife, de se soumettre, et il reculait devant Abd-el-Kader, en renouvelant chaque jour la demande d'un pardon que celui-ci ne voulait pas accorder. Enfin l'émir l'atteignit, le mit en déroute, et lui pardonna alors. Néanmoins Mustapha ne se fia pas à cette clémence. Battu, blessé, pillé après sa défaite par le plus grand nombre des siens qui l'abandonnèrent aussitôt et passèrent à l'ennemi, il se jeta en toute hâte dans la citadelle de Tlemcen, et fit bien.

Vingt et un coups de canon annoncèrent à Mascara ce dernier succès. Le peuple, convoqué par les crieurs publics, se rassembla sur la place, où vingt têtes de Douairs étaient exposées. Hommes, femmes, enfants, vieillards se pressaient pour considérer de plus près, pour toucher ces dégoûtants trophées qu'ils chargeaient d'imprécations, maudissant à la fois les instruments de la tyrannie ancienne et les adversaires du maître nouveau. Le cadi vint ensuite, et lut à haute voix une lettre d'Abd-el-Kader, qui rendait compte lui-même du triomphe de ses armes. La foule écouta dans un silence profond ; mais, chaque fois que le lecteur faisait une pause, toutes les voix, s'élevant ensemble, répétaient avec enthousiasme le même cri, le même vœu : *Amdullah !* Que Dieu lui donne la victoire !

Tels furent les commencements d'Abd-el-Kader. Ce serait faire une histoire de la domination française en Algérie que de le suivre plus longtemps dans le détail de ses continuelles entreprises. Nous en avons dit assez pour montrer qu'il n'est pas un ennemi vulgaire. Son système à l'égard des tribus fut de réduire par la force celles qui hésitaient à le reconnaître, et plus tard à le servir; et de les punir, après les avoir vaincues, par de lourds impôts. Il employa contre elles, il emploie toujours les armes et la ruse; mais la persuasion et le sentiment religieux l'ont encore mieux aidé. Qui forçait tant de Maures, tant d'Arabes, à l'abri de ses coups dans nos villes (j'en excepte celle d'Oran, où tout pouvoir semblait être laissé à son consul), d'abandonner leurs familles, leurs biens, à quoi ils sont si attachés, pour aller le retrouver, soit pendant la paix, soit pendant la guerre? Lorsqu'en 1834 le choléra eut dépeuplé Mascara, Abd-el-Kader enjoignit aux habitants de Mazagran de venir s'établir dans sa capitale : tous obéirent. On l'a regardé comme un saint; là fut, et sera tant qu'il aura vie, le principal élément de son pouvoir. Aucun de ses chefs ne l'a trahi; parmi ces populations, dont beaucoup sont lasses de la guerre, et qu'il oblige à combattre toujours, il y a des révoltes, il ne s'est pas trouvé un assassin. Abd-el-Kader, au milieu de ces Barbares pour lesquels sa gloire est devenue un fléau, et dont il a fait périr, sur le champ de bataille ou par la main de ses bourreaux, les amis, les frères et les enfants, est plus en sûreté que le roi des Français dans les rues de Paris : il est vraiment sacré.

Aussi ce levier de la foi religieuse, dont il connaît la puissance, est-il sans cesse entre ses mains. On peut dire que chez lui tout se fait au nom de Dieu. Le règlement qu'il a donné à ses troupes régulières est presque un catéchisme, tant le Coran y est invoqué. Chaque chapitre est précédé d'un préambule théologique, ou terminé par une prière; une profession de foi est gravée sur sa monnaie (1); chaque jour il prêche dans son camp; ses lettres aux tribus ne parlent, n'avertissent, ne commandent qu'en s'appuyant sur un texte sacré. Dans les traités qu'il a faits avec nous, jamais il n'a manqué de stipuler pour la religion.

Ses mœurs sont conformes à sa croyance, ou, pour mieux dire, meilleures que sa croyance. Il est fidèle époux, exact observateur de toutes les pratiques; il a su même se montrer ennemi généreux. La plupart des Français qui ont été ses prisonniers se sont loués de lui. Peu à peu il a renoncé à les convertir par la force, et, chose étrange, on l'a vu contraindre ses agents à leur laisser observer le repos du dimanche, qui est violé chez nous.

Ces qualités réelles ont fait de l'émir le prophète, on pourrait dire l'idole de tous les musulmans. La vénération qu'il leur inspire ne va pas chez tous jusqu'à se sacrifier pour lui, mais elle a jusqu'à présent suffi à nous tenir en échec. Si nous parvenons à détruire Abd-el-Kader, on pourra dire non-seulement que nos armes ont fait un grand prodige, mais aussi que la foi musulmane s'est immensément affaiblie, et que ce peuple, fanatique encore, ne l'est plus assez pour fermer ses yeux et son oreille aux lumières et aux accents de la vérité. Puissions-nous le comprendre et ne pas laisser retourner de nouveau ces populations à leur faux culte, moins par estime pour lui que par besoin de croire et par mépris de notre incrédulité.

---

(1) Abd-el-Kader a fait faire une misérable monnaie de cuivre, grossièrement frappée, dont la valeur est nulle. Sur les *fels* on lit : *La religion aimée de Dieu est l'islamisme;* sur les mouzounas : *Je remets tout à Dieu, car il est le meilleur des oukils* (chargés d'affaires).

XXII

L'ÉVÊQUE ET LE CLERGÉ.

Monsieur Dupuch avait été destiné par sa famille à la magistrature. Ses études achevées, on le laissa à Paris pour faire son droit. Il employa saintement sa jeunesse, uni à des amis de son âge qu'animait un zèle admirable, et dont plusieurs sont entrés depuis dans les ordres sacrés et sont devenus évêques, entre autres Mgr l'évêque actuel de Langres, Mgr de Blanquart archevêque de Rouen, etc. Tous s'occupaient gaiement de bonnes œuvres. Ils priaient en commun, allaient en commun visiter les malades, exhorter les prisonniers, faisaient ensemble des pèlerinages, l'hiver, à pied, surtout pendant le carnaval. Au nombre de cent et plus, le chapelet à la main, ils se rendaient jusqu'au mont Valérien, où ils priaient pour Paris plongé dans ses saturnales. Après avoir passé une partie de la journée devant l'autel, ils faisaient un modeste repas composé des provisions emportées dans les poches. Au milieu de tout cela un geste, un mot provoquaient des rires sans fin, et en vérité quelle raison avaient ces âmes innocentes d'être tristes ! la gaieté allait parfois jusqu'à l'espièglerie. Les réunions se tenaient chez de bons missionnaires qu'on s'amusait à réveiller en se pendant à la clochette du monastère, ou à effrayer en descendant du cénacle à cheval sur la rampe de l'escalier.

Ces beaux coups se faisaient le lendemain du jour où l'on avait été entendre deux ou trois prédicateurs, et quelquefois le jour même : ce qui n'empêchait pas qu'on ne fût chaste, sobre, dévoué, et qu'on ne donnât aux pauvres la plus grande partie de la petite rente que la famille accordait pour les menus plaisirs et même pour les strictes nécessités.

Dès ce temps-là le jeune Dupuch se sentit une commisération infinie pour les pauvres enfants abandonnés, particulièrement pour les petits Savoyards, en faveur desquels il fit depuis de si belles œuvres. Il les recueillait, formait des associations pour venir à leur aide, s'engageait à tout, acceptait tout, et ne savait plus comment sortir des embarras qu'il s'était créés. Mais l'aspect d'un de ces malheureux enfants était plus fort sur lui que tous les conseils de la raison, et, déjà chargé outre mesure, il prenait encore celui-là, et celui qui venait ensuite.

Cette tendresse pour les Savoyards lui inspira le désir d'aller vénérer à Annecy les reliques de saint François de Sales. Il voulait en même temps, par l'intercession de ce grand saint, obtenir quelques lumières sur sa vocation encore obscure. Son dessein était bien d'entrer dans les ordres, mais tantôt il le désirait plus, tantôt il le désirait moins. Sa famille lui demandait de rester dans le monde.

Arrivé à Genève, toujours si solitaire pour le voyageur et l'étranger, il s'y enferma pour réfléchir plus sérieusement sur l'emploi qu'il ferait de sa vie. Ainsi ce fut dans une chambre d'auberge, au milieu de la ville de Calvin, que le jeune homme qui devait être plus tard et bientôt même évêque d'Alger (qui pouvait alors penser qu'Alger allait avoir un évêque !) commença à regarder en face les redoutables obligations du ministère sacerdotal.

Après quelques jours donnés à ces méditations, dirigées par les conseils de l'illustre curé de Genève, M. l'abbé Vuarin, instrument d'une résurrection plus difficile peut-être que celle de l'Algérie, le jeune voyageur se rendit à Annecy. Par je ne sais quelle erreur, assez justifiée alors, la police sarde le prit pour un commis voyageur chargé de répandre les idées libérales. A peine arrivé, il reçut l'ordre de partir, s'il ne voulait être reconduit à la frontière par la gendarmerie. Il y avait dans cette rigueur de quoi faire peur à un bon et naïf jeune homme. M. Dupuch ne manqua pas de s'effrayer, il promit de s'en aller sur l'heure. Pourtant il lui paraissait bien dur de ne pas voir le tombeau du saint : il courut remettre au curé d'Annecy des lettres de recommandation dont il était chargé. Nouvel embarras : ce curé, par une méprise plus étrange que celle de la police, le prit à son tour pour un aventurier, le reçut fort mal, et finalement, refusant de l'écouter, le mit à la porte. Le pauvre jeune pèlerin, le cœur gros, comme on pense, se hasarda néanmoins jusqu'à franchir le seuil de l'église, et, n'osant plus parler à personne, chercha tout seul le tombeau de saint François. Hélas ! il ne le put trouver ! Alors il perdit patience, et, voyant qu'il faudrait s'enfuir non-seulement sans avoir entendu la sainte messe comme il se l'était proposé, mais encore sans pouvoir se prosterner devant les reliques bienheureuses qu'il était venu voir de si loin, il se laissa tomber à genoux dans un coin obscur de l'église, fondant en larmes. En ce moment passa un prêtre qui lui demanda ce qu'il avait à pleurer ainsi. M. Dupuch conta son aventure. Touché du chagrin qu'il laissait voir, ce prêtre le conduisit aux reliques de saint François, et le laissa les vénérer tout à son aise. Après quoi, le cœur bien remis, notre pèlerin reprit en hâte le chemin de Genève, croyant avoir à ses trousses le corps entier de la gendarmerie sarde.

Cependant les doutes de M. Dupuch n'étaient pas dissipés, ou du moins il ne sentait pas qu'ils le fussent. Il avait besoin, pour se décider, de l'autorité du prêtre qui gouvernait sa conscience. C'était feu M. Borderies, depuis évêque de Versailles. Il alla le trouver à la veille d'une grande fête, et l'entretint plus longtemps encore que de coutume de ses anciens désirs. M. Borderies le renvoya à un an. Ce long terme assigné à la décision d'un point si important désola le fervent jeune homme. Sa vocation, si incertaine encore la veille, se manifestait maintenant de manière à ne plus lui laisser de repos. Il alla, pour se calmer, entendre à Saint-Étienne-du-Mont un pieux et illustre missionnaire, M. Rozan. Au moment où M. Dupuch entrait dans l'église, le prédicateur prononçait ces mots : « Lorsque les saints arriveront au ciel, ils pous-
« seront un cri d'étonnement, d'admiration et d'ivresse,
« et ce sera toujours ainsi ! » Il n'écouta pas davantage ; il revint troublé de regrets, de désirs et d'attente ; il craignait que dans l'intervalle d'un an ses parents ne lui fissent faire vers le monde un pas qui lui serait décisif. Il passa la nuit dans ces angoisses, et ne retrouva que le lendemain, à la sainte table, un peu de calme, qui fut de courte durée, car, étant allé ensuite à la grand'messe à Saint-Sulpice, une émotion si vive le saisit, que, s'agenouillant à l'entrée de l'église, sous l'orgue, il fut obligé de couvrir son visage de ses deux mains pour cacher ses larmes et contenir ses sanglots. Oubliant tout au monde dans cette effusion d'amour, il ne s'aperçut que l'office était fini que quand la plus grande partie du jour fut écoulée. O grâce de la prière et des larmes ! là où la force

de l'homme s'épuise, grandit la force de l'amour. Le jeune chrétien alla retrouver son confesseur : « Non, lui dit-il, mon père, je ne dois pas attendre une année encore ! » Et, tout ému de son espérance, tout baigné de ses inépuisables larmes, il fit une vive peinture de ce qui se passait en lui. M. Borderies le regarda un moment en silence ; puis tout à coup : « A genoux, mon fils, lui dit-il, et souviens-toi ! L'autre jour je t'ai renvoyé, je devais le faire alors. Maintenant je ne t'arrête plus. Va où Dieu t'appelle ; va en paix. » Le surlendemain M. Dupuch entra au séminaire d'Issy. Il y retrouva ses confrères, ses camarades de l'école de droit et des réunions de charité : l'un d'eux était M. de Ravignan. C'était en 1822, un mois après le voyage d'Annecy.

Un jour, dans une de ces récréations du séminaire qui sont si franches et si gaies, on se renvoyait mutuellement des accusations bouffonnes. « Dupuch, dit quelqu'un, veut être pape. — Non, répondit-il, évêque d'Alger. » C'est qu'en effet il voulait être missionnaire, et quelle est la terre si funeste, si meurtrière et si bien défendue où le missionnaire ne puisse être appelé à souffrir et à mourir !

La vie sacerdotale de l'abbé Dupuch fut celle d'un bon prêtre, c'est assez dire. Missionnaire, il apprit ce que Dieu peut faire, et veut faire, et fait souvent pour sauver les hommes. Si l'impiété savait (mais que sait-elle?) ce qu'est la vie d'un missionnaire, elle ne s'étonnerait plus d'en voir toujours, d'en voir partout, malgré les fatigues qu'ils s'imposent, malgré les déboires dont on les abreuve, malgré les supplices par où l'on veut les épouvanter et les détruire. Des événements miraculeux les entourent ; les coups multipliés de la grâce frappent autour d'eux la multitude des âmes ; ils sont habitués à voir les pécheurs les plus endurcis sortir de leur endurcissement, et les populations les plus féroces s'adoucir sous leur main qui bénit. Ils bravent les difficultés pour les avoir toujours vues disparaître, car c'est les faire disparaître que d'en triompher ; ils bravent les menaces, parce qu'ils ne craignent point la mort, ou la désirent comme un succès. Ainsi s'entretient et s'anime en eux cette foi qui transporte les montagnes.

Ce fut par une lettre de Mgr Garibaldi, internonce du saint-siége, que Mgr Dupuch apprit à Bordeaux son élection ; bien étonné surtout du siége où on l'appelait, car il n'avait pas encore été question d'un évêché à Alger. On le pressait d'accepter ; il se hâta de consulter son archevêque, Mgr Donnet, et le surlendemain, à la nuit, dans une pauvre maison de campagne où il s'était réfugié pendant un orage, en proie à des émotions écrasantes, il écrivit, à genoux, au saint-père, qu'il obéissait. A peine était-il de retour à Bordeaux, qu'une dépêche télégraphique le demande sur-le-champ à Paris. Il part, arrive chez l'internonce, qui le conduit aussitôt à M. Molé, président du conseil, à M. Barthe, ministre des cultes ; lui fait ensuite chercher des témoins pour ses informations, écrire la profession de foi, prêter serment à l'Église, et ne le laisse partir qu'après l'accomplissement de ces formalités. Les informations furent promptement adressées à Rome, un consistoire tenu, Mgr Dupuch préconisé, et les bulles expédiées de Rome à Paris avec la même célérité (1).

---

(1) Voici un passage de la bulle d'institution canonique adressée à l'évêque d'Alger. Les enfants de l'Église entendront avec joie la douce majesté de son langage.

« Grégoire, évêque, serviteur des serviteurs de Dieu, à notre cher fils Antoine-Adolphe Dupuch, élu évêque de l'Église de Julia-Césarée ou d'Alger, salut et bénédiction apostolique.

Lorsque ce nouvel évêque de l'Afrique, ce premier évêque de l'Algérie, ayant reçu à Rome les plus amples bénédictions du père commun des fidèles, qui le chargea de pieux présents, aperçut de loin les minarets de sa ville épiscopale ; lorsque au bruit du canon (l'église d'Alger n'avait pas de cloches encore) il toucha le sol de son diocèse ; lorsque entouré des flots de ce peuple étrange, qui était son peuple, il franchit le seuil de la mosquée où l'on adorait Jésus-Christ, quels impétueux mouvements d'amour, de crainte, de foi, d'espérance, durent envahir son âme ! Il me disait tout à l'heure, causant avec moi sur la terrasse de son palais, dans le frais silence d'une

« ..... Après avoir attentivement délibéré avec nos vénérables frères les cardinaux de la sainte Église romaine, sur les moyens de préposer à cette Église de Julia-Césarée ou d'Alger une personne utile et capable de produire des fruits de salut, nous avons enfin tourné les yeux de notre âme vers vous. Né dans la ville de Bordeaux de parents catholiques et honorables, parvenu à la trente-neuvième année de votre âge, depuis longtemps prêtre et vicaire général au spirituel de notre vénérable frère l'archevêque de Bordeaux, vous avez ouvertement professé la foi catholique, conformément aux articles depuis longtemps définis par le siége apostolique ; Louis-Philippe, roi, vous a présenté à nous par ses lettres pour occuper ce siége, et des témoignages dignes de foi nous ont fait connaître votre gravité, votre prudence, votre science, vos habitudes vertueuses et votre expérience éclairée des fonctions ecclésiastiques.

« Toutes ces choses étant pesées avec l'attention qu'elles méritaient, nous vous avons agréé, nous et nos frères les cardinaux de la sainte Église romaine, à cause de votre mérite, qui nous en faisait un devoir ; et, d'après le conseil de ces mêmes frères, par notre autorité apostolique, nous pourvoyons à l'Église de Julia-Césarée ou d'Alger, nous vous proposons à elle comme évêque et pasteur, et nous vous remettons pleinement le soin, le gouvernement et l'administration de cette Église de Julia-Césarée ou d'Alger, tant au spirituel qu'au temporel. Nous confiant en celui qui donne la grâce et accorde la récompense, nous espérons que, le Seigneur dirigeant vos actes, l'Église de Julia-Césarée ou d'Alger sera utilement conduite sous votre heureux gouvernement, et que, dirigée avec bonheur, elle prendra d'heureux accroissements au spirituel et au temporel.

« Recevez donc avec une dévotion empressée le joug du Seigneur qui est mis sur vos épaules, et efforcez-vous de vous acquitter de cette administration et de ce gouvernement avec tant de sollicitude, de fidélité et de prudence, que l'Église de Julia-Césarée ou d'Alger puisse se réjouir de la prévoyance de son chef et de son administration féconde en heureux résultats, et que vous-même vous méritiez de plus en plus, outre l'éternelle récompense, notre bénédiction, notre bienveillance, et la reconnaissance de votre Église. »

de ces belles soirées d'Afrique, en face de cette mer soumise à la France, en face de cette même église dont le minaret, maintenant surmonté d'une croix, se montrait à nos yeux à la lueur des étoiles ; il me disait qu'il avait pensé à tout cela avec un mélange de sentiments inexprimables : qu'il était à Alger, qu'il y était dans sa cathédrale, qu'il succédait à saint Augustin ; que le premier, comme évêque, il revenait sur cette terre après quatorze siècles ; et que, répétant cette parole du psaume : *Qui habitare facit sterilem in domo, matrem filiorum lœtantem*, il avait béni Dieu et pleuré de tout son cœur. Hélas ! que d'autres larmes il a dû verser !

Évêque sans clergé, au milieu d'un peuple infidèle ou incrédule, un des premiers actes de son autorité épiscopale dut être d'interdire deux des rares prêtres dont il pouvait disposer. Appuyé par les autorités les plus hautes, à Paris, par le roi, par la reine, par le ministre ; à Alger, par le gouverneur général ; mais ayant contre lui une bureaucratie intraitable, qui, soit à Alger, soit à Paris, est la même partout ; repoussé par l'indifférence des riches ; trop pauvre, malgré les dons nombreux des fidèles de France, pour pouvoir assister tant de pauvres qui venaient frapper à sa porte ; soigneusement tenu en dehors de tout conseil administratif, et n'étant lui-même que le plus tracassé des administrés ; séparé des soldats, comme nous l'avons vu ; bientôt suspect de nuire à nos progrès auprès des musulmans, à qui l'on veut absolument que sa mission fasse ombrage, il ne tarda pas à s'apercevoir que l'évêque d'Alger n'était que le curé d'une de ces paroisses de France où le conseil municipal, regardant le culte comme une charge inutile du budget, ne veut jamais ni rebâtir le presbytère, ni réparer l'église, ni surtout permettre que le pasteur paraisse hors de la sacristie, dans laquelle on se réserve d'aller le tourmenter à plaisir.

Cependant M. le maréchal Valée avait compris que la religion était appelée à faire quelque chose en Afrique, et que là où la France planterait une croix, elle resterait plus longtemps que là où elle porterait seulement un drapeau. C'est lui qui a fait mettre des croix sur la cathédrale ; c'est lui qui a donné l'église de Blidah, et qui l'a fait surmonter d'une croix : sans lui le croissant dominerait peut-être encore ces édifices (1). M. le général Bugeaud, gouverneur actuel, semble vouloir entrer dans la même voie : il ne s'est pas opposé à ce que l'on élevât une croix sur la petite église de la Casbah, et il a permis que des prêtres suivissent nos colonnes expéditionnaires, ce qui n'avait pas encore été autorisé jusqu'ici. Mais que peuvent l'intelligence et la bonne volonté du chef, occupé de tant d'autres soins plus importants à ses yeux, contre les étroites passions des sous-ordres et les rébellions

---

(1) Le 4 novembre 1840, M. le maréchal comte Valée écrivit, de Blidah, à Mgr l'évêque d'Alger la lettre suivante, qui a été rendue publique :

« Monseigneur,

« Je me suis empressé à mon retour de Médéah de m'occuper de la nouvelle « colonie de Blidah. J'ai pensé, comme je le devais, à donner à ses habitants « les moyens généralement désirés de pouvoir remplir les devoirs de leur reli- « gion, et j'ai affecté au culte catholique une mosquée, la plus belle de la ville « et heureusement placée dans la limite de la ville française. Cette mosquée, « employée en ce moment comme magasin, a reçu sa nouvelle destination, « *à la grande satisfaction des indigènes*.

« Je donne des ordres pour que le minaret soit immédiatement surmonté « d'une croix, qui, annonçant le règne de la religion chrétienne, *constatera* « *mieux que toute autre chose l'occupation définitive*.

« Vous aurez, Monseigneur, à désigner un ecclésiastique pour desservir « cette nouvelle église, et à pourvoir aux objets nécessaires à l'exercice du « culte.

« Un petit bâtiment faisant partie de la mosquée sera un logement commode « pour le curé, et un autre bâtiment également dépendant et attenant sera « affecté à une école d'enfants.

« Quartier général, Blidah, 4 novembre 1840.

« VALÉE. »

sourdes de la bureaucratie? Après deux ans, et malgré des fonds accordés dans ce but, l'évêque n'a pu obtenir encore qu'on agrandît sa cathédrale, ni qu'on lui donnât une autre église. Vainement la population européenne et catholique augmente tous les jours, vainement la population musulmane va décroissant; il faut, le dimanche et les jours de fête, prêcher en cinq langues différentes, multiplier les catéchismes en ces diverses langues, faire tout ensemble offices de paroisse et de cathédrale, offices publics et particuliers dans un édifice beaucoup trop étroit. Les réclamations de l'évêque n'y servent de rien, pas plus que les fonds alloués, pas plus que la volonté royale ou ministérielle. J'ai déjà dit qu'il n'est d'aucune mission, ni pour les prisons ni pour les hôpitaux. Il avait soumis des plans pour certaines œuvres de charité que la générosité des fidèles l'aurait mis à même d'accomplir presque sans frais : on ne l'a pas honoré d'une réponse ; mais en même temps qu'on l'éloigne de la sorte, toute son administration à lui, toutes ses actions ecclésiastiques sont sévèrement *contrôlées,* et souvent bouleversées : l'inspecteur de l'Université vient compter les enfants de la maîtrise, et l'accuse d'ouvrir illégalement une école. Demande-t-il au ministre de la guerre, duquel il relève, quelque chose pour le *bas-chœur,* en lui expliquant ce que c'est, le ministre lui répond gravement qu'il se trompe, et qu'il faut par bas-chœur entendre telle chose : discussion où l'évêque, pour en finir, se résigne à avoir le dessous. Quelquefois on lui a tracé le texte de ses sermons, indiqué à quels saints il devait dédier des églises en projet, etc. On nomme des *desservants* pour des cures dont le curé est déjà en fonctions; et puis, là où il n'y a pas de curé, on nomme un *vicaire.* A Blidah, le sacristain est reconnu, il exerce, on paye les menus frais du culte, il y a une église : le curé seul n'est pas agréé. Cherchell a un curé nommé par le gouvernement, et pas d'église. Pendant longtemps le curé de Philippeville n'a rien reçu du gouvernement, ni traitement, ni vivres. Arrivé dans la cure le 15 octobre 1839, sept mois après le digne général Galbois le recommandait à la charité du gouverneur, sollicitant pour lui au moins une ration de vivres. Ce curé payait de sa poche cent francs par mois pour le loyer de la baraque qui lui servait d'église, et trente francs par mois pour le galetas où il se réfugiait. Tous les habitants le voyaient faire, sans se plaindre, son unique repas d'un morceau de pain. Pendant ce temps on projetait de construire à Philippeville, où il n'y a pas un Maure, une mosquée, et d'y appeler un iman. Il est à croire que la mosquée sera bâtie avant l'église, dont on a posé la première pierre, et dont il n'est plus question. Dans une autre ville, le commissaire civil exigea qu'un frère des écoles, envoyé par l'évêque pour aider le curé et instruire des enfants pauvres, abandonnés dans les rues comme des pourceaux, fût porteur d'un certificat de moralité : c'était probablement le premier habitant de la colonie à qui l'on eût demandé une pièce de ce genre. Il faut subir ces avanies et bien d'autres ! Faites donc comprendre les plus simples exigences du culte à des gens qui ne le connaissent point et qui ne le veulent point connaître ! Certain fonctionnaire élevé, entendant dire qu'on allait confirmer une petite fille dont il venait d'être le parrain, demanda ce que c'était que la confirmation : il s'était toujours contenté de croire qu'il savait à peu près ce que c'est que le baptême.

Aux tracasseries des bureaux se joignent les tracasseries de la loi, mais d'une façon particulière. Quand l'évêque invoque quelque droit, la loi n'existe pas ; s'il demande une faveur, la loi s'y oppose. En vertu de la loi de germinal, on prétend viser ses mandements ; en vertu de la loi de germinal, il réclame alors un grand et un petit séminaire : la loi de germinal est abrogée. Veut-il faire une procession, la loi de germinal reparaît et défend la procession. Le jour de la Saint-Philippe, on avait fait dire une messe en plein air ; il semblait donc que le jour de la Fête-Dieu le saint Sacrement pût sortir : on fit quelques pas hors de l'église, le ministère s'en alarma ; on craignit que cette cérémonie n'eût blessé les musulmans, les juifs, les Turcs... Eh ! si vous craignez tant de blesser les musulmans, retirez votre drapeau, votre flotte, votre armée, et allez-vous-en, car c'est là ce qui les blesse. Dans le fait, les musulmans avaient seulement trouvé la cérémonie fort belle, fort touchante, et y avaient applaudi. Qui donc s'en était blessé? quelques malheureux esprits qui, n'ayant point de Dieu, voudraient qu'il n'y en eût pas. Un commis important s'était mis en tête d'établir à Paris un collége arabe, et d'y avoir une quinzaine de jeunes gens des principales familles de Constantine et d'Oran. — Le projet le plus impolitique, pour le dire en passant, la dépense la plus folle qu'on pût imaginer. — On répandit des annonces qui semèrent partout l'inquiétude : elles étaient mal faites, en mauvais arabe bon pour l'Égypte, disaient les indigènes, et qu'on n'entendait pas bien. Les familles crurent qu'on voulait enlever leurs enfants pour les garder en otage ; enfin le projet tomba complétement. Pas un mot, dans les correspondances de Constantine et de Bone, seuls arrondissements où l'on pût se procurer des élèves pour le collége arabe, pas un mot qui fasse mention de l'évêque, et attribue à des craintes pour la foi musulmane la panique occasionnée par ces ridicules annonces. N'importe, on trouva commode de mettre cet échec sur le compte des prédications et du zèle exagéré de l'évêque, et on l'avertit d'être plus réservé.

Nous avons cru en France que la religion catholique, depuis la nomination d'un évêque, était entourée d'honneurs par les Français, qu'on aidait cet évêque, qu'on lui rendait sa mission facile. C'est tout le contraire; et la vérité à cet égard est d'autant plus navrante, qu'on voit le bien qui pourrait se faire et qui ne se fait pas. L'évêque a été accueilli par les indigènes avec une véritable tendresse. Les riches lui ont ouvert leurs maisons, les pauvres ont bientôt connu le chemin de la sienne; les muftis, les imans, les rabbins sont avec lui dans d'excellents rapports; Abd-el-Kader et ses kalifats lui ont donné des témoignages de respect; tout ce qui a le cœur brisé, tout ce qui souffre, tout ce qui n'a plus d'espérance vient à cette main épiscopale, toujours ouverte, toujours vide, et qui trouve moyen de donner toujours. Mais quelques employés français ont eu peur de sa mission, et nous n'en retirons pas les fruits !

S'il était vrai, ce qui n'est pas, que la prépondérance de la religion catholique offusquât les Maures, quel meilleur moyen aurait-elle de se faire pardonner cette prépondérance nécessaire, qu'en répandant parmi les Maures beaucoup de bienfaits ? Quoi ! ils lui reprocheraient de recueillir les orphelins, de soigner les pauvres, de protéger les opprimés, et de leur dire à eux vaincus, dans leur langue, qu'ils sont comme nous les enfants de Dieu !...

Au milieu des épines de sa situation, Mgr Dupuch garde le silence, ou se loue de tout le monde; et, reconnaissant du peu de bien qu'on lui permet de faire, il attend qu'on lui permette d'en faire davantage. Il a raison : que lui servirait de se plaindre ! Il faudra bien qu'on s'aperçoive à la fin que la religion est une force dont il n'est pas possible de se passer, à moins qu'on ne veuille laisser toujours l'Afrique aussi barbare qu'on l'a trouvée. Au sein de cette population mêlée, que d'hommes il faudra donner au prêtre, si on ne veut les donner au bourreau ! Les événements seront plus forts que les paperassiers : tout passe, l'Église et la vertu demeurent. L'évêque, puisqu'on le regarde comme un fonctionnaire, est au moins le seul fonctionnaire de l'Algérie qu'on ne puisse arracher de son siége. Il y restera, il mourra, et il y sera remplacé par un autre qui priera, qui agira comme lui. On peut donc retarder son œuvre, on ne peut l'étouffer ; on n'empêchera pas, si c'est à quoi l'on vise, que les musulmans ne finissent par savoir ce que c'est qu'un évêque ; déjà ils savent et disent de celui-ci qu'il est vraiment un homme de Dieu, parce que sa charité est sans bornes, et que, suivant le proverbe arabe, le morceau même qu'il a dans la bouche n'est pas à lui. Quelques-uns ajoutent à la vérité : « Comment peut-il être chrétien ! » Ils en diront autant de son successeur, et déjà ils s'étonneront moins d'apprendre qu'il est des vertus chrétiennes.

L'évêque a autour de lui quelques prêtres excellents. J'ai entendu souvent louer les talents et le zèle de M. Montéra, de M. Daidou, de M. Crozat, curé d'Oran, de M. le curé de Bone. Je connais plus particulièrement ceux qui demeurent auprès du pieux pontife : M. Pelletan, doyen du chapitre, prêtre de Bordeaux, venu en Algérie avec Monseigneur et que j'ai vu pour la première fois s'occupant de recherches sur l'antiquité chrétienne de l'Afrique, dans une petite chambre de ce palais qui était, il y a dix ans, le palais des beys; M. G'Stalter est accouru du fond de l'Alsace pour évangéliser les Allemands qui abondent dans la colonie, et qui souffrent extrêmement, dans les villes un peu éloignées, de la privation des secours religieux (1). M. Suchet, le premier curé de Constantine, est un de ces dignes missionnaires qui unissent la charité du prêtre au courage du soldat (2).

Avant de quitter Bordeaux et la France, Mgr Dupuch alla faire un pèlerinage à Notre-Dame de Verdelais. Après avoir prié devant la vénérable image, il demanda au curé, en plaisantant, s'il ne pourrait pas lui donner cette précieuse statue. « Non, répondit celui-ci, mais je puis vous donner le curé. » Mgr Dupuch accepta, et l'excellent M. Dagret, faisant ses adieux à ses ouailles, à ses enfants dont il était chéri, partit aussitôt. *Eamus et nos!* Il est aujourd'hui vicaire général d'Alger, et travaille au grand catéchisme du diocèse, que, par une inspiration de piété filiale envers l'illustre patron de l'Afrique régénérée, il a voulu tirer tout entier des œuvres de saint Augustin. C'est la chère occupation de ses journées. Je vais le voir, dans ce même palais des beys, réservé à de si étranges hôtes, et je le trouve plongé dans les in-folios du saint docteur, qu'il compulse et traduit avec amour. Il veut bien m'en lire quelques passages, et nous admirons ensemble cette profonde sagesse qui sait si bien appliquer à

---

(1) M. G'Stalter est un jeune homme plein de courage, qui, dans la campagne de Tagdempt et de Mascara, se tint toujours à l'arrière-garde.

(2) Les lecteurs de la bibliothèque éditée par MM. Mame connaissent les *Lettres édifiantes et curieuses sur l'Algérie* publiées par M. Suchet, et savent avec quelle intrépidité ce bon prêtre, accompagné de M. de Toustain, qui avait bien voulu se joindre à lui comme interprète, s'est rendu pendant la guerre au camp de l'émir pour réclamer les prisonniers français.

la conduite de l'âme humaine la science de Dieu. Ce sera un beau livre, plein de solutions, surtout pour ce temps-ci, car Augustin vivait au milieu d'une époque agitée comme la nôtre; toutes les erreurs que la foi rencontre maintenant à combattre, il les a combattues et vaincues. Puisse le catéchisme d'Alger être lu du peuple flottant qui vient lutter et souffrir sur cette terre ensanglantée! Dans ces pages inspirées par une foi sublime, nos braves officiers apprendraient à connaître un héroïsme plus grand et plus vivifiant que le leur, et au lieu de souhaiter d'éteindre leur raison, comme la fatigue et l'ennui les y poussent quelquefois, ils élèveraient leur âme à la hauteur de tous les sacrifices qu'on exige d'eux (1).

Peu de jours après mon arrivée, je vis à l'évêché un prêtre que je ne connaissais pas; mais dans son air, dans son langage, je croyais saisir ce je ne sais quoi de plus doux, de plus patient, de plus recueilli, qui distingue le religieux parmi les prêtres. Nuance imperceptible que l'œil chrétien s'habitue à deviner, et qui est comme la marque du cloître, le pli mieux marqué de l'obéissance et du renoncement. « Cet abbé, dis-je, lorsqu'il fut sorti, ressemble à un jésuite. — On se ressemblerait de plus loin, me répondit l'un des grands vicaires; c'est un jésuite en personne. — Quoi! m'écriai-je, il y a des jésuites à Alger? — Où voudriez-vous, me dit-on, qu'il y en eût? C'est ici la terre du travail et du sacrifice. — Mais, ajoutai-je en souriant, si quelque jour on sait cela, le clergé algérien y perdra sa popularité. — Le clergé algérien,

---

(1) Le *Catéchisme du diocèse d'Alger*, expliqué par saint Augustin, a paru. Il forme trois volumes in-8°. C'est un des meilleurs livres de religion et de philosophie qu'on ait mis depuis longtemps entre les mains des simples fidèles. Il serait à souhaiter qu'il fût plus connu.

poursuivit mon interlocuteur, voudrait faire beaucoup de bien, et n'a pas autant de mains et de cœurs que de désirs. Ce qu'on dira de lui n'importe guère, pourvu que quelques bons ouvriers de plus l'aident à remplir sa tâche immense. Il y a ici trois jésuites; nous voyons combien de malades ils visitent et consolent chaque jour; à combien d'œuvres on peut les appliquer sans que leur courage et leur dévouement s'épuisent, sans que leur vertu, qui se fortifie dans le labeur, faiblisse un seul instant... Du reste, les Pères ménagent la délicatesse publique; ils n'affichent point un nom odieux, et nous-mêmes nous n'écrivons pas sur nos chapeaux que nous employons des jésuites; personne, par conséquent, n'est blessé de tant d'audace. Les malades eux-mêmes, à qui l'on ouvre le ciel au moment de la mort, apprennent seulement, lorsqu'ils sont là-haut, qu'un jésuite les y a fait entrer. Je ne pense pas qu'ils s'en offensent, et demandent à redescendre. »

Je m'informai de l'adresse des jésuites, et je ne tardai point à les aller voir. La rue Salluste, où ils demeurent, est un de ces innombrables corridors percés dans l'immense pâté de bâtiments qui formait l'ancien Alger, dont la physionomie commence à changer. Leur maison, tout à fait mauresque, offre, par conséquent, la véritable image d'un cloître, moins la chapelle et le jardin. Les Pères ont pourvu à la chapelle, je vous dirai comment; quant au jardin, il n'en est point question. L'homme qui m'ouvrit la porte me regarda d'un œil étonné. Je reconnus qu'il n'était pas accoutumé à recevoir beaucoup de visiteurs laïques; mais moi, je ne pouvais me tromper; à la simple inspection de sa personne : ces vieux habits si râpés et si propres, son air de déférence, mêlé de fermeté, caractère qui accompagne l'homme de devoir dans les actions les plus communes de la vie, me révélaient assez qu'à cet humble poste je voyais un religieux, c'est-à-dire un homme à qui je devais le respect comme étant attaché de beaucoup plus près que moi au service de mon souverain Maître et Seigneur. « Mon bon frère, lui dis-je, je suis un ami ; je viens visiter nos Pères, peuvent-ils me recevoir ? » Il me conduisit avec empressement au petit parloir disposé dans une des salles du rez-de-chaussée. Un humble crucifix de cuivre en faisait le plus riche ornement. Les autres chambres qu'on me fit ensuite visiter sont encore moins parées : un pauvre lit, deux pauvres chaises, qui seraient quelquefois bien embarrassées de montrer leurs huit pieds, une table boiteuse forment le mobilier des cellules ; mais partout règne l'image de CELUI qui naquit dans une étable, et n'eut pas une pierre où reposer sa tête. Je félicitai le supérieur de cette pauvreté. « Oh ! me dit-il, nous avons ce qu'il faut. D'ailleurs nous n'habitons guère nos chambres. » En effet, les dignes religieux ne s'épargnent pas, et on ne les épargne pas. Lorsqu'ils ont par hasard un instant de loisir, l'étude le remplit.

La maison se termine, comme toutes les maisons d'Alger, par une terrasse entourée de parapets. Les femmes qui habitaient jadis cette demeure y venaient prendre le frais et se récréer. Les hommes n'y montaient jamais qu'à la nuit close : c'était une loi que les mœurs et les coutumes du pays rendaient nécessaire. Les Européens l'enfreignent, mais beaucoup de Maures la respectent encore scrupuleusement. Grâce à la terrasse, les pauvres femmes pouvaient respirer le grand air sans conserver leur voile. Elles s'appelaient et causaient d'une maison à l'autre et se faisaient des signes. Celles qui attendaient le retour d'un mari livré aux hasards de la mer, doublement dangereuse pour un Algérien, puisqu'il y bravait les hommes et les flots, cherchaient à deviner si le petit bâtiment qu'elles apercevaient au loin, luttant contre les ondes, était celui qu'appelaient leurs vœux. L'aspect de ce vaste escalier de terrasses, orné çà et là de myrtes et de jasmin, animé par toutes ces femmes vêtues de couleurs éclatantes, égayé par tous ces babils, était fort pittoresque et présentait une ressource importante contre l'ennui de la vie de prison à laquelle les musulmanes sont condamnées, sans savoir se distraire par la prière ou par le travail. Aujourd'hui les terrasses, beaucoup moins nombreuses, sont aussi beaucoup moins animées à cause de l'indiscrétion des Européens logés dans le cœur de la ville. Quant à nos jésuites, ils ne gênent personne. L'ancien propriétaire du couvent, plus jaloux peut-être que les autres, avait élevé les murs de sa terrasse à une telle hauteur, qu'ils empêchent absolument de voir et d'être vu. C'est un cloître extérieur ajouté au cloître intérieur. Seulement quelques larges trous percés dans cette muraille permettaient de regarder chez le voisin et sur la mer. On les a bouchés, et la terrasse est devenue un cabinet pour lire le bréviaire.

J'ai vu aussi la chapelle, tout nouvellement bénite. Un iconoclaste en serait content : il n'y a pas la moindre peinture. C'est un corridor qui peut bien tenir trois ou quatre personnes, outre le prêtre et son clerc. J'ai admiré le bénitier, formé d'un verre posé sur une planche,... et c'est tout ce qui mérite d'être décrit dans ce temple où, parmi les sectateurs vaincus de Mahomet, quelques prêtres à demi proscrits adorent presque en secret le Dieu des vainqueurs.

XXIII

CULTE PROTESTANT.

On lit dans les documents publiés en 1840 par le ministre de la guerre, que l'organisation du culte protestant, en Algérie, était depuis longtemps l'objet de la sollicitude du gouvernement, lorsque enfin « le département de la « guerre a arrêté, de concert avec celui de la justice, les « bases de cette organisation, qui devait suivre celle du « culte catholique, et qui répond à des besoins qu'il était « également important de satisfaire. » Les documents publient en même temps l'ordonnance suivante, qui est, disent-ils, en pleine voie d'exécution :

ORDONNANCE ROYALE DU 30 OCTOBRE 1839 SUR L'ORGANISATION DU CULTE PROTESTANT DANS L'ALGÉRIE.

ARTICLE PREMIER. Il y aura à Alger une église consistoriale pour le culte protestant. Le consistoire sera composé d'un pasteur et de douze anciens. Le pasteur présidera le consistoire.

ART. 2. Les anciens seront nommés, pour la première fois, par le gouverneur général, et choisis parmi les notables protestants domiciliés à Alger.

Dans la suite, ils seront nommés et renouvelés conformément à la loi du 18 germinal an x.

ART. 3. Il pourra être établi par ordonnances royales des oratoires du culte protestant sur les différents points de l'Algérie où la nécessité s'en ferait sentir : des pasteurs auxiliaires du consistoire d'Alger seront attachés à ces oratoires.

Art. 4. Le traitement du pasteur d'Alger est fixé à trois mille francs. Celui des pasteurs auxiliaires sera de quinze cents francs.

Ces traitements seront payés sur les fonds du département de la guerre.

Art. 5. Le pasteur d'Alger et les pasteurs auxiliaires seront élus dans les formes ordinaires par le consistoire, et leur élection confirmée par nous, s'il y a lieu, sur la proposition de notre garde des sceaux, ministre secrétaire d'État de la justice et des cultes, qui devra se concerter préalablement avec notre ministre secrétaire d'État de la guerre.

Art. 6. Notre ministre secrétaire d'Etat de la guerre et notre garde des sceaux, ministre de la justice et des cultes, sont chargés, chacun en ce qui le concerne, de l'exécution de la présente ordonnance.

Nous ignorons si le protestantisme, à Alger, est luthérien, calviniste, anglican, socinien, ou s'il n'est rien de tout cela, ou s'il est à la fois tout cela. L'avis suivant, publié dans les journaux, semble indiquer que le clergé protestant éprouve quelque peine à se recruter.

A M. le Rédacteur du journal l'Espérance.

Alger, le 11 avril 1844.

« Monsieur le Rédacteur,

« Veuillez, je vous prie, avoir la bonté d'annoncer,
« dans votre plus prochain numéro, qu'il doit être
« pourvu, dans l'église consistoriale de l'Algérie, à deux
« places de pasteurs pour les oratoires d'Oran et de Phi-
« lippeville ; la première vacante par la rentrée en France
« de M. le pasteur Hoffmann, et la seconde créée par or-
« donnance royale à la date du 10 février dernier.

« Les émoluments sont de deux mille francs ; l'indem-
« nité de logement pour le pasteur d'Oran est de six cents
« francs ; celle du pasteur de Philippeville n'est pas en-
« core réglée ; elle sera probablement fixée à la même
« somme. Peut-être quelques hectares de terre leur se-
« ront-ils accordés à l'un et à l'autre, comme ils ont été
« accordés au pasteur de Dely-Ibrahim ; mais le consis-
« toire ne garantit rien à cet égard.

« Les fonctions du ministère ne seront ni très-multi-
« pliées ni très-pénibles, la population protestante étant
« renfermée dans l'enceinte de ces deux villes, et n'étant
« pas encore considérable ; mais des villages projetés dans
« le voisinage de l'une et l'autre localité appelleront plus
« tard des efforts plus soutenus et des visites fréquentes
« dans les campagnes Le séjour d'Oran est agréable, le
« climat en est très-sain. Quoiqu'elle ne renferme dans
« ses murs que quelques milliers d'habitants, cette ville
« peut offrir au pasteur tous les avantages d'une cité con-
« sidérable. Philippeville est une création tout euro-
« péenne, qui a six ans d'existence et une population de
« quatre mille âmes ; le climat, sans être aussi sain que
« celui d'Oran, n'est point mauvais ; d'ailleurs il s'amé-
« liore tous les jours d'une manière très-sensible, et
« l'on n'aura bientôt plus rien à redouter de la fièvre,
« qui, dans les deux premières années, avait fait d'assez
« grands ravages.

« Il est à désirer que les candidats qui se présenteront
« soient jeunes, mariés depuis peu, ou du moins qu'ils
« n'aient pas une famille nombreuse, qu'ils ne soient
« pas étrangers aux fonctions de l'enseignement, et
« qu'ils connaissent la langue allemande, les Alsaciens
« et les Wurtembourgeois étant en assez grand nombre

« dans ces deux Églises : toutefois le consistoire n'en
« fait point une condition.

« Toutes les lettres de présentation doivent être affran-
« chies et adressées à M. le pasteur Sautter, président
« du consistoire général.

« Agréez, M. le rédacteur, mes sentiments de haute
« considération.

« *Le président du consistoire, pour le consistoire et en son nom,*

« S. SAUTTER. »

XXIV

FIGURES HOMÉRIQUES.

Un kaïd des plus braves avait une femme spirituelle et jolie nommée Mouna, et de cette femme un fils, le plus charmant enfant du monde, gracieux, intelligent, déjà brave, et l'un des meilleurs écoliers du curé de Constantine. C'était une famille heureuse. Mais, toute charmante qu'était Mouna, elle se trouva un jour avoir huit ou neuf ans de mariage, et le kaïd, sans cesser de l'aimer, épousa une autre femme, *Loulou* (qui veut dire perle), riche et de bonne famille, plus jeune que Mouna, sinon plus belle.

C'est l'usage à Constantine qu'un homme, lorsqu'il est marié à plusieurs femmes, fasse demeurer chacune d'elles dans une maison séparée; le ménage autrement ne serait pas tenable. Les femmes, en créant cette nécessité, ont ainsi élevé un petit obstacle aux débordements de la polygamie. Mouna n'eut donc pas le chagrin de voir sa rivale, mais elle ne tarda pas à connaître qu'il ne lui restait plus qu'une faible partie du cœur qu'elle avait possédé en entier. Un noir chagrin s'empara d'elle; sans se plaindre à l'ingrat, la pauvre créature, un jour (elle ne l'avait point vu de tout ce jour-là), fit un nœud à son écharpe de soie, et se pendit. Les négresses qui la servaient se mirent à percer l'air de leurs cris, ne songeant point du reste à détacher leur maîtresse, déjà sans mouvement. Par bonheur, le soldat qui était de faction à la porte les entendit. Il appela ses camarades, et, bien qu'il soit défendu d'entrer dans les maisons musulmanes, ces hommes pénétrèrent courageusement chez le kaïd, forçant les portes qu'on n'ouvrait pas. Ils commencèrent par couper l'écharpe, d'autres coururent au médecin, qui arriva bientôt accompagné d'une sœur. On vit que Mouna respirait encore, et à force de soins on la fit revenir : le kaïd parut sur ces entrefaites.

Un peu surpris de voir sa maison pleine de soldats, de médecins, de religieuses, il s'informa d'où venait ce désordre; on le lui dit, et il ne trouva point mauvais qu'on eût empêché sa femme de mourir.

L'événement avait produit dans la ville une grande rumeur. Quelque chose en vint jusqu'aux oreilles du lieutenant général, qui, le soir même, voyant le kaïd, le questionna. « Bah! répondit celui-ci, un rien! Une de mes femmes s'était pendue par jalousie; le factionnaire a entendu crier, il est entré chez moi et il a décroché ma femme : je vous prie de ne le point punir. » Le curé, ami de la maison, alla voir Mouna et lui offrit des consolations qu'elle reçut avec reconnaissance; elle parut heureuse surtout de se confier à la religieuse qui l'avait secourue, et qui, parlant arabe, pouvait entendre au plus long le récit de ses douleurs. Elle déplorait amèrement le cruel usage qui permet au mari d'abandonner la mère de ses enfants pour former de nouveaux nœuds; elle enviait aux femmes chrétiennes leur liberté, leurs droits, leur sécurité. « Je ne puis être chrétienne, ajouta-t-elle, mais je veux au moins que l'enfant que je porte (elle était enceinte), si c'est une fille, soit plus heureuse que sa mère ; et si c'est un garçon, ne soit pas accusé un jour par des pleurs semblables à ceux que son père fait couler : il faut que cet enfant soit chrétien. »

Elle exprima ce désir à son mari. « Mais, répondit le kaïd, qu'à cela ne tienne ! » Il alla trouver le curé. « Eh bien ! l'enfant de Mouna sera chrétien ; elle le désire, et je le veux. Nous lui donnerons ton nom si c'est un garçon ; si c'est une fille, on lui donnera le nom de la religieuse. Tu as fait du bien à ma femme en lui parlant de Dieu ; j'en suis content, je t'en remercie. »

En effet, quand la Mouna fut délivrée, on porta l'enfant au curé de Constantine pour qu'il lui administrât le baptême. Le curé ne trouva point que tout cela fût assez sérieux ; il craignit de hasarder le sacrement sur la garantie d'une pareille démarche, et engagea les parents à réfléchir de nouveau. Le kaïd ne se crut point délié de sa promesse ; en attendant qu'on baptise son enfant, il l'a nommé Yacoub, le curé se nommant Jacques. Puisse le baptême promis à cette innocente créature lui être donné un jour, et puissent avec le baptême descendre sur elle toutes les bénédictions du Ciel ! Quant à la Mouna, toujours délaissée, toujours triste, elle s'est résignée à vivre. Quelle mère voudrait mourir lorsque la faible main d'un enfant qui vient de naître la retient captive au bord de son berceau ?

Voici d'autres histoires du même. Nommé chef (un peu *in partibus*) d'une tribu mal soumise, il fit sur cette tribu, pour la décider à payer l'impôt, une première expédition qui ne réussit pas. Tandis qu'on en préparait une seconde, le kaïd reçut du roi un magnifique yatagan. Il en baisa la poignée et jura qu'il ne s'en servirait que pour la France. La seconde expédition partit ; les insoumis, fiers de leur premier succès, attendirent de pied ferme les collecteurs. Mais nous avions un échec à venger, et le kaïd voulait tout à la fois entrer en possession de sa charge et faire honneur au yataghan du roi. Il se précipita sur l'ennemi comme un héros et comme un fou, accompagné de son jeune enfant, qui le suit toujours à la guerre. Les rebelles ne purent résister ; bientôt défaits, ils lâchèrent pied ; on les poursuivit quelque temps, on leur prit du butin, ils demandèrent grâce, se montrant disposés à payer. Le kaïd voulait toujours frapper ; mais, Dieu merci, nous ne savons pas frapper l'ennemi qui se met à genoux, fussions-nous cent fois assurés de son parjure. Forcé d'être clément, le kaïd envoya aux chefs amnistiés un de ses hommes pour recevoir l'impôt. Ce cavalier ne tarda pas à revenir mécontent, disant que les vaincus y mettaient de la mauvaise grâce, et que ceux qui versaient la contribution en blé ne faisaient pas bonne mesure. Le kaïd s'élance à cheval, fond sur le groupe qu'on lui dénonçait, et, sans prendre aucune information, sans regarder où portent ses coups, il en tue trois. Les autres alors reconnurent leur faute et protestèrent qu'ils mesureraient mieux. Parmi les trois tués se trouvait un scheik ; le kaïd le remplaça, et le payement se fit sans murmure.

Tout n'était pas fini cependant. Des parents et des amis du scheik tué avaient résolu de le venger. Ils pénètrent la nuit dans la tente de son remplaçant, et lui coupent le cou. La nouvelle en fut bientôt connue à Constantine ; le kaïd la reçut dans le salon même du général. Il commença par pleurer de rage ; puis, tirant son sabre, il lui fit serment de ne le point remettre au fourreau avant d'avoir obtenu par lui justice et vengeance de cet affront. Il part sur-le-champ, emmène ce qu'il rencontre de cavaliers, et se lance avec cette faible escorte au milieu des rebelles. Deux jours après il revint : trois têtes étaient pendues à la selle de ses cavaliers.

Comment se trouve-t-il de l'humanité dans un pareil caractère? et cependant il y en a. Un jour d'hiver, marchant avec une colonne française qui avait à franchir un torrent grossi par la pluie et fort dangereux, l'implacable chef passa successivement sur son cheval plus de trente fantassins des plus faibles et des plus fatigués, exposant en une heure plus de trente fois sa vie. D'Aceilly disait en son temps :

> Je ne connais qui que ce soit,
> De ceux qui maintenant suivent Mars et Bellone,
> Qui (s'il ne ravageoit, voloit, tuoit, brûloit)
> Ne fût assez bonne personne.

Ces traits s'appliquent assez aux zouaves, corps formé à l'origine d'indigènes et de Français, mais où les Français sont aujourd'hui en majorité : il n'y a point de meilleure troupe : terrible au feu, patiente dans les garnisons, bonne à tout, et, à ce que me disait un de ses officiers, douce comme une brebis. Ayant toujours été employés aux choses les plus difficiles, les zouaves sont presque aussi admirables par leur industrie que par leur courage. Il faut voir, par exemple, à combien d'usages ils savent employer la légère pièce d'étoffe verte qui, roulée autour d'une calotte rouge, leur forme un turban : premièrement, dans les haltes au soleil, étendue sur quelques baïonnettes habilement disposées, ou accrochée par un bout aux épines d'un buisson, et fixée, de l'autre, à terre par une pierre ou par la crosse d'un fusil, elle sert d'ombrage : c'est l'affaire d'un clin d'œil. A peine la halte est sonnée : vous regardez où sont les zouaves ; mais, suivant l'expression d'un tambour de zéphyrs : *éclipse de ces messieurs ! ils sont sous leur verdure* : vous n'en voyez plus que les extrémités. Cependant le zouave se livre aux douceurs de la sieste, et, grâce à l'abri qui le préserve de l'accablement, suite ordinaire d'un somme fait au soleil, il est toujours alerte et dispos. Au milieu de la marche on rencontre une citerne : un peu d'eau fraîche y brille, éclat plus séduisant que celui de l'or ! Il ne s'agit que d'atteindre à cette onde de délices. Mais, hélas ! la saison est brûlante, l'eau a baissé dans cette citerne profonde. Le pauvre fantassin regarde et passe en soupirant. Arrive le zouave, et l'utile turban devient corde à puits ! Le soir, campe-t-on près d'une rivière, on voit (merveille de l'industrie et de la nécessité !) des soldats pêcher à la ligne avec leurs fusils : des crins, dérobés à l'ondoyante queue d'un cheval arabe, sont attachés à la baïonnette ; une épingle, précieusement conservée, forme l'hameçon ; on appâte par quelque procédé inventé sur l'heure, et le poisson est si ingénu, qu'il se laisse prendre. Le zouave, lui, pêche en grand : de son turban il fait un filet, et sa marmite est encore la mieux garnie. Dans une razia, le turban devient licol pour mener le petit bétail : vous voyez chaque zouave tenir en laisse, comme un berger de Gessner, ou sa chèvre ou son mouton ; après le combat, c'est encore une chose très-parfaite pour lier les prisonniers. Lorsque l'on prévoit un bivouac sans bois, rien n'est meilleur pour emporter de petits fagots d'épines, destinés à faire bouillir le pot. Un pauvre petit enfant, malade et nu, fut trouvé sur la paille d'une gourbi abandonnée de la veille : un zouave le roula dans son turban comme une momie, et le porta ainsi au quartier du général Mustapha. On est très-convaincu que, si un zouave pouvait se pendre, il se pendrait avec son turban. Enfin ce turban, qui sert à tant d'usages et à mille autres, sert aussi de turban : coquettement disposé autour de la calotte rouge, il sied à la physionomie du soldat; il peut préserver le visage d'un coup de soleil, et la tête d'un coup de yataghan.

Ce serait une longue besogne, à quoi je renonce, de décrire la cuisine du zouave : il mange et boit de tout. Nul n'assaisonne mieux l'artichaut sauvage, qui croît en abondance dans le pays de Mascara; il fait un plat agréable d'un peu de blé vert, il se régale de tortues, de limaçons; il n'attendrait pas d'être pris par la famine, pour se servir, comme le fit la garnison de Lille, un chat flanqué de douze rats et de pareil nombre de souris ; je ne sais s'il s'accommode du chacal, mais j'ose affirmer qu'il en a goûté; quant au cheval, il l'estime autant que cavalier qui soit dans le monde ; s'il voit

> . . . . . glisser sur la verdure
> Comme sur un tapis tissu par la nature,
> Sans fiel et sans venin, des serpents écaillés,
> De couleur, de vernis, de dorure émaillés,
> Qui, différents de forme et de lustre superbes,
> Semblent des veines d'or qui rampent sur les herbes,

il ne s'amuse pas à les admirer, mais bien à les saisir et encore plus à les manger. Enfin que dirai-je? On vit un jour deux zouaves en discussion pour savoir à quelle sauce ils pourraient mettre un nid de cloportes qui se remuaient à leurs pieds. Voilà pourtant comment se nourrissent les héros.

Je reviens à nos alliés arabes : voici un trait d'Ismayl, neveu du général Mustapha, qui fait voir qu'on sait se battre aussi bien dans la province d'Oran que dans celle de Constantine.

A la fin d'une longue journée de marche et de combat, Ismayl aperçut au loin, presque à perte de vue, trois Arabes ennemis. Calculant la force de son cheval et la faiblesse des leurs, sans rien dire à personne, il fondit sur eux avec la rapidité de l'éclair. On pensait si peu qu'il fût possible de les atteindre, et c'était une si inconcevable témérité d'aller seul les attaquer, que personne au premier moment ne devina ce que voulait faire Ismayl. Lorsqu'il ne fut plus possible de douter, il n'y eut qu'une voix contre sa folie. On disait qu'il allait bien gratuitement se faire couper le cou. Toutefois quelques Douairs, des moins fatigués, se lancèrent sur ses traces.

Les Arabes poursuivis ne s'éloignaient pas, soit qu'ils pensassent qu'on ne pourrait les joindre à la distance où ils étaient, soit qu'ils se crussent en force. Ismayl, cependant, se trouva près d'eux, et, presque au même instant, deux coups de feu partirent, un homme tomba. De loin, l'armée suivait avec anxiété ce combat inégal, ne sachant si c'était Ismayl ou un autre qui venait de tomber. Les Douairs labouraient les flancs de leurs chevaux qui volaient, et ils les excitaient encore par des cris ; mais Ismayl, s'il n'était pas mort, pouvait mourir cent fois avant qu'ils fussent arrivés. Le vieux Mustapha, à cheval, sa lorgnette à la main, demeurait impassible. On vit les trois hommes disparaître. Les Douairs s'avançaient toujours ; les uns pensaient qu'ils voulaient au moins rapporter le cadavre d'Ismayl ; les autres, qu'on l'emmenait prisonnier, et qu'ils voulaient tenter de le délivrer.

Les hommes poursuivis étaient des Douairs déserteurs. Ils avaient tiré sur l'assaillant sans l'atteindre; plus heureux, Ismayl abattit d'un coup de pistolet celui qui venait de le viser. Voyant un des leurs hors de combat, et saisis de crainte à l'aspect du terrible chef, les deux autres voulurent fuir; mais, ainsi qu'Ismayl l'avait bien prévu, leurs chevaux épuisés ne purent gagner de vitesse. Les cavaliers approchaient, toute résistance était impossible. Quoique sachant bien ce qui les attendait, ils se rendirent; on les vit tous reparaître à l'horizon, et bientôt Ismayl remit sa prise à Mustapha. Ce fut le commencement d'un autre drame.

Mustapha avait déjà reconnu les déserteurs. Il prit en silence son fusil, et tira sur l'un d'eux, qui tomba percé de balles. C'est la justice de l'agha. Le second allait subir le même sort; mais un jeune officier qui se trouvait là, cédant à la pitié, sans calculer autre chose, le prit dans ses bras, le mit sur son cheval, et, s'enfuyant accompagné des imprécations du vieux chef, il alla se jeter aux pieds du général Lamoricière. Aussitôt que lui, arriva un cavalier hors d'haleine, qui dit que l'agha, regardant l'enlèvement de ce prisonnier comme une offense, se livrait à une fureur qui faisait trembler tout le monde. Il prétendait que personne n'avait le droit de soustraire un de ses hommes à ses châtiments, et il exigeait qu'on lui rendît le captif, pour qu'il le mît à mort. M. de Lamoricière n'avait rien à opposer à ces réclamations; néanmoins il ne pouvait se décider à renvoyer l'Arabe. On aurait fusillé un Français, mais avant de le fusiller on l'aurait jugé. La justice musulmane déconcerte notre sévérité judiciaire, et, lorsqu'elle frappe, elle semble assassiner. M. de Lamoricière députa vers l'agha, pour l'engager à se calmer, lui promettant qu'il ferait juger et punir le déserteur. Mustapha ne voulut rien entendre, et sa colère s'accrut. Il jura qu'il ne laisserait point méconnaître son autorité, qu'il ne bougerait avant que le coupable fût entre ses mains, qu'il ne rentrerait jamais dans Oran, et s'en irait plutôt à l'ennemi. De nouvelles démarches furent inutiles. Mustapha était homme à tenir ses menaces, il fallut bien céder. On lui conduisit donc lentement le déserteur, en lui disant que le général le recommandait à sa clémence. C'était tout ce que l'on pouvait faire, au point où les choses en étaient venues. Mustapha ne voulut rien promettre. Quand l'homme parut, il prit des mains d'un de ses moukalia son fusil, qu'il avait fait recharger; le cadavre de l'autre était encore là. Tout le monde était dans la stupeur et gardait le silence : en ce moment Ismayl intervint. Il se plaça devant son oncle, mais en lui tournant le dos; et, sans s'adresser à l'agha, comme s'il n'eût point songé à ce qui se passait, il se mit à flatter le cou du magnifique cheval que montait le vieux chef. « Oh! lui dit-il à demi-voix, en l'appelant par son nom, tu es un noble animal, et tu appartiens à un noble maître. Tu aimes l'odeur de la poudre et le bruit des fusils, mais ton maître s'y complaît davantage, et combien n'en a-t-il pas fatigué de plus robustes que toi? Tu sais combien il est terrible, tu ne sais pas combien il est généreux. »

Le déserteur n'était plus qu'à deux pas. Contre l'attente générale, Mustapha, au lieu de tirer sur lui, le regarda en silence, avec des yeux foudroyants. Ismayl, s'adressant toujours au cheval, sans regarder son oncle, continua :

« Le maître que tu portes au-devant de la mort, et qui

l'a bravée quatre-vingts ans, a fait trembler tous ses ennemis ; dans tout le Maghreb tu n'en pouvais trouver un plus redoutable ni plus respecté. Ceux qui ont vu d'autres hommes proclament qu'il n'y en a point d'aussi vaillant que Mustapha...

— Chien, dit le vieux chef au déserteur, pâle et tremblant, d'où viens-tu ? que t'a donné Ben-Mahiddin ? Comment t'a récompensé le fils de Zohra la danseuse (1) ? qu'il vienne maintenant te tirer d'ici.

Le déserteur n'eut garde de répondre. Mustapha continua d'attacher sur lui ses terribles regards. Ismayl poursuivit :

« Quel homme sur la terre pourrait sauver un autre homme de la colère de ton maître, ô noble cheval ? Ce n'est ni le sultan de Fez, ni celui de Constantinople, ni celui de Paris. Mais ce qu'aucun prince ne peut faire, sa clémence et la grandeur de son âme l'ont fait souvent. Il sait que sa justice est respectée, et il n'a pas besoin du sang des misérables. Il accorde à la faiblesse et à la prière ce qu'il refuserait à la force des souverains. »

Ismayl se tut ; il y eut encore un moment de silence. Mustapha parut faire un effort.

« Va, chien, dit-il enfin au déserteur, tu devrais mourir ; mais va dire à mon ami (le général Lamoricière) que je te fais grâce, parce que tu as eu le bonheur de toucher son cheval. »

C'est par cette sévérité que le vieil agha a retenu et peut retenir encore beaucoup des siens dans le devoir ;

---

(1) C'est toujours par ces termes de mépris que Mustapha désigne Abd-el-Kader ; il ne le nomme jamais par son nom. Il aime à répéter que sa mère allait danser chez les Turcs, ce qui est très-méprisé, et que l'émir n'était qu'un petit mendiant qui venait lui lire les saintes Écritures pour quelques sous.

mais il y a bien à penser qu'il sera le dernier des chefs arabes. Avec lui mourra la tradition. Nul autre n'aurait le pouvoir de rendre ainsi la justice.

Voici une figure française. Le colonel T*** ne charge jamais assez selon ses goûts. Lorsqu'il voit un beau groupe d'Arabes, il commence par le caresser d'un œil d'envie; puis il tourne la tête pour ne pas céder à la tentation, puis il regarde encore, il se raisonne, il se dit qu'il ne faut pas faire d'imprudence inutile, que si le colonel n'est pas sage, les soldats deviendront fous;... puis enfin il n'y tient plus, pique des deux, vole au-devant des ennemis, et ne s'arrête que lorsqu'il est à la portée de la voix, c'est-à-dire beaucoup plus près qu'il ne faut pour être à la portée du fusil; et alors, comme un véritable héros d'Homère qu'il est, il adresse aux Arabes un petit discours : « Ah! leur dit-il, gredins! (ou quelque autre épithète du même genre) croyez-vous qu'on a peur? C'est moi, T***! Venez donc un peu, seulement quatre ou cinq, causer jusque ici. » On l'ajuste, il laisse faire; et s'il voit les Arabes fondre sur lui, il se retire tout doucement, pour donner le temps de le rejoindre aux plus pressés, tenant prête sa longue lame étincelante, dont on connaît les grands coups. Ce naïf courage plaît aux soldats plus qu'on ne saurait le dire, et personne dans l'armée ne doute de ce qu'une bonne escouade est capable de faire quand le colonel T*** la conduit.

Ce noble guerrier a manqué son époque; il aurait dû naître au temps des croisades. Son noble cœur palpite sous la croix d'honneur, qu'il a bien gagnée; avec quelle force n'aurait-il pas battu sous une autre croix, non moins glorieuse et plus sainte; et comme ces aspirations de renommée et d'avenir qui se bornent à la terre, parce qu'ainsi le veut notre temps, se seraient magnifiquement élancées vers le ciel!

J'estime toutes les bravoures; mais, je l'avoue, j'ai un goût particulier pour ces preux dont le caractère me rappelle si bien les vieux pourfendeurs de cimiers et les vieux marteleurs d'armures, qui, se reposant de la tactique sur la sagesse du roi Philippe-Auguste, ne s'inquiétaient que de pénétrer dans les rangs des Sarrasins aussi loin que le roi Richard.

Notre armée en renferme beaucoup de ceux-là; c'est ma joie de le voir, et d'entendre conter leurs beaux faits. Pendant la marche, durant le repos des haltes, on se répète le récit de cent traits admirables, légende de ce peuple flottant. Les hommes ont raison de tant louer le courage, ce n'est presque jamais une vertu isolée; d'autres vertus l'accompagnent, et ce sont, pour ainsi dire, la vigoureuse racine dont le courage est la merveilleuse fleur. Celui qui est toujours prompt à l'attaque, toujours calme dans le péril, et qui sait, comme il arrive tous les jours, exposer sa vie non-seulement pour acquérir la considération et la gloire, mais parce qu'il veut au fond de l'âme honorer son drapeau, sa patrie, et dans mille occasions secourir un frère d'armes, un malheureux qui va périr, celui-là aurait fait de grandes actions partout. Quand je vois ce que deviennent sous l'uniforme ces hommes que la vie civile nous montre en France si généralement dépourvus de toute grandeur, je me reprends d'admiration pour l'espèce humaine et pour mes concitoyens. A travers les vices qu'ils gardent encore, je salue avec amour la noble étincelle que le choc d'un devoir fait jaillir de ces cœurs trop refroidis. Je pense à ces autres soldats qui, sous le conseil d'une pensée plus haute et d'un sentiment plus généreux, partent un à un du même sol de France, sans bruit, sans armes, sans gloire humaine, pour aller à travers plus de périls conquérir à leur roi céleste non des villes et des provinces, mais des royaumes et des mondes. O France! sans tes prêtres et sans tes guerriers, quel serait ton rang parmi les nations! O terre de gloire qui peux produire de tels saints et de tels héros, pourquoi n'es-tu pas tout entière héroïque et sainte? Pourquoi tes drapeaux n'abritent-ils pas tes missionnaires? pourquoi la croix de tes missionnaires n'accompagne-t-elle pas en tous lieux tes drapeaux? Ton sol généreux engraisse une race vile, qui annule, en les désunissant, tes deux grandeurs, et les empêche de t'assurer l'empire du monde.

XXV

FIGURES DE PASSAGE.

Un jour, du temps que l'on parlait de donner à l'Algérie un gouvernement civil, vu le peu de fruits qu'avait produits jusque-là le gouvernement militaire, un premier ministre en disponibilité, qui gênait beaucoup en France, s'entendit proposer très-sérieusement de devenir gouverneur, ou, s'il l'aimait mieux, vice-roi. Il était grand partisan de la main civile, et un officier du plus haut mérite, M. le général Bugeaud lui-même s'offrait généreusement à commander l'armée sous sa direction. « Eh! s'écria l'homme d'État, qu'on reconnaîtra sans doute à sa vivacité, que voulez-vous que j'aille faire en Afrique? L'Afrique n'est qu'un grenier à coups de poing. »

Ce sont précisément ces coups de poing qui tentent un grand nombre de ceux qui font le voyage volontairement. Ils viennent dans le dessein de suivre une expédition, de s'y *distinguer*, c'est-à-dire de donner un coup de poing, au risque d'en attraper un eux-mêmes, et de gagner ainsi la croix d'honneur, facile à se procurer en France, mais qu'il est de meilleur goût de rapporter d'Alger, où elle se laisse volontiers prendre par tout individu civil, pourvu qu'il ne manque point d'amis. Le calcul est des plus simples; seulement il y a de ces affamés de gloire qui prennent trop leur bonne volonté pour du courage. Un élégant de Paris, brillant et riche, en fut l'exemple lamentable. On l'avait appelé le beau un tel, et on commençait à le nommer le gros un tel : ce fut peut-être la cause de son malheur. Tant qu'il avait été le beau, il ne s'était point aperçu que rien lui manquât ; dès qu'il fut le gros, il se sentit piqué du désir de la croix d'honneur : peut-être pensait-il que cette fanfreluche le rajeunirait. Comment l'obtenir ? Il n'avait beaucoup brillé qu'à l'opéra, et beaucoup servi que les cuisiniers et les tailleurs ; enfin les prétextes manquaient absolument, car on devine assez qu'un personnage de tant d'éclat n'était point dépourvu d'amis. Il avait bien un grade dans la milice nationale, mais l'anarchie courbait la tête, et les occasions de pourfendre ne se présentaient plus ; il fallait attendre, cela pèse aux grands cœurs. On parlait de prendre Constantine, notre héros n'hésite point ; le voilà parti. *Quelques rates, dit-on, répandirent des larmes.* Hélas ! tout alla passablement jusqu'aux murs de la ville, quoiqu'il fît bien mauvais temps ; puis on fit retraite, et le temps devint plus mauvais encore ; la neige était d'Arabes enragés, la grêle était de balles tirées à bout portant. Le pauvre un tel n'y put tenir, et fit une chose piteuse : il prit une si forte peur, que cette peur le rendit fou, et il en mourut sans autre blessure, dans son bel uniforme de soldat citoyen. Voilà pourquoi uniquement il n'eut pas la croix d'honneur ; mais il ne la manqua que d'un jour. Quelques bons compagnons, non moins effrayés, quoique plus heureux, arrivèrent le lendemain à Bone, et j'aime à croire qu'ils n'ont point perdu leurs peines. Qu'ils croient bien que je ne leur reproche nullement leur peur, je ne leur reproche que l'enfantillage de vouloir des croix militaires lorsqu'il y en a de civiles, vu que leurs entrailles ne sont point faites pour le métier des héros. Ce sont leurs disgrâces qui inspirèrent cette chanson des soldats, sur l'air national des Arabes :

> Tu vas à Constantine,
> T'auras pas beau chemin !

Du fond d'un bureau tranquille, l'Algérie vit un jour arriver jusqu'au pied de ses lauriers-roses un autre présomptueux, tout jeune, qui ne demandait point l'étoile des braves, mais qui se voulait former à l'art de gouverner les hommes, de quoi je le loue en cas qu'il y songe encore; et s'il ne réussit pas, il aura du moins l'honneur de l'avoir entrepris. Ce jouvenceau ne bornait point ses vœux à tenir un jour le sceptre, il voulait en outre grimper sur le Parnasse. Il fit une campagne; il en naquit un feuilleton où nous lûmes qu'il avait, *lui aussi, senti bondir son cœur de jeune homme lorsque son cheval avait bondi frappé par une balle arabe.* Cela parut étrange : on chercha bien sur ce cheval, et il fut prouvé qu'il avait été blessé au dos, sous la selle et sous le cavalier, où l'on vit une légère écorchure. Il a fallu que la balle arabe, pour arriver là, traversât la cuisse du conteur, qui ne s'en est point aperçu. *J'en connais de plus misérables.* Hélas ! au plus brillant de ses exploits, ce pauvre garçon se laisse prendre par la fièvre; il s'émeut, il perd presque la tête; il se fait saigner et se purge le même jour; il guérit néanmoins, mais il reste frappé. Le voilà qui se répand en élégies sur le propos de sa patrie et de sa mère, dont il est, dit-il, séparé par un espace de deux cents lieues; qui sait s'il pourra les franchir ! Il se prétend triste et mourant à son aurore; il demande à revoir son vieux père, sa chaumière et son bureau; il maigrit, jaunit, déraisonne; il veut partir, il veut être parti. Un bateau quitte Alger, il y prend passage et s'embarque la veille du départ. Si, par quelque accident, ce fortuné bateau n'avait pu lever l'ancre de huit jours, le nourrisson des muses serait mort comme le beau un tel : je ne ris plus. Cette étrange maladie menace tout le monde, personne n'est maître de cela. J'en ai vu de mieux trempés qui jaunissaient tout aussi vite. Jugez des ravages que la nostalgie doit faire sur nos soldats, qui n'ont point d'éducation, point d'adoucissement, dont la misère est effroyable, que personne au monde ne console, et qui ne peuvent partir. C'est un terrible mal, en vérité.

Il y a en Algérie bon nombre d'autres individus que n'y attire point la curiosité, encore moins l'honneur, mais qui viennent sans emploi, sans argent, tout bonnement pour brusquer fortune comme ils le pourront, ou pour fuir quelques désagréments qu'ils rencontrent dans la mère-patrie. Ceux-là n'ont rien à craindre de la nostalgie, ni du soleil, ni de la fatigue, ni des privations : il semble qu'ayant échappé aux recors et aux gendarmes ils soient indestructibles. On les peut mener au feu, les Arabes les peuvent prendre, les balles et les sabres peuvent leur traverser le corps, rien n'y fait; on les voit soudain reparaître, bien portants, ayant toujours quelque chose à vendre, et surtout toujours quelque chose à acheter. M. Berbrugger, qui a beaucoup d'esprit et qui conte les choses d'Alger, plaisantes ou sérieuses, dans la perfection, m'a fait une peinture que je veux garder.

Pendant la paix il s'était formé aux environs du cap Matifou, sur le bord de la mer, une certaine ferme exploitée par une trentaine d'individus dont le chef, assez mal portant du cerveau, savait pourtant se procurer de l'argent au moyen des petits articles dont il remplissait les journaux de France, et qui montraient sa spéculation sous un beau jour. Les employés étaient plus habiles : ils passaient pour avoir trouvé le secret de voler les Arabes. Ils prétendaient couper du bois, l'endroit étant plein de broussailles ; mais on les accusait de se mettre la nuit à l'affût des bestiaux indigènes, d'attraper des bœufs, de les tuer, de les saler et de les revendre à certaines pratiques européennes, moyennant un bénéfice clair.

M. Berbrugger, allant par là faire des fouilles scientifiques, y vit des personnages fabuleux. L'un de ces bûcherons entre autres se présenta vêtu d'un habit noir magnifique par devant, mais qui, par derrière, souffrait d'une solution de continuité qui s'étendait depuis le collet jusqu'à la taille, où cette effroyable blessure était pansée imparfaitement par un morceau de drap gris. Il portait un débris de pantalon garance, constellé de pièces vertes, bleues, brunes, etc. ; la chaussure n'avait plus de forme, le chapeau ne saurait avoir de nom : je laisse à penser quelle était la figure. M. Berbrugger lia conversation, curieux de savoir à quoi s'employait le possesseur d'un pareil accoutrement. L'homme, avec le plus grand sérieux, se déclara professeur de calligraphie. « Mais, reprit M. Berbrugger, vous ne devez trouver ici que bien peu d'écoliers. — Il est vrai, dit l'autre ; j'y reste cependant pour me perfectionner dans la langue française. Tel que vous me voyez, je suis Italien, *son' Italiano*. — Eh quoi ! continua M. Berbrugger, vous n'avez pour compagnons que des gens de Malte, des Espagnols, des Allemands. — C'est que, répliqua le colon, je coupe aussi du bois.

De grands malheurs, des malheurs de famille et des persécutions politiques m'ont réduit à cette condition, qui est fort au-dessous de ma naissance. Forcés de fuir, nous confiâmes notre fortune à des dépositaires infidèles, et nous fûmes audacieusement *floués*. — Très-bien, dit M. Berbrugger, je vois que la langue française vous devient familière. Prenez garde aux gendarmes. » Un autre colon, lié d'amitié avec le calligraphe, se promenait couvert d'un carrick immense, chargé d'une multitude de collets. Sous ce singulier vêtement il exerçait le talent spécial d'attraper les lapins à la course, et véritablement il les attrapait. Il ne faut point se récrier; en Algérie tout est possible : on voit là des hommes qui n'existent point ailleurs.

Puisque j'en suis à cette espèce, je décrirai un genre qui s'y rattache de près, et dont le nom, de la langue des corps de garde a passé, par droit de conquête, dans celle des affaires et des salons, du moins des salons africains. Que l'on me permette de l'écrire ici; je n'en connais point d'autre pour désigner le *fricoteur*.

On appelle fricoteur, en Algérie, tout homme d'affaires qui friponne à peu près légalement, dans cette mesure où l'on a droit au mépris des honnêtes gens et à la protection de la justice.

Un directeur d'hôpital militaire n'est ni un fournisseur, ni un comptable, c'est un personnage de confiance. Il a le droit et les prérogatives d'officier, il en reçoit les honneurs, il en touche la retraite; il peut être le plus honnête homme du monde, il peut être fricoteur. Comment volera-t-il, il n'a aucun maniement de fonds? Son mécanisme est simple. Un marché oblige, par exemple, quelque fournisseur à livrer des sangsues à trois sous la pièce; mais une circonstance arrive qui fait monter subitement le prix des sangsues à dix et quinze sous. Le directeur demande qu'on lui en livre vingt mille; le fournisseur se récrie; on lui répond que les malades ont absolument besoin de sangsues; qu'il est sans doute malheureux que ce besoin se manifeste dans un moment où les sangsues sont si rares, mais qu'enfin il en faut, et qu'il n'y a pas à en rabattre d'une. Le fournisseur comprend. Il invite le directeur à dîner : au dessert les besoins de l'hôpital ont changé de nature; les sangsues ne sont plus nécessaires.

Vol sur la viande, vol sur les légumes, vol sur le pain. Un sergent de planton est là, qui doit tout vérifier et peser à un décagramme près. On le traite avec une politesse recherchée, on l'appelle monsieur, on lui offre un verre de vin de Bordeaux; c'est une précaution d'hygiène : à l'hôpital on sait ce qui convient. Le planton, touché de ces raisons excellentes, va boire son verre de vin; il en accepte deux, trois, dix; il est ivre. Alors tout est bon, tout a le poids.

Quand le fricoteur a fait fortune en Afrique, il va jouir en France d'une considération qu'on ne refuse jamais aux écus. On trouve bien parfois qu'il s'est enrichi un peu vite, mais quoi! n'a-t-il pas présenté des comptes en règle? S'il est riche, c'est qu'il est bon administrateur, dit-on.

Que de plaintes j'ai entendu faire contre cette improbité qui s'est glissée partout, et qui laisse la justice impuissante et indignée! On est moralement et matériellement sûr que tel comptable a multiplié les fraudes les plus audacieuses, et qu'il ne l'a pu faire qu'avec le secours des plus flagrantes connivences. Cependant nul moyen de le prouver ; ses registres sont admirablement tenus, pas une rature, pas une surcharge, tout est juste à un centime près. Sous le joug d'un système de comptabilité perfectionné par le génie de la méfiance, la fraude entasse lestement ses butins illicites. A mesure qu'on perfectionne les serrures, le brigandage perfectionne les fausses clefs, et d'ailleurs il y a toujours dans la famille de Minos une Ariane pour faciliter à Thésée la sortie du labyrinthe. C'est dans la conscience des employés de l'État qu'il faudrait savoir placer les verroux de la caisse publique.

XXVI

CONTROVERSE.

A M. ED. L.

Je veux, mon cher ami, vous faire voir un petit tableau de genre. Regardez un peu dans cette chambre moitié mauresque, moitié française, ces trois jouvenceaux groupés autour d'un pot de confitures fortement aromatisées, et de trois tasses à café posées sur le pavé en faïence de l'appartement. Le régal est servi par une vieille Juive au teint vert, et les trois convives causent posément, comme il convient au sujet qui les occupe. L'un, en costume d'Europe, est couché sur un matelas recouvert d'une courtine de soie bariolée, il tient une bible ; l'autre, pieds nus, en turban, en veste dorée, est assis à la façon des tailleurs, et tient à la main *el qoranne* (de *qora*, qui signifie lire, comme chacun sait) ; le troisième, assis par terre, mi-partie d'Europe et d'Afrique, la tête couverte du fez, les pieds chaussés de pantoufles en tapisserie, tient une pipe. Ce trio vous représente votre serviteur argumentant, au moyen d'un interprète, contre Sid-Ahmed-ben-bou-Gandoura, coulouglis d'Alger, musulman plein de zèle et charmant jeune homme d'ailleurs.

Sid-Ahmed est gentilhomme, son nom l'indique. La gandoura est le vêtement d'honneur dont le dey d'Alger gratifiait les beys qui venaient, après trois ans, rendre compte de leur gestion : quelquefois il se ravisait le lendemain ou le surlendemain, et faisait couper la tête de ceux qu'il avait décorés la veille. C'était une façon de roche tarpéienne qui se trouvait ainsi, selon l'usage antique, fort près du Capitole. Quand le bey conservait tout à la fois sa tête et la gandoura, cette distinction devenait un titre de noblesse qui passait à ses descendants. Bou-Gandoura veut dire le père la Gandoura ; c'est autant que chevalier de la Légion-d'Honneur en France, ou duc de la Marmelade à Haïti. Un jour, je ne sais quel personnage, discutant avec un subordonné, le tua d'un coup de pistolet ; les Arabes, émerveillés de cette action, le nommèrent *Bou-Cabous*, et le voilà baptisé, lui et son fils et son petit-fils. Le général Lamoricière est très-connu dans la province d'Oran sous le nom de *Bou-Chachya*, en mémoire du petit bonnet rouge qu'on vit longtemps au brillant colonel des zouaves. Un très-savant et très-aimable membre de la commission scientifique, renommé dans toute la mauresquerie d'Alger par son goût pour les fleurs, n'a pas d'autre nom, parmi les indigènes, que *Bou-Nouharrin* (je ne garantis pas l'orthographe), qui revient à père la Rose ou père la Tulipe, comme vous voudrez. Vous voyez qu'il ne faut que traduire pour retrouver le faubourg Saint-Antoine, où ces appellations sont communes, sous les remparts mêmes d'Al' Djézayr. Je reviens à Sid-Ahmed. C'est un homme de vingt-huit à trente ans, des mieux faits qu'on puisse voir, blanc comme un Anglais, d'une régularité de visage toute grecque et parfaite. Il parle facilement le français, il est instruit pour un musulman d'Alger ; il connaît sa religion et l'observe. Jadis il s'est peut-être un peu écarté de la morale de Mahomet; je ne voudrais pas jurer qu'il n'a jamais bu que de l'eau à la table de ceux qui lui ont appris le français; mais il a fait comme beaucoup d'autres; après s'être familiarisé avec nos mœurs, il s'est converti, il a fait pénitence : je parle sérieusement. Un conseil de son mufti, un poil blanc précoce qu'il aura vu un jour dans sa barbe, l'ont averti que le temps de la jeunesse commençait à passer, et il est revenu au bercail. Nous avons eu des alliés qui ne nous ont pas quittés sur un autre motif. Il s'est marié, il a fermé sa maison, il a restreint le cercle de ses fréquentations européennes, et il vit sagement :... j'allais presque dire chrétiennement.

Vous vous demandez peut-être pourquoi j'avais un interprète, puisque enfin notre musulman parle français ? D'abord l'interprète est un ami commun, et ensuite le pauvre Ahmed parle français, mais il ne parle pas chrétien. Depuis huit ou dix ans peut-être qu'il sait notre langue et qu'il nous fréquente, il a entendu bien des choses, il connaît nos formes politiques, nos journaux et le reste ; il ne connaît rien de notre religion. Mon français sur ces matières ne lui était pas moins inintelligible qu'à moi son arabe. Voilà quel est notre prosélytisme ; et il y a de quoi en gémir, car je suis convaincu que nous aurions converti bon nombre d'infidèles, si nous avions été vraiment chrétiens. Je fis d'abord une petite exposition de la foi, historique et dogmatique, dont Sid-Ahmed, peut-être par politesse, se montra charmé, et qu'en tout cas il suivit avec une extrême attention, me montrant dans le Coran les points de contact des deux doctrines. Mon interlocuteur nous accordait les avantages de l'ancienneté; malheureusement il prétendait que l'islamisme, venu ensuite, était un perfectionnement. Là-dessus il aurait plus de facilité à s'entendre avec M. Cousin ou tel autre philosophe en titre et en fonctions qu'avec moi, car ces messieurs n'abjurent pas tous la foi catholique, la plupart se bornent à la vouloir perfectionner. La dispute n'aurait donc plus roulé que sur la question de savoir à qui, de Mahomet, de Luther, de Calvin ou de nos universitaires, appartient l'honneur du perfectionnement. Les protestants et les philosophes peuvent faire de si grandes concessions en ce qui concerne le dogme! la morale musulmane est si rapprochée de la leur, quoique plus sévère parfois, et plus obligatoire théologiquement! En somme, je ne vois pas ce que la plupart des protestants y pourraient perdre, et j'affirme que les philosophes y gagneraient beaucoup. Je vous assure que, quand nous en fûmes aux objections, le musulman disparut; je me trouvai en présence d'un raisonneur français qui n'argumentait pas plus sottement qu'un autre, et plaise à Dieu de me faire rencontrer souvent des âmes aussi droites, des cœurs aussi naturellement religieux, une prédisposition pareille à recevoir la vérité! Secondée par la grâce de la prière publique, toute parole de foi ferait brèche à leurs préjugés, et la lumière entrerait triomphante dans leur esprit. Mon cher Ahmed ne m'opposait aucune de ces balourdises que nos incrédules nous forcent à dévorer; il ne m'opposait pas des raisons de physique contre les miracles, il ne mettait pas sa logique en opposition à la puissance et à la miséricorde du Dieu très-bon et très-puissant. Mais il trouvait notre morale trop pure, nos récompenses trop célestes pour de faibles humains. Je vous répète que, si j'avais été protestant ou professeur de philosophie, nous aurions pu, séance tenante, rédiger une confession de foi qui nous aurait satisfaits tous deux. Admettant le divorce, j'aurais pu lui concéder la polygamie ; lui passant que Jésus-Christ n'est pas Dieu, il aurait pu me passer que Jésus-Christ n'est pas prophète. En honorant Mahomet, il m'eût été bien facile d'obtenir ses éloges et ses respects pour M. Damiron. Que je sois après ma mort transporté parmi les houris, comme il le désire, ou que je n'arrive à une béatitude terrestre, fort semblable à son paradis, qu'à la suite d'une transmigration plus ou moins prolongée, plus ou moins répétée, comme le veut M. Pierre Leroux, ce n'eût pas été de quoi batailler longtemps. Que sais-je si M. Pierre Leroux a raison, ou si c'est Mahomet? Qu'en sait M. Pierre Leroux lui-même? Que je m'absolve de mes péchés du jour par une confession faite à Dieu en arrangeant mon bonnet de nuit, ou que je les efface en lavant soit le pied, soit la main, soit l'œil qui m'ont servi à les commettre, grande n'est pas la différence, et la conscience me paraît devoir être tout aussi rassurée dans l'un que dans l'autre cas ; d'autant que l'ablution n'est qu'un rite, et qu'elle implique la confession intérieure de l'acte coupable, je ne dis pas le regret, qui n'est point jugé nécessaire. Les musulmans ont un enfer, mais tous n'y tiennent pas infiniment ; certains protestants ont un purgatoire, mais ils en font bon marché, et c'est un article sur lequel les éclectiques sont plus coulants encore. Que d'autres voies ouvertes à la conciliation ! Il n'y aurait qu'un point malaisé : le musulman reconnaît une doctrine révélée, immuable. Il s'arrête à Mahomet comme nous nous arrêtons à Jésus-Christ. Force serait donc de renoncer au libre examen, à la vérité mobile. Mais est-ce une affaire? Le libre examen a-t-il empêché qu'on ne signât la confession d'Augsbourg? La vérité mobile empêche-t-elle ses partisans de poser tous les jours, dans des livres fort beaux, les colonnes d'Hercule de la science?

Ah! si j'avais eu des concessions à faire!.. Je ne dis pas que je me serais trouvé musulman à la fin de la conférence, ou que Sid-Ahmed se fût trouvé chrétien; je dis que nous eussions été l'un et l'autre dans la position où sont, à la fin des cours de philosophie, beaucoup de professeurs et beaucoup d'élèves: ni musulmans, ni chrétiens, et parfaitement d'accord.

Il n'en fut pas ainsi : à deux heures du matin nous nous séparâmes, Sid-Ahmed toujours musulman, moi plus chrétien que la veille. Je déplorai son erreur, il déplora la mienne; mais le pauvre garçon ajouta un compliment que je ne pus lui rendre. Il m'assura que, comme après tout ma morale était bonne, bien qu'un peu sévère, Allah m'ouvrirait son paradis dédaigné, et j'y aurais cent houris tout autant; voilà, j'espère, de la tolérance! Un dernier mot qu'il me dit me toucha davantage : ce fut que si tous les Européens avaient pensé, parlé et cru comme moi, les choses en Algérie auraient pris un meilleur cours pour la France. J'en suis persuadé. Les politiques qui se sont tant efforcés de déguiser le peu de religion qui nous reste, sous le beau prétexte de ne point effaroucher le fanatisme musulman, ont commis la plus lourde faute que l'enfer ait pu leur conseiller. Rien ne répugne plus au fanatisme musulman qu'un peuple sans croyance et sans Dieu.

Le meilleur de cette causerie est que notre interprète, excellent jeune homme, bon cœur, esprit intelligent, y a pour son compte appris beaucoup de choses dont il ne se doutait guère, et, depuis ce jour, éprouve quelque désir d'aller à la messe. Je me connais à ces vagues inquiétudes, et, partout où je les rencontre, je les salue avec allégresse, je bénis Dieu. Je sais quel jour annonce ordinairement cette aurore; combien ce germe frêle est profond, et combien sont abondants les fruits qu'il peut donner. Ah! que Dieu est bon, qu'il est grand, qu'il aime ses pauvres créatures! J'ignore en quel état se trouvaient les âmes il y a vingt ou trente années, mais il me semble qu'en ce temps-ci Dieu prépare tout pour des œuvres merveilleuses. Depuis que je suis catholique j'ai vu beaucoup d'hommes; je ne crois pas qu'il en soit un seul à qui j'aie parlé une heure sans lui parler de Dieu, et je ne me souviens pas d'en avoir entretenu un seul, parmi ceux à qui j'ai trouvé du sens ou du cœur, qui ne m'ait laissé l'espérance de le voir un jour chrétien comme moi, meilleur chrétien que moi.

XXVII

LES FÊTES DE JUILLET A ALGER. — BAL CHEZ LE GOUVERNEUR. —
TOUT EST DIT. — SOUVENIRS.

A M. ED. L.

Il faut que je vous parle de la célébration de notre anniversaire de juillet. L'anniversaire de juillet, non pas celui de la conquête, mais celui de la révolution, fêté par les Maures, que dites-vous de cela? N'est-ce point assez bizarre?

Vous savez que je n'aime point les fêtes politiques, particulièrement celles qui consacrent le souvenir des révolutions : elles irritent le vaincu, et je n'ai jamais vu qu'elles honorassent beaucoup le vainqueur. Qu'un peuple aille voir danser des saltimbanques en mémoire du jour où ses concitoyens se sont entr'égorgés, rien ne me paraît plus sauvage, surtout lorsqu'on a eu, comme en 1830, la prétention de tout terminer par une charte qui ne reconnaît ni vaincus ni vainqueurs. Je concevrais qu'on eût bâti une belle église, comme autrefois les Suisses, lorsqu'ils avaient du bon sens, élevaient une chapelle sur leurs champs de bataille, et que dans cette église on priât solennellement Dieu de donner la paix à tous les morts, et la concorde à tous les vivants ; mais les mâts de cocagne, les orchestres en plein vent, le pathos parlementaire, les banquets de la garde nationale, tout cela me paraît digne des hommes d'État d'Haïti. A certains égards, la révolution, la Convention elle-même, cette bête féroce effroyable, ont mieux eu que nous, dans leur brutalité, l'instinct de ce que doit être une fête publique. Je trouve aux programmes tracés par les maîtres des cérémonies de la Terreur une espèce de grandiose stupide où nous n'arrivons plus. La fête de la Raison, la fête de la Liberté, la fête de la Jeunesse, la fête de l'Être suprême, c'était égyptien, grec, romain, absurde, tout ce que l'on voudra, mais c'était une idée. La fête de juillet, c'est un coup de poing, c'est pire encore, et je ne sais pas ce que l'on peut y voir, sinon que cent mille Français dans Paris, ce jour-là, boivent outre mesure pour vexer les carlistes. Mettons cependant que, pour des raisons qui m'échappent, la chose ait du sel à Paris, quel piquant lui trouve-t-on à Alger, où les carlistes n'existent point? N'importe, au milieu d'un peuple qu'il a conquis, le Français se veut réjouir d'avoir chassé ses oppresseurs.

Il est vrai que les Maures et les Arabes raisonnent peu; mais ils voient clair, et ces fêtes ne sont guère propres à leur donner une idée avantageuse de notre supériorité morale. Tout ne s'y passe pas fort majestueusement à Paris; à Alger, c'est pire. Sur un coin de la place du Gouvernement dansaient quelques misérables mozabites en costumes de femmes. La foule y paraissait prendre plaisir, mais je vous assure qu'il n'y a point de sergent de ville commis à la protection des mœurs dans les bals masqués de Paris, qui ne se fût scandalisé de ces infâmes contorsions qu'ici la police autorise, et que peut-être elle soudoie. Il faut avoir étrangement perdu le sens chrétien et le sens moral pour qu'un pareil spectacle ne révolte pas. On m'a dit, comme je m'en indignais, que ce n'était là qu'un abrégé de ces danses mauresques où souvent les autorités civiles et militaires, et les princes eux-mêmes, assistent officiellement. Soit! C'est triste!

Au-dessus des mozabites, sur une corde tendue dans les airs, un homme, en troubadour du moyen âge, et une femme, un chrétien et une chrétienne, faisaient des cabrioles terribles. Vous m'accuserez de fanatisme, mon cher ami, mais, je l'avoue, ce m'était une douleur, et une douleur poignante, de voir deux êtres baptisés se livrer à ce métier pour divertir toute cette canaille musulmane qui regardait gravement. Si j'étais gouverneur de l'Algérie, j'interdirais sévèrement aux chrétiens ces fonctions immondes ; ce serait une des premières choses à quoi j'emploierais mon pouvoir. Je ne voudrais pas que ma foi fût déshonorée dans la personne de tous ces coureurs d'aventures, qui font, pour gagner quelques pièces d'argent, ce qu'un Turc et ce qu'un Maure n'auraient jamais voulu faire.

Je vous passe les mâts de cocagne, les tourniquets, les lampions, le théâtre populaire, où j'ai reconnu de loin que deux gendarmes bafouaient un maire de village; vous connaissez ces amusements d'un grand peuple. Venez voir par ici de la couleur locale; voici la danse des nègres, beaucoup plus décente que celle des mozabites, et beaucoup plus divertissante. On ne saurait s'amuser d'une manière plus africaine et plus enragée. Sous ce soleil dévorant, quinze ou vingt citoyens du Sennaar, noirs comme des diables, trempés de sueur, enfarinés de poussière, sautent à se briser l'échine, aux sons de la plus furieuse musique qui fût jamais. L'un d'eux frappe de toute sa force sur un monstrueux tambour, les autres font sonner des castagnettes de fer que vous prendriez pour d'honnêtes casseroles si elles vous étaient présentées. Il n'y a point de flûte à l'opéra qui charme autant ces oreilles noires, et Tulou serait méprisé s'il venait ici offrir son talent. Pourtant ce n'est rien encore que la musique, il faut voir ces figures, ces têtes rasées, ces petits yeux, ces larges lèvres et ces plus larges bouches, démesurément ouvertes par un rire de béatitude. Pour l'amour du grotesque, allez trouver un nègre et faites-lui plaisir, afin que vous puissiez voir un nègre content, car c'est la plus plaisante chose du monde. Néanmoins la vue de cette grande danse fatigue à la longue, mais il n'y a point d'hypocondrie qui puisse tenir contre la danse des petits bâtons, dont je regrette de ne pouvoir vous donner le nom technique. Les danseurs se mettent en rond. Chacun d'eux est armé d'un petit bout de bois équivalent à une baguette de tambour, dont il frappe alternativement sur le bâton de celui qui le précède et sur le bâton de celui qui le suit. On va lentement d'abord, et d'un air grave qui a bien son mérite, vu la physionomie des acteurs ; mais la musique s'anime, il faut s'animer avec elle, et chacun alors, pourvu qu'il donne son coup et garde son rang, peut faire de ses bras, de ses jambes, de son corps, ce que bon lui semble. L'inspiration du moment est la seule règle des poses ; vous ne pouvez imaginer ce qui en résulte ; cela dépasse toutes les rondes du sabbat et toutes les chinoiseries possibles. Les uns sautent comme des grenouilles, les autres frétillent comme des couleuvres. Il y en a qui prennent des airs enfantins, il y en a qui exécutent leurs sauts de carpe avec une gravité magistrale. Bref, heureux le roi de Tombouctou, s'il connaît son bonheur !

Revenons à la haute civilisation, qui danse tout comme la sauvagerie, et franchissons des considérations philosophiques dont les humanitaires du xviiie siècle ne se seraient pas abstenus en pareille rencontre. Voyez-vous Jean-Jacques Rousseau prenant feu à cette ressemblance, et Diderot, et Voltaire, et les cent géomètres de l'Encyclopédie, chacun à sa manière, s'escrimant pour prouver que rien ne ressemble au blanc comme le noir, car ils témoignent tous deux leurs joies par des danses; donc... Et tout y passe, lois, coutumes, religion. Trop heureux le *brahmine* catholique, si l'on ne finit pas par démontrer qu'il est très-inférieur au prêtre des fétiches : il me semble que je les entends. Mais puisque la mode en est aujourd'hui méprisée, laissons-les où ils sont, et concédons-leur la moitié de ce qu'ils ont dit. Dans le fond je pense, comme eux, que les barbares et les sauvages ont de quoi nous répondre, tant que nous ne leur montrons pas cette croyance que nous dédaignons si fort, et qui fait notre seule supériorité. Je voudrais qu'on me pût dire en quoi le menuet mérite plus d'honneur que la danse des petits bâtons.

Le gouverneur, se pliant à l'usage, a donné un grand bal où l'on a invité toute la population présentable d'Alger. On y voyait un mufti, des cadis, des imans, un rabbin, le président du consistoire, des commissaires de police, des juges, des mulâtres, des Juifs, des hommes de lettres, des Turcs, des Arabes, des Maures, un descendant des Zegris de M. de Châteaubriand, des Prussiens, des Anglaises, etc., etc.; je n'aurais jamais fini. Il s'y trouvait, vous le pensez bien, une quantité d'épaulettes de toutes graines; les *civils* mêmes, comme disent ces messieurs militaires, s'en étaient chargés autant qu'ils avaient pu; et vraiment ici la garde nationale est sur un tel pied de guerre, qu'on peut lui pardonner l'attirail. Les Juifs étaient arrivés les premiers, conduisant leurs femmes au regard humble, couvertes de diamants. Les toilettes européennes ne sentaient point du tout leur province : Alger, malgré les diligences et les chemins de fer, est plus près de Paris que Pontoise ou Chartres. La musique jouait des airs de France; le coup d'œil ne manquait pas de charme.

Le théâtre était bien disposé pour la fête. On avait élevé à la hauteur du premier étage un plancher qui, joignant entre elles les quatre galeries intérieures, formait un vaste plain-pied, où d'élégantes colonnettes de marbre, travaillées et dorées, traçaient le salon de danse, recouvert d'un dôme de pavillons aux couleurs de tous les pays européens : les barres d'Angleterre, les étoiles américaines, l'aigle d'Autriche, la croix des cantons helvétiques, l'aigle de Russie, et même les clefs de Rome, s'unissaient sur les têtes de ces pacifiques danseurs. Des guirlandes vertes reliaient les colonnes de marbre encore surmontées du croissant doré, et venaient, aux quatre angles, se rattacher à des faisceaux tricolores, où les marins, qui sont très-entendus en ces sortes de choses, et qu'on avait chargés de toute la décoration, s'étaient empressés de mêler de petites gerbes de lauriers-roses, non sans quelque velléité d'allégorie. Les Hadjoutes, il est vrai, gâtent encore la plaine, mais ils ne la gâteront pas toujours. Les galeries restaient libres pour les siéges des dames et la circulation des invités graves ou gros, ce qui, dans un bal, revient au même. Ces personnages, desquels je faisais partie, avaient encore, pour se livrer aux charmes de la causerie et du jeu, deux grands salons qui se trouvent de chaque côté au niveau de la salle de bal, et qui ont conservé presque entièrement leur caractère algérien, c'est-à-dire qu'ils sont revêtus de porcelaines aux couleurs brillantes, de boiseries, de plafonds sculptés et dorés, et que, pour tous meubles, les sofas y abondent. Enfin, contiguë et parallèle à l'un de ces salons, s'ouvrait une large et vaste terrasse, où l'on jouissait en liberté de l'air frais de la nuit, de la limpidité du ciel, du bruit, de la vue et de l'odeur de la mer. Ah! ceci était beau! pour plafond la voûte étoilée, et quelles étoiles! pour lustre la lune, et j'ai fort envie de dire : Quelle lune! Je ne veux point vous la décrire, faute d'objet de comparaison. Mon cher ami, votre lune d'Europe ne vaut rien, et quel que soit l'ancien goût que j'aie eu pour elle, c'est fini, mon cœur inconstant appartient à la lune d'Alger.

C'était vraiment quelque chose d'original et de charmant à voir de cette terrasse, que ces trois salons où passaient, dans une douce lumière et dans un bruit harmonieux, toutes sortes d'uniformes, toutes sortes de parures, des fronts chauves et cicatrisés dans les batailles, des fronts jeunes et chargés de fleurs, d'autres fronts chargés d'énormes turbans.

Je regardais, et j'étais obsédé de souvenirs confus; je me creusais la tête pour découvrir où j'avais déjà vu quelque chose de semblable. Enfin je trouvai ce que je cherchais; j'ose à peine vous le dire. C'était à Paris, il y a bien longtemps, dans un mélodrame dont je serais fort embarrassé de vous donner le nom; mais la scène se passe à Venise. Rien n'y manquait, ni la musique, ni les femmes, ni les fleurs, ni les déguisements. Voici Shylock, voici Othello, voici le barigel, voici la terrasse voisine de la mer, où les personnages importants se retirent pour conspirer à voix basse au bruit des flûtes et des violons; rubrique théâtrale d'un effet sûr, à ce que je pense, car elle est souvent employée. Voyons donc : ne se trame-t-il pas ici de mauvais desseins? La barbe et le turban de ce mufti pourraient voiler de noirs mystères :

<blockquote>La Savoie et son duc sont pleins de précipices !...</blockquote>

Je m'amusai tout seul un bon moment de cette bouffonnerie, quoique je n'eusse pas lieu d'être très-fier de mon rôle, puisque, dans le drame que je me plaisais à construire, je n'étais qu'un comparse. Mais j'ai assez vécu pour qu'une pareille assimilation ne révolte plus ma vanité. Dans les grandes affaires de ce monde, le comparse est le personnage favorisé du ciel; seul il n'a rien à craindre du spectateur; il lui importe peu que la pièce soit applaudie ou sifflée; laissant l'aventure à la moitié de son cours, il peut rentrer paisiblement chez lui longtemps avant qu'on baisse le rideau.

C'était ce que je me disposais à faire, car le bal, que j'aimai naïvement, n'a plus aujourd'hui le grand secret de me faire battre le cœur. Que de folies dont nous guérit le temps, quand nous voulons un peu nous prêter à ses merveilleuses cures! Je dis le temps; je ne puis croire qu'un plus grand médecin soit nécessaire pour arracher du cœur d'un homme jusqu'au moindre penchant pour la parfaite puérilité de ces jeux du monde. Est-il besoin d'être chrétien pour se dire que dans un moment les bougies seront éteintes, le rideau baissé, que tout ce qu'on pourra voir ne vaut pas une heure d'étude ou de sommeil, et que quitter la comédie avant la fin, c'est la quitter au beau moment?

Je fus arrêté dans mon mouvement de retraite par un jeune officier, qui me demanda s'il était vrai qu'un fort parti d'Hadjoutes se fût avancé jusque auprès de Dely-Ibrahim et eût enlevé des habitants. Ce bruit n'était pas fondé, mais il n'avait rien d'invraisemblable. « Eh bien ! dis-je à mon questionneur, jeune capitaine fort expérimenté et fort brave, si l'on vous ordonnait de monter tout de suite à cheval ? — Ah ! s'écria-t-il, je le voudrais bien ! Je préviendrais ma danseuse, et j'aurais tout d'abord le plaisir de fumer un cigare, ce que je ne puis faire ici. En une heure je serais au milieu de la plaine, dans les herbes, dans les broussailles, dans le pays sauvage. Plus de dames parées, plus de musique et plus de danse, plus de maison, pas même un abri, pas même un arbre ; mais, filant à pas de loup par les ravins les plus sombres, je surprendrais peut-être l'ennemi : deux ou trois cents cavaliers, autant de piétons ;... la bonne aubaine ! Feu sur tout cela ! un bon feu bien nourri, qui en couche par terre, pour commencer, un joli petit peloton. Ils ripostent ; mais nous courons dessus à l'arme blanche, principe Bugeaud ; nous pénétrons dans la masse, et à coups de sabre on en pique, on en coupe, on en tue jusqu'à s'engourdir les bras. Ils crient, ils demandent grâce : point de grâce à ces pouilleux-là ! Les chevaux se cabrent en piétinant sur les blessés et sur les morts ; on tue toujours. Enfin ils disparaissent, on ne peut plus les atteindre ; nous revenons vainqueurs. Je suis mis à l'ordre de l'armée, j'avance d'un cran et je demande à recommencer. Voilà, marabout ! — Il y a une autre chance, ajoutai-je. — On sait cela, reprit-il. Je suis mortellement blessé, comme l'autre jour Brocqueville ? Alors on sauve ma tête, si on le peut ; on me porte à l'hôpital, j'y meurs, tout est dit. »

Il me quitta sur un appel de l'orchestre, et un moment après je le vis valser.

Tout est dit ! Pauvres aimables fous ! Mais j'aime encore mieux cela, mon ami; oui, j'aime mieux cette férocité naïve et cette soif d'avancer à travers le sang, en jouant sa vie, que l'adresse de ces filous qui n'ont qu'une brutalité d'esprit impuissante à surmonter la couardise de leur cœur. Il y en a aussi de ceux-là sous l'épaulette, car l'épaulette ne donne pas plus le courage que l'habit d'académicien ne donne le style, et que la soutane ne donne la vertu. Ce sont surtout ces chacals qui sont cruels, et qui, ne parlant que de tuer toujours, excitent la bravoure des autres à faire ce qu'ils ne font pas : ils s'arrangent, eux, pour ne paraître là où l'on tue qu'après qu'il n'y a plus rien à tuer. Ils sont bien, à mon sens, les plus odieux des hommes, et je ne sais rien dans l'univers qui m'inspire autant d'horreur. Je supporte plus volontiers, je l'avoue, le petit renard civil, qui fait sa route en gants jaunes dans les salons et dans les boudoirs. Celui-là aussi veut avancer, et Dieu sait quels moyens il y emploie; mais du moins il n'est pas carnassier et anthropophage comme ces hyènes en habit décoré.

Voilà ce que c'est qu'un bal en Algérie, et les joyeux propos qu'on y tient; car n'allez pas vous imaginer qu'on parle autrement dans les temps de repos de la contredanse. Le militaire se présente aux dames comme un être intéressant, tout près d'être fauché dans sa fleur, ce qui les attendrit extrêmement pour la plupart. Quand j'étais tout jeune, je voyais jouer beaucoup de vaudevilles; ce fut du parterre des théâtres que j'appris d'abord à connaître le monde. A la longue, il me sembla que ces peintures, qui m'avaient d'abord plu extrêmement, étaient par trop fades et nigaudes, et ne pouvaient être vraies. J'ai vu le vrai monde, et je suis revenu sur mon jugement : le vrai monde ressemble infiniment au vaudeville, c'est à s'y méprendre, et j'y bâille, comme j'avais fini par bâiller aux entretiens des acteurs. Vous vous rappelez cette histoire grecque d'un peintre si excellent dans son art, que les oiseaux s'y trompaient et venaient becqueter les fruits imités par son pinceau. Pauvres acteurs, pauvre monde, à quoi perdez-vous le temps! Encore s'ils s'amusaient! Mais j'ai vu la coulisse, et, pour un que son rôle divertit ou plutôt enivre, cinquante et cent sont assommés du leur. Ce fard et ces parures trompent à peine quelques enfants, ils ne déguisent à celui qui les porte ni sa faiblesse, ni ses infirmités, ni sa misère; ce sourire n'endort même pas des angoisses toujours vives; personne ne s'abuse, personne n'espère rompre le triomphe cruel du lendemain. Que fait-on? Le plus inutile des mensonges : on se ment à soi-même, on cherche le bonheur où l'on sait bien qu'il n'est plus. Mais au fond de cette folie gît une lâcheté sans bornes : on voudrait aimer ces tromperies parce qu'on ne veut pas aimer la vérité. Est-ce que je suis trop sévère? Je pourrais le croire si j'avais moins longtemps vécu. C'est de bonne foi que je parle. Ceux qui touchent à la trentième année, et qui vraiment se plaisent aux chimères de la jeunesse, je n'ai pas leur secret. Un homme, lorsqu'il a passé vingt-six ans, connaît la vie et la mort, il est déjà mort une fois; les souvenirs de son existence première le servent bien mal s'il entreprend de la recommencer. Je ne dis pas qu'il n'a ni esprit ni cœur, je dis qu'une grande lumière a été refusée à son cœur et à son esprit. Est-ce qu'il ne se demande donc jamais ce qui lui reste de tant de coupes épuisées? Est-ce qu'il n'a rien vu se faner, mourir et disparaître? Est-ce qu'il n'a pas besoin de faire quelque chose de sérieux, de croire à quelque chose d'éternel?

XXVIII

MOSTAGANEM ET SON CURÉ.

Mostaganem, d'où l'armée devait partir pour aller à Tegdempt et à Mascara, couronne une falaise au bord de la mer. On ne pénètre dans la ville qu'après avoir péniblement gravi une montée sablonneuse dont le sol se meut et cède sous les pas. La nuit commençait lorsque nous débarquâmes au moment même où la colonne du général de Lamoricière arrivait d'Oran. Quinze mille hommes, deux milliers de chevaux soulevaient, en piétinant sur la plage, un nuage de poussière, au milieu duquel s'allumaient les feux du bivouac. Le canon saluait l'arrivée du gouverneur, les clairons sonnaient, on entendait mugir des bœufs, hennir des chevaux, chanter et jurer des voix humaines. Je m'abandonnai, selon l'usage, à mes deux guides, MM. Roche et Vergé, qui promettaient de trouver non un lit, non un logement, mais une place quelconque où nous pourrions passer la nuit. Il me sembla que c'était beaucoup s'engager, à moins que cette place ne fût dans l'une des rues de la ville; encore n'eût-elle pas été sûre, tant était grand le nombre des soldats de toutes armes qui se remuaient partout, en tous sens. Cependant je gardai pour moi mes réflexions; j'étais trop habitué à me trouver bien de l'assistance de ces excellents amis. Après quelques recherches, je les vis enfiler un étroit corridor, à l'entrée duquel se tenait un Maure, baragouinant je ne sais quels mots de je ne savais quelle langue, qui ne me paraissait pas être celle du Coran. « Entrez, mossiou, me dit-il ; trouveras qué chose *chicandard*. » Il ajouta deux ou trois jurons ; je vis qu'il était civilisé, et je reconnus le français de la conquête. Au même instant passa dans la rue un costume étrange, une soutane ! L'homme qui la portait s'approcha de moi, et me demanda un renseignement sur le personnel de l'état-major. « Monsieur l'abbé, lui dis-je après l'avoir satisfait, je n'ai pas l'honneur d'être connu de vous ; mais permettez-moi de vous demander comment vous êtes ici, et ce que vous y êtes.— Hélas ! Monsieur, me répondit-il, je suis le pauvre curé de Mostaganem. — Que Dieu soit loué ! repris-je ; je pourrai donc entendre la messe demain ? » La physionomie du bon curé me laissa voir que je ne m'étais pas trompé, en supposant que ma demande lui ferait plaisir. « Oui, certes, vous pourrez entendre la mese ! — A quelle heure ? — A l'heure qui vous plaira... car, ajouta-t-il, comme s'il n'avait parlé que pour lui, je puis en changer l'heure sans déranger les fidèles. — Ainsi vous m'attendrez ? — Oui, Monsieur. — Priez pour moi. » Il me serra la main, et me demanda si j'avais un logement. « Je coucherai dans cette maison, lui dis-je. — Mon presbytère est bien pauvre, reprit-il ; mais à la guerre comme à la guerre ! Nous trouverions encore une couverture, et vous pourriez dormir en paix. » Je le remerciai, et il me quitta, tout heureux d'avoir rencontré un Français, sur quinze mille, qui se proposât d'assister à la messe le dimanche. Le moghrebin civilisé voulut me donner un nouvel échantillon de son savoir : il me montra le prêtre qui s'éloignait : « Calotin *buono,* » me dit-il.

Je crois que s'il n'avait pas dit *buono*, j'aurais été tenté de lui apprendre militairement à rayer l'autre mot de son vocabulaire.

J'entrai dans une salle mal éclairée, encore obscurcie par la fumée des pipes et des cigares, remplie de jeunes officiers, les uns à demi déshabillés, les autres presque entièrement nus, les autres enveloppés de linges blancs qui leur donnaient un air de fantômes. Mais jamais fantômes ne furent de meilleure humeur. C'étaient des exclamations, des rires, des embrassements qui se renouvelaient sans cesse. Séparés par les mouvements de la guerre, tous ces jeunes gens se réjouissaient de se retrouver là. Que de choses à se raconter ! Plusieurs ne s'étaient pas vus depuis leur sortie de l'école. On se parlait de la France et d'Alger, on se demandait des nouvelles des anciens camarades, et, tout en causant, chacun avisait à simplifier son costume. De temps en temps un grand gaillard cuivré, couvert pour tout vêtement d'une ceinture humide, apparaissait au fond de la salle, et deux ou trois de ces hommes déshabillés, abandonnant la conversation, le suivaient dans un couloir obscur. Où étions-nous ? Je le demandai ; on profita de mon ignorance pour en rire. Enfin ce fut notre tour d'accompagner le Maure mystérieux. Après avoir traversé un corridor assez long, dans lequel régnait une vapeur humide et chaude, il ouvrit une porte étroite. Le plus étrange spectacle s'offrit à mes yeux : qu'on se figure une vaste rotonde, d'architecture mauresque, un pavé de dalles grises, une vapeur suffocante, semblable au plus épais brouillard ; et dans cette salle, au milieu de cette vapeur, étendus, immobiles et nus sur ces dalles grises, dix ou douze individus, autour de chacun desquels un ou deux hommes, couverts d'un léger caleçon, se livraient à la plus singulière occupation du monde, les frottant, les retournant sur le dos, sur le ventre ; leur étendant les bras, les refermant, leur faisant craquer les membres, les pétrissant enfin comme une pâte qu'on allonge, qu'on arrondit, qu'on élargit, qu'on replie sur elle-même, et qu'on étend de nouveau. Cette gymnastique effrayante était un bain. On me coucha sur la dalle comme les autres, et je fis ainsi, sans le vouloir, l'expérience du bain maure, dont je m'étais toujours peu soucié. En somme, l'opération, bien qu'elle s'accomplisse avec décence, n'a rien d'attrayant, et je ne m'explique pas l'estime qu'en font nos Français : cela sent son pays d'esclavage, où l'homme est attaché à l'homme non comme un serviteur, mais comme une chose. Un chrétien aura toujours de la répugnance à se faire ainsi frotter et nettoyer, n'étant pas malade, par un de ses semblables, que cette besogne semble rendre abject.

Lorsqu'on nous eut suffisamment roulés, travaillés, frottés, je dirai presque étrillés en tous sens, en se hâtant un peu (ce dont je ne fus pas fâché), vu le nombre des pratiques, on nous inonda d'eau chaude, puis enfin on nous enveloppa de linges secs, et je me sentis moulu, mais aussi très-désireux de me reposer, et très-apte à bien goûter le plaisir du repos : c'est l'effet que l'on cherche. Il était près de minuit. On nous donna du café, une pipe, et l'on nous conduisit dans un galetas, où nous n'eûmes plus qu'à dormir. La chose eût été facile sans le grand nombre de puces qui avaient avant nous pris possession du réduit. Roche me raconta à cette occasion que certains camps avaient tellement été infestés de cette vermine, que nos pauvres soldats, ne pouvant s'en défaire, en étaient morts. Je saluai l'aube avec une véritable joie. Le galetas donnait sur une terrasse, d'où Mostaganem, la plaine et la mer s'offraient à mes yeux. Ce bel horizon me fit oublier la fatigue de l'insomnie. La mer, parfaitement unie, réflétait les premières clartés d'un beau jour ; le silence le plus profond régnait de toutes parts, un vent léger m'apportait de la campagne une fraîche odeur d'absinthe et d'anis, tout était immobile. Quelques cigognes seulement, oiseaux utiles, mais mieux protégés par la superstition populaire que par leur utilité même, commençaient à voleter sur le front d'une vieille tour. Je comparai en moi-même cette ville pleine de soldats à un canon chargé à mitraille ; objet paisible, près duquel les oiseaux voltigent en chantant, et qui, tout à l'heure, va éclater comme le tonnerre et vomir le feu et la mort.

Bientôt la diane sonna dans le camp, tout se secoua, tout se mit en mouvement. Je descendis et tâchai de découvrir le presbytère. Les rues étaient déjà pleines d'uniformes, les cabarets déjà ouverts. Sur soixante-quinze habitants européens que comptait il y a quelques mois Mostaganem, il y avait dix cabarets et trois cafetiers ; le nombre en est probablement plus grand aujourd'hui ; ces soixante-quinze habitants offraient un curieux exemple de la manière dont se forme en Algérie la population européenne : on y comptait des Français, des Italiens, des Espagnols, des Allemands, des Polonais, des Anglais, des Belges, enfin un Hongrois. Deux Français sont inscrits à la colonne des professions sous le titre de bacheliers ès lettres.

Une petite fille mahonnaise m'indiqua le presbytère. J'y trouvai M. l'abbé G'Stalter, qui a obtenu du gouverneur général la permission de suivre l'armée, et le bon curé, ce vieil ami de la veille, qui, tout d'abord, reconnaissant en moi un chrétien, m'avait offert son humble toit. Nous nous embrassâmes. Comment se nomme-t-il? je l'ignore. C'est le pauvre curé de Mostaganem, voilà son nom. Heureux l'homme qui prend le nom de l'œuvre sainte qu'il accomplit sur la terre! Sa demeure est digne d'un apôtre : un maigre lit, quelques volumes sur une planche, toute sa garde-robe et tout son linge dans un panier, toute sa vaisselle sur une table boiteuse, où il reste assez de place pour écrire ; un crucifix de cuivre à la muraille. Il me conduisit à l'église pour y attendre qu'il se fût préparé, et sonna lui-même sa messe en agitant une cloche qui se rendait à Oran, et qu'il a arrêtée au passage, espérant qu'on ne la lui reprendrait pas.

L'église de Mostaganem est une des chambres du presbytère, la plus belle il est vrai, mais telle pourtant qu'un étudiant aurait besoin de toute sa jeunesse et de quelque philosophie pour s'y trouver à l'aise. Deux chaises, les deux seules chaises qu'il y eût dans toute la maison, en formaient le mobilier. Hélas! souvent il y en a une de trop! L'acanthe qui fleurit en mai, et qui donne une longue grappe de fleurs blanches entourées de vertes alvéoles, avait fourni des bouquets pour parer l'autel, fait d'une planche accrochée de chaque côté à la paroi de l'étroite cellule. Pas de tapis sous les pieds du prêtre, pas de pupitre pour placer le missel, deux restes de bougies dans des chandeliers de fer. O Dieu de la France, quelle pauvreté!

Voilà le presbytère, voilà l'église, voilà l'autel, voilà le culte !

Tandis que le bon curé allait et venait, disposant tout lui-même avec un visage paisible, je l'admirais, je le plaignais. Je me disais qu'il devait envier le sort des missionnaires, car les consolations que le missionnaire trouve parmi les sauvages ne se rencontrent point ici. La religion n'y est ni forte, ni persécutée ; elle est méprisée, elle est jugée inutile. Ses victoires sont d'obtenir, pour célébrer les saints mystères, une baraque où le prêtre reste seul ; d'amener un Européen à faire réhabiliter son mariage, dont il ne respectera pas mieux la dignité, ou à faire baptiser son enfant, qui n'apprendra pas mieux à prier. Quant à éclairer les infidèles, on le lui défend. Il y a peu d'injures directes à craindre ; mais, ô mon Dieu ! quelles plus sanglantes injures pour vos prêtres que celles qui vous sont adressées sans cesse ! Quel supplice plus cruel que de voir des hommes bien élevés, instruits suivant le monde, braves, généreux souvent et doués d'une âme excellente, sacrifier tout pour le monde et ne vouloir jamais rien faire pour Dieu, ni pour leur éternité ? Cette indigente chapelle, combien je l'aurais trouvée riche et opulente, si seulement les quinze personnes qu'elle aurait pu contenir s'y étaient entassées ! Mais j'y restai seul à prier pour la France. La messe commença ; je l'écoutai en demandant à Dieu de toucher tant d'âmes égarées. Les paroles latines qui frappaient mon oreille me donnaient quelque espérance, quand je songeais à la longueur des siècles écoulées depuis le jour qu'elles ont cessé de retentir sur ces rivages, où la voix sacerdotale les murmure de nouveau ; puis quelque roulement de tambour emportait cette espérance, en me rappelant vers quel but se tournent les cœurs ; et je sortis percé comme d'un glaive de ces paroles du dernier évangile : « *In propria venit, et sui eum non receperunt* : Il est venu chez soi, et les siens ne l'ont pas reçu ! »

XXIX

A EUGÈNE VEUILLOT.

Mon cher ami, nous voici de retour après une campagne de dix-sept jours, qui a eu pour résultat la destruction de Tegdempt et l'occupation de Mascara. Tegdempt était le principal établissement d'Abd-el-Kader, qui avait cru le placer hors de l'atteinte des Français. Il y avait construit un fort et quelques maisons assez spacieuses. Le tout n'est plus aujourd'hui qu'un amas de décombres. La plupart des maisons ont été renversées, pour ainsi dire à coups de pieds; le fort, plus solidement bâti, a été miné en quelques heures et s'est écroulé en quelques minutes. Rien n'a pour ainsi dire été défendu: mais l'affaire n'était pas d'enlever cette bicoque, c'était d'y arriver. Le gouverneur a voulu montrer qu'il pourrait aller là et plus loin. De Tegdempt il a conduit à Mascara l'énorme convoi qu'il y voulait laisser, et il est revenu ici après avoir tout ravagé sur le long chemin qu'il a parcouru. On s'est peu battu, et bien que dans les diverses occasions où ils ont osé attaquer l'arrière-garde de l'armée française, les Arabes aient perdu assez de monde, ce ne sont pas ces pertes qui leur seront sensibles; nos malades seront peut-être aussi nombreux que leurs blessés; mais les moissons détruites, mais le pays sillonné par nos colonnes et la crainte de nous voir revenir, voilà ce qui jette parmi eux le trouble et l'irrésolution. Il est à croire qu'Abd-el-Kader, frappé en même temps sur d'autres points, et n'ayant plus ces villes et ces châteaux qui le rendaient si fort dans le pays, ne se trouvera plus en mesure de contraindre à la guerre les tribus fatiguées qui voudraient faire la paix. La situation de ces pauvres tribus est vraiment terrible : d'un côté, le général Bugeaud leur dit : « Vous ne labourerez pas; ou, si vous labourez, vous n'ensemencerez pas; ou, si vous ensemencez, vous ne moissonnerez pas; » et il se montre homme à tenir sa parole; de l'autre, Abd-el-Kader crie à ceux qui traiteraient avec les Français qu'ils seront damnés; et, pour donner plus de poids à ses anathèmes, il tombe sur eux avec ses réguliers, les ruine et les décime. Les Arabes feront-ils un énergique et persévérant effort contre nous? se soulèveront-ils contre leur *sultan?* c'est la question. En même temps que les deux partis les menacent, ils les tentent. Nous leur envoyons des émissaires qui leur promettent notre protection contre l'émir : l'émir trompe leur crédulité en leur jurant que nous n'en pouvons plus; que les Chambres sont fatiguées de donner de l'argent pour l'Algérie; que les Anglais vont nous faire la guerre en Europe; que, forcés de nous retirer, nous le laisserons plus puissant que jamais, et qu'alors il sera sans mesure dans ses récompenses et dans ses punitions. Du reste, il a fait d'immenses et, jusqu'à présent, d'heureux efforts pour empêcher tout contact entre les populations et nous. L'armée a marché dix-sept jours sans voir venir à elle un seul habitant du pays parcouru. Elle était gardée nuit et jour par un réseau de vedettes qui la bloquaient dans sa marche. Heureusement ses actes parleront assez haut.

Je termine ici mes campagnes; il me pousse des ailes au cœur! N'étant attaché à l'Algérie par aucun devoir, j'ai besoin de revenir; j'ai besoin de prier auprès de toi dans nos églises honorées. Mais, avant de quitter l'Afrique, il faut que je te parle de l'un des plus rudes ennemis que nous y combattions.

Si tu veux savoir ce que c'est que la nostalgie, ce mal du pays dont souffrent et meurent tant de pauvres exilés, je puis te l'apprendre. L'âme s'ennuie en elle-même, ne prend plus intérêt à rien de ce qui l'entoure, se sent dans une prison, et, pareille à l'oiseau en cage, après avoir fait d'inutiles efforts pour briser ses barreaux, se tapit dans un coin, l'œil fixé sur cet espace qu'elle dévore, sur cet obstacle qu'elle maudit. Aucune séduction, aucun désir, aucun besoin ne la détourne plus de sa contemplation amère. Bientôt le corps, subjugué par cette morne fureur, se fatigue, languit, s'épuise, et devient lui-même incapable de tout viril effort. On fait alors des rêves de mourant, des rêves pleins de désespoir, d'injustice et de douleur. On se trouve abandonné du monde; on s'élève en plaintes contre tous ceux que l'on aime; on les accuse comme s'ils avaient conspiré cruellement de n'être pas là où l'on voudrait les voir, comme s'il dépendait d'eux d'apparaître pour nous empêcher de mourir. On leur demande pardon un instant après, et l'on s'irrite encore parce qu'ils ne peuvent pas recevoir cette réparation qu'on prétend leur faire d'une injure qu'ils n'ont pas connue. Aucune parole n'exprimera l'incomparable énergie avec laquelle la pensée du malade s'élance vers ces êtres si chers qui sont si loin. Il se donne un funeste soin de rechercher tous les maux qui les peuvent frapper; il les plaint sincèrement de ces maux imaginaires, puis il pense qu'il s'inquiète d'eux, et qu'ils sont indifférents. Il les voit dans la paix, dans le plaisir... O quelle angoisse! Et toujours il sent son pauvre cœur broyé sous cette meule de leur infortune ou de leur oubli. Il se plaît à la tourner lui-même toujours; il l'arme de pointes nouvelles, il la rend plus pesante, jusqu'à ce que, sous cette pression implacable, tout refuge soit fermé à la moindre sensation d'espérance et de joie.

Contre toute raison, contre toute possibilité, on veut s'en aller, on veut retourner aux lieux où s'en va le cœur, non pas dans quelques jours, non pas demain, mais aujourd'hui, tout de suite, à l'instant. Ce serait trop d'attendre une heure. Hélas! Et l'on sait qu'il faut attendre des mois entiers, des années même, et, si l'on revient du mal dont on se sent frappé, braver mille fois la mort avant de revoir son bien-aimé pays!

Point de consolation pour une pareille douleur, point de remède contre ce noir délire. On souffre, et l'on veut souffrir; on pleure, et l'on veut pleurer; on est fou de tristesse, et l'on ne veut qu'accroître sa tristesse et sa folie. Ne pouvant fuir, ne pouvant s'envoler, on se fait une joie de se détruire rapidement. Mourir est une espérance; on échappera du moins par la mort.

N'attendez aucun secours des spectacles nouveaux que vous feriez voir au moribond. Ou ils sont différents de ceux qu'il désire, et, lui rendant son éloignement plus sensible, ils excitent son dégoût et son ennui jusqu'à la rage; ou, par quelque ressemblance, ravivant ses souvenirs, ils le brûlent et l'écrasent d'une émotion qu'il ne peut supporter. « Ah! mon Dieu! disait en traversant les moissons du Chélif un jeune soldat de la Beauce, voilà une haie qui ressemble *à chez nous!*... Mais où est notre maison?... » Et si la maison avait paru, qui lui aurait montré sa mère?

Tous les malheureux qui, durant le cours de ces marches accablantes, se retirent à l'écart sans rien dire à leurs camarades, se couchent sur le chemin, et se font sauter la cervelle, ne sont pas des hommes fatigués : beaucoup sont des nostalgiques. Souvent, le matin, au sortir du camp, lorsque les premières lueurs du jour teignaient l'horizon, si quelque peu d'herbe se trouvait sous nos pas, si quelques arbustes ornaient le ravin, si le vent frais de l'aurore, en passant sur les moissons, nous apportait cette bonne odeur qui s'exhale des blés mûrs, un frémissement de joie épanouissait mon âme et me faisait oublier les fatigues du sommeil. Cette nature si belle à si peu de frais me rappelait, à moi heureux de ce monde, des courses matinales faites au-devant du soleil, en joyeuse et chère compagnie. J'oubliais et l'Afrique et la guerre, et les pensées tristes qui s'étaient dirigées vers toi, mon frère absent : j'étais en France, j'étais en des lieux de la France où je fus heureux, où je n'irai plus. Mon cheval m'emportait rapidement jusqu'aux lointains éclaireurs, et la trompette qui sonnait derrière nous à l'avant-garde me semblait un écho des fanfares de mon cœur content. Mais ce plaisir, comme tant d'autres, trouvait sa prompte fin; cette bouffée passait, je songeais à nos pauvres soldats. Ce qui n'était pour moi que l'agréable souvenir de quelques instants heureux, ces fraîches clartés de l'aube, ces brises matinales, ces buissons couverts de rosée, c'était la poignante image de tous leurs biens perdus. Ainsi jadis ils se mettaient en route le matin, non le fusil sur l'épaule, non le sac au dos, et d'un pas tyrannisé par le tambour, mais avec l'heureux sentiment de leur liberté. L'alouette chantait, ils répondaient au chant de l'alouette en sifflant gaiement un bon air de village ; ils ne portaient que la faux du moissonneur ou la joyeuse hotte des vendanges. Ils n'allaient pas au loin affronter la mort ou des blessures pires que la mort, pour arriver le soir au lit de cailloux d'un bivouac sans bois et sans eau ; ils étaient assurés de retrouver la chaumière ou l'étable, et le paisible sommeil du travailleur. Hélas ! qu'on est heureux, après une journée laborieuse, d'avoir une étable, et devant soi quelques couples de bonnes heures à bien dormir, sans s'inquiéter du temps qu'il fera pendant la nuit ! Je les regardais, et, quoique beaucoup d'entre eux, peut-être par l'effet de mes préoccupations, me parussent tristes, je trouvais qu'en général ils portaient leur peine bien courageusement. Mais le jour s'avançait ; à six heures du matin la chaleur était déjà lourde. On avait quitté depuis longtemps l'oasis du bivouac ; à mesure que le soleil montait, la contrée devenait aride et difficile. Il fallait traverser des gorges étouffantes, franchir des montagnes dépouillées, des plaines de sable ou de pierres roulantes, des espaces sans eau, sans bois, sans végétation, sans limites. Si quelque chose le matin avait rappelé le pays, plus rien maintenant dans ces déserts ne ressemblait à la France ; quelques heures avaient rétabli toute cette distance effroyable, un moment oubliée. C'est alors que le désespoir éclatait dans quelques-uns de ces pauvres cœurs ; c'est alors qu'à l'arrière-garde on avait peine à rallier les traînards, et que les officiers couraient tantôt à l'ambulance demander des cacolets, tantôt annoncer au colonel qu'un homme de leur compagnie s'était tué.

C'est alors aussi que je sentais vivement de toute la

chaleur de mon âme, de toute la force de ma raison, combien, aujourd'hui plus que jamais, la société, représentée par les chefs qu'elle se donne, commet d'actes inhumains, barbares, criminels, dont elle se doute à peine, et qu'il n'est guère probable que Dieu lui pardonne cependant! J'ai dit qu'aucun secours n'était possible à ces malheureux atteints du mal de l'exil et de la captivité; je me suis trompé. Il est un secours qui pourrait prévenir le mal, le guérir peut-être; c'est le seul efficace, et je n'ai pas besoin de le nommer; mais aucun secours ne leur est plus refusé que celui-là : rien ne parle de Dieu à ceux qui ne l'ont jamais connu, rien ne le rappelle à ceux qui l'ont oublié. Les chefs, il faut bien le dire, tristes victimes de l'éducation que reçoit généralement en France la classe élevée, n'éprouvant nullement eux-mêmes le besoin d'une religion, ou ne sachant pas qu'ils l'éprouvent, n'imaginent guère que la religion puisse devenir une source de force et de courage, une consolation pour le soldat. M. le général Bugeaud est, je crois, le premier gouverneur qui ait permis à un aumônier de suivre les grandes expéditions. M. l'abbé G'Stalter a fait cette campagne. On n'a manqué envers lui ni de politesse ni de bienveillance, mais on aurait pu entourer sa mission de plus de facilités et de plus d'honneurs; on aurait pu le traiter comme un personnage utile, au lieu de le considérer comme une curiosité, de l'accepter comme une bouche de plus dont il fallait grever les vivres de l'armée pour complaire aux préjugés de l'évêque. Grâces soient rendues néanmoins à la bonne volonté du vaillant général! M. G'Stalter a pu consoler quelques soldats mourants, il en a empêché d'autres de mettre fin à leurs jours.

Puisse bientôt venir le temps où nos drapeaux, qui donnent tant de gloire, seront partout accompagnés de cette voix, de ce pouvoir qui console et raffermit ces obscures victimes de la splendeur militaire. Un grand acte de justice sera accompli devant Dieu, devant le monde lui-même, lorsque, bénis par le prêtre, ceux qui meurent sans récompense, sans gloire, sans nom, et qui vont disparaître sans laisser même un tombeau sur la terre étrangère qui les aura dévorés, pourront cependant se consoler de mourir!

Aveuglement des hommes! Dans ces marches sans fin, dans ces camps désolés, dans ces garnisons meurtrières, il en aurait coûté moins pour entretenir des prêtres qui auraient relevé le moral des soldats, qu'il n'en a coûté pour fournir le quart du vin et des liqueurs fortes employés à les abrutir, et cet abrutissement ne les a sauvés ni du désespoir ni de la mort!

XXX

CONCLUSION.

Depuis l'époque où s'arrêtent ces souvenirs, de grandes choses ont été accomplies en Algérie. Pendant la seconde marche sur Mascara, M. le général Bugeaud recevait des lettres écrites au nom des tribus les plus importantes, probablement sous la dictée d'Abd-el-Kader, dans lesquelles on étalait avec jactance la résolution de combattre éternellement les Français (1). L'émir comptait encore sur sa tactique; il espérait fatiguer l'intrépide armée dont il avait pu jusque alors éviter les coups. Ses espérances furent déjouées par des manœuvres dont l'habileté, la hardiesse et la persévérance dépassèrent tout ce qu'on avait vu. L'occupation *agissante* de Mascara, de Tlemcen, de Milianah et de Médéah, établissant dans l'intérieur des terres le centre de nos opérations, qui n'avait été jusquelà que sur certains points de la côte, déconcerta les plans de l'ennemi. A force d'intrépidité, nos soldats montrèrent qu'ils sauraient, mieux que les indigènes eux-mêmes,

(1) Voyez la note 5.

supporter les difficultés du climat. Ils pénétrèrent dans des lieux, à des distances où les Turcs ne s'étaient jamais aventurés. Il n'y eut plus de repos, plus de sécurité, plus d'agriculture possible. Les moissons furent ravagées, les silos (greniers souterrains) découverts et vidés ; enfin, plusieurs fractions de tribus nous demandèrent la paix et se mirent sous notre protection : ce fut le signal de la ruine de l'émir. Ces premières défections en entraînèrent d'autres ; nous pûmes protéger nos amis. On vit ce que personne, quelques mois auparavant, n'aurait osé espérer : le pays lui-même approvisionner nos garnisons, et les Arabes qui avaient le mieux combattu pour l'émir marcher sous nos drapeaux.

A partir de ce jour, Abd-el-Kader fut vaincu. Le besoin de la paix parla plus haut que le Coran ; on avait trouvé dans le livre sacré des textes qui commandaient de nous faire la guerre ; on y en trouva qui autorisaient, qui exigeaient presque la paix et la soumission au vainqueur.

Le maréchal Bugeaud, vainqueur d'Abd-el-Kader dans l'Algérie et vainqueur de l'empereur du Maroc sur les frontières de l'empire, a pu venir en France, et toute la France l'a entendu raconter avec simplicité ce qu'il avait fait. Sa position ne lui a pas permis de dire nettement à quel point une malheureuse politique a fait avorter la victoire de l'Isly et celle de Tanger ; mais on l'a compris, et personne ne lui a imputé des torts qui n'étaient pas les siens. On s'est plu à l'entourer d'hommages. Quelques esprits jaloux ont seuls trouvé ces hommages excessifs. Ceux qui connaissent la véritable situation des choses, et qui savent combien de difficultés de tout genre étaient à vaincre et ont été vaincues, ne penseront jamais qu'on puisse trop honorer l'homme de tête et de cœur qui a rendu si bravement de si éminents services à son pays. Oui, c'est peu de chose que la bataille de l'Isly comparée à quelqu'une de ces grandes batailles de l'empire, qui ont à peine fait autant de bruit dans le monde. C'est peu de chose si l'on compare le nombre des forces engagées, la valeur matérielle des trophées, les morts restés sur le terrain. Mais si l'on songe à l'audace du coup, à l'habileté des manœuvres, à la difficulté d'aller chercher si loin l'ennemi, à la difficulté de l'atteindre, cette bataille prend la glorieuse place qu'elle doit occuper au rang de nos belles journées militaires. Ce n'est pas la faute du vaillant chef qui l'a gagnée si les négociateurs ont, en quelque sorte, guéri la plaie que son épée venait de faire. Avoir forcé Abd-el-Kader de chercher un refuge dans le Maroc, avoir atteint Muley-Abderahman dans son empire, l'y avoir frappé de telle sorte que ses fanatiques sujets n'aient pas osé se ruer en masse sur le territoire français, c'était un grand résultat. On pouvait compléter ce résultat en forçant Abderahman de livrer Abd-el-Kader, dont la présence et la vie rendront toujours précaire la soumission des Arabes de l'Algérie Abderahman, quelque respect qu'il ait pour l'iman de la guerre sainte, aurait fait les derniers efforts pour s'emparer de lui si la paix avait été à ce prix. Il craint Abd-el-Kader autant qu'il l'admire, et l'intérêt politique aurait fait taire le sentiment religieux.

Néanmoins M. le maréchal Bugeaud a pu dire que l'Algérie était vraiment pacifiée au moment où il parlait, et pacifiée d'une manière digne de la France Nous ne sommes pas enfermés derrière des fossés et des murailles, nous n'avons d'autres limites que celles du royaume. Tout est à nous entre Tunis, Maroc et le désert; et cette vaste zone, aujourd'hui parcourue en tous sens par nos armes (à l'exception de la Kabylie que nous enfermons, et qu'il faudra bien un jour réduire), voit des établissements français naître et prospérer jusque sur ses points les plus reculés. Les garnisons de l'intérieur ne sont plus des tombeaux, mais des séjours supportables, agréables même, où règne le travail, où respire la vie.

En même temps de nombreux villages s'élèvent dans la Mitidja, les terres anciennement cultivées y recouvrent leur fertilité ; on défriche les espaces que l'apathie musulmane laissait se couvrir de broussailles séculaires ; des routes commodes et sûres sont ouvertes au commerce et à l'industrie. De l'aveu des meilleurs juges, confirmé par l'expérience, l'Algérie peut devenir une source de richesses.

Voilà l'œuvre glorieuse de nos armes, mais cette œuvre n'est pas achevée.

Lorsque j'étais en Algérie, le commandant supérieur de Philippeville écrivait : « Nous n'avons pas moins de douze cents individus à suivre du doigt et de l'œil, la nuit comme le jour. » Ces quelques mots disent assez comment se forme la population européenne de l'Algérie. Qui ne comprend que, même en admettant comme parfaite et durable la soumission des indigènes, ces Européens sans aveu, dont le nombre s'accroît chaque jour, et dont la vie algérienne est loin de guérir les vices, finiront par être un véritable danger !

Or, que fait-on pour moraliser ces masses perverses ? Rien, ou presque rien.

Les Arabes, quoique pacifiés, seront longtemps encore enclins à la révolte, et, dans ce moment même, une nouvelle prise d'armes d'Abd-el-Kader inspire de vives inquiétudes. Que fait-on pour s'assimiler ces populations fanatiques, assez promptes à oublier leur religion pour les avantages du trafic et du plaisir, mais plus promptes encore, lorsque les profits du commerce ont réparé leurs pertes, à courir aux armes, à la voix de celui qui représente à la fois chez eux l'indépendance et la religion? Que fait-on pour les attacher à la France, pour changer leurs idées et leurs mœurs, pour apaiser ce fanatisme redoutable? On ne fait rien, absolument rien; et, qui pis est, on ne veut rien faire.

Cependant ce ne sont pas les éléments du bien qui manquent. Parmi ces Européens d'Alger il y a des chrétiens admirables, pleins de dévouement et de zèle, qui seraient prêts aux plus grands sacrifices; dans le clergé français on trouverait en abondance des apôtres; tous nos religieux seraient heureux de donner leur vie pour la conquête chrétienne de cette terre, infidèle encore sous les drapeaux français; ils seraient hospitaliers, maîtres d'école, missionnaires, agriculteurs, savants; il y aurait, si on l'avait voulu, même un ordre militaire. Tant de bonnes volontés n'ont point été secondées, ou même ont rencontré des entraves. A la vérité, chaque localité à peu près est pourvue d'un curé; mais que peut un pauvre prêtre tout seul, qui n'a souvent qu'un admirable zèle, en présence de nos officiers imbus de philosophisme, ou de nos sujets arabes, dont il faut d'abord parler la langue et ensuite connaître la loi religieuse, pour les amener aux convictions chrétiennes!

Il faudrait des moines, des corporations d'hommes et de femmes pour suffire à tant de besoins divers. Ces congrégations réussiraient, car elles ne manqueraient point de courage, et la grâce de Dieu ne leur manquerait point. On l'a vu, on le voit tous les jours par l'exemple que fournit le récent établissement des trappistes. Ces pieux solitaires luttent contre des difficultés de tous genres; mais ni la pauvreté, ni les maladies, ni les désastres, ni la mort ne les découragent. Les chrétiens les admirent, les musulmans les aiment et les bénissent.

Mais, tandis que l'on reçoit les trappistes auprès d'Alger, le gouvernement, qui n'a point encore doté d'une église la redoutable population de Philippeville, bâtit à grands frais une belle mosquée dans cette ville, *où il n'y a pas un Arabe*.

J'ose le dire, tant que la population européenne inférieure de l'Algérie ne sera pas morale, c'est-à-dire chrétienne, elle sera un danger pour notre établissement; tant que les Arabes ne seront pas chrétiens, ils ne seront pas Français, et tant qu'ils ne seront pas Français, nul gouverneur, nulle armée ne pourra garantir pour un mois la durée de la paix.

Cette conviction est si profonde, même chez ceux qui espèrent le plus de l'Algérie, que tout leur rêve est d'arriver à tenir le pays avec un effectif armé de soixante mille hommes *seulement*, vivant des ressources du sol; et encore sont-ils unanimes pour dire qu'un tel idéal ne se peut réaliser qu'autant que la paix durera en Europe. Or qu'y a-t-il de plus incertain que le maintien de la paix entre la France et l'Europe, entre la France et l'Angleterre particulièrement?

On ne peut se défendre de prévisions qui serrent le cœur, lorsque l'on songe à tout ce qui peut résulter du premier coup de canon tiré sur la Méditerranée. Le chrétien, voyant la religion négligée à dessein par ceux qui sont chargés d'établir en Algérie la puissance française, murmure avec effroi cet oracle divin, tant de fois réalisé parmi les hommes : *Nisi Dominus ædificaverit domum, in vanum laboraverunt qui ædificant eam.*

Dieu protége la France !

FIN.

NOTES.

NOTE I.

(Introduction, page 2.)

SUR LA DURÉE DE L'ISLAMISME.

« Le prophète Daniel avait dit au roi de Babylone que la grande statue qui lui avait été montrée en songe, et qui était composée de quatre métaux successifs, l'or, l'argent, l'airain, le fer, finissait par dix doigts de pied moitié de fer et moitié d'argile, c'est-à-dire que cet empire colossal, qui devait passer successivement à quatre dynasties ou nations, les Assyriens, les Perses, les Grecs, les Romains, finirait par une dizaine de royaumes moitié romains et moitié barbares. Le prophète vit ensuite plus distinctement la quatrième nation souveraine, la quatrième bête, la bête aux dents de fer et aux ongles d'airain, ayant sur sa tête dix cornes; et il lui fut dit que ces dix cornes étaient dix rois ou royaumes qui devaient s'élever du quatrième empire, de l'empire romain. Sept siècles après Daniel, l'apôtre saint Jean, le prophète de la nouvelle alliance, vit la même bête avec dix cornes, et il lui fut également dit que ces dix cornes étaient les dix rois. Il vit de plus, assise sur cette bête, une femme vêtue de pourpre et d'écarlate, enivrée du sang des saints et du sang des martyrs; et il lui fut dit que cette femme était la ville assise sur sept montagnes, la grande ville qui régnait sur les rois de la terre, et que les dix cornes ou rois, après avoir combattu pour elle, finiraient par la haïr, par la réduire à la dernière désolation, par la dépouiller, par dévorer ses chairs, et par la brûler au feu. Et nous avons vu une dizaine de rois et de peuples barbares, d'abord à la solde de Rome et de son empire, la prendre en haine, la dépouiller de sa gloire et de ses richesses, dévorer ses chairs ou ses provinces, et la livrer elle-même aux flammes.

« Le prophète Daniel avait vu quelque chose de plus. Pendant que je considérais les dix cornes, dit-il, voilà qu'une autre petite corne s'éleva parmi les autres, et trois des premières cornes furent arrachées de devant elle ; et voilà que cette corne avait des yeux comme les yeux d'un homme, et une bouche qui parlait grandement. Et comme je regardais attentivement, voilà que cette corne faisait la guerre aux autres, et qu'elle prévalut contre eux. Sur quoi l'un des assistants me dit : la quatrième bête sera le quatrième empire sur la terre. Les dix cornes sont dix rois qui s'élèveront de cet empire ; il s'en élèvera après eux un autre, qui différera des premiers et sera plus puissant, et il abaissera trois rois. Et il dira des discours contre le Très-Haut ; et il foulera aux pieds les saints du Très-Haut ; et il s'imaginera qu'il pourra changer les temps et la loi ; et ils seront livrés en sa main jusqu'à un temps, deux temps et la moitié d'un temps. Et le jugement se tiendra ; et ils lui ôteront la puissance (littéralement la *sultanie*), pour la détruire et l'anéantir jusqu'à la fin. Saint Jérôme dit sur cette prédiction : « Tous les écrivains ecclésiastiques ont enseigné qu'à la consommation du monde, lorsque l'empire romain sera à détruire, il y aura dix rois qui partageront entre eux l'univers romain, et qu'il s'élèvera un onzième petit roi qui vaincra trois des dix. »

« Or tout ceci, nous allons le voir s'accomplir. Nous allons voir s'élever au fond de l'Arabie, parmi les descendants d'Ismaël, un nouveau roi, un nouveau sultan, qui, faible d'abord, humiliera dans l'espace d'un siècle trois des dix rois qui se sont partagé le monde romain. Nous verrons, dans l'espace d'un siècle, l'empire naissant de Mahomet anéantir le royaume des Perses en Orient, abattre celui des Visigoths en Espagne, et humilier profondément l'empire de Constantinople, en attendant qu'il le détruise tout à fait. Cette nouvelle corne aura des yeux ; ce roi, ce sultan nouveau, fera le voyant, le prophète ; mais ses yeux ne seront que des yeux d'homme, sa prophétie sera de l'homme et non pas de Dieu. Il parlera pompeusement pour, sur et contre le Très-Haut ; car l'expression originale présente ces trois sens, mais surtout le dernier. Il parlera pompeusement pour le Très-Haut, contre les idolâtres ; sur le Très-Haut, avec les Juifs ; et contre le Très-Haut, en niant la divinité de son Christ et en attaquant sur cet article fondamental la foi des chrétiens. *Cette corne, cette puissance, fera la guerre aux saints du Très-Haut et prévaudra sur eux.* Le mahométisme ne cessera de faire la guerre aux chrétiens, appelés saints dans le langage de l'Écriture, et prévaudra sur eux dans tout l'Orient et dans toute l'Afrique *Cette* nouvelle *corne*, ce nouveau roi, *s'imaginera pouvoir changer les temps et la loi.* Le mahométisme introduira une nouvelle manière de compter les années : au lieu de célébrer, ou le samedi avec les Juifs, ou le dimanche avec les chrétiens, il célèbrera le vendredi ; et à la loi de Moïse, et à la loi de Jésus-Christ, il substituera l'Alcoran. Cette corne, cet empire, aura ainsi la puissance *jusqu'à un temps, deux temps et la moitié d'un temps*. C'est-à-dire, dans le langage prophétique, un an, deux ans et la moitié d'une année, ou, comme dit l'apôtre saint Jean, quarante-deux mois ou douze cent soixante jours. Or, pour se retrouver dans leurs années lunaires avec les années solaires, les mahométans ont une manière de compter par mois d'années ou cycle de trente ans. Sur ce pied, les quarante-deux mois que doit durer cet empire antichrétien seraient donc de douze cent soixante ans, et comme il a commencé vers l'an 622, il finirait vers l'an 1882.

« Ainsi que nous l'avons déjà remarqué, on pourrait même, dans ces expressions de Daniel et de saint Jean, *un temps, deux temps et la moitié d'un temps*, découvrir, pour la puissance mahométane, comme trois périodes : une première, d'accroissement ; une seconde, de lutte ; une troisième, de décadence. Pendant *un temps*, douze mois d'années, ou trois cent soixante ans, depuis 622 jusqu'à 982, vers la fin du xe siècle, le mahométisme triompha presque partout sans beaucoup d'obstacles. Pendant *deux temps*, deux ans d'années ou sept cent vingt ans, depuis la fin du xe siècle où les chrétiens d'Espagne commencèrent à repousser les mahométans et firent naître les croisades, jusqu'à la fin du xviie siècle, il y eut une lutte à peu près égale entre le mahométisme et la chrétienté. Depuis la fin du xviie siècle, où Charles de Lorraine et Sobieski de Pologne, achevant ce que Pie V avait commencé à la journée de Lépante, brisèrent tout à fait la prépondérance des sultans, le mahométisme est en décadence. Enfin, il est non-seulement possible, mais très-probable, qu'à dater de cette dernière époque, le commencement du xviiie siècle, après la moitié *d'un temps*, six mois d'années, ou cent quatre-vingts ans, vers 1882, ce soit fait de cet empire antichrétien.

« *Enfin se tiendra le jugement*. Déjà en Daniel nous avons vu le Très-Haut, avec ses veillants et ses saints, juger le roi de Babylone. Nous l'avons vu pareillement, dans l'Apocalypse, juger, avec les anges et les saints, Rome idolâtre et ivre du sang des martyrs. Ici nous le voyons jugeant l'empire antichrétien. Lorsque la sentence contre Rome idolâtre s'exécuta par les Barbares, la puissance fut donnée aux saints du Très-Haut, aux chrétiens, qui formèrent dès lors de nouveaux royaumes, un nouveau genre humain nommé chrétienté. Lorsque la sentence finale s'exécutera contre l'empire antichrétien de Mahomet, *alors seront données au peuple des saints la souveraineté, la puissance, la grandeur de tous les royaumes qui sont sous le ciel.»* (*Histoire universelle de l'Église catholique*, par M. l'abbé Rorhbacher, tome x.)

NOTE II.

(Page 57.)

LE COLONEL D'ILLENS.

M. d'Illens, blessé dans une rencontre avec les Arabes, est mort sur le champ de bataille dans le courant de l'année 1843. Il était colonel. J'ai entendu de sa bouche la peinture que j'ai faite des premiers temps de l'occupation de Milianah, et je me suis même attaché à reproduire souvent ses expressions. On concevra que de pareils détails m'aient vivement frappé, et que je n'en aie rien perdu. Plus tard j'ai confronté ce que j'avais écrit de mémoire, avec un rapport d'ensemble adressé par lui au gouverneur général, et dont il voulut bien me donner communication. M. d'Illens était un soldat de fortune; il avait su enrichir de connaissances variées un esprit juste et naturellement distingué. Son caractère était plein de force, de simplicité et de douceur. Il avait trouvé dans M. le maréchal Bugeaud, son vieux compagnon d'armes, un équitable appréciateur de son mérite. Sa mort a été unanimement et sincèrement regrettée. Je me rappelle, en pensant à lui, ces vers d'un vieux poëme sur la mort de Du Guesclin :

> On doit regretter les faits d'armes
> Qu'il fit pendant que il vivoit.
> Que Dieu ait pitié sur toute âme
> De la sienne, car bonne estoit.

NOTE II *bis*.

(Page 133.)

ÉTAT DES PETITES GARNISONS EN 1840.

Lettres écrites du Fondouck.

23 août 1840.

« Les maladies continuent leurs ravages sur les garnisons du Fondouck et de Kara-Mustapha, et déjà bon nombre des hommes du premier bataillon, venus pour renforcer nos garnisons, sont atteints de la fièvre. Nous comptons aujourd'hui cent douze hommes à notre hôpital temporaire, et près de deux cents malades à la chambre dans les deux camps. Il n'y a plus en ce moment que trois officiers sur dix-huit en état de faire leur service; les deux officiers de santé attachés à l'hôpital et l'aide-major sont également malades. Nous avons lieu de craindre que bientôt le service de santé ne puisse plus se faire.

« Quoique les états présentent encore six cents hommes disponibles dans les deux camps, la moitié de ces hommes ne pourraient pas soutenir une marche de deux heures; ils sont tellement faibles, qu'ils ont même de la peine à se rendre au poste lorsqu'ils sont de garde.

« Je vois avec un profond chagrin que le 58° aura peine à sortir de la position fâcheuse où il se trouve. S'il eût été relevé il y a un mois, la plupart de ses malades se seraient promptement rétablis; aujourd'hui, affaiblis par des rechutes successives, beaucoup mourront; il faudra bien du temps pour guérir les autres.

« Jusqu'à présent j'ai tout supporté, mais, à la vue de tant de misères, je sens mon moral s'affaiblir et mes forces m'abandonner. Le 58° n'est plus que l'ombre de celui qui est arrivé en Afrique.

« 27 août. — Chaque jour le nombre de nos malades augmente. Cent quatre-vingts se sont présentés ce matin à la visite du docteur; tous étaient assez atteints pour qu'on fût obligé de les exempter du service. Sur les deux cent trente hommes venus du premier bataillon avec le dernier convoi, on en compte déjà une centaine tant à l'hôpital que malades à la chambre. L'état sanitaire de Kara-Mustapha n'est pas plus satisfaisant. Nous avons perdu hier un officier, atteint de la fièvre depuis quelques jours seulement. A cinq heures il était encore debout, causant avec ses camarades ; à cinq heures et demie il éprouva un violent mal de tête, et à six heures il était mort. Ce coup subit a plongé le camp dans la tristesse.

« Si un changement de température n'arrive bientôt, il est à craindre que sous peu nous ne puissions plus relever nos hommes de garde.

« Lorsqu'on viendra nous relever, il sera nécessaire d'avoir un grand nombre de voitures pour nous emmener, car, sur les neuf cents hommes environ qui occupent le Fondouck et Kara-Mustapha, il ne s'en trouve pas trois cents en état de marcher jusqu'à la Maison-Carrée.

Lettres de Djigelli.

Mai 1840.

« Nous sommes en guerre et en paix avec les Kabyles. Ils aiment à trafiquer, à se faire donner des cadeaux ; ils viennent nous vendre des denrées, et le lendemain ils pillent nos marchands qui vont leur en porter. L'eau étant rare dans la ville, nous sommes obligés de mener boire le troupeau un peu au-dessus du dernier blokaus. C'est une tentation à laquelle nos voisins ne résistent pas. On les bat, ils viennent demander pardon, reparaissent au marché et recommencent bientôt. D'ailleurs il y a deux partis chez eux, l'un est pour la paix, l'autre est pour la guerre ; ce dernier est malheureusement le plus fort ; il intimide l'autre et le séduit souvent.

« *8 juin.*—L'état sanitaire est excellent il *n'y a que 53 malades à l'hôpital.* Les Kabyles, occupés de leurs récoltes, sont parfaitement tranquilles et viennent commercer.

« *15 juillet.*—Les maladies commencent à sévir. Nous avons aujourd'hui deux cent vingt-cinq hommes à l'hôpital et une centaine de malades en chambre. Plus de la moitié des officiers sont atteints par la fièvre. Il n'y aura bientôt plus personne pour monter la garde ; il a fallu réduire considérablement les avant-postes, faute d'hommes valides. Les Kabyles, moins occupés aux champs, recommencent les hostilités.

« *9 octobre.* — Un soldat de la légion étrangère est allé rejoindre deux de ses camarades qui ont déserté chez les Kabyles, et qui peuvent être très-dangereux, *parce qu'ils ont reçu une assez bonne éducation et qu'ils ont une intelligence très-développée.* L'un d'eux était recommandé par un pair de France, ancien ministre.

« Dans l'espace de quelques jours sept hommes ont encore déserté. Un avis lu aux troupes les avait prévenues que les Kabyles décapitaient les déserteurs; le soir même, trois hommes désertèrent de nouveau. Craignant que ces désertions ne devinssent encore plus nombreuses, le commandant supérieur mit un Kabyle en campagne pour aller chercher les têtes des derniers déserteurs, qu'il savait avoir été assassinés à trois lieues des avant-postes. Le lendemain au matin, les têtes furent apportées; on les exposa publiquement. Le spectacle affreux de ces têtes, encore parfaitement reconnaissables, produisit une impression profonde; mais les ennuis de la captivité furent plus forts; la désertion continua. Ce dernier trait peint la situation de nos troupes dans ces garnisons exécrables.»

NOTE III.

(Page 154.)

RÉPONSE DES CHEFS ARABES A UNE PROCLAMATION DU GOUVERNEUR-GÉNÉRAL DE L'ALGÉRIE.

« Louanges à Dieu.

« De la part des fidèles serviteurs du Dieu tout-puissant, de ceux qui font la guerre pour la gloire de son nom, des grands marabouts, aghas, kaïds et sheikhs soumis à l'autorité du prince des croyants, Abd-el-Kader.

« Au gouverneur de la ville d'Alger seulement (1).

« Salut à celui qui suit la vraie voie et qui a abandonné la voie du mal.

« Que Dieu éloigne de vous toute prospérité et rapproche de vous tout malheur! Nous avons trouvé et lu votre proclamation; elle a excité en nous le plus vif étonnement. Il est impossible qu'un être raisonnable puisse exprimer de semblables idées. Celui qui réfléchit à la conséquence des événements peut prévoir facilement qu'elle sera entièrement contraire à vos désirs et à vos projets, et que vous serez bientôt, s'il plait à Dieu, forcés d'abandonner le pays de l'islamisme; bientôt vous en arriverez à ce point, et ce sera votre faute; votre impatience et votre peu de sagesse en auront été cause. En effet, lorsque vous étiez en paix avec notre seigneur l'imem, prince des croyants, El-Adj-Abd-El-Kader Ben-Mahhi-El-Din, vous avez joui d'une abondance dont vous n'aviez pas d'idée dans votre pays; vous avez été trop tôt rassasiés.

« Quant à nous, nous vous combattrons jusqu'à ce que vous soyez vaincus : des présages antérieurs nous l'assurent. Comment pouvez-vous

---

(1) C'est-à-dire qui ne gouverne que la ville d'Alger, le reste du pays étant au pouvoir des croyants.

penser, en la fausseté de votre jugement, que nous puissions abandonner notre religion et y forfaire ? Non, par Dieu, cela ne sera pas ! La guerre seule existera entre vous et nous. Cette guerre sera même soutenue par nos enfants, jusqu'à ce que Dieu fasse connaître sa décision ici-bas.

« Nous resterons soumis à notre seigneur et maître, et nous ne forfairons jamais à ses ordres. Par Dieu, nous éprouvons une grande joie lorsque nous apprenons que vous devez faire une excursion quelque part que ce soit, car nous trouvons ainsi l'occasion de vous combattre et de tuer vos plus braves guerriers, dont vous êtes forcés de semer çà et là les cadavres dans les ravins et les broussailles.

« Vous nous menacez de dévaster nos moissons et de pénétrer dans toutes nos provinces. Nous n'attachons aucune importance à la destruction de ces moissons, attendu que les terres de vos seigneurs les Arabes sont sans limites, et que leur fertilité est immense. Quel dommage peut nous causer ce que vous pourriez détruire ? Nous habitons sous la tente et nous montons les plus nobles des coursiers. Nos bêtes de somme sont innombrables. Vous ne nous inspirez aucune crainte.

« Vous nous dites de reconnaître votre domination et votre gouvernement, comme l'a fait la province de Constantine ; cette province même sera la cause de votre ruine ; ses habitants ont été attirés par l'espoir du gain et du pouvoir ; ils vous abandonneront quand ils auront appris à connaître votre injustice et votre cupidité. Demain vous trouverez des ennemis dans ceux que votre aveuglement vous fait considérer aujourd'hui comme amis.

« Reviens donc à des idées plus raisonnables. Eh quoi ! ne sais-tu pas que, tandis que tu viens parcourir sans aucun fruit notre pays, nos guerriers s'enrichissent des dépouilles de tes sujets, que tu as laissés sans défense à Bouffarik, Douera, etc., et même jusqu'à Alger ? Au lieu de venir abattre nos masures, que nous t'abandonnons, va donc porter secours aux établissements si riches de ceux dont la garde t'est confiée.

« Tu nous menaces d'occuper Beni-Salah, Hamza, etc.; mais n'as-tu pas déjà occupé Médéah et Milianah ? A quoi te servent ces villes si bien fortifiées, si ce n'est à devenir le tombeau de tes plus braves soldats ? Tu ne pourrais adopter un système meilleur à nos intérêts, car il fait fuir sous nos drapeaux les soldats qui meurent de faim chez toi, et il empêche nos musulmans d'abandonner leur religion pour une si triste existence.

« Tu nous dis que tu nous feras la guerre pendant dix et quinze ans ; nous, nous ne mettons pas de limite à cette guerre ; nous vous combattrons pendant la durée de notre vie. Cette guerre fait notre félicité ; par cette guerre nous obtiendrons le bonheur dans cette vie et dans l'autre !

« Tu nous dis de nous soumettre à ta domination, et que tu respecteras la loi du Prophète. Abandonne ta religion du fond de ton cœur ; dis aussi du fond de ton cœur la parole sacrée qui est notre profession de foi :

« *Il n'y a de Dieu que Dieu, et Mohammed est son prophète.*

« Observe les lois prescrites par lui, et après nous verrons si nous devons nous soumettre à ta domination.

« Écrit par ordre des principaux chefs de l'émir Abd-el-Kader, le 17 de rabiah 1256 (juillet 1840). »

RÉPONSE A UNE PROPOSITION D'ÉCHANGE DE PRISONNIERS.

« Louanges à Dieu.

« De la part de tous les gens de Mouzaya, ainsi que de leur caïd Sidi-Yaya-Ben-Ismaël et de leur cadi, au hakem de Blidah;

« Le salut soit sur celui qui suit le droit chemin.

« Nous avons reçu ta lettre et nous en avons compris tout le contenu. Quant aux femmes et aux enfants que vous avez, nous ne voulons pas les ravoir en échange de notre soumission aux Français ; mais nous voulons bien les échanger contre vos frères les Français, qui sont chez nos frères les Musulmans, selon les anciens usages qui existent entre les Musulmans et les impies. Si vous refusez, les femmes et les enfants ne manquent pas chez les Musulmans ; cependant ceux-là ne peuvent guère augmenter le nombre des vôtres. Comment avez-vous pu penser que nous nous soumettrions à vous pour dix ou pour cent âmes? C'est une idée qui n'a pas pu venir à un homme d'esprit. Quand même les habitants de l'est et ceux de l'ouest se soumettraient à vous, vous ne recevriez de nous que des coups de fusil ; à plus forte raison aujourd'hui que tous les Musulmans sont d'accord pour n'avoir plus qu'une seule et même parole, celle de l'islamisme. C'est au point que celui qui vous porterait des denrées, quand même il marcherait la nuit, serait arrêté et conduit chez notre maître le sultan (que Dieu le protége), qui le ferait mettre à mort. Vous nous dites que vous avez déjà fait des fortifications chez les Benisalahs ; mais vous en aviez déjà fait à Médéah et à Milianah ; cependant les Musulmans ne s'inquiètent pas du tout de vous ; vos troupes qui sont à Médéah et à Milianah, c'est comme si vous les aviez mises en prison et condamnées à l'exil : tous les jours il en meurt, d'autres se sauvent chez les Musulmans en criant la faim, et vos garnisons sont bloquées par des bataillons. C'est là le sort que vous donnez à ceux qui vous obéissent. Un homme de sens ne renoncera jamais à sa religion pour un avantage pareil. Quant aux Mouzaya et aux Benisalahs, partout où ils vont ils peuvent vivre, car les terres musulmanes sont longues et larges. Quant à ce que vous demandez de vous donner des nouvelles de l'ouest, si nous en recevons, nous n'en recevrons que de bonnes; nous croyons en Dieu et en son apôtre; que le sultan existe ou non, nous ne nous détacherons jamais de notre religion, et nous ne ferons que ce qui est permis par notre Dieu et notre prophète. Ne croyez donc pas aux paroles fausses des menteurs qui ont renié leur religion pour vivre chez vous. Quant à ce que vous dites de la puissance des Français, elle paraît telle à vos yeux, mettons qu'il en soit ainsi; pour nous, nous croyons que la puissance de notre religion est beaucoup plus grande.

« Dans cet écrit il y a tout ce qu'il faut pour un homme qui réfléchit. Salut. »

(Le cachet, qui est un peu confus, est ainsi traduit : Yaya, ou Aly-Ben-el-Hadj-Masaad.)

NOTE IV.

(Page 187.)

EXHORTATIONS A LA GUERRE SAINTE.

El-Hadj-Mahy-ed-Din-ben-Ali-ben-Embarek (1) *à tous les gens du Sahel, de l'Est et de l'Ouest* (1835).

« Que la miséricorde de Dieu soit sur vous.

« Les croyants sont entre eux comme les pierres d'un bâtiment; c'est mutuellement qu'ils se soutiennent. Il convenait que nous vous avertissions; nous l'avons fait, mais vous avez été sourds à nos conseils. Vous avez tous été d'accord pour devenir des infidèles; vous avez servi le mécréant du fond de votre cœur; vous ne redoutez pas la colère de Dieu; vous ne vous souvenez plus du jugement dernier.

« Vous devez cependant vous rappeler que l'an passé, quand la bonne intelligence existait entre nous, vous avez vendu, acheté et commercé avec toutes sortes d'avantages; votre aveuglement a rompu cette bonne intelligence et vous a jetés dans la fausse voie; aussi ce qu'il vous reste à faire aujourd'hui est d'offrir à Dieu votre repentir, et de vous jeter dans les bras des vrais croyants.

« Abandonnez donc le Sahel, et venez; ne craignez ni pour vos biens

(1) Ce Mahy-ed-Din (Appui de la religion) est celui qui fut agha des Arabes au service des Français.

ni pour vos personnes. Je vous jure au nom de Dieu qu'il ne vous sera rien fait. Venez, et vous réjouirez Dieu, les prophètes et tous les vrais fidèles.

« Sachez, au contraire, que si vous continuez à servir les mécréants, vos têtes et vos biens ne seront plus respectés par les musulmans : ils pourront s'en emparer. Ainsi s'exprime la loi.

« Comprenez donc enfin nos paroles; réunissons-nous; et le bien comme le mal nous seront désormais communs : le même cœur fera agir les mêmes bras.

« Mais si vous vous obstinez à mépriser nos discours, le jour viendra où il ne vous restera que d'inutiles regrets. L'infidèle ne saurait demeurer longtemps; l'heure approche où Dieu l'exterminera, et rien ne pourra non plus vous préserver alors de sa colère. Salut.

« Ne craignez point qu'il vous arrive comme à El-Abey-Ben-Alouah; avec la protection et l'aide de Dieu, nous lui rendrons tous ses troupeaux et tous ses biens (1). »

Ahmed-ben-Mohamed-ben-Salem (1) *à tous les Zouathnas de la Metidja.*

Juillet 1838.

Après les compliments, etc. :

« Jusqu'à quel point vous êtes-vous donc oubliés, pour rester encore dans la dépendance des Français? Vous êtes cependant musulmans, vous êtes nos frères, nos amis, et, moi le premier, je suis des vôtres. Je suis et j'ai toujours été votre meilleur conseiller. Vous n'ignorez certainement pas mes dispositions à votre égard.

« Si vous suivez mon avis, retournez à vos demeures, allez à vos récoltes. Les impies (que Dieu les maudisse!) ne vous seront d'aucune utilité. Vos propriétés, votre religion surtout, voilà ce qui vous servira. Ne craignez rien, je vous donne l'*aman* (le pardon) de ma part et de la part du sultan; aman entier, et qu'aucun prétexte ne fera violer.

« Dieu a dit :

« *On doit pardonner à ceux qui ont oublié leurs devoirs.*

« Vous êtes musulmans ; or le prophète, sur qui soit le salut, a dit :

---

(1) Les troupeaux de ce Ben-Alouah avaient sans doute été enlevés par les Français ou leurs alliés.

(2) Ben-Salem, bey de Sebaou, l'un des khalifas d'Abd-el-Kader les plus actifs et les plus dévoués.

« *Les musulmans devront se soutenir entre eux, comme les pierres d'un mur se prêtent mutuellement appui.*

« Dieu a dit aussi :

« *Ne vous rapprochez pas de ceux qui ont été injustes, de crainte que, comme eux, vous ne brûliez dans les flammes éternelles.*

« Il a dit aussi :

« *N'aidez en rien les ennemis, obéissez à la voix de Dieu, car il est terrible dans ses châtiments.*

« Et dans un autre passage :

« *Que la vie de ce monde ne vous éblouisse pas.*

« Ainsi donc soyez nos frères ; rangez-vous à notre obéissance. Quant à moi, j'espère bien que vous serez inscrits parmi nos soldats ; vous serez soldats victorieux ; les tribus trembleront à votre nom ; vous regagnerez la protection de Dieu et de son prophète. Plus rien ne vous résistera alors ; l'ennemi fuira à votre approche, et le diable rentrera dans l'enfer.

« Ne suivez pas la voie de vos sens ; elle vous conduit à votre perte ; elle vous éloigne de Dieu et de sa loi. Ne pensez pas au traitement rigoureux que vous avez éprouvé de la part du sultan ; cet événement malheureux était écrit dans le livre du destin, et Dieu seul pouvait le prévoir.

« Je le répète, vous êtes croyants ; vous savez toutes choses aussi bien que moi ; et vous savez également que lorsque Dieu aime une de ses créatures, il l'accable de maux pour l'éprouver et pour la combler ensuite de ses grâces.

« Ainsi, mes amis, retournez à moi et à vos coreligionnaires, vous en serez récompensés en ce monde et dans l'autre.
Salut.

P. S. « Vous devez bien voir que je ne désire en toute chose que vous donner de bons conseils, qui serviront dans ce monde et dans l'autre. Je ne demande de vous aucune marque de reconnaissance ; c'est votre bien que j'ai en vue, parce que vous êtes musulmans, et qu'il n'y a que les musulmans qui puissent vous être utiles. Le règne de l'impie ne durera pas. Dieu vous rendra ce que vous avez perdu. Au reste, vous savez fort bien que ce monde est périssable et que les bonnes actions seules restent. Si vous voulez revenir à Dieu et au sultan, donnez-en la moindre preuve. Quant à moi, je vous le conseille, et soyez persuadés que jamais je ne vous oublierai, que mon cœur se navre de douleur en pensant à vous.

« Retournez à votre pays, c'est ce qui vous convient le mieux. Si vous vous décidez à prendre ce parti, instruisez-moi de votre résolution.
Salut.

Mohammed-Effendy-el-Qadiry, descendant d'Abd-el-Kader-el-Gilany, à l'empereur du Maroc.

Au Caire, mai 1838.

« Le Dieu très-élevé a dit, il vous a fait répéter :

« *Préparez tout ce que vous avez de moyens de défense, de force et de chevaux, afin de faire trembler les ennemis de Dieu.*

« Au nom du Dieu clément et miséricordieux.

« Louanges au Dieu qui protége et fortifie les chefs de l'Islamisme,

« Qui rend leur gloire éternelle, les fait vivre chéris et honorés, qui embellit leurs États et accroît leur prospérité !

« A notre seigneur, fils de notre seigneur, fils de notre seigneur,

« Le sultan, fils de sultan, fils de sultan,

« Notre seigneur, notre maître, le sultan Abd-er-Ahman.

« Que la louange soit à Dieu.

« Que le soleil éclaire de ses rayons le kalife de l'Occident ;

« Que l'astre de la nuit projette sur lui sa pâle lumière !

« Ce chef de tant de nations étrangères et de tribus arabes,

« Qui comble de bienfaits les créatures placées par le Très-Haut à sa droite, à sa gauche ;

« Qui, par sa grandeur d'âme, sa générosité, ses vertus incomparables, s'est attiré l'amour des peuples ;

« A qui l'on est fier d'obéir, dont on prononce le nom avec orgueil, dont on est heureux d'exalter la gloire ;

« Ce chef, soleil et lune de bonheur,

« Essence, parfum délicieux des trônes les plus élevés,

« Étendard flottant de justice, mine de vertus, puits de science, phare éclatant, auprès duquel on vient chercher la vérité !

« Ce chef, lion d'une forêt de flèches,

« Qui sait inspirer le respect et la terreur au plus grand de la terre,

« Sur qui Dieu se plaît à répandre ses plus insignes faveurs,

« Que la volonté du Très-Haut fait planer au-dessus des sultans les plus puissants.

« J'ai l'honneur d'exposer à V. M. que je ne cesse pas de faire des prières pour elle dans les mosquées et dans tous les endroits où se réunissent les fidèles. J'ai surtout redoublé de zèle lorsque j'ai appris que vous secondiez, secouriez, aidiez et honoriez celui qui est compté comme un des nôtres, le seïd El-Hadji-Abd-el-Qâder-Ould-Mohhi-Eddin. Que le Très-Haut éternise le règne de notre seigneur le sultan dans la suite des siècles,

Amen, Amen, Amen; par les mérites du prophète des vrais croyants, et salut sur les envoyés de Dieu, et louange à Dieu, seigneur des mondes. »

Le même au seïd El-Hadji-Abd-el-Qâder.

Après des compliments respectueux et infinis et des invocations à Dieu et au prophète :

« Dieu a dit : « Préparez tout ce que vous avez de moyens de défense, de « forces et de chevaux, afin de faire trembler l'ennemi de Dieu. » Agissez donc promptement selon ce verset du Coran. D'ailleurs un homme comme vous n'a pas besoin d'explications.

« Vous savez que le khalife a fait la guerre sacrée, et a fait pour ainsi dire des miracles; ce khalife est le descendant du seïd Abd-el-Qâder-el-Gilany. Vous devez suivre ses traces et son exemple. Dieu m'ordonne d'aller vous trouver, et me le commande impérativement; et cela pour rétablir la paix entre les hommes et pour délivrer les gens qui croient des mains des infidèles. Enfin, j'irai sous peu vous voir, et cette visite me fera un plaisir indicible. Vous le savez, ceux qui fréquentent les impies s'écartent de la voie de Dieu, et par conséquent ils ne pourront réussir. J'espère que le Très-Haut permettra que ce soit par vous que toutes les affaires se rétablissent, et que vous délivriez les fidèles du poids que les impies font peser sur eux. Je suis convaincu que, par vous aussi, les croyants seront élevés, et que vous répandrez la parole de l'islamisme, de manière à ce que les infidèles soient humiliés et que leurs forces soient anéanties et dispersées. Pour cela vous aurez une immense récompense de Dieu, et j'espère y avoir part lorsque je serai arrivé près de vous. Le prophète a dit : « Les actions selon les intentions. » Si Dieu se sert de vous pour diriger un homme, faites-le, car c'est une grande et belle mission.

« Salut sincère à toutes les personnes qui vous entourent, ainsi qu'à vos enfants, votre famille, les ulémas et les saints.

P. S. « Si vous le pouvez, tâchez de me trouver un bâtiment chrétien, et envoyez-le à Alexandrie, afin que je m'embarque pour aller vous rejoindre. Si ce bateau était à vapeur, ce serait beaucoup mieux. Il faudrait qu'il arrivât dans le milieu du mois de rabia-el-tâny. Je demande un bateau à vapeur, afin que je puisse arriver plus tôt auprès de vous, car les bâtiments à voile ne nous manquent pas. »

Le même aux aghas d'Oran sans exception et chacun par son nom.

Après des compliments respectueux :

« Dieu a dit : « Que celui qui s'éloigne de Dieu et de son prophète et
« qui ne croit pas au jour du jugement ne réussira point. » On trouve
aussi, dans les histoires du prophète, que celui qui s'associe à une nation
sera jugé comme elle. J'espère que le Très-Haut arrangera les affaires
entre vous, qui êtes un des princes des musulmans, et qu'il vous délivrera de la fréquentation des impies. Avec l'aide de Dieu, je me rendrai
près de vous sous peu, afin d'établir une paix solide entre vous et notre
fils Abd-el-Qâder. Vous aurez alors, par mon entremise, des emplois
élevés. Il n'arrivera enfin que ce qui pourra vous faire plaisir. Tâchez de
vous appuyer sur la religion, soyez nos frères fidèles. Ne vous écartez pas
de la bonne voie. Notre arrivée ne se fera pas attendre, et alors toutes
les affaires s'arrangeront comme vous le désirerez. Vous ne verrez d'Abdel-Qâder, ni d'autres, aucun mal. Avec l'aide de Dieu, je me charge de
tout terminer. Que Dieu nous dirige, ainsi que vous, dans sa religion. »

(*A Mustapha-ben-Ismayl.*) (4 mois.)

P. S. « O vous qui êtes agha des musulmans, comment avez-vous fui
le djehad et vous êtes-vous mis du côté des infidèles? Cependant, d'après
la loi, vous êtes obligé d'attaquer l'ennemi de Dieu, qui vous a foulé aux
pieds dans votre pays. Quand l'ennemi marche contre vous, tous les
musulmans et même les femmes doivent faire la guerre contre lui. Mais
la guerre entre les musulmans est strictement défendue. Le Très-Haut a
dit : « On ne trouve pas de gens qui croient en Dieu et au jour du juge-
« ment qui se mettent contre Dieu et son prophète, et ceux qui y croient
« doivent être contre eux, quand même ils seraient leurs pères. » Il est
urgent que je me rende près de vous pour vous sortir des ténèbres où
vous vous trouvez, et vous tirer de cette obscurité. Comment! vous êtes
musulmans de pères en fils, et jamais vos ancêtres ne se sont comportés
comme vous! Vous avez des ulemas, vous lisez le Coran, et la plus grande
partie d'entre vous a visité la maison de Dieu ; que Dieu rétablisse vos
affaires, et qu'il vous fasse retourner sous la loi de Mahomet !

« Si l'on me donnait l'ouest de l'Afrique, je ne me dérangerais pas.
C'est la peine que me donnent l'état dans lequel vous vous trouvez et vos
divisions qui me fait un devoir de venir près de vous pour vous mettre

d'accord, car c'est mon devoir. S'il plaît à Dieu, vers la fin de la naissance du prophète, je serai chez vous. J'ai prévenu de cela notre fils le Hadji-Abd-el-Qâder, et je vous en préviens aussi. Appuyez-vous toujours sur les bases de notre religion, et ne la changez jamais. Revenez de votre erreur, et n'aidez pas les infidèles contre les musulmans. Soyez musulmans vrais, et vous serez à l'abri de tout mal. Remettez vos affaires entre les mains de Dieu, qui vous récompensera. »

A ces exhortations, nous joignons la pièce suivante, qui fera comprendre de quel respect sont environnés les saints personnages qui viennent de Turquie, d'Égypte, ou de Maroc, prêcher la guerre sainte en Algérie.

« Achmet-Pacha-Ben-Mohammed-Schérif.

« Ceci est une pièce respectable, qui renferme des paroles graves concernant une personne digne de tous les respects et de toutes les dignités. Tous ceux qui ont du pouvoir dans le pays, qu'ils soient beys, ulemas, kalifas, ayas, commandants de troupes arabes ou autres, prendront connaissance de cet écrit, que nous ne livrons qu'à un homme savant, illustre, élevé, respecté, honoré, et d'une sainte famille. Cet homme est le chef saint Abi-Adalha-Mohammed-el-Scheik, fils du savant, du saint le seïd Ab-el-Kerim-el-Facoum, décédé.

« Nous lui conservons les titres qu'il a reçus de nos seigneurs les pachas et de nos frères les beys, par lesquels il était reconnu prince, directeur des pèlerins, courrier de la maison de notre seigneur le prophète. Il les gardera tant que les vagues de la mer auront mouvement, parce qu'il imite la conduite régulière de ses pères, qu'il est saint, juste, bienfaisant, qu'il a des principes sûrs, et qu'il se gouverne d'après la loi de notre seigneur le prophète (que Dieu le salue!). Il ordonnera la générosité, la justice ; donnera la nourriture aux pauvres, et maintiendra la paix dans le monde. Il aimera les gens de bien, et détestera les méchants, donnera son âme au Dieu très-élevé, et sacrifiera toute sa fortune pour faire le bien. Aussi faut-il qu'il soit respecté de tous et bien accueilli partout. Nous lui avons accordé cela, parce qu'il descend d'une famille savante et sainte, qui n'a fait que du bien et s'est toujours abstenue du mal, et qu'il est de notre devoir de faire respecter les ulemas et tous ceux qui sont descendus des prophètes, et en particulier de notre seigneur Mohammed ; Dieu ait le salut sur lui !

« Ce saint homme est un bon iman (prêtre) et un bon prédicateur aux grandes mosquées ; ces fonctions ont déjà été exercées par ses ancêtres. Ce sont eux qui ont toujours administré les biens de ces mosquées, qui gouvernaient les gens qui en dépendaient, entretenaient les immeubles et les meubles, prêchaient le Coran. Ce qui n'était pas dépensé de ces revenus ils le gardaient. Abi-Abdalhah, le seïd Mohammed-el-Scheik, jouira des mêmes droits. Tout le monde lui doit le respect, à lui, à sa famille, à ceux qui sont dans sa maison, et même, selon l'ancien usage, à ceux qui s'y réfugient. Sa maison est le refuge des malheureux, des coupables et des étrangers. Les voisins de cette maison lui doivent des respects; l'homme le plus criminel, s'il parvient à s'y réfugier, doit être respecté. Nous recommandons également du respect pour ses serviteurs, comme Ouled-Ibara, Beni-Ouaftin, El-Etouara, même pour ses cultivateurs, ses associés, et tout ce qui dépend de lui. Personne ne doit leur faire de mal, on devra au contraire les respecter. Tous ses biens et ceux qui dépendent de lui sont délivrés de tout droit.

« J'ai dit cela en suivant les ordres de mes prédécesseurs et pour l'amour de Dieu; c'est pour qu'il nous récompense.

« A la fin du mois de méhassam, le premier mois de l'année 1242 (1826). »

NOTE V.

(Conclusion.)

LETTRE REÇUE LE 19 JUIN 1841 AU BIVOUAC DE KHESSIBIA.

« Louanges à Dieu!

« De la part des grands de Gheris et de leurs voisins, les Gherébas, les Beni-Chengran et autres, au chrétien Bugeaud. Salut à qui suit la vraie voie et s'y complaît! Ta lettre est arrivée entre nos mains, nous l'avons lue. Tu nous dis que tu veux faire le bonheur de notre pays; mais quel bonheur pour nous est préférable à celui de faire la guerre sainte, de garder notre pays, et de nous maintenir en présence de l'ennemi, même sans le combattre? Car Dieu nous fait un mérite de tous les torts que nous faisons éprouver à notre ennemi, et de toutes les difficultés que nous lui suscitons.

« Tu ambitionnes notre soumission et notre obéissance; c'est chose impossible, et à laquelle ne doit pas même songer un homme qui a de la raison, du bon sens et de la prévoyance. Mais nous savons que tu es trompé par ceux qui t'entourent et par ton ambition. Songe que notre religion l'emporte chez nous sur tout autre sentiment, et que nous reconnaissons le pouvoir de notre sultan.

« Tu te réjouis de nous avoir fait sortir de notre pays et d'avoir brûlé notre blé et notre orge; rien de cela ne nous cause grand dommage.

Nous supposerons que le Ciel n'a pas versé la pluie fertilisante sur nos champs, que nos moissons ont été desséchées, et nous vivrons du produit de nos récoltes précédentes, car nous avons des grains pour plus de sept années. Et quand tu aurais brûlé toutes les moissons de Gheris, ne nous resterait-il pas celles des Yacoubia, du *Dahar* (partie du littoral), du Tsel (partie cultivable avoisinant le désert), des Enguèd, des Kabyles, tels que Beni-Zenessen, Kebdèna, Kelaïa, et des tribus soumises à notre maître Abd-er-Ahman (empereur du Maroc)?

« De même que Dieu a mis des vaisseaux sur la mer, il a mis des chameaux sur notre continent; avec eux on porte les fardeaux les plus lourds et on rapproche les plus grandes distances. Du reste, n'avons-nous pas dans le désert des dattes, qui peuvent nous tenir lieu de grains?

« Fais la récapitulation de ce qui est sorti de ta main et de ce qui y est entré pendant cette expédition, et si tu vois qu'il ne t'y reste rien, fais un chargement des pierres de Mascara et de la terre de Gheris, et envoie-le à Paris, afin de t'en faire un mérite auprès du roi.

« Si nous ne te combattons pas, c'est que chacun est occupé à moissonner, à battre et à vanner; lorsque ces travaux seront terminés, il arrivera ce que Dieu aura permis d'arriver.

« Tu connais notre manière de combattre, et si tu comptais les prisonniers que nous avons faits sur vous, ceux que vous avez faits sur nous; si tu comptais nos morts et les vôtres, tu saurais que dans chaque combat vous avez été vaincus, et cela depuis l'invasion des Français jusqu'à ce jour.

« Voilà la réponse que nous faisons à ta lettre. »

LETTRE REÇUE LE 20 JUIN AU MÊME BIVOUAC.

« De la part de tous les Hachems de l'est et de l'ouest, des habitants de Gheris et des autres Arabes leurs voisins, au chrétien Bugeaud. Nous avons reçu la lettre que vous avez laissée samedi aux jardins de Ben-Ikhlef; nous l'avons lue, et en avons compris le contenu et le sens. Tu nous demandes de nous soumettre à toi et de t'obéir. Tu nous demandes l'impossible. Nous sommes la tête des Arabes; notre religion est aux yeux de Dieu la plus élevée, la meilleure et la plus noble des religions; et nous te jurons par Dieu que tu ne verras jamais aucun de nous, si ce n'est dans les combats.

« Si tu as été trompé par des imposteurs dans le genre de ceux qui sont à ton service et qui vivent à tes dépens à force de mensonges et d'espérances qu'ils te font concevoir, sache que nous sommes au milieu des terres, sur un vaste continent. Il n'est étroit que pour vous et pour eux. Dans l'égarement de votre raison, vous chrétiens, vous voulez gouverner les Arabes; mais les promesses de ceux qui vous ont fait concevoir ces espérances ne sont que des songes illusoires.

« Occupez-vous à faire ce qui vous convient dans votre pays. Les habitants du nôtre n'ont d'autres rapports à avoir avec vous que des coups de fusil. Quand même vous demeureriez cent ans chez nous, toutes vos ruses seront inutiles.

« Nous mettons tout notre appui en Dieu et en son prophète! El-Hadj-Abd-el-Kader, notre seigneur et notre imem, est au milieu de nous; ne fondez donc sur nous aucune espérance.

« Tous ceux qui vous en imposent, et qui ont vendu leur religion pour entrer dans la religion des impies, n'ont été entraînés vers vous que par la cupidité.

« *Ils vous ont fait croire que des vapeurs étaient de l'eau; et lorsque vous êtes arrivés sur les lieux qu'ils vous avaient désignés, vous n'avez trouvé ni eau ni humidité* (passage du Coran).

« Notre pays est vaste, et nous en sommes les seuls habitants; vous n'en retirerez jamais rien; vous aurez à supporter des pertes, et il ne vous restera que des regrets.

« Si, comme vous le dites, vous aviez de la puissance et de l'influence parmi les nations, vous n'auriez pas causé la ruine de Méhémet-Ali; vous lui aviez promis de l'aider contre les ennemis, et pourtant les Anglais sont venus l'attaquer. Ils se sont emparés de ses villes à force ouverte; ils lui ont fait courber la tête sous leur drapeau, et vous l'avez abandonné. Aussi votre nom est-il méprisé par toutes les nations, et êtes-vous restés, vous et votre allié, exposés aux insultes de l'Anglais.

« En résumé, ce continent est le pays des Arabes; vous n'y êtes que des hôtes passagers; y resteriez-vous trois cents ans, comme les Turcs, qu'il faudra que vous en sortiez.

« Vos excursions dans nos terres ne nous font éprouver aucun dommage important, car nous sommes à notre aise, nos biens sont immenses, nos chevaux et nos chameaux sont innombrables, et nous avons plus de grains sous la terre que sur sa surface.

« Mais, pour demander notre soumission et notre obéissance, quelle preuve de supériorité sur nous avez-vous donnée ?

« Nous n'avons accédé à la première paix que par obéissance aux volontés de notre sultan Abd-el-Kader, comment pouvez-vous espérer qu'aujourd'hui nous nous soumettions à vous sans sa volonté ?

« Sache que notre pays s'étend depuis Oudjeda jusqu'aux frontières de Tunis, et qu'une femme peut parcourir seule cette vaste étendue sans avoir rien à redouter, tandis que vous ne possédez que le terrain recouvert par les pieds de vos soldats.

« Ne vous enorgueillissez pas d'avoir brûlé nos moissons, nous vous en avons brûlé davantage, nous vous avons tué plus d'hommes que vous ne nous en avez tué, nous avons fait plus de prisonniers chrétiens que vous n'avez fait de prisonniers musulmans.

« Ne croyez pas nous avoir fait grand mal en faisant des excursions dans nos terres, et en laissant vos troupes à Mascara, à Médéah et à Milianah : vous ne faites du mal qu'à ces soldats, qui ne sont qu'autant de prisonniers. Quel avantage en retirez-vous ?

« Nous admirons ta sagesse et ta raison ! Tu vas te promener dans le désert, et les habitants d'Alger, d'Oran et de Mostaghanem sont dépouillés et tués aux portes de ces villes.

« N'attribue pas à ton courage ces grandes excursions, mais bien au nombre de tes armées. Si tu voulais montrer du courage, tu devrais nous combattre un contre un, ou dix contre dix, ou cent contre cent.

« Nous t'avions dit de ne plus nous écrire, attendu que c'est inutile pour toi ; mais puisque tu l'as voulu, tu obtiens la réponse que mérite ton peu de raison. »

FIN DES NOTES.

TABLE.

Introduction. 1

CHAPITRES.

I. De Paris à Marseille. — Un sauvage. — La religieuse d'Orgon. 15
II. A Eugène Veuillot. — A Toulon. — Un officier d'Afrique.— Le courage. 20
III. A Eugène Veuillot. — La première garnison de Milianah. 27
IV. La bénédiction du nouveau soldat. 39
V. La traversée. 49
VI. Arrivée. 52
VII. Le mercredi des cendres. — L'église de Saint-Philippe. . 62
VIII. Coup d'œil historique. 72
IX. Suite du coup d'œil historique. — Les chrétiens. . . . 79
X. Suite du coup d'œil historique. — Les musulmans. . . 111
XI. Nos possessions et leur colonisation en 1841. — Les publicistes. — Plans nouveaux. 132
XII. Le Coran et l'Évangile. 152
XIII. Pouvait-on convertir les musulmans? 165
XIV. La guerre sainte. 178
XV. La littérature algérienne. — A M. Ed. L. 192
XVI. Le ravitaillement. — Mauvaise volonté des colons. — Nuit à l'hôpital. — Le kaïd El-Major. 210
XVII. Blidah. — Le général Changarnier. — Le général Duvivier. — Yahia-Agha. 220

XVIII. Le téniah de Mouzaya. — Le bois des Oliviers. — Médéah. 229
XIX. Un petit combat. — Retour à Alger. — Lettre d'un soldat. 242
XX. La médecine civilisée. 255
XXI. Abd-el-Kader. 266
XXII. L'évêque et le clergé. 290
XXIII. Culte protestant. 309
XXIV. Figures homériques. 313
XXV. Figures de passage. 327
XXVI. Controverse. — A. M. Ed. L. 335
XXVII. Les fêtes de juillet à Alger. — Bal chez le gouverneur. Tout est dit. — Souvenirs. 342
XXVIII. Mostaganem et son curé. 353
XXIX. A Eugène Veuillot. 360
XXX. Conclusion. 368

NOTES.

I. Sur la durée de l'Islamisme. 375
II. Le colonel d'Illens. 378
II bis. État des petites garnisons en 1840. 379
III. Réponse des chefs arabes à une proclamation du gouverneur général de l'Algérie, etc. 381
IV. Exhortations à la guerre sainte. 384
V. Lettre reçue le 10 juin 1841 au bivouac de Khessibia, etc. 391

Tours, imp. Mame.

Veuillot, Louis
Les Français en Algérie, souvenirs d'u

www.ingramcontent.com/pod-product-compliance
Lightning Source LLC
Chambersburg PA
CBHW071903230426
43671CB00010B/1454